易經講堂 三

——《繫辭上傳》發揮

黃漢立 著

JPC

霍序

霍震寰

《繫辭傳》是《十翼》的一種，由於文字較多，所以分為上下兩篇，傳統稱為《繫辭上傳》和《繫辭下傳》。

《繫辭傳》是《易經》的概論，通論筮法的體例、原則和《易經》的基本原理，古人認為研習《易經》，入門必須先讀這兩篇。

老師在講解《繫辭上傳》時，首先詳細解釋原文文字之義，接著說明周易筮法和卦爻象和卦爻辭的義蘊，然後詳盡地闡發筮法背後所根據的理論，這些理論是貫通天道、地道、人道為一的易道，這易道就是《易經》的基本原理，既可以說明人事的得失、吉凶，也可以解釋萬事萬物的生成變化。掌握了這基本原理，就可以指導我們如何處世，應付萬事了。

老師很少拿書籍和筆記，滔滔不絕講課三小時，這自然可見他博聞強志，但更反映了他備課充足而認真。他的講解，既繼承了古代注解的合理部分，也加入了現代人的新見解，融會貫通，再加提升，甚至時有他個人的看法。他更能深入淺出，將原文文義和內容難於理解的，用現代人易於了解的語言和事例，詳細地告訴學者，使學者很容易便明白。尤其是在每一章講解完畢後，以總結更深入一步，詳盡地發揮全章內容要旨，使學者明白《繫辭傳》內容的博大精深，和中國古代文化的偉大，至今仍然有不朽的價值。

我聽了《繫辭上傳》的講課錄音，再看了整理成書的文字稿，對進德修業和處理世間事務兩方面，都有很多啟發，獲益良多！個人覺得：無論是研究《易經》或是想了解中國傳統文化的，這都是值得一讀的好書，所以在這裡誠懇加以推薦、介紹。

二零一一年一月十一日霍震寰謹序於香港

龍序

龍炳頤（香港大學建築學院代院長）

《易經》乃群經之首，三千年來，闡釋《易經》之典籍無數，欲進易學之門，談何容易。二零零九年冬，欣悉港大教育學院副院長謝錫金教授復邀漢立師講授《繫辭上傳》，甫踏上學易之正途。

中國「宇宙觀」博大精深，尤以「天人合一」、「陰陽」、「五行」等學說，奧妙絕倫，愧國學根底淺薄，未及參透，故只從馮友蘭《中國哲學史》入手，繼而翻閱《道德經》、《月令》、《繫辭傳》、《春秋繁露》、《淮南子》、《洪範》、《詩經》及《河圖精蘊》等古籍，探究宇宙之謎，較其異同，取其精要，東拼西湊，以《天地人》與中國建築為題，拉雜成文，此畢業論文於 University of Oregon Center for Environmental Research, 1978 出版。時年少愚蔽，不知象數，以為無師可自通，讀書大患，莫過於此，今思之，慚愧矣！

今得漢立師啟蒙，初讀《繫辭》，領略天地萬物之演變，「形而上」「形以下」之「道」「器」規律，尤如通暢經絡；觀乎芸芸宇宙學說，《繫辭》之「太極」論，道盡宇宙之演化模式；讀易能參透世事變化交替，循環不息，長久永恆。《繫辭》曰「一陰一陽之謂道……，生生之謂易……，一闔一闢謂之變，往來不窮謂之通……易有太極，生兩儀，兩儀生四象，四象生八卦……是故法象莫大乎天地，變通莫大乎四時，縣象著明莫大乎日月，崇高莫大乎富貴，備物致用」。習易可仰觀天文，俯察地理，故能彌綸天地之道。

修讀《十翼．繫辭》，豈止豐富儒道「天人合一」宇宙觀之智慧，道盡「知識貴族主義者」老莊「知易行難」、「無為論」之根本。更洞悉《易經》之薈萃，考其源流，通其條貫，明其根本，領其精華。

余自學到師承凡四十載，因緣際會，花甲之年方踏上學易之正途，承夫子所言：「五十以學易，可以無大過矣」。聽漢立師解經，深入淺出，精闢獨到，至為享受。老師學問淵博，治學嚴謹，斷其是非，博覽古今易著，解讀之時，引經據典，如數家珍，昭然無遺，授課凡三小時，不用稿本，學養之高，夙所向慕；備課認真，可見一斑。

上《繫辭上傳》課者，有隨師凡四十載之門生，如斯有幸，福氣莫過於此，亦有年輕學員，年不過三十，好學深思，學易多時，實為文化承傳之幸。老師有教無類，造福香港文教也。

老師家學淵源、自幼受庭訓，師承各前輩學者，經史子集，所學無不通曉。通天地人者之謂儒，當今堪稱一代鴻儒者，漢立師之謂也。要精通清代才子袁枚所謂「三墳、五典、八索、九丘」（即三易、五經、八卦及九疇），非窮畢生精力不可。愚生晚讀《繫辭傳》，乃屬千里途之始，遙不可及，相信此乃「知天命」之始也！蒙師錯愛，不嫌愚生浮淺，囑咐撰序，區區數言，聊表敬意，是為序。

二零一一年歲次辛卯立春於港島希夷居

謝序

謝錫金（香港大學中文教育研究中心總監）

香港大學中文教育研究中心十分榮幸，能夠再次邀請黃老師教授有關《易經》的課程。不少飽學之士得悉黃老師授課，即踴躍參與，故在課程報名伊始，課程已告額滿。而為了讓更多對《易經》有興趣的朋友能分享黃老師的心得，我們再次將《易經講堂．繫辭上傳》的內容整理輯錄成書。

根據朱熹《周易本義》，《繫辭上傳》分為十二章。第一章到第八章，主要是說重卦，設卦，易之道，易之辭、爻、位、彖、象、乾、坤、神、聖；說出聖人、賢人所效法的是甚麼；學易的君子所觀玩的又是甚麼（即「觀象玩辭，觀變玩占」是甚麼）；和說出學易之人怎樣通過「擬議之道」來深入了解《周易》爻辭的意義。

黃老師在課堂教授的內容博大浩瀚，分析獨到精要。現謹從著作中抽取有關學與教的部分作一小序，好讓讀者管窺課堂精髓：

一、有教無類：每個人都可以改變，可以接受教育。教育不是某一類人的專利，這是對人的尊重，並假設每個人都有他的智慧。只要他有機會接受教育，通過努力學習、實踐，對自己要進德、對人要修業。

儒家最注重的是人人都可以接受教育，人人都可以認識最高深的道理。「明善之道」就是學習，「擇善行道」就是努力把自己所學到的，終身實踐。這點與人類社會學家馬斯洛（A. Maslow）提倡「人們有適合的環境下，便會自然傾向學習和自我改進」的觀點互相脗合。

二、愉快學習：「所樂而玩者，爻之辭也。」假使人喜歡一件事情，便一定會專心地、自發地去學習。所以《繫辭上傳》說一個君子內心喜悅，自動自發，帶著開心悅樂的心情細心去研究「爻之辭也」（指爻的文字）。

三、先博而後專：真正學習、了解《易經》的人，首先要知道自然規律。知道自然規律，用古典術語來說，就是「知天」。從天的規律，再推衍為人的規律，變成人合理的行為標準；但亦可反過來，從人開始逐步學習，先了解道理，擴展自己的本性，到最後回歸到天地之道。前者由上而下，後者由下而上，也就是孔子所說的「下學而上達」（《論語·憲問》）的發揮。

我們今天剛好相反，提倡專才教育，不以認識所有宇宙人生萬物的道理為榮，而以深入研究一件事到極致為傲。

四、先學習再應用：「效法之謂坤」，「效法」即是學習、體會、順從著坤地明顯表現出來的規律。然後是應用、提升這些規律，那你未來的成就便可以大到極點了。

五、先學後教：「修道之謂教」，如果我們好好地將人生的規律，修飾到完備、合理，令到其他人能夠跟著去做，這便是教育。通過敏銳善悟的人，將天性發展出來的合理規律，通過教育傳播給普通人，使他們也能夠更明白人應該如何立身處世，這就是「教」。

六、以人為本：儒家的出發點是為人類服務，我們了解任何知識，目的都是為人類服務，對人類有益的我們才去做。因此儒家所了解的天道，都要與人類的德性相配合，以建立人類的道德規範。所以《繫辭傳》表面雖說天道，其寓意卻是根據天道，以指導人類如何進德修業。這點與道家立足於天道，人只要順天而行的老莊思想不同。

七、先假設再審議：「擬議以成其變化」，即先比擬物象然後言說道理，先審議物情然後揭示變動，通過比擬和審議就形成《易經》的變化哲學。應用於教學上，即先假設學生的學習表現和能力，教學過程中再通過觀察、審視，去印證自己的假設是否正確。

八、推己及人：「夫易，開物成務……是故，聖人以通天下之志」，所以創作《易經》的聖人，甚至後來學習《易經》的君子，明白了《易經》「開物」這種功能之後，就可用這種知識來開通天下人的心志。「通」就是溝通、開通，第一是指明白，第二是指能夠與人互相聯繫。「天下」指天下所有的人；「志」就是心志、思想、希望、人生的願望等。

如果對所有事物都了解，並掌握了其表面和內在的道理的話，聰明才智便會增加，自然能夠開通天下人的心志。其次是明白了事物的道理後，也就明白了人類的共同想法，便可根據人類共同的愛惡，共同的期望，去處理人生各種事務，當然是較合理的。這裡首先說「開物」，然後是「成務」，便能明白天下人的心志。

到了最後，就是要研究怎樣可以將《易經》以上偉大的作用，實踐和展現於人間。《繫辭上傳》用了「存乎德行」作為最後的勉勵和提點，說明了學《易》之人，自己需努力將易道首先實踐於自己身上，提升自己的聰明才智；然後才能夠達到所謂「神而明之存乎其人；默而成之，不言而信」的最高境界。換言之，《周易》這一本書是需要學者細心體會，不單止是掌握了這本書的知識，還要通過實踐，提升自己的智慧和德行，才能夠真正將《易經》的好處實踐於天下，展現於人間。這些都和美國教育家杜威（Dewey）、俄羅斯心理學家維谷斯基（Vygotsky）主張的教育理念相近。

於二零一一年春

目錄

前言

黃漢立

通行本的《易經》，其實是由兩部分組成的。其一是《周易》，今天學術界或稱為《周易古經》，是周初的著作，距今已有三千年。雖然書中蘊含了遠古以來先民最珍貴、最有價值的生活經驗和智慧，但由於主要是為占筮而作，因此這些深邃的哲理尚是引而未發的。

《易經》另一部分是《十翼》，今人或稱為《易傳》，是解釋《周易古經》的七種十篇的著作，是戰國中、晚期孔子後學撰寫的。它不獨解釋了《周易古經》原文文義，更進一步將原書引而不發的哲理，引申、發展成為當時哲學水平最高的著作。《周易古經》正是因為有了《十翼》的詮釋，才成為六經之首、五學（經）之原。而《易緯》和漢儒稱呼它為《十翼》，就是因為鳥雀有了羽翼才能高飛，《周易古經》有了《十翼》才能發揮其偉大作用的緣故。

《繫辭傳》是《十翼》的一種，由於文字較多，所以分為上下兩篇，稱為《繫辭上傳》和《繫辭下傳》。它是《周易古經》的概論，通論《周易》的占筮體例、卦爻象、卦爻辭的起源及義例，並藉乾坤兩卦，說明易簡之德，學易的賢人君子以此進德修業，聖人以此崇德廣業。又論述《周易古經》有言者尚其辭、動者尚其變、製器者尚其象、卜筮者尚其占四項功能，占筮僅佔其四分之一的功能而已，降低原來占筮的重要性，提升《周易古經》成為彌綸天地之道，聖人用以治國安民、賢人君子用以成己成物的經典。

後來的易學家循此再發展，終於提升《易經》成為闡述宇宙基本原理、事物變化規律和人類崇德廣業的寶典。

而《繫辭傳》的作者在解釋上述各項內容時，是以易道（原理）和易用（應用）兩項進行發揮的。從易用來說，最先根據易道作為判斷人類行事得失吉凶的理據，進一步提升為賢人君子的得失吉凶在乎進德修業，極其致，則臻達聖人的境界，而聖人則當崇德廣業，仁知並盡，窮理盡性以至於命，和天地合一，就可以參贊天地之化育。亦即人類在精熟自然規律、神化自然規律後，能和天地萬物和諧並存，使人類在地球上的發展，更臻完善。

而從易道來說，最初根據天地的自然規律來解釋《周易古經》原始的體制及筮法，進一步貫通天地人三道而成為易道。由於這易道能夠同時解釋天地人和萬事萬物的運動和變化，因此也就接近宇宙的基本原理。所以這種易道不獨可以完善解釋《周易古經》的一切，甚至也提升《周易古經》，成為講述宇宙本原和事物變化的寶典。

正因這種易道近乎宇宙基本原理，能夠作為解釋《周易古經》的理論根據，自然也可以用它來解釋其他一切學術，作為一切學術背後的理論根據，戰國後期至漢初的《周髀算經》便首開以易道作為算學根源的先河，影響所及，漢代天文曆法便以易學卦氣說為據，順帝、桓帝時魏伯陽則援易道作為煉丹（內、外丹，外丹是化學煉金術，內丹是性命雙修的養生延壽學）的指導，六朝劉勰則據易道以為文學理論，撰寫文學理論經典《文心雕龍》，道教亦以易道建立道教哲學，宋代儒學更以易道發展為新儒學，成為後來七八百年中國傳統文化的主流。流風所及，習俗思想以至醫卜星相，民間各學都以易道為其學的理論根據。於是《易經》便成為中國傳統文化之源，影響中國文化之深遠，是無法估計的。

而提升《周易古經》為探討天地本原之學、萬事萬物變化的規律和人類崇德廣業的寶典，乃至再提升成為中國文化之原，中土學術之母的功臣，正是《十翼》，尤其是《繫辭傳》。因此，研習《易經》的學者固然要細心研讀，就是研習中國傳統各門學術尤其是和哲學有關的，更不能不細心閱讀《繫辭傳》！

二零零九年十一月七日至二零一零年一月三十日，再蒙謝錫金教授邀請在香港大學教育學院中文教育研究中心講授《易經》，便以《繫辭傳》為今次講課的內容，因為希望能夠盡量詳細講解原文並發揮其言外哲理，限於時間，只能講授《繫辭上傳》，《繫辭下傳》則留待下次完成。

講課共十二次，講課錄音先由戚軒銘君相當忠實而詳盡地筆錄成為文字稿，復經編輯蕭若碧女史細心校正、補遺、分段、標點，並添補書中圖表，然後我再詳加增刪、修改，將稿中文字盡量改為明晰的書面語言，希望讀者更容易閱讀。再交編輯梁健彬君通讀、校正、整理全書，副總編輯李安女史再詳盡加以補正，使本書更臻完善。

復蒙霍震寰先生、香港大學建築學院副院長、代院長、聯合國教科文組織文物資源管理教授龍炳頤教授及香港大學中文教育研究中心總監謝錫金教授賜序推介，使本書得藉青雲之士而增加聲價。

復次，胡卓斌先生、陳務華女史設計封面及重繪圖表、郭榮君剪輯錄音聲帶，周夏森女史安排課程，吳卓佳女史盡心盡力編印講義及上課事宜，梁昌欽君錄影、傅玉堂君為班長兼助教。兼以上課同學熱心認真聽講，使我受到極大的感動和鼓舞。

上述諸位先生、女史的協助，是這次講課能夠完成的主因，謹藉此致謝！

內子彭德貞對於今次講課，在原則及內容上，提出很多寶貴的意見，使這次講課在教學方法及內容上都有所改進，亦藉此表達銘感之意。

最後，本書內容有不當之處、懇請方家、讀者不吝賜教指正，俾能於再版時加以改正為禱！

二零一一年二月十日於香港屯門寓廬

第一講

導言

謝謝各位參加第三次《易經》課程。今次我會比較深入地講解《繫辭上傳》，所以選講《繫辭上傳》這篇文章，是因為它發展了《周易古經》大部分重要的觀點和內容。如果我們真正能夠明白這一篇文章，神而明之，應會對《周易古經》的內容有比較深入的了解。閒話少說，我們現在正式開始講解《繫辭上傳》。

《十翼》之一種

《繫辭傳》是通行本《易經》中的一種，分上下兩篇文章。今天的《易經》其實是分為兩個部分的。一部分是《周易古經》的原文；另一個部分是解釋《周易古經》的文章。《周易古經》是周朝初年的古書，全部文字不多於五千字。但到了春秋戰國時代，儒家學者對原本的《周易古經》的內容進行了分析，並加以發揮，撰寫了很多文章。其中有七種可能比較好，到了漢代便將其選入，作為解釋《周易古經》的主要著作。那七種著作中，解釋《周易古經》「卦辭」的《彖傳》和發揮「卦辭」及「爻辭」「象」的含義的《象傳》，為了配合原本《周易古經》分為上下經的體例，也分為上下篇。另外，《繫辭傳》可能由於文字比較多，所以亦分成上下兩篇。另外的是《文言傳》、《說卦傳》、《序卦傳》、《雜卦傳》四篇。結果，這七種解釋《周易古經》的著作，合起來便是十篇。漢朝時的《緯書》，將這十篇解釋的著作叫作《十翼》。這個「翼」字，就是鳥雀的羽翼。鳥雀之所以能夠高飛，是羽翼的作用。稱它們為《十翼》，是對這十篇文章最大的尊敬和讚揚。意指《周易古經》雖然偉大，亦是因為有了這十篇文章的輔助，才能令到它高飛。

為何如此高度推崇這十篇文章呢？甚至認為《周易古經》沒有它們便不能發揮作用呢？當然這十篇文章的內容本身確是深奧而偉大，但另外一個原因，是由於在傳說中，《十翼》是孔子所撰寫的。孔子在漢朝儒家學說獨尊後便成為聖人。聖人的作品當然可與古經並駕齊驅，所以這十篇文章便命名為《十翼》。另外，《十翼》亦可稱為《易傳》。

篇名與性質

《繫辭傳》是《十翼》中的一種。傳統上，凡是解釋經典的最高級著作叫「傳」，而次一級的叫「注」，解釋「傳」或「注」的則叫做「箋」或「疏」。因為這是高級的解釋《經》的著作，所以稱它為「傳」。亦因為它有兩篇，所以上篇就叫作「上傳」，下篇就叫作「下傳」。首先用這個名詞的人，是漢魏之間的大學者王肅。後來南宋偉大的學者朱熹同樣用《繫辭上傳》和《繫辭下傳》的名稱。另外，稱為《繫辭傳上》和《繫辭傳下》亦可以，古人也有這樣稱呼的。

「繫辭」這兩個字是甚麼意思呢？「繫」字字義是連接，意思是用繩索將不同的物件緊密地連接在一起。「辭」就是文字、文辭。「繫辭」這兩個字在《繫辭傳》中也用了。在《繫辭傳》中，「繫辭」這兩個字，有兩個意思。凡是連接在《周易古經》卦下面的卦辭，便稱作「繫辭」。但連接在「爻」下面，說明「爻」的吉凶的文字，它同樣叫作「繫辭」。因此在《繫辭傳》原文中，「繫辭」這兩個字或者是指「卦辭」，或者是指「爻辭」。

所謂「卦辭」，例如《乾卦》的「乾，元亨利貞。」這四個字便是「卦辭」。接著的「初九，潛龍勿用」，這四個字便是「爻辭」。連接在卦和爻畫下面的文字，就叫作「繫辭」。

再引申這一個意思，凡連繫在原本《周易古經》後面的文章，也可以叫作「繫辭」。當文章不得不附於《周易古經》後面的話，亦說明它特別有價值。我們今天所讀的《繫辭傳》，是因為它通論整本《周易古經》的大義。《周易古經》因為有了這篇發揮其義蘊的文章，普通的讀者才明白《周易古經》引而不發的精義，從而能夠進一步將其義理透徹了解和再加發揮。因此用「繫辭」稱呼這兩篇文章，特別說明這兩篇文章在高級的注解《周易古經》著作中，它特別重要，非連繫於《周易古經》之後一起細心閱讀不可。因此，古人讀《易經》，第一步當然是讀《周易古經》的文字。第二步，如果希望百尺竿頭，更進幾步，就必須要讀《繫辭傳》。甚至我們可以說，《繫辭傳》是《易經》的概論或入門，它更是把《易經》包含的內容發展到更高哲學境界的兩篇關鍵著作。所以「繫辭」的第三個意義，就是通論或概論。

由於它根本等於是通論、概論，總括和發揮《周易古經》內容的文章，所以陳鼓應教授，根據《說文解字注》段玉裁對「繫」字的引申發揮，認為「繫辭」就是通論、概論的意思。當然在陳教授未說這句話之前，我們已知道《繫辭傳》便是通論、概論。他只是根據段玉裁的解釋加以說明而已。《繫辭傳》另外有一個名稱，叫作《易大傳》。《易大傳》這個名稱的由來，是西漢武帝時，偉大的歷史學家司馬遷和他的父親司馬談在《史記·太史公自序》中論六家要旨時提到這篇文章，並引用了其中兩句句子，他們把這篇文章叫作《易大傳》。

究竟《易大傳》是甚麼意思呢？由於漢朝除了《易大傳》以外，另有一本書叫《尚書大傳》，《尚書》即《書經》。《尚書大傳》不是逐字解釋《書經》，而是綜合說明《書經》的內容。而《繫辭傳》亦不是逐字逐句解釋《周易古經》卦爻的文字，而是綜合、提升、概括地講述易學的原理。因此，《易大傳》的意思其實是指它不逐字解釋，而是概論式的，與《尚書大傳》一樣。元朝時候的胡一桂有這樣的說法，由於西漢傳授《易經》最早的人是楊何，楊何可能在解釋《易經》時寫了很多篇的注解，他的門徒便叫楊何的注解為《易傳》。《繫辭傳》並非楊何所寫，而是孔子寫的，為了表示不同及凸顯它的偉大，故加上「大」字。如果採用胡一桂的說法，凡是由孔子所寫注解《周易古經》的文章，都可以叫作「易大傳」了。所以著名的學者高亨教授便稱《十翼》為《周易大傳》，並撰寫了《周易大傳今注》，而這本書是為全部《十翼》的文字作注解的。但文獻上，除了《繫辭傳》之外，《十翼》的其他篇章從來沒有人稱之為《易大傳》。因此高教授這說法，雖有根據，但是否一定合理呢？由於有值得懷疑之處，故另一位偉大的易學學者朱伯崑教授在他的《易學哲學史》第一卷中，對這種說法提出駁斥。但《繫辭傳》，則的確有偉大的歷史學家司馬談、司馬遷父子稱它做《易大傳》。以上是我們對篇名的了解。

作者問題

接著要講的是作者問題。傳統上，一般都認為《繫辭傳》是孔子撰寫的，一直都沒有人懷疑。直至北宋，歐陽修在他的《易童子問》三篇文章中，才說《繫辭傳》的文字前後重複、冗贅，並有自相矛盾之處。似乎以孔子這樣偉大的聖人不應該會有如此差的作品罷？因此說《繫辭傳》以下數種《十翼》的著作都不應該是孔子的作品。雖然他提出了這個疑問，但在古代，接受他的看法的人可說是極少。一直到了清朝，崔述才在《洙泗考信錄》中，進一步地說《十翼》全部都不是孔子所撰寫的。然後這一問題才受到較多的人注意。民國初年，梁啟超先生首先這樣說：《繫辭傳》除了儒家思想之外，還有道家和陰陽家的思想。接著，我的老師錢賓四先生，亦撰文提出《繫辭傳》內有很多道家的思想。於是這個問題便成為學術界開始關注的問題。為何這說法會成為問題呢？因為每一個學派總有它的特殊原則和主張，與別人不同，才可形成一個學派。儒家學派開始於孔子，在孔子身處的春秋時代，正是中國人性覺醒的時代。因此，當時很多人都有這樣的一種想法：我們應該暫時將天的問題放開，要首先解決人生的各種問題才對。因為人性的覺醒，人變得重要了。既然如此，解決人生的各種問題當然應該優先考慮。這種新思潮，可見於《左傳》中鄭國的執政大夫子產，他說：「天道遠，人道邇。」意思是天道與我們的關係距離很遠，但人道就與我們很接近。這可以說是代表了春秋時候有識之士的共同想法。

孔子與子產同時，只是略為後一點而已，孔子對子產有很高的評價，稱讚他是「古之遺愛也」。因此，孔子雖然一生之中主張恢復周文，而所謂「周文」，即周初周公所創設的制度和禮制，以此作為他的最大理想。但是，他其實已經受到春秋時候的新思潮影響。所以他在主張恢復周禮的時候，已經從周初所注重的「禮文」，改為注重「禮意」。所謂「禮文」的「文」，指那些繁瑣的禮節儀式；而「禮意」即是說我們對人恭敬，因為對人懷有溫情善意。如果我們內心對他人友善，外表便會對人微笑、點頭。孔子特別在「禮意」方面著眼，已經在繼承周文之餘，有了新的改變。另外，孔子在繼承周文的「禮」之外，還特別強調了「仁」，作為人最關鍵的行為標準。雖然他一生的言論都是講述人生的各種問題，但只要我們細心和深入地作出分析，他的語言和理論背後，已經有了非常深邃的「天人合一」的觀念，作為他的理論背後的根據，只不過他在文字和語言中間沒有明文說出而已。

繼承孔子的孟子，除了繼承孔子的「仁」之外，還強調了「義」，更提出了人「性善」的理論。當他說到「性善」的時候，其實已經在背後隱約地說出了人性是來源於天性，因此人性是善的。只是他沒有說得很清楚和沒有特別加以發揮而已。但在他所說的理論中間，其實已經隱隱地建立了一個「天人合一」的系統。這個系統與道家老子的「天人合一」系統有所不同。這個問題我們留待以後再作討論。其實上一個課程已約略講過這問題，或者不用重複了。

在文獻上真正說到「天人合一」的中國哲學家，應該是老子。老子的後學莊子，更加注重「天」，而對「人」本身則有點冷漠和輕視。所以儒家的大儒荀子曾經這樣批評莊子：「蔽於天而不知人。」他在思想上有蒙蔽，只集中精神關注於天道方面，對於人道方面則有所忽略。因此老莊的「天人合一」說法，可以說是中國文獻中最早提出的，而且是一個影響深遠的主張。而《繫辭傳》在在處處都提到「天人合一」，於是一些學者就說，儒家只講人而不講天，因此如講到「天人合一」，這便不是儒家而應該是道家的說法了。既然《繫辭傳》混雜了道家的學說，就不是純粹的儒家學說，那當然不是孔子所寫的。這是第一點。

第二點是，儒家由孔子開始都沒有提到陰陽五行的學說。雖然現今從考古研究中發現孟子和子思的儒家學派可能會談陰陽五行。甚至今天出土的文物，有所謂《五行篇》，可能便是子思和孟子學派的門徒的著作。但畢竟儒家在正常情況是不談陰陽五行的。在《繫辭傳》中，用了陰陽來解釋宇宙萬事萬物，這至少是孔子所沒有的說法。因此這些學者就根據此點認為《繫辭傳》不應該是孔子所寫的。不過，他們雖然說《十翼》（包括《繫辭傳》在內）不是孔子撰寫的，但並沒有說這並不是儒家的作品，只認為是由孔子的後學撰寫而已。

到了二十多年前，才出現一個破天荒、古往今來都沒有人提出的「偉大」說法：《十翼》並非儒家的作品，而是道家後學所寫的。這個說法的提出者便是陳鼓應教授。他在北京三聯書店出版的著作《易傳與道家思想》當中，通過各方面去講述這一問題。然後這個問題便變得嚴重起來。由於他提出了許多理由，所以我們不得不對他的說法略為分析及說明。

限於講述內容，我們只就《繫辭傳》來說，其他篇章只能連帶而及。有一個問題必須要提及的，就是《繫辭傳》到底於何時寫成？作者又是誰？它到底是屬於儒家還是道家的著作呢？簡單而言，《繫辭傳》的作者從古到今籠統地歸納起來有各種不同的說法。第一種說法說作者是孔子，這由漢到唐都沒有人懷疑，到了北宋才有人開始懷疑。但事實上，在民國之前，百分之九十研究易學的人都認為《繫辭傳》乃是孔子撰寫的，只有少數人反對而已。所以在歐陽修之後，還堅持《繫辭傳》是由孔子所作的學者很多，如南宋的朱熹、元朝的熊良弼、以至近代的大學者章太炎、熊十力、顧實，他們依然堅持作者是孔子。尤其是現代的易學大師金景芳和他的徒子徒孫，仍認為作者是孔子。當然，古往今來不談這問題的人其實也等如承認孔子是作者。所以，可知道這一說法是最具勢力的。從民主角度看，如多數人的主張是真理的話，那這個說法便是真理。可惜真理不幸地往往只歸於少數人。

第二個說法說作者是孔子的弟子和後學。南宋王申子的《大易緝說》是一本相當好的《易經》注釋書籍，書中便有此說法。各位如能買來讀讀，必獲益良多。清末時，廣東的大儒康有為的《新學偽經考》，或者台灣已故學者戴君仁等等，他們也是這樣說。其實並非他們三個，今天大多數研究《易經》的學者都有同樣的看法。

第三個說法說《繫辭傳》的思想與子思、孟子有關係，可能就是子思、孟子的後學所寫的。另外，又有人說《繫辭傳》有很多的觀念和荀子有關，很可能是荀子的後學所寫的。認為是荀子後學所寫的有二十世紀的大學者郭沫若等人，在他的《周易之製作時代》就有這一說法；二十多年前，國內知名的學者李澤厚在他的《中國古代思想史論》中，同樣有這一說法。其實無論是孟子的後學或者是荀子的後學同樣都是孔子的後學。所以最與眾不同的說法，就是陳鼓應教授說它是道家的後學所寫的著作。

成篇年代

《繫辭傳》這篇文章是甚麼時候寫成的呢？最早可追遡到春秋時候，甚至說孔子是作者。學者郭根說《易傳》的作者不能晚於孔子，甚至認為可能早於孔子。這是成篇年代最早的說法，早至春秋時代。

稍後的說法是戰國時代。由於戰國時代很長，故可將它分成前期、中期和晚期三時期。劉大鈞教授認為成篇於戰國前期到中期，說法見其《周易概論》。張立文教授亦有類似的主張。題外話，《周易概論》寫得相當不錯，特別是研究「象數易學」的人，更加要認真地讀讀這本深入淺出的著作。後來劉大鈞教授主編了一本非常有影響力的雜誌，叫《周易研究》。這本雜誌刊載了這二十多年來不同作者研究《周易》的各種新成就。有興趣進一步深入研究《易經》的人，這本雜誌應該閱讀。至於戰國中期到晚期的說法，見於北京大學的名教授張岱年的一篇論文〈論《易大傳》的著作年代與哲學思想〉。文中的《易大傳》是泛指《十翼》，可見不止高亨教授有這樣的想法，張岱年教授亦抱有同樣的見解。另外，有認為它寫成於戰國晚期的。這說法由同樣是北京大學的名教授朱伯崑在其《易學哲學史》第一卷中提出。

甚至有人認為《繫辭傳》是秦始皇焚書坑儒之後才寫成的。我們知道秦始皇統一天下是公元前二二一年。那焚書坑儒的年份應比統一稍後一點。

比較不同尋常的說法是，一位研究《易經》的專家，廣東中山大學的李鏡池教授認為《繫辭傳》成書於西漢昭帝和宣帝之後，也就是說比司馬遷時候的武帝還要後。大概有關寫作年代的見解就是以上各種。

首先令我們放心的一點是，湖南長沙馬王堆古墓的出土文物中，有帛書《繫辭傳》。而那個古墓大概是公元前一七三年埋葬的，所以這些文物最遲也不應撰寫於公元前一七三年之後，這亦即是漢文帝的時候，離開秦朝不算很遠。至少昭帝和宣帝是在文、景、武帝之後的。因此疑古派的李鏡池教授的說法，不需怎樣分析便知他懷疑得過火了。故剩下只需考慮究竟是戰國前期、中期抑或是後期寫成而已，但它應是先秦的著作，則無疑問。要解決這一問題，請容許我囉唆一點，慢慢地講述，然後各位才自行決定罷。

現在我要綜合地說明，究竟這些文章是屬於甚麼學派和甚麼時候寫成的。

儒道之辨

首先要說的是，《繫辭傳》是否屬於道家學派的著作？「天人合一」的思想，明顯地籠罩著整篇《繫辭傳》，故肯定《繫辭傳》的作者一定吸收了道家的思想，這是不能否認的。他能夠吸收道家思想一定是在它流行之後，從而可肯定它是戰國時代或以後的著作。

但是接著更為重要的是，我們要分析，《繫辭傳》的「天人合一」思想與老莊的「天人合一」思想，究竟是相同還是不同呢？相同的才可說是道家的著作，不同的則非道家的著作。先說一個笑話，某一次原子物理學的國際研討會，會中提到，如把原子、中子、質子以至基本粒子一直分下去，究竟這些所謂基本粒子是否是最後不可分割的單位呢？凡是西方的物理學家大都認為即使基本粒子不是最小的單位，但一定差不多是最小的了，最後總有不可分割的時候。但奇怪的是，受到中國東方思想體系影響的原子物理學家，他們認為似乎還可繼續分下去。究竟分到何時才是不能再分？則暫時未有定論。東方物理學家向西方學習是事實，而科學更是嚴肅至極的學術，何以會有不同的想法？

關鍵在於知識人人都可以採用，不論資質是好是壞、不論是聰明還是愚蠢，這沒有所謂學派的問題。但是當我們聽到一些知識之後，我們對這些知識的評價，和如何去利用它，這樣就形成了不同的觀點和原則，由此變成了不同的學派。古希臘認為原子是最後不可分割的單位，因古希臘沒有無限小這個概念。而在中國，例如莊子便說，假使將一物件每天分開兩半，則根本沒有分盡的一天。舉例說，如將一尺長的物件每日折斷一半，今天變半尺，明日變三寸，後日變寸半等等，分至最後也不能把它分盡的。無限小的想法，在我們的中國很早已產生了。可是在古希臘，連分數也不存在。那解釋了古代歐洲人在幾何學方面是天才，代數則不濟的原因。要等到能夠接受無限小這一概念後，然後新的數學和物理學體系才得以成立。西方人理解這概念不容易，但在中國人腦筋中，則認為這是理所當然、毋須解釋的。所以大家採用不同的觀念，在應用同一知識時可能會得出不同的結果。那種觀念便是立場、態度、價值觀和原則等，這些才是那個學派的根本精神之所在。譬如我們為何會說這個是香港人、那個是台灣人，一望便知？都是中國人，都讀中文書，都說中國語，但由於背後的思想和人生價值不同，神態表現就完全兩樣了。

「天人合一」：「虛」與「實」

明白了上述之理，才可以探討儒道兩家的「天人合一」有甚麼不同？第一點，我們可從「虛」和「實」來說。道家注重空虛的「虛」。所謂「虛」，意思很多，但簡單勉強而論，我們可以說「虛」就是沒有自己，將一切所有個人的、主觀的、人為的、後天的事完全忘記，便能虛心地接受和跟隨人。試想，剛愎自用的人怎會聽別人的說話？因此道家的精神便是「虛」，「虛」使天人能夠合一，結果人的個性、尊嚴和一切都要服從天的規律，人沒有了自己而回歸到天，這豈不是和天合一？因為「虛」，故能夠合一，人就回歸到天去。而儒家整個理論基礎是「實」，「實」是具體、有作為。正因為具體有作為，人的主觀的、能動的和積極的精神就佔主導。因為有了這種精神，儒家的「天人合一」將人和天比附，是令天還就我們。道家則是人是次要而天是主要的，人只有服從天。儒家則相反，它奉行「人本位」政策，人為重，天是次要的，因此是以人為主，選擇可以為我們所用的天的道理，我們才與之合一，以改善人生。因此它是有所作為的。凡是忘記自己，完全成為天的奴隸的，就是道家（注意：這說法誇張了）；凡是以人為本位的「天人合一」，就是儒家。我們拿《十翼》來讀讀，便可見它所討論的天道最後都落實在人道，是為實際人生立說的。

「天人合一」：外求與內求

第二點是由上述論點引申，道家的「天人合一」是否表現為向外追求呢？因為它本身是沒有標準的。其標準就是根據天道的規律來建立人道的規律。即是說人類世界所謂的對與錯，不是以我們人類主觀的意見來決定，而是根據整個宇宙的原理。這個宇宙的原理不單止控制宇宙萬物，我們人類同樣受其控制。所以道家的所謂「天人合一」，人性要配合天性。將人性變成天性的話，我們就要根據宇宙的規律來找出人性怎樣做才對。因此人性並非內心和本身所有，而是從外向體會了宇宙的道理中得出的。這是從外面得到的東西。

但是儒家所講的「天人合一」，對於人性和天性的關係，孟子說得最好：「盡心而知性，盡性而知天。」照字面解，只要好好地根據我們內心所想的、自己認為合理的，我們便會自然了解到人性應該如何才是最合理的。當我們了解人性之後，盡量將這人性擴充和發展的話，你便會知道天性也就是這樣的。

到了這刻，各位或者有了感悟？儒家論及人的天性，是「內求諸己」。最初向自己內心去體認天命，到最後人性便是天性，再進一步便不必外求，求諸於自己便可以了。

「天合人」與「人合天」

因此根據這種「天人合一」的標準引申出來的第三點，道家的「天人合一」是合這個無意志的天的規律；而儒家的「天人合一」，是遵循自己內心認為合理的道德，要人好好地擴展本身的道德，認為這些道德就是天的德性。當人可以將自己的道德擴充到天那樣偉大的時候，甚至通過人為的努力，在某些方面表現得比天更偉大的時候，人便可通過德性與天合一。所以兩種「天人合一」的理論，一個是近乎西方物理的自然的合一，一個是說人和天的德性的合一。這是道家與儒家觀點的不同之處。

將這種不同用幾個字來概括，我們可以說是「天合人」和「人合天」，這是最大不同的關鍵。道家是「天合人」，強制地將天與人合起來。人不論正確與否，都必須被天壓制，人必須跟隨天。至於儒家的「人合天」，是以人為本位，與天相合，這是儒家思想的一個關鍵。所以我們可以看到，中國最根本的哲學，便是「天人合一」在兩千年來的發展。而「天人合一」的思想，到底是以道家為主流，還是以儒家的德性合一為主流呢？各人將來可作研究，甚或將中國書籍放進電腦來統計，就更為方便和準確。但至少在今天我們以不科學的籠統分析，這兩千多年來，儒家的「天人合一」思想是主流，而道家的「天人合一」思想只是輔助。

看待知識的態度

接著，另一個關鍵的問題，就是兩者對知識的態度。老子曾說：「知者不言，言者不知。」懂的人不會說，不懂的人反而胡說。又說：「古之善為道者，非以明民，將以愚之。」古代最善於「道」的人最不希望民眾明白「道」，反而「愚之」，表示出他不想教授民眾知識。他甚至說：「絕聖棄智，民利百倍。」意思是如果不要聰明智慧，民眾會更幸福。表面上似乎老莊是最反對知識的。但剛好相反，老莊是知識貴族主義者，認為全世界任何事都不值錢，最值錢的是知識。只不過，他們所說的天道太深奧了，民眾的聰明才智，根本無法理解。所以他們乾脆不教授知識，但他們本人是否不注重知識呢？可以說，他們本人非常注重知識！這態度在於莊子尤其明顯，整本《莊子》，都是對人類愚昧無知的嘲諷和攻擊。如果認為無知的人是偉大的話，那他們應該是受到讚揚的對象。何以故在《莊子》一書中，對這些無知的人諷刺和攻擊得這般嚴厲？因為莊子本來是注重知識的，只不過他認為宇宙的知識是深奧的，不易為民眾所知而已。「民」字的古義為盲，看來老子、莊子仍承古義！

但《繫辭傳》第一章就提到：「乾以易知，坤以簡能。易則易知，簡則易從。」這裡說出了宇宙的真理，是人人可知，人人可行的。所以我們做人的第一步，要「明善」、「知道」，首先明白何謂善惡；第二件事最重要的，是要知道甚麼是最高之道。有了這種知識之後，然後才可以擇善及行道。在各種事物好壞之間，選擇最好的，作出決定之後，依著這個理想，去實踐人生之道。所以老莊是反對教育的，不肯教人；而儒家最注重的是人人都可以接受教育，人人都可以認識高深的道理。「明善之道」就是學習，「擇善行道」就是努力把自已所學到的，通過終身實踐，對內對自已個人是不停地進德；對外對人群則是盡量修業。儒道兩家對天道的看法，一個認為不可知，一個認為可知，有明顯的分別。所以《繫辭上傳》開宗明義，宇宙之道易知易行，與老莊的難知難行，甚至乾脆不要學的想法是不同的。因此我們可以說，《繫辭傳》的作者在吸收道家「天人合一」思想的時候，所吸收的是其知識，並且在吸收的同時，將「天人合一」的內容根據儒家的立場加以改變，成為儒家所提倡的主張，補充了儒學內容的不足。

如此一來，我們能否說《繫辭傳》的作者是道家的信徒呢？我們只能夠說他受了道家的影響，但並非其後學。如果這樣也稱為後學，那便非常嚴重。好比一個發明家，長期苦心潛思一項發明仍無所得，在毫無頭緒時去一趟旅行，途中遇到一個說話沒有邏輯的低能兒，在隨口胡亂搭訕幾句過程中，啟發了他的靈感，即時歸家完成了新的發明。如你堅持說科學家並不偉大，低能兒才是這項科學的發明者，我也沒有辦法！這個世界每個人都有發言的自由權！但要知道發明的靈感科學家本來已有，只是還未得到激發而已，所以他才是發明人，不能把功勞歸於低能兒！

對立概念

在「天人合一」之外，還要分析其中的相對主義。例如老子專門講善惡、白黑、好壞、得失、是非、美醜等。今天我們有個比較古怪的名詞稱為辨證法。各位有否留心到《繫辭傳》中，尊卑、乾坤、貴賤、動靜、剛柔、吉凶、成象、成形，全部都是相對的。這豈不是老子的後學！這個辨證法通過對立（或者叫作「矛盾」）來說明宇宙事物的真理。在老子所謂對立的觀念中，他特別強調了「不爭」，這是他的思想的最大優點，即任何事情都不必與人爭。因此不會發展成為西方式的對立，進而演變成矛盾和鬥爭。故此老子的對立是對立，但不會有矛盾和鬥爭。當他說到對立時，他提到對立雙方互相依存，有好就有壞、有禍就有福，兩者就如孿生的兄弟姐妹，有一必定會有二。舉例，你說某女孩子很漂亮。當你說出這一句話的時候，是否暗中有了個醜陋對象用作比較？因此說美麗與否是沒有一定標準的，假如和一個最醜的女子來作比較，即使是貌醜的也會變得美麗。即兩種事物互相比對才會出現好壞、是非，沒有好即沒有壞，沒有壞也沒有好。這些對立觀念必是互相依存，又互相轉化的；禍可變成福，福又可變成禍。

了解這些觀念後，再看《繫辭傳》，文中同樣談到這些觀念，表面看確是很類似，卻實際存在著很大的不同。當道家的老子談到對立的時候，是認為兩者是站在對立的兩端。例如正和負，兩者是對立的。但從儒家觀點來說，由正到反或反到正之間，中間必定有一個發展的過程。在此過程的開始處（即正負之中點），循一邊的方向，會走到一個極端；循相反另一邊的方向，會走到另一個極端。但在這一中心點上，正和反是相合同在一處的。就好像一個人從香港可以到北極去，也可以到南極去，最後可以去到南北兩個不同的極端，但大家都是從香港出發。所以在對立的雙方中間，有一點是既不衝突、也不矛盾的。

第二點，所謂「矛盾」，其實是由中間那點不矛盾發展而成的。因此，即使它發展到兩個極端，其實大家都是從同一點出發，所以雖然表面相反，但在背後可能也會有相同之處。能夠使對立互相通融，因此對立便不再是對立，矛盾不再是矛盾了。儒家稱呼這一點作「中」，孔子認為「執其中」，就能夠解決矛盾的問題。因此，在老子的辨證法中，對立已經是「不爭」，而非如西方鬥得你死我活，不能兩存。儒家就更進一步，認為兩個極端可以互相調和，可以找出共通之處。大家還記得我們讀過《乾卦》內「保合大和，乃利貞」一句嗎？當中的「大和」其實就是指那一點。因此儒道對這個辨證法中所講的「對立」是不同的。另外，今天的辨證法最重要的是講矛盾統一和對立統一。道家只談對立，而沒有提到怎樣達致統一。反而儒家吸收了他的這種對立的思想，用儒家最寶貴的「尚（崇尚）中」思想，提升了道家的對立思想到另一個高度，這就是對立統一。而這一個對立統一的思想是中國的關鍵思想，是中國兩千年來人人（包括崇洋的中國人）都有的共同想法。而這個關鍵思想的來源就是吸收了道家思想，再用儒家學說改良提升的結果。

另外，老子所講的「對立」，沒有說明為何一件事物可以變成另一件事物。雖然他提出了一個很有名的哲學命題：「反者道之動」，意思是道總是向相反方向發展的。但為何會向相反方向發展呢？他則沒有提到。但在《繫辭傳》或者《易經》則有所說明。當任何事物未曾發展至極限，它不會轉為相反。只有當任何事物發展到極限，才會向相反方向發展。因此說出了宇宙的變動之所以向相反方向發展，是受到時間、條件及其他關鍵原因的影響。老子不懂得這一道理，而莊子則更將它發展為相對主義。但儒家則不同，他同時衡估對立雙方的得失，折中找出一個更合理的主張。反之，老子經常只著重在一端，例如叫人應該站在貧窮落後的低地，那你就會發展到好的一面去。想有錢先要挨窮，這是因為富者將變窮，窮者將變富；想要人稱讚便要懂得謙虛，不要自我誇耀；愈誇耀，其他人便愈會貶低你。這是求榮反辱、求辱反榮的道理。但他不知道如果不到極限，窮的永遠是窮，富的永遠是富。以為挨窮之後就會變富，真是妙想天開！如這想法是合理的話，世間佔了絕大多數的窮人豈不是全會發達？《十翼》不講這一套，可是道家要遵守這一套就會受到很大的束縛。所以它主張無為，要退縮、要向後。我們如果遵從這些主張，日常生活中，就甚麼也不用做了。這是否合理？那當然不合理！儒家就說出了，人要有為，但不要到極限。所以要「持盈保泰」，「盈」是盈滿，「泰」是安泰，如果知道很快到盈或泰，那你便不要過這一條線，知道自己應保持一個甚麼的位置，那你便永遠不會走到相反面。因為他明白在對立中，因某些條件才會變成相反面。所以道家哲學一味消極向後，而儒家哲學則可前可後。明白了這一點，還可以說《繫辭傳》的作者是道家的後學嗎？其實還有很多點，但這留待講解正文時才詳細陳述。

陰陽觀念

尚有一點要說，道家不斷提及陰陽，但儒家沒有。的確，《繫辭傳》陰陽的觀念肯定是從道家和陰陽家當中吸收的。但要注意，歷史上最早記載有關陰陽的觀念的一本古書是《國語》，其中提到西周首都發生地震，一位叫伯陽父的史官，他不是從宗教神秘學角度來解釋地震，而是從陰陽角度去解釋。他說大地的陰陽兩氣互相壓迫。陽氣受到陰氣的壓迫而不能夠上升，結果在它奮勇掙扎的過程中間產生了地震。這是根據陰陽觀念來解釋地震。中國可能很早已有陰陽的觀念，因此在公元前八四一年發生的地震中，伯陽父以史官的身份依據陰陽理論作出解釋而已，而屬於道家的老子本身也是史官（他是周守藏室之史，即國家圖書館館長），管理著國家的歷史資料，應對古代歷史很熟悉，所以我們知道他是繼承了古代文化，故也繼承了陰陽概念。因此陰陽觀念並不是老子首先提出來的！

其實孔子何嘗不是繼承了中國古代的文化知識？他未必沒有繼承陰陽學說，只是他引而不發而已。因此，我們也不能說儒家的陰陽學說一定是來自道家和陰陽家的。

但是儒家和道家的陰陽概念是否有異同呢？首先第一點，我們從《繫辭傳》來看，它採用了道家和陰陽家所講陰陽是「氣」的說法。這種「氣」，是構成天地萬物的物質基礎。所有宇宙的物質都是由陰陽兩氣混合產生出來的，而且陰陽兩氣是推動天地萬物、包括人事變化的關鍵原因。這肯定是道家和陰陽家的說法。

但除此之外，儒家的後學仍然站在儒家的立場。還記得我們提到天道時，說道家指的是自然的天道，而儒家則強調天的德性嗎？同樣從德性這一觀念引申，將陰陽概念加上德性，於是陰陽從兩氣擴大為兩種不同性質的觀念。大家一看就明白了，《繫辭傳》提到天地、日月、萬物和人事的地方很多時是從陰陽兩種不同的性質立論的，這不是道家之說。而且《繫辭傳》將一切宇宙萬物都可分成兩種不同的性質，一種是陽性物質，另一種是陰性物質後，並進一步將陰陽賦以儒家道德的屬性，即陽善陰惡。而這種陰陽兩性幾乎是《十翼》篇章中更重要的關鍵和更強調的觀點。所以即使它繼承了道家的學說的同時，已根據儒家的立場和原則，提升和改變為注重陰陽的性質。而這陰陽特性是道家所不強調的，德性的觀念則是儒家強調的，因此它所說的陽是善，陰是惡等等各種關鍵的德性，都是從此而來。所以我們可以通過這個最關鍵的要點來作出反駁。「天人合一」、陰陽觀念不錯是來自道家，但單憑這樣就說《繫辭傳》是道家的著作，就肯定錯了。知識大家可以吸收，觀點立場不同，大家的解釋不同，便形成了不同的家派。因此《十翼》肯定是儒家的著作。

但當我們細心體會《十翼》，發覺它不單止受到道家、陰陽家的影響，甚至戰國時的很多家派的思想都融合在《十翼》之中。而中國出現學術互相吸收、融合的時間，最早可能是在戰國中期。因此，若我們說《十翼》是戰國中期、甚至是戰國後期的著作，應該是最合理的說法。至於作者，只可以說他們是幾位非常偉大的學者。古代與今天不同，古人的學問，往往是用家派來作代表，而家派則常用創始者作代表，因此任何一個家派的學者，每將自己的言論當作創派祖先的說法。因此，《莊子》一書其實是很多莊子的後學所寫的。這在任何一本「子書」中都會出現這種情況。在古代，個人並不重要，這與今天是不同的。今天我們抄襲也可當成是自己的作品，而古人則把自己的創作都歸於前人。這不單是在中國，地球遠古的任何民族都是這樣的。因此很遺憾地，我們不知道誰是作者，致使我們無法讚揚他們。但我們可以肯定的是，他們絕對是儒家的後學。至於是荀子的後學、還是孟子的後學？我個人認為，雖然有少數的特例較接近荀子，但大多數的理論與孟子學派更為符合，尤其是可和《中庸》之說相通。故我們寧願說他既非孟子之徒也非荀子之徒，而可能是另一個儒學系統，由博覽群書的學者所融匯貫通而成的一個更高明、更偉大的思想系統，正因為它包含了各家的思想，不應該因為他有幾點孟子的說法就當成是孟子的學生，有幾點荀子的說法就說是荀子的後學。

這一點可以這樣解釋，戰國同樣有綜合百家的著作，最著名的是秦始皇的宰相呂不韋門客所編成的《呂氏春秋》，它也是融合百家的。但因它沒法以一統萬，只是抄襲各家材料，所以不能成為一個完整的體系，不像《十翼》般承繼儒家的系統，以一統萬，融匯百家，補充擴展了儒家哲學，達到當時最高的哲學水平，所以才成為偉大的作品。呂不韋所編的書屬於雜家，而《十翼》仍然是儒家，因為它的哲學思想遵循儒家的思想系統。這便是我們對今天一個學術上的問題的初步解答。

採用版本

《繫辭上傳》與《下傳》，後人都替它們分了章節，其中最有權威性的，是唐代初年孔穎達的《周易正義》和南宋朱熹的《周易本義》。其他各家所分的章節亦有所不同。我們覺得，朱熹分的章節可能比較合理一些，所以我們講解依據朱熹《周易本義》所分的章節。國內去年（二〇〇八年）影印出版了南宋咸淳吳革刊本《周易本義》，這是非常珍貴、權威的版本。大家如在市面見到的話，請不要因為它一套三本售價港幣一百四十元嫌貴而卻步。好了，現在開始講述正文。

第二講

《繫辭上傳》第一章

天尊地卑，乾坤定矣。卑高以陳，貴賤位矣。動靜有常，剛柔斷矣。方以類聚，物以群分，吉凶生矣。在天成象，在地成形，變化見矣。是故剛柔相摩，八卦相盪。鼓之以雷霆，潤之以風雨；日月運行，一寒一暑。乾道成男，坤道成女。乾知大始，坤作成物。乾以易知，坤以簡能；易則易知，簡則易從；易知則有親，易從則有功；有親則可久，有功則可大；可久則賢人之德，可大則賢人之業。易簡，而天下之理得矣；天下之理得，而成位乎其中矣。

天尊地卑，乾坤定矣。

「天尊地卑，乾坤定矣。」「尊」是貴的意思，「卑」是賤的意思。由於「尊」引申有高上之意，而「卑」引申有低下之意，因此，「天尊地卑」，引申為天十分尊貴，高高在上；地十分卑賤，低低在下。

「乾坤定矣」，「定」即確定的意思。「乾坤」是《周易》一書中兩個卦的卦名。《周易》有三畫的卦，我們稱之為「經卦」，一共有八個。在這八個「經卦」當中，有《乾》、《坤》兩卦。當我們將它們重疊變成六畫卦之後，就有六十四卦。《乾》、

《乾卦》

《坤卦》

《坤》兩卦，是今本《易經》最初開始的兩卦，亦是最關鍵和最重要的兩卦。因為《乾卦》的符號是「剛爻」，今天叫作「陽爻」。《坤卦》的符號是「柔爻」，今天叫作「陰爻」。整本《易經》的符號只有兩類，一類是「陰爻」的符號，另一類是「陽爻」的符號。《乾卦》只有純粹的「陽爻」，因此《乾卦》反映了「陽爻」最關鍵、最基本的性質。《坤卦》只有純粹的「陰爻」，同理，《坤卦》反映了「陰爻」最關鍵、最基本的性質。其他六十二卦，只是「陰陽爻」的多少、位置高低不同的組合。所以，如我們要將複雜變成最簡單的話，就先要了解《乾》、《坤》兩卦的義蘊，將之引申，則其他六十二卦的意思，將可由此類推而了解。

所以《繫辭傳》的作者說《易經》是將最複雜的事物變成最簡單的道理。創作《易經》的聖人，他通過觀察大自然界的事物、現象，了解了它們變化的規律，依據天地變化的規律，來創作《易經》。由於乾天在上，具備了陽剛的各種規律和性質；而坤地在下，具備了陰柔的各種規律和性質。因此他將天和地的一切現象和規律，模仿和隱寓於《乾》、《坤》兩卦之中。即是說，《乾》、《坤》兩卦是根據天地自然規律而建立的。「定矣」，指確定。簡單的意思是說，通過天地確定《乾》、《坤》兩卦的內涵和意義或一切。但深層的意思可能是，傳說中《易》有三種不同的系統。一種叫《連山易》，它以《艮卦》作為開始；一種叫《歸藏易》，以《坤卦》作為開始。只有《周易》首先是《乾卦》、接著是《坤卦》作為開始的，可能只有它是以天地的規律來立論的，而其他的《易經》系統則不是。隨著人類知識的發展，到了商周時代，人類初步認識了大自然，認為天地是萬物的根本，萬物的基準是天地，因此《周易》用《乾》、《坤》兩卦作為六十四卦的根本、關鍵和最重要的卦。這個解釋意思較為豐富。如果再進一步，如金景芳教授作傳的引申和發揮：《歸藏易》以《坤卦》為首卦，是注重母系社會的象徵。商朝的兄終弟及繼承法，是母系社會的制度。周朝的父傳子制是父系社會的象徵，中國進入了父系社會，制度就不同了。故歷史提到商朝最關鍵的精神是「親親」，依據親屬的關係來互相親近。而周朝則是「尊尊」，是講到尊卑等級的，所以建立了禮制。禮制的精神就是分別，分別人的身份的高低不同。故這裡「定矣」，用法有如「大事定矣」，意思是說到了這一時代（周初），人類認識了宇宙，人類的認識才變得正確，更暗喻人類的合理政制仿此而確定了。

卑高以陳，貴賤位矣。

「卑高以陳」，「卑」引申就是在下，而「高」引申就是在上。天在上，地在下，天地之間，由最低的大地、地面上的小草，一直到高山的喬木、禽獸、人類，以至到天上的雲霞星宿一切事物。「以」即已經，和「已」字同義，「陳」即陳列或排列。結果在有了天地之後，在天地之間的萬物，就按照不同的高低次序，由最低的大地排列到最高的天上去，這裡所說的是天地。

「貴賤位矣」，指創作《易經》的聖人，體會到天尊地卑這一道理，於是在易卦中，通過六爻的高低排列，就同樣確定了爻位的性質、確定了它相當於人間地位的尊貴或卑賤。「位」就是位（作動詞用）於不同的地位，確定六爻地位的高低。這個六畫卦的六爻，是由下而上、而非從上而下來看的，所以它寫的是「卑高以陳」，指由下面一直望到最上，由近一直望到遠，而非「高卑以陳」。這是符合人類對事物的觀察由下而上、由近而遠，和爻位由低而高的規律。這一句寫出了先卑後高的層次。

六爻的位置是這樣的，最低的叫「初爻」，比它高一位的叫「二爻」、接著是「三爻」，「四爻」、「五爻」，而最上一爻叫作「上爻」。

第一點要講的是，爻的位置高低象徵了人的地位的貴賤。初爻是地位最低的，指未曾做官的普通人或者是士人；第二爻便是做官的大夫；第三爻就是諸侯；第四爻是宰輔；第五爻不用說就是天子；第六爻便是天子也要祭拜的祖宗神廟。爻的高低反映了地位的貴賤，這是第一種貴賤，是貴賤之位。要注意的是，這只是原則，各位解讀時請勿一成不變，以下所說的各原則都應如此看待。第二種貴賤的位置，正如剛才所說，儒家最注重的是德性。陽是尊，陰是卑。又天尊地卑，天便是陽，地便是陰。所以凡是每一卦之中，陽爻便代表尊貴，陰爻代表卑賤。這是第二個定貴賤的原則，叫「陰陽之位」。第三種則是看爻是否處於中位。在「下卦」的中間，即第二爻，就是「下卦」的中位，而「上卦」的中位就是第五爻，這個中位一般是代表好和尊貴的，稱為「中位之位」。必須注意，這些基礎原則，常有例外的情況。如《易經》的第三卦《屯卦》，最下的陽爻（初爻），是否地位最低？非也，說明了這一爻是例外的。在《屯卦》中，上位者以貴下賤，自處於初爻，因此初爻可以封侯，為下民所樂於親附。不過從原則上來說，則爻位愈高，地位愈高；另外，陽爻較貴，而陰爻較賤，也是相對的。各位要體會文章寫得非常嚴謹，第一句所說的自然現象，是天地之道；第二句根據自然現象所創作的《易經》的內容，是人道，這一章文字差不多都是循著這方式寫成的。

動靜有常，剛柔斷矣。

「動靜有常」，這句說的是天地。我們知道，這是指古人眼中所看到的天，因地球自轉，天便好像總是永遠不停地轉動。雖然其實是地球自轉而天並不轉動，但古人並不知道。因此他說「天動」。大地雖有轉動，但我們從來不覺得它動，故我們說「天常動，地常靜。」認為這便是天地的常性。由此推廣，如果拿兩件事物作比較，一個動得較多，另一個動得較少的話，我們會稱動得較多的為「動」，動得較少的為「靜」。如果從個人或任何一件事物來說，則任何事物都會時動時靜，例如我們工作時是動，休息時是靜，現在上課是半動半靜。故我們人類也可分成有時是動，有時是靜。必須注意這些觀念是相對的，無動就無靜，無靜就無動。必須有比較才會知道何者為動、何者為靜。例如說一個人智力很高，那要看他跟誰比較。如跟他比較的是智障人士，那他的智力高極有限；要是比較的對象是獲諾貝爾獎的科學家，那就截然不同了。所以單純地說一個人或一件事如何如何是沒有意義的，必須有比較才會有意義。

「天常動，地常靜」，這個「常」字是永恆不變的意思，古人除用「常」字外，也會用「恆」字，尤以道家為甚。但可能由於漢文帝的名字叫作劉恆，所以到了他的時代，為了避諱，書籍中的「恆」字便都改寫為「常」字。後來到了經典尊貴的時代，才說經典可以不改，但在此之前，任何書籍都要改。例如劉邦成為皇帝之後，凡書寫到「邦」字都要改用「國」字等。故此「常」和「恆」可能是同一個字，例如《老子》：「道可道，非恆道。」這可能是最原始的版本，但我們今天把它改成：「道可道，非常道。」這是因為它不是經典，故要修改。本來在漢代以後可改回原字，但書籍文字一經修改，經過了長時間不同人的抄寫，抄寫的人便忘記了當初的「恆」字被改作「常」字，於是沒有改回原文，也因此經常出現各種錯誤。後人自作聰明，有時又將原本不是避諱而改的字更易成其他的字，這是一個非常令人頭痛的問題，也是考驗大家知識的問題。但這是題外話，不多談了。

「常」即永恆不變的意思，等於規律。宇宙之間的事物，雖然是不停在變，但變之中，有不變的東西可讓我們辨認得到。正是因為我們看到整個宇宙都在變動不休，好比萬花筒中的千變萬化，但人類的偉大正是在變動之中，看見它不變的「常」，這就是規律，規律即是「常」。或者我們說，動的事物，當它在動的時候，「動」便是它的常性，反而不動就不是它的常性；靜的事物，當它在靜時是它的常性，動就不是它的常性。於是我們明白了任何事物都有動靜變化。但動的事物動為常性，靜的事物靜為常性。我們明白後，看到變化的事物便能清清楚楚了解它的本性，就不會迷惑。

「剛柔斷矣」，上一句說出了天動地靜，天地在變動之間有永恆不變的規律。這在《易經》中，可定為兩個爻的符號，一個叫「剛」；一個叫「柔」。這便是「剛柔斷矣」中的「剛」和「柔」。「斷」字是分的意思，即分開；或者是判，也是分開、分別之意。整句的意思是說《易經》中的剛柔兩爻便是依據天地動靜之理創立了。「剛」與「柔」是指《易經》的爻，例如圖中所示的便是「剛爻」和「柔爻」，我們今天習慣稱呼它作「陽爻」和「陰爻」，嚴格來說是不對的。因《說卦傳》已經提到：「觀變於陰陽而立

柔爻　剛爻

卦，發揮於剛柔而生爻。」意思是聖人細心地觀察陰陽的各種規律和特性，藉此建立了《易經》的卦的背後理論根據；聖人細心地研究事物的剛性和柔性及它們背後豐富的意義，經過概括、綜合，就創作了兩種不同性質的爻。

為何要這樣說？因為陰陽的氣或性質比較無形象，是我們不容易看見的。因此當創作《周易古經》的聖人說到天道的規律時，那些規律都是比較抽象的，不具體的，因此用陰陽這種抽象的動力或物質的符號來說明它。而在陳述大地萬物的時，大地萬物已經有了具體的形態，所以可以籠統地將大地萬物分成為剛性的事物和柔性的事物，它們都是可以捉摸得到的。如果說到人道，古代人類最重視的是人的行為，行為用籠統的道德來概括它就是「仁」和「義」。因此《十翼》對剛柔、陰陽、仁義等字都有很仔細、很明確的定義的。當我們說到卦的時候，一個卦的好壞是籠統、較為抽象的。爻才明顯地說出吉凶。因此卦與爻比較來說，卦比較抽象，爻則是具體的。所以卦用陰陽來解說；爻便要用比較具體、比較容易捉摸的剛柔來解說。明白此義之後，便了解戰國時候稱呼這些爻為「剛爻」和「柔爻」，是嚴謹和有道理的。後來改稱「陰陽」，是將它們從具體抽象化了。這樣對不對呢？對極了！因為原本《易經》的內容，講的多是具體的事物，但隨著《十翼》將《周易古經》提升發展成為高級哲學之後，具體的變成抽象，原本具體的爻兼可用來解釋天地人（不是只解釋人道，天和地之道也包括在內）。故如果再用具體的名詞去解釋抽象的事理，便不適當了。因此搖身一變地升了級，改為陰陽，這就正確和合理至極。但我們既要知道事物的本來面目，也應了解任何事物改變背後的原因。故凡在《繫辭傳》中提到的剛柔，百分之九十都是指「剛爻」和「柔爻」。現在是其中一例而已。

方以類聚，物以群分，吉凶生矣。

「方以類聚」，這句話比較難解釋。「方」，道也，「道」是規律、真理；「方」亦可解釋為性行、法術。這裡是指我們的德性和做事的方法，「術」字其實也可作方法解。如古代說：「教子以義方」，即「教子以道義」。教子女最重要的是教他們正確的道理，那他們便會做好人。這個「道」字就是說性質、行為，或德性、學問和方法。「術」字和「道」字意義差不多，只是高級的叫「道」，低級的叫「術」而已。兩者只是同一事物高低層次的不同，所以現在叫「術數」或「數術」好像貶低了它，其實「術」這個字也是很高級的。

另外，南宋朱熹說，事情所趨向就叫作「方」，若我們趨向善行，做善事，自然會得到好結果；為非作歹自然就會橫禍飛來。這與個人的思想方向和想法有關。這三種說法都是說思想、精神、學問甚至行為，都是和《易經》的吉凶規律相應的。

其實整篇文章都是以天地來說明易卦建立的理據。因此「方以類聚」主要是說天和天的特性。天和精神性的、崇高性的、道德性的，或者是規律性的同類事物相聚在一起，道同自然互相親近，這個說法是合理的。

「物以群分」，其中「物」是指大地上的萬物。上句講天，這句相對成文，是說地。大地上的萬物，植物也罷，動物也罷，尤其是動物，往往是同群的聚集在一起；不同群的便分開。這兩句話，是運用了「互文見義」的寫作手法。其實上下兩句意思相同，只是分開來說。譬如說，「方以類聚」可否解作「方以群分」？自然可以，因為「類聚」就是「群分」！同理，大地上的萬物，思想性質同群的合在一起，不同群的自然分開。這樣的修辭寫法可減省不少文字。

「吉凶生矣」，這樣，吉和凶便產生了。

我們再解說這個「方」字，除了前面所講最基本的解釋之外，古人還有另外一個解釋，認為這個「方」字是指四方或者八方。古人說，這是暗中比喻《易經》的「八卦」是按照其陰陽的屬性分佈在八個方位。如果用後世學者的說法，就是「八卦」可分為陰陽兩類。《乾卦》屬陽，和同屬陽卦的《震》、《坎》、《艮》分佈在同一方位。《坤卦》屬陰，和同屬「陰卦」的《巽》、《離》、《兑》在另外一方。因此，「方」是和卦爻有關的。「方以類聚」，也就是說「八卦」好像天地萬物一樣，依其類屬分佈在天地的不同方位。「物以群分」的「物」字，因為《繫辭傳》曾提到：「乾，陽物也，坤，陰物也。」意思是「乾」是陽的物件，「坤」是陰的物件。因此「物」是指「爻」來說的。故爻之吉凶，往往是互相配搭和組合的不同就有吉凶生於其中。因此「方」是指卦，「物」是指爻。前後兩句以卦爻互文見義。這是另一種解釋。

第三種是高亨教授的新解，他說「方以類聚」的「方」字錯了。因為篆文的「人」字和「方」字字形相近，可能是抄書的人一時疏忽或一時看錯。

人　方

正確的文字應該是「人以類聚，物以群分」。這說法很新穎，很順耳，似乎也很有道理。但由於以下的原因，這說法值得商榷。

因為這段文章，除了見於《易經．繫辭傳》外，並見於《禮記．樂記》那一篇專門解釋音樂的文章中。作者將音樂的來源推源至天地，把這段文字一字不漏地抄錄，只是改變了一兩個字而已。各位一看便知道，這段文字出現於《繫辭傳》，與其思想內容吻合；但用來解釋音樂的起源，便有點牽強。故可知是《樂記》抄襲《繫辭傳》，而非《繫辭傳》抄襲《樂記》。《禮記．樂記》同樣有「方以類聚，物以群分」這兩句，難道《禮記》也抄錯了？由於馬王堆的帛書《繫辭傳》亦作「方」字，因此他的說法說得通，卻不一定是對的。事實上，說話說得很有道理的很多時卻愈有問題。

「吉凶生矣」，甚麼叫「吉凶」？天地沒有吉凶，人道才有吉凶，這裡是說卦辭、尤其是爻辭判斷辭「吉凶悔吝」等背後根據之理。有時同類相聚是吉，例如我們說：「道不同，不相為謀。」大家的道不同是不會聚在一起的，同道則相親。因此「同道」就吉了。但《易經》認為陽應求陰，陰應求陽，「陰陽合德」，才大吉。陽遇陽或陰遇陰是不吉的，這叫做「敵應」。例如兩個男的在一起，真正做到好朋友的機會是有，但不多。同理，兩個女的在一起，正如西方的一本通俗小說《傲慢與偏見》，作者說兩姐妹相處在一起，便容易爭吵，可見西方也有這一種觀念。《周易古經》則認為「二女同居」，意思是兩個女子在一起，「其志不同行」，便會產生摩擦，互不瞅睬，造成不少問題。故此同類相遇，有時是吉，有時是凶；分開有時是吉，有時是凶。故按照事物的同、異、分、合的吉凶，於是就形成了《易經》的爻，並解釋了這個爻在甚麼情況之下是吉或凶的。這樣，《易經》便將宇宙人生得失、吉凶之理，寓於卦爻來說明人生吉凶了。

在天成象，在地成形，變化見矣。

「在天成象，在地成形，變化見矣。」「在天成象」，這一句指天上的日月星辰，或是雲霧，形成了「象」。這個「象」字，在帛書的《繫辭傳》中，全部寫成「馬」字。即在公元前一七三年以前的馬王堆帛書抄本中，便是「在天成馬，在地成形」。究竟這個「馬」字是否「象」字的別體字呢？大多數學者認為是別體字。但有一位研究帛書《易經》和《繫辭傳》的中青年學者鄧球柏先生則認為沒有錯，應該寫作「馬」字。他指出這可能是北方文化與南方文化的不同，北方沒有象而只有馬，故用馬來稱呼。南方楚國才有象，後來受到南方楚國文化的影響，才改成「象」字。因此他認為帛書抄本更為古老、更可靠，而我們今天通行本是後期修改的版本。我們不知道這講法是否有道理。相反，亦有專家認為，帛書可能是一個不完整的後期抄本。我們現在這個一直存世的版本，可能比它更完整、更早期。所謂「公說公有理，婆說婆有理」，故我們可以不用理會。反正「馬」和「象」在用於詮釋這句話時意義差別不大。

但用「象」字在學術上是有根據的，誰最先用「象」字呢？那便是老子。老子所用的「象」字，背後就有宇宙自然規律的意思。因此後世哲學所講到的「法象」的觀念，其實是來自老子的。這難怪陳鼓應教授認為《十翼》是道家的著作了。相反「馬」字又有何根據？有甚麼特殊意思？古書上沒有提到，因此「象」字應更合理。

甚麼叫「象」？「象」是近乎規律性的事物，當然是較無形的。因此，凡是我們能見到、感覺到而不能捉摸或不能實際接觸的事物就叫作「象」。後世「想像」一詞便由此而來。韓非子認為中國古代無象，有人講到象，便靠想像來猜牠的模樣。這樣解釋「象」字的來源也是有可能的。因此「象」字本身比較虛無。我們今天能上太空，但古人要了解天上的事物只有靠仰望、觀察而已。在觀望以外，並不能捉摸和感覺它的實際存在。因此《易經》說我們觀察這個天，天上的日月星辰所呈現出來的，就叫作「象」。表面意義可作這樣解釋。背後的意義是它指天的自然的規律。整句的意思是，在天上的日月星辰等的運動變化形成了天地的法象（自然規律）。

「在地成形」，意思是在大地之上，成就了各種的「形」。「形」是指有形體、有實質，可以見到，甚至是捉摸到、感覺到的事物。這些便是山川、草木、動植物，乃至萬物。這句說在大地，就形成了大地生育出有具體形態的各種事物。天的規律和地的規律都是我們不能捉摸和不能想像的，我們為何會知道天地有規律？因為天上的日月運行、大地萬物生長的過程是一種不停循環往復的變化過程；而這不停變化的循環往復的過程之中有不變的規律控制著它。因此古人看見天地萬物的變化，體會到這些變化的內容，探討了它們背後變化的規律，並根據這一種規律來撰寫《周易古經》。

《易經》講的變化之道，就是根據天地變化的規律引申發揮而成的。因此「變化」這兩個字，在這裡主要指《易經》的爻甚至是卦的變化。例如，《易經》只有兩種不同的爻，即陽爻和陰爻。簡單地說，陽爻為何會變成陰爻？又或者陰爻為何會變成陽爻？可以想像一下，似乎是因為太陽剛升起，將月亮推到地底，於是太陽就出現了。等到月亮將太陽推到地底，月亮就出現了。寒冷的出現推走了炎熱，天氣就變得愈來愈冷。而當溫暖出現，將寒冷推走，天氣就愈來愈熱。故簡單來說，就是「推移」會令事物變化。故如果陽爻由無而有，開始產生，推去了陰爻，原來的陰爻就變成了陽爻。同理，陽爻被陰爻推動，推到最後陽爻消失而陰爻就會出現。由於陰陽兩爻的彼此交替推動，卦就產生變化了。

例如原本是《乾卦》，現在陰爻推走最下一個陽爻，於是這個陽爻就變成了陰爻。那麼這是否仍是《乾卦》？那當然不是，它已變成了另一個卦。這是甚麼卦？是《姤卦》。

《姤卦》

它的性質也從而改變了。故任何一爻的變動，連帶整個卦也不再是原來的卦了。而卦的變動，其變動有一定的規律，因為它根據的是天地變化的規律。這個概念可能已包涵在《周易古經》裡面，但亦是《十翼》才將它的引而未發的義蘊提升成為高深的哲學，使它從類似黃大仙靈籤的占筮書變成了中國最偉大的經典。

小結：《易經》原理溯源

「天尊地卑」至「變化見矣」是第一章的第一節，主要說出了《易經》一切的原理來源於觀察天地，即是說，《易經》反映了整個宇宙中最重要的自然規律。在第一節中，主要是說到《易經》創作的根源。但如何創立《易經》則沒有提到，它講出了天地有此原理，而《易經》利用這一原理作為創作《易經》的根據，下面才進一步加以說明。

另外，這一節文字內，「天尊地卑」、「卑高以陳」、「動靜有常」、「在天成象，在地成形」等句，是說明天地的法象；「乾坤定矣」、「貴賤位矣」、「變化見矣」三句說明卦爻義例即承天地法象而來。天地無所謂吉凶，天地之間的萬物才有吉凶，因此以

「方以類聚，物以群分」說明萬物吉凶的原因，然後接以「吉凶生矣」說明卦爻的吉凶，是根據萬物的吉凶而來。整節文字，上句說天地、萬物之理，下句說《周易古經》依據其理創立卦爻，文章嚴謹有條理。明白文章的結構，便容易了解它的涵義了。

是故剛柔相摩，八卦相盪。

「是故剛柔相摩，八卦相盪。」「是故」在修辭中有承先啟後之意，在文言文中，它往往用作連接詞。但凡用到這一連接詞，即表示它繼續前面文字的意義再作詳細的解釋或發揮。因為上文最後的句子是「變化見矣」，是卦爻的變化，所以它就從卦爻變化來發揮。

「是故剛柔相摩」，意思是所以《易經》中的剛爻和柔爻互相切「摩」。甚麼叫「摩」？「摩」是摩擦，互相貼近。故這個「摩」字有彼此勢均力敵的含意，所以互相對待。當剛柔兩爻互相貼近、接觸，互相混合，就是「摩」，就組成了三畫的「經卦」。意思是說當陰陽爻互相接近，於是就由一爻，組成以三爻為基礎的一個卦。而三爻的卦，就是剛柔爻互相結合而成的。三畫內只有兩個不同的符號，因此排列結果只能夠有八個不同的組合，而非七個或九個。所以「剛柔相摩」的三畫卦就是「八卦」。

至於「盪」字，「盪」就如秋千的木板盪來盪去。意思是以一個「經卦」（例如《乾卦》或《坤卦》）為主，可和其他七個「經卦」相結合。三畫卦與三畫卦的結合，組成的便是六畫卦。排列成六十四個卦，今天我們用數學很容易就得出這個數字，古人需要非常細心和悠長的時間才可分出這六十四個不同圖案！故「剛柔相摩」組成「八卦」，亦即「經卦」；而「八卦相盪」，再互相重疊，組成六十四卦。

「鼓之以雷霆」，以雷霆鼓動天地或六十四卦的變化。這個「之」字作為形容天可以，形容六十四卦亦可以。「雷霆」我們照文字解釋，在整個天地自然環境中，我們看到雷霆鼓動天地的變化，風雨潤澤萬物，日月交替運行，形成晝夜、寒暑的交替，形成四時。由於這個意義很豐富，要詳細說明它。

鼓之以雷霆，潤之以風雨，日月運行，一寒一暑。

「鼓之以雷霆」，「鼓」就是鼓動，「雷」就是我們常識中的雷。至於「霆」字，一般是指雷聲的餘響。但在古代，「霆」字與「電」字相通。這句是說通過天上雷和電的鼓動，天地之間的氣便開始發動。所謂開始發動，即是令到天地充滿生機，促使萬物開始生長。

「潤之以風雨」，本來風是很難用「潤」字來形容它的，但配合了雨，風就有了潤澤的作用。受到風雨的潤澤，也就是風雨的培養和孕育，萬物便由開始生長而慢慢長大。

「日月運行」，天上的日月交替運行，背後象徵著時間的逐漸轉變。通過時間這個關鍵性因素，令到萬物隨著時間向前發展，長大完成。

「一寒一暑」，日月的運行令到四季交替，四季就是一個由溫暖到炎熱，清涼到寒冷的過程。這句話是說，由於日月的運行，地球上就有了暑熱和寒冷的交替。暑熱是乾陽的作用，令到萬物發舒擴展、長大。寒冷是坤陰的作用，令到萬物收斂、成熟。在這個生成萬物的過程中，如果萬物只是無限制地膨脹發展，到最後會消耗盡所有的物質，結果以後便不會再有那種事物的出現。因此當它發展到某一個階段，就需限制它不可以無限度地生長。故秋天的寒涼，產生抑制植物過度生長的能力，抑制它不可無限度地擴張，令到它收斂。結果將春夏盛開的鮮花變為果實。因為物質沒有用盡，明年又可以再繼續生長了。所以暑熱令萬物發舒生長，寒冷令萬物收斂成熟。這裡說出了天地四季的變化。上面曾說到「在天成象」和「在地成形」，這幾句便是解釋天地之間變化的情況。

乾道成男，坤道成女。

「乾道成男，坤道成女」，「乾道」是乾的規律，「坤道」是坤的規律。通過「乾道」，就形成了宇宙間一切雄性或男性的事物。根據坤的規律，依循它發展，宇宙之間的雌性或女性的事物便得以形成。這兩句話，如果我們從《易經》的卦來說，可以作這樣的一個解釋：這兩者是泛指《乾》、《坤》兩卦。雖則《乾》的力量較大，而《坤》的力量較小，但它們是互相對待的。就好比兩個超級大國、兩個力量相當的敵人對峙的情況。對峙之際，表面上，這兩個大國或兩個勢力是對立而沒有變化。這種情況，我

《震卦》

《坎卦》

《艮卦》

們稱之為「對待」，今天的人叫它為「對立」，或者更新派的叫法是「對抗」或「矛盾」。我們前此曾說，兩個敵人會互相學習和了解對方。故通過這種對待，就產生交感，即感應。「交」即互相，即是說互相受到對方的感應。假使你不了解敵人，你又如何能保護自己？更遑論是戰勝敵人了。所以要「知己知彼」。要知己，更加要知彼，別人的好處，你一定要學習。因此，在互相感應中間就會互相影響，這便是因對待而產生交感的作用。

我在第一次「周易概論」的課程中，說到太極拳與《易經》的關係的時候，就趁機談到這個「對待交感」的理論。交感，南宋的朱熹稱之為「滲透」，因為藉著交感，雙方互相滲透了。假若我們說「《乾》交《坤》」，或者「《乾》適《坤》」，意思是說，當《坤》卦第一次感受到《乾》卦時，《坤》陰最下面的陰爻就變成了陽爻，於是這個卦變為《震卦》。（注意，《易經》是由下開始的，故第一次指初爻。）《乾》交《坤》的第一次交感滲透，就是乾陽滲透入坤陰之中，等如你吸收了敵人的好處和長處，變成自己的才能。當這個「《乾》交《坤》」或「《乾》適《坤》」再次感應的話，即是《坤》中間的爻受到感應，於是它由陰變陽，這個卦就變作《坎卦》。至於第三次的交感，這個卦就變成了《艮卦》。究竟它是屬於陰還是屬於陽？我們說，由陰生出來的可以繼續是陰，但更可以說，由陰生出來的陽才是真陽，這是由於「物極則反」。另外，「物以罕為貴」，凡是卦中三爻，如果兩爻都是某一種符號，那它們不重要，反而只得

《巽卦》

《離卦》

《兌卦》

一爻的那爻才珍貴。各位看看《震》、《坎》、《艮》這三個卦，都是兩爻陰爻，一爻陽爻，因此這一陽爻就是領導者，而那兩陰爻都是追隨它的。世間一般只有一個領袖，而追隨者無數，不會有無數領袖而只有一位追隨者，否則便糟糕了。故我們知道，如果一陽二陰，就以陽為主，是「陽卦」。

如果用人類的常識來說，父母結合，生出來的第一個兒子叫作「長男」《震》，第二個叫作「中男」《坎》，最小的叫作「少男」《艮》。同理，「《坤》交《乾》」，或者叫作「《坤》適《乾》」，指《乾卦》和《坤卦》第一次交感時，它的初爻因為受到《坤》陰的影響而變成陰爻，於是這個卦變為《巽卦》。第二次交感，是《離卦》。第三次交感，則變成《兌卦》。同理，這個《巽卦》是「長女」，《離卦》是「中女」，《兌卦》是「少女」。這便是「乾坤生六子」，正如天地產生萬物，人間的父母產生子女。因為「八卦」除了《乾》、《坤》之外，只有三個「陽卦」和三個「陰卦」，它們代表三子、三女。這裡說「乾道成男」，指通過乾的規律，生出了八卦中的《震》、《坎》、《艮》三卦（子）。「坤道成女」，指通過坤的規律，在八卦中就生出了《巽》、《離》、《兌》三卦（女）。這個可以說是「乾道成男，坤道成女」最低層次和最死板的解釋。引申到宇宙萬物，那便是乾的規律形成萬物中的陽性事物，坤的規律形成萬物中的陰性事物。

乾知大始，坤作成物。

「乾知大始」，這個「知」字相當難解釋。唐代初年，孔穎達在《周易正義》中，就說這個「知」字是「知道」、「知見」的「知」。他的解釋是說，乾陽，或者天的作為，象徵著未曾有形質的氣的階段。當宇宙在未曾發展、未曾有萬物，只是瀰漫著元氣（我們今天所稱之為宇宙只有能量，而尚未有物質的時期），乾的規律開始推動萬物的生機，令萬物由無形變成有形。從我們人類常識來說，知道是否等如做了一件事？知道可能只是知道，作為是知道之後的身體力行。在乾陽的階段，一方面是沒有事可做，即不能做，另一方面又不需要做。因此，乾的規律只是順從它本身那種推動萬物生機的本性。萬物自然產生生機，乾只是知道萬物開始產生生機罷了。

這是一個比較抽象的解釋，一般人未必能透過這個解釋而明白。故北宋一位學者，各位小時候讀書可能都聽說過古代有一位非常理智、鎮定的小孩子，他看見同學跌進大水缸，當各同學嚇得跑開時，他打破水缸，救了同學的性命。那便是北宋時候的大學者、大宰相司馬光。他研究《易經》，是一位非常有成就的學者。他的著作叫做《溫公易說》，或《司馬溫公易說》。在這本書中，他第一次提出「知」應該解作「主」。

「主」即主宰。

後來南宋朱熹在《周易本義》中，承其說，「知」釋為「主」。我們今天大多數的人，都以為這解釋是朱熹首先提出的，但當各位翻開《溫公易說》，就會知道應是北宋時的司馬光首先提出才對。

到了清代的王念孫，他又在朱子解作「主」的意見上，認為「知」解作「為」更為合理。「為」即作為，和下文互相呼應。乾就是「為」，坤就是「作」。兩個字互相補充，都是作為、功能等的意思。如果我們跟隨司馬光到王念孫的解釋，那麼「乾知大始」的「大」字應讀作「太」字。「大始」即是最初的開始。意思是乾的規律主宰著宇宙萬物的最初開始。或者王念孫的意思是說，乾的作為令到宇宙萬物開始。

「坤作成物」，坤的作用（作為）形成了具體的萬物。乾是指無形質的氣，坤就是指有形質的萬物。

在這裡，我要特別提出一個關鍵和重要的觀念，讓各位注意。由文章開始到這裡，各位都很明顯地看到作者認為乾就是天，坤就是地。各位認為我們可否用數學符號來說天等如乾，地等如坤？如果籠統來說，當然可以說它們是等同的。但若是如此，那便是道家的哲學思想。它與儒家天道思想的最大不同，是由天地的現象來說天地的客觀規律，天道是主，人道是次要的。因此他們與今天西方的科學精神比較接近，純粹從現象歸納出自然定律。但儒家則認為我們固然要了解天地的規律，但我們了解天地規律的一個重要、或者更進一步的目的，是要為人類服務。尤其是做人要做得合理，得到幸福，這是更重要的。因此，儒家崇尚道德，認為我們首先是要了解天地的自然規律，如再進一步，用這一規律來為人類服務，就需要深入了解自然規律，找出這種規律背後如何可以指導我們做人或進德修業，令我們人類更崇高、更偉大！因此，他是站在人類的立場，以人的看法來看待客觀規律，把天當作人一樣，要在天的規律背後，找出天的德性。然後用天的德性，作為我們人類道德的最高根源、最高的指導。這樣，人的道德來源於天，而天是不能違抗的，所以人遵守道德是不得不如此。因此儒家注重天地的德性，而天地的客觀規律是次要的。

明白這點之後，各位就知道天和乾，地和坤的關係，就是：「天地為體，乾坤為用」。如果說得淺顯點，所謂天地就是我們實際看到的天和地的形體而已。但乾坤不單純是代表天地，它更重要是說出了天地的性質和作用，即是天地的規律和人類想像它們應有的德性。因此，乾坤是說天地的德性、規律、性情，而非指實際的天地。這與道家注重客觀現象是不同的。

明白了之後，各位再看前後文所說的天地與乾坤的關係，以後再讀到天地乾坤時，可用它來解釋全部《十翼》中的乾坤，和後世的乾坤、「八卦」等等。我們知道，它表面是說自然的事物，但實際上卻是由自然的事物提升為規律，再提升為天地的德性。正是由天地變成了天的規律，我們才可以利用這規律觸類旁通地去解釋一切事物。天地本身不能解釋事物，但天地的規律就能夠解釋宇宙萬事萬物。所以，我們可以看到，《繫辭傳》雖然也說天道、地道和人道，但更多時候用乾道和坤道來代替。

各位還記得我們講述《乾卦》的時候，《彖傳》內有這一句：「乾道變化，各正性命」嗎？作者不說天道變化，而說「乾道變化」，就是這用意了。明白這點，我們才知道古人用字非常精密，要小心地分析，才能了解他的真正意思。如果自己不知而胡亂批評，就只會冤枉古人，反而顯得自己無知，做學問這一點是很重要的。

小結：八卦與天地的變化。

從開始到「變化見矣」，接著說「剛柔相摩，八卦相盪」，說的是《易經》「八卦」的變化。「鼓之以雷霆，潤之以風雨，日月運行，一寒一暑。」說的是天地的變化。然後「乾道成男，坤道成女」，就說出了人道的變化，所以他故意用「男」和「女」字，而不用「雌」字和「雄」字，將偉大的乾道收窄成為男女，暗中講出了他最後落實在人道上。結果通過這一寫作方法，天地人的變化之道都包括在這幾句話之內了。而前面講的「八卦」，就不單純是人道，不單純是地道，不單純是天道，而是同時將天地人三道包括在一起。所以這篇文章寫得非常好。

到了文章的最後兩句：「乾知大始，坤作成物」，它們綜合地講出了天、地最重要的性質或規律，概括了整個天地的變化過程。這就是文章的第二節。

乾以易知，坤以簡能。

接著是文章的第三節：「乾以易知，坤以簡能」，我們說「知」字起碼有兩個最有權威的解釋，一個是孔穎達的「知見」的「知」；另一個是由司馬溫公、朱熹到王念孫「主」、「為」的說法。我們知道朱子在這八百年內是學術權威，尤其是在易學上，他更是權威中的權威，他的說法普遍受到後學的遵從。但如各位多翻幾本由宋到清的宋學對《易經》所作的注解，雖然有部分學者採用朱熹「知」為「主」的講法，但亦有朱子的崇拜者，仍然採用孔穎達「知見」的說法。原因是「乾以易知」這句句子，難道它用的「知」字與上文「乾知大始」的「知」字意義不同？兩者相隔不遠，但意義竟改變了？因此，他們通過前後文的體會，尤其是通過陰陽理論的引申，覺得作「知見」解比作「主宰」解，意思更為適當。因為當說到「易」和「簡」的時候，如果把「知」字解作「主宰」或「作為」，就違背了「易」和「簡」是「不為」、「不勞」的意思。故此朱熹的信徒也沒有辦法，惟有放棄他們最尊敬的學者的意見，解作「知見」了。待會我們談到「易」和「簡」的時候，各位就會明白。

「乾以易知」，《繫辭傳》的作者說乾因為平易，就很容易為人所認識和了解。這個「易」字本來的意思是平常，指日常生活中不斷重複出現的事物；是平易而不是容易。當然勉強也可解作容易。

「坤以簡能」，「簡」是簡單而不繁瑣，因此很容易為我們人類掌握和實踐。三十年前，高亨教授的《周易大傳今注》（齊魯書社，一九七九年版）對這句句子採取了與傳統不同的解釋。他認為這兩句中，「乾以易知」應該讀作「乾以易智」，與接著的「坤以簡能」一句，「智」和「能」是相對成文的。「智」本是指聰明，聰明即是靈巧、巧妙，所以「智」即是巧。於是他用這一觀點，認為這兩句句子是說乾道因為平易而呈現它的巧妙，坤道則以它的簡略表現它的功能。這個說法可說是非常清晰，亦可說是非常有道理。尤其是道家的後學，很喜歡把「智」和「能」相提並論。因此說《繫辭傳》受到道家哲學影響，採用「智」、「能」互相對稱，亦是未嘗不可。故這種說法，各位也可以考慮。雖與傳統說法不同，卻有一定的道理。

為何「乾易」、「坤簡」呢？「易」和「簡」其實就是說到乾坤的德性問題。乾坤的德性是甚麼？第一是沒有人類個人的感情作用。第二是不需要用人類主觀、尚未達到真理的知識指導我們去有所作為。因為乾坤所表現出來的自然規律，是客觀存在、自然而然的。有了這一規律之後，它並不需要有所作為，就令到宇宙之間的事物，依循著這一規律去發展。故從古代道家的觀點來說，它就是自然、無為、自動、自發，甚至可以套用老子所說的「無為而無不為」，用它來形容天地的規律。

何謂「無為而無不為」呢？「無為」就是沒有任何無謂、不合理、加多減少的外來力量。就我們人類來說，即是不要用不健全的知識、不要用個人的愛好，來作出任何行動，這便是「無為」。但老子所說的「無為」，背後更重要的是「無不為」，意思是沒有任何事不做，即不停地「為」。只不過這個「為」，不是人類感情意志的「為」而已。

或者我說一個不是很適當的比喻。各位想像一下，為何人造衛星能夠圍繞地球運行呢？當人造衛星由地球發射的時候，人們用盡一切的人力作為，可說是殫精竭慮，令到它飛行的速度達到宇宙第一速度，才可以抵銷地球的萬有引力而又不會超過它。如果這速度比第一速度小，它就會跌落地球；如果超過地球的引力，它便會飛出地球，在太空漫遊。因此，要控制其速度，可說絞盡腦汁，有為之極。但當科學家把衛星放射到最適當的高度、又剛好達到宇宙第一速度而不超過，那它便剛好抵銷地球的引力。於是根據牛頓「物體如果沒有外力干擾，運動的永遠運動，靜止的永遠靜止」的力學定律，這個運動著的人造衛星，就永遠環繞地球運行。當人造衛星開始了環繞地球運行，人便不再控制它，讓它自然運作。從這時候起，人造衛星自身變成了甚麼也不用做，這便是「無為」。但它自我甚麼也不能做，沒有了任何自由，但卻日夜無息地在軌道上運行，自動自發，就叫做「無為」也就是「無不為」。當送人造衛星上天空時是有為，當人造衛星遵從自然規律環繞地球無息地運行是無為。試問到了那時，人造衛星需要自己勞心勞力、費盡聰明、勞力才能運行嗎？

「易」和「簡」就是這種性質。所謂「乾以易知」，乾的規律與宇宙任何規律本來都是複雜到極點的。但如果我們掌握其基本的規律，就明白它類似人人通曉的牛頓力學定律：「運動的永遠運動，靜止的永遠靜止」。「乾以易知」，就是乾通過這種平易，順從規律而行，便讓人很容易理解這個宇宙最重要的基本原理。「坤以簡能」，說的是只需依循規律，不需勞心勞力，作為自然達成。人造衛星依著軌道運行，不是順著自然規律嗎？又例如上司叫你做甚麼，你跟著他的指示去做就可以了，是不是可以很輕鬆愉快地完成？當然不同的是人要用腦筋思考，但人造衛星開始在軌道運行，卻是不用腦筋去思考的。「坤以簡能」就是指這種情況。晉朝韓康伯的《繫辭傳》注解有權威性。唐初《周易正義》的《繫辭傳》就是採用韓氏注解的。他便是這樣解釋的：「天地之道，不為而善始，不勞而善成。」天地的規律，不需要有所作為，自然就巧妙地開始。不需要人的辛勞地工作，便自然依次完成。這就是「易」和「簡」的意思。各位請從人造衛星觸類旁通，便可透徹明白了。所以說傳統的解釋是對的，高亨教授的解釋亦不錯。這是因為大家都講出自然無為、自動自發的意思，乾坤只是依循宇宙最基本的原理，就能夠控制一切。

或者再多說一個也許不太適當的例子，各位如學過西方的數學，曾否留意幾何學是根據幾個公設開始的？再由這幾個公設一直發展到複雜的歐幾里德氏的幾何學。幾何學或者代數學，往往是根據最初幾個最基本的公設，就能引申、發展形成複雜深奧的數學體系。那幾個公設，即等如宇宙最基本的原理。整個宇宙原理就是由這幾個最基本的原理演變出來的。遺憾地，數學雖然是我們公認最接近真理的科學，但所有數學的公設都有問題。例如我們說A+B=B+A或1+2=2+1，但硫酸加水是否等如水加硫酸？我們知道結果一是稀硫酸；一是造成爆炸，當然我好像在詭辯。但今天我們的新數學，A+B並不等

至說通過一點只能作一條線平行另一條線。羅巴切夫斯基幾何學甚至說通過這一點，可以有無限條線平行另一條線。歐幾里德氏說平行線永不相交；而黎曼幾何學則說去到無限遠則可相交。由此可知，所有的公設都有問題。因此，我們地球上尚沒有絕對真理，只是相對真理而已。數學已經是最接近真理的學問，但幾個公設都出現問題。所以今天的物理定律類似更高級的公設，遲早會產生問題，需要作出修改，那人類的學問又可前進一步了。至於易學上所闡發的宇宙基本原理和數學的公設，同中亦有相異之處：數學公設內容精確，易學基本原理敘述模糊；數學公設後來常受考驗，不得不另外創建新的數學系統；易學基本原理則到了今天仍然尚沒有違背科學新說，可說是雖舊而彌新！

回到正題，一些事情表面上看雖然複雜至極，但當我們掌握原理後，便變得非常簡單。所以說不懂得便艱深，明白便容易。「乾以易知，坤以簡能」，就是這一意思。「易則易知」，因為「乾道」平易，所以容易為我們人類所了解。「簡則易從」，因為「坤道」不複雜，所以普通人都很容易遵從這一規律去辦事。

易知則有親，易從則有功，有親則可久，有功則可大。

「易知則有親」，因為宇宙的基本規律（乾道）是如此容易了解，人們都願意學習和親近它。正如人對於淺顯的事喜歡去學習，艱深的就選擇逃避一樣。

「易從則有功」，坤道容易實踐，便能有所作為，建立人類的功業。

「有親則可久」，如果這規律（乾道），人人都親近它、學習它，這規律就能在人類中間持續發展，令到它可以長久存在。這個「可」字用得非常好，它說應該可以而已，而不是絕對，說得比較謹慎。「久」是說時間，用得很精妙。這是因為古人看到天的轉動，就有日夜的交替、時間的改變，因此把天與時間連繫在一起。乾就是天的規律，因此就說「可久」，暗中指出了它長久持續的時間性。當一樣事物長時間為人所接受，即使它不是真理，應該是接近真理的。否則雖然短期它可通行，但一被人發現它有問題，就會被揚棄。所以凡是可以長久實行，便可稱它為相對的真理，或者叫作「規律」。因此我們從這裡引申，一種真理或者自然規律，能夠使人人親近或者長久維持，它便會漸漸變成人們所認可的真理，或者是永恆不變的規律，便自然身體力行，成為習慣。而這，《繫辭傳》的作者就認為是從天的規律發展而成。

「有功則可大」，如果人類能夠通過努力作為，建立事業的話，那麼人類就由最原始、簡單的原始社會，發展成為今天的繁盛進步，使事業變得愈來愈廣大。大是指空間的廣大，因此，「有功則可大」是從「坤成物」之義引申的。和上句相對成文，就是說明大地的規律。另外，上句的「可久」，指如要令事物持久，一定要有新陳代謝的作用才可以。否則有如食物，放在家中數天就會腐爛。所以，任何事物一定要更新。

因此，《繫辭傳》後面的文字特別強調了這一道理，叫作：「日新之謂盛德，富有之謂大業。」「日新之謂盛德」，說的是乾。乾的規律之所以能夠永恆保持，是因為宇宙在發展的過程中，變化而日新。今年春天過去，明年春天復來；今年梅花綻放，明年梅花依然盛開，表面上似乎看不到有甚麼不同，但事實上，今年的梅花和去年的梅花已經有所變化。只是我們肉眼凡胎，看不出那些細微的變化而已。一百年、一千年之後，梅花便會變種。人類何嘗不是在變化之中？只是變得少，自己不察覺而已。因此宇宙要維持變化，便一定會日新。所以，《繫辭傳》說出了宇宙事物的發展，雖然是循環的，但每一次循環都是在上一次的循環的基礎上向前發展。

我們的宇宙，自創生到現在，可能已有一百五十億年。單就地球來說，便至少有四十至五十億年才發展到今天。可能再過四十至五十億年地球才會毀滅。從前人類以一生百年的短暫生命來觀察宇宙，表面似乎看不出它有甚麼變化，因為百年和五十或一百五十億年相比較，時間實在太短了。但是現在人類的儀器精密了，已能量度其中的變化，更能從推理知道宇宙日在演化之中。因此，乾在宇宙中最偉大之處，是它盛大的德性，能夠推陳出新。任何事物都在日新。坤地規律之所以偉大，就是它不是循環地生出萬物，而是每次生出的萬物都是比上次更多、更好。地球最初只有一兩種物種，發展到現在已逾億種物種，可見「富有」確是坤地最偉大的貢獻。

現在這篇文章主要不是說宇宙，而是說人類。我們人類能夠掌握宇宙的規律，正如剛才的解釋，是因為它平易，我們人類容易懂得；是因為它簡單，人類就能夠實行。整段都是說人類，這個又與道家觀念不同。道家認為宇宙有自然規律，人要忘記自己的存在，回歸到天地的懷抱。人融化於大自然，人就不存在，變成宇宙的一粒沙塵。但儒家則不同，他明白宇宙的規律，並且應用這些規律，使它向前發展，令到人作為地球的主宰，發展自己的偉大。人要和天地並立，使天地人三才同樣偉大。一個認為自己不存在，一個則要盡量進德修業，要與天地鼎足並立。因此《繫辭傳》的作者，雖然接受了道家的知識，承認天道是無為的；但道家是天道無為，人道亦應無為；儒家則是天道無為，而人道則應有為！這便是觀點立場不同，所以分為不同的學派。故《繫辭傳》是否道家的著作，要從這些最根本、最關鍵性的觀點來分析，並不是因它接受了道家思想便是道家後學。正如我接受了愛因斯坦的相對論，並不等於我是西方知識的信徒。因此「有親則可久，有功則可大」，這個「大」便是富有之大，功業之大，是說坤地的作用。

可久則賢人之德，可大則賢人之業。

「可久則賢人之德」，如果人類效法乾天這一種「可久」的自然規律，長期實踐的話，那就會形成了賢人的德性，變成了人之所以勝過普通人、成為有賢德的人的關鍵。

「可大則賢人之業」，如果掌握了坤地令到萬物繼續滋長繁盛的規律，在人類、或人類社群中推展，就可令到人類一天一天的進步、一天一天的展現出人為的偉大。例如我年幼時，香港只是一個蕞爾小島，但今天則極度繁榮。現在整個地球的面目改變得實在太大了，假使一百甚至五十年前的人看現在的地球，必定不能認識。因此如能掌握這規律，而將這規律用於人類社會，就能使他的功業勝過普通人，變成了賢德之人的功業。

這裡為何不用「聖」字，而只用「賢」字？因為古人認為聖人非人人都可以做到，但賢人則人人可以做到。這裡用賢人，就是鼓勵我們只要努力，便能成為賢人。另外，儒家比較篤實，「今天信佛，就是菩薩」，不是儒家說的話。儒家只是說人經過努力，可以達到賢人的境界，也只是可以、有機會做到賢人而已。做到賢人之後，再學做聖人。不可能一步登天，最初只能像嬰兒學步似的跟著規律走，故只是學生而不是聖人。聖人是明白了規律、遵從規律行事，再進一步神化了規律，同時還靈活運用神化了的規律的人，他已和規律合而為一。他如何想、如何行動都自然合乎規律，這才有資格叫作「聖人」。遵守規律，最多只可稱為「賢人」。

故這裡的「賢」字，一方面解作「賢德」的「賢」；另一方面解作勝過別人，作動詞用，即賢於人。既是賢人，亦是賢（勝）於人。

易簡，而天下之理得矣；天下之理得，而成位乎其中矣。

「易簡，而天下之理得矣」，因此，若我們掌握了宇宙「乾易坤簡」的基本原理，神而明之，觸類旁通，天下所有事物的道理都可以明白和掌握了，這就是「天下之理得」。

當我們真正對這一基本原理，能夠觸類旁通，從而了解宇宙人生的一切原理，那我們便不再是普通人，不再是嬰兒學步，而是達到了與《乾》、《坤》同樣的偉大了。

「而成位乎其中矣」，當我們達到「神於規律」的境界時，我們便不再是普通人，我們便有資格去確定自己在天地之間有一定的地位。「中」字表示我們在天與地中間，頂天立地。因此，我們就能夠與天地並立，成為天地之間偉大的人，這樣才可叫作「聖人」。

聖人神化規律後，就可以進一步利用規律來配合天地和幫助天地，真正明白天地怎樣做才是好，怎樣做便是壞。於是在天地正常時，令到它比正常更好；天地不正常時，協助它恢復正常。到了這一階段，便叫作「參贊天地之化育」。「參」是參與，要注意，「贊」字義是助，不是稱讚人的「讚」，而是贊助的「贊」。故我們可以參與天地的變化、幫助天地更正常地養育出萬物。到了這一個時候，人類與天地合為一體，不是為了人類的利益著想，而是為了整個宇宙的利益來著想。故他的所有作為，只是為了推動宇宙更趨完善而已。其實現在的宇宙已經很完善，通過掌握這規律，就可令宇宙（或應說是地球）更為完善。今天的科學距離真理還有距離，因此人類的所作所為妨礙了地球的正常運作，結果地球作出了無言的反抗，已經出現了很多災難。如果我們的科學家認為自己是無所不知，繼續有所作為的話，那地球的災害將會更趨嚴重。《繫辭傳》說出了參與和幫助的原因，提示人類不是主體，只是輔助天地而已，這樣人類和天地萬物才能互相協調，和諧共存。所以我們今天，最需要發揚光大的是兩千多年前的《易經》哲學。故怪不得不獨是中國內地、臺灣和香港，甚至整個世界都興（復興）起了研究《易經》的熱潮。外國人也談論《易經》，作為最摩登、最新潮的話題。這是因為《易經》中，有很多道理可以提醒今天的人類，改善他們的想法和做法。第一章正文到這裡講解完了。

總結

現在總結第一章。自「天尊地卑」至「變化見矣」，是第一章的第一節。各位要注意第一句說的是天地，下句則是說創作《周易古經》的聖人模仿天地這一規律，創作《周易古經》。所以它從天地的性質，說到建立《乾》、《坤》兩卦，再由《乾》、《坤》組成「八卦」。由天地萬物尊卑的位置，說到《周易古經》六爻高低位置的道理的來源。然後說出天動地靜的常性，定出了剛柔兩爻的性質。再說出天地萬物的類聚群分的適當與否，反映出人事和卦爻中間吉凶的原因和關鍵之所在。然後繼續說出天地萬物的變化是人所不容易看到的，要通過天上的「象」、地上的「形」來體會這些變化，將它們綜合歸納，就能了解天地變化的規律，即是從自然現象表面找出背後的規律。文意有條理地一步一步遞進。

既然第一節最後說到變化，因此，第二節承上文先從剛柔變化推說，闡釋《周易古經》「卦爻的變化」。再通過雷霆風雨，日月寒暑的交替變化，了解「天道的變化」。然後通過「乾道成男，坤道成女」，就見到「人道的變化」。於是文章非常精要地概括了第一節所說的變化，內容是甚麼，關鍵又是甚麼。最後，通過變化說出：如果我們只是追隨變化，就會目迷五色，不知所措；但如我們能在變化中間，找出它不變的常性和不變的規律，藉著這不變的規律再看各種變化，就會明白箇中奧妙，愈看愈增加聰明才智。於是最後說出了乾坤最基本的作用，乾是開始生物，坤是形成天地萬物這一最關鍵和最主要的規律。

第三節是站在儒家的立場講的，天地的一切事物，都是為人類服務的。於是它將乾坤天地這一基本原理，變成了乾坤的德性。乾德是「易」，坤德叫「簡」。然後說出了明白「易簡」的原理之後，我們一方面可以建立人類道德行事的規律，又可以用它來指導我們的實際作為，以建立人類的功業。我們能夠初步做到，就可以勝過普通人，變成學易有成的賢人、君子。如果我們更進一步達到大徹大悟、神而明之的境界，變成了規律就是我們，我們就是規律，那我們便可進一步幫助天地，共同推進天地、人生，有更完美、更幸福的發展。到了這一地步，學易的人就會晉升，人不再是渺小的動物，而達到可與天地媲美的「天大地大，人亦大」的境界。那便是所謂「而成位乎其中矣」。

古代有一種版本，這一句寫作「而易成位乎其中矣」。多了個「易」字，表面上沒有錯。它指「易」的道理在天地之間存在。如果《易經》可將天地的原理完全包涵、並將其原理應用於天地兩間之中，那《易經》就有資格與天地的原理並立了。這不是不通的。但由於上文說到人，現在卻說到《易經》，就好像有點不合邏輯，故今天的通行本就不加「易」字，因為意義上說人比說《易》書更合理，或者比較偉大一點。故即使原本有「易」字而現在不用，也是易學在發展中，考慮得更周到的結果。

章節要義

第一章講的第一節是從「天尊地卑」至「變化見矣」，說出《易》的道理來源於天地的原理。它的言外之意，有特別說明「對待為體，交易為用」的意思，也暗中指出它「不易」的內涵。這留待在下面再作解釋。

第二節自「是故，剛柔相摩」至「坤道成女」。上一節以天地為主，《易》是次要的。而這一節則是以《易》為主，天地是次要的。換句話說，即《周易古經》的一切的原理都是仿傚天地，因此所說的易理，實際上是反映天地之理，而天地之理，將之簡化就是乾坤。將乾坤一直擴大，擴大至天地之理，就可以說明天地的變化。所以這一節特別是說「流行為體，變易為用」，說出了變易的原理。

第三節由「乾知大始」開始，一直到文章最後的一句「而成位乎其中矣」，就是推論發揮「易簡」的道理。賢人進德修業需要憑藉「易簡」。進一步，聖人要崇德廣業和參贊天地，也是要身體力行「易簡」的道理才可做到。它開宗明義，就說出了整篇《繫辭傳》最關鍵的內容，也就是《易經》最關鍵的內容。這節所說的是「人道」！請注意：《繫辭傳》文章說明「天地之道」後，大都接著說「人道」，這就是「推天道以明人事」！畢竟儒家所重是在人道，注重的是人生的實際問題。

「對待」與「中」

現在略為講解第一章內幾個基本的易學概念。第一節中，「卑高」、「貴賤」、「動靜」、「剛柔」、「類聚」、「群分」、「吉凶」、「成象、成形」對舉，好像事物常在對峙著，這是根據對立或「對待」的哲理立說的。但這裡的對立和老子所說的不同。各位隨意翻閱《老子》，見到老子同樣喜歡通過生死、榮辱、是非、美醜等相反的事物立論。但我們已在前面提到，老子沒有體會到事物發展到極限才會轉向對方，只是認為事物會無條件地轉向對方，基於這一想法，他就覺得如果我們追求富貴，反而會走向貧賤。所以如果我們安於貧賤，反而會變成富貴。追求生就會死；不怕死，則置諸死地而後生。因此他專門在反面來努力，認為反面會走向正面。

但是儒家不同。孔子認為兩個極端都是從中間的一點出發，兩個極端的中間根本就沒有矛盾、不對立。正是由於兩極端都是從中間出發，當初的相同，經過後來的發展才會變成兩個極端，因此，我們可從更高的哲學角度來看，可能就在最初的「相同」之處，可找到兩個極端相通的地方。所以儒家認為兩個極端都不是真理，只有在兩個極端之間找出「中」，才是真理。但「中」是沒有標準的，並不是等如數學所說的五和六是十之

「中」。「中」有時偏向極端的一端，有時偏向另一端，它是依據「義」來決定的。有如送禮給人，窮的多送點，富的少送點，結果兩份禮物不一樣，這才叫「中」。富人多送點，窮人少送點，這就叫作「不合義」。雖然古今的人多是如此！

故「中」的標準是比較活的，要找到「中」，便要求諸兩端。能夠了解兩端，才可以找到「中」。因此說「執其兩端，而其中於民」，指參考兩個極端，而用其中。正是因為儒家有了這個理論，才明白發展到極限才會變，不到極限是不會變的。故可追求富貴，只要不到極限，不到驕奢淫逸的地步就可以了。到了某一個高度要懂得「持盈保泰」，就不會變為貧賤。

正因為儒家明白了這一道理，就可以從正面著眼。與老子從反面去追求的不得已是兩回事。故大家的基礎觀念是不同的，一個崇陽，一個崇陰；一個崇卑賤，一個崇剛強，形成了兩個根本不同的哲學體系。至於知識，沒有觀點或立場之分，均可互相吸收。

因此，在這裡所說的天與地的「對待」等等，本身除了有老子所說「比較」的意思之外，更重要的是通過兩個極端來表現出中間的廣闊內容。所以儒家所說的「中」並不窄，兩個極端中間的事物都包羅在內，這是第一點。第二點是說明了兩個極端在對立的過程中間，互相交感，產生變化。這是宇宙變化的規律，即是對待的事物，通過交感就可以變化，例如我們說到「乾坤生六子」，就是一例，不多講了。自然也有相反相成之意。

第二節講到「剛柔相摩」，它更強調了「對待」。「剛」是陽爻，「柔」即陰爻。兩樣相反的事物互相摩擦，是兩樣對等（勢均力敵）的事物互相「對待」，平衡，或對峙，但不一定是鬥爭。而「剛柔相摩」這句話，最重要的是內寓「對待為體，交易為用」的意思。

流行與變易

接著我們說到「流行」。當兩樣事物並不平衡、一強一弱的話，那麼強的力量或事物會推走弱的力量或事物，令強的變成主宰，這就是「流行」的意思。但是宇宙中，所謂「強」的觀念和我們人類「強」的觀念有些不同。宇宙所謂「強」是說初生的事物是最強的。如一個初生只有六至八磅的嬰兒，表面很弱小，但他卻有無限的生長的能力，可發展成為五、六呎高、百多二百磅的人。到了中年以後，我們的發展能力已是外強中乾，開始收縮。上了年紀的人，收縮得更多，身高多半會比年輕時矮了一點。因此一般人類以為的「強」，宇宙就稱為「弱」；人類所說的「弱」，宇宙可能叫作「強」，「柔弱者，生之徒；剛強者，死之徒」，老子這句說話確有道理。

因此，陽氣初生時，陽便開始由弱而強，瀰漫天地的陰氣表面上是強盛，實際已漸漸衰老，變得弱了。陽初生是強的，它推走陰，令陰一直減少而陽一直增加。到了陽最強而陰最弱時，表面上，陽最強，但強即是弱，這時陰開始生長，最弱的陰又轉為強。因此，宇宙可簡化為兩種不同的物質或力量不停地交替，每一刻彼此的相對強弱不停地在改變中，這就形成了「流行」，意思即流動運行不休。而在「流行」的過程中，變易就是它最關鍵的作用。因此整個宇宙的變化，易學將其過程簡化到不能再簡單的兩個可能性，勢均力敵就是「對待」，「對待」通過交感而變化。而當它們強弱不一的時候，就會自動「流行」，通過流動運行來展現它變化的過程。

文章由「鼓之以雷霆」到「坤道成女」，主要說天地之間的事物，力量有強弱，形成「流行」，於是整個宇宙變化不休。「陽盛陰衰，陰盛陽衰」，正如完整的正弦曲線，或者像水波有規律的升降，這類似西方科學的波動理論，即任何物質都通過這一波動來展現它們的永恆的變化，如電子石英鐘的石英，它的波動很穩定，於是我們運用它來計時之類。任何物質，表面動靜不一，但在其內部都是以波動方式在活動。而內在活動，即其內部陰陽兩種勢力的交替形成了波動。通過這個陰陽的變化，事物本身可以自動自發地不停地變動。

同樣地，當任何物件你影響我變動，我影響你變動，那便是「對待」的變動。整個宇宙的事物本身已在變動（內力）；另外再受到外物影響（外力）而變動，於是它就不停地變動。我們這個宇宙當大爆炸開始以後，一直到宇宙結束之前，變動就是永恆的真理。起碼今天的知識告訴我們是如此。易學中的「對待」和「流行」，已先於西方說出這理論，只是用中國傳統說法表達而已。所以這裡說出了最關鍵、最主要的宇宙基本原理。

剛柔相摩，八卦相盪。

「剛柔相摩，八卦相盪」這兩句，說明了卦爻是如何產生的。現在還要略作補充。有關「剛柔相摩」，我們可以說，最初由於兩種相反的事物或力量互相推動，於是宇宙就開始變化，產生了萬物。《易經》的作者根據宇宙這一原理，通過對待、互相交感，說明卦爻的產生和變化，《乾卦》和《坤卦》等如天地的對立。天地產生萬物，《乾》、《坤》產生六子和六十四卦。首先，《乾》、《坤》兩卦通過「乾坤生六子」，產生了基本的三畫的八個「經卦」。因此，「剛柔相摩」就是指由交感產生「八卦」。甚麼叫「盪」？這個字從「水」部，指在水面漂蕩。凡事物在水面漂蕩，則不能保持在同一位置，一定是隨水漂到別的地方去。那麼是怎樣產生卦爻的呢？

通行本周易六十四卦卦序，是根據「二二相耦，非覆則變」的原則排列的，不易用「剛柔相摩」兩句來說明。但馬王堆帛書《易經》卦爻的排列則是如此的。因為帛書《易經》六十四卦的排列，是由兩「經卦」重疊而成，它「上、下卦」的排列是：

上卦　乾艮坎震坤兑離巽

下卦　乾坤艮兑坎離震巽

「下卦」的排列大概是根據《說卦傳》「天地定位，山澤通氣，雷風相薄，水火（不）相射」之說排列的（雷風和水火兩句先後次序顛倒更合理），次序是乾父坤母在前，繼以少男（艮山）、少女（兑澤），跟隨的是中男（坎水）、中女（離火），而以長男（震雷）、長女（巽風）為殿。「上卦」則根據「乾坤生六子」之說，屬陽的先行，排列的次序是乾父、少男（艮）、中男（坎）、長男（震）；接著是陰後行，坤母生出少女（兑）、中女（離）、長女（巽）。

如果我們把三畫卦重疊變成六畫卦，就是「八卦相盪」。首先「上卦」《乾卦》與「下卦」《乾卦》結合，《乾》、《乾》就是《乾卦》；《乾》、《坤》就是《否卦》；《乾》、《艮》就是《遯卦》等等。於是通過這一排列，《乾卦》就得出了「乾宮八卦」。再由「上卦」《艮卦》開始，《艮》、《乾》就是《小畜卦》，之後《艮》、《坤》就是《剝卦》、《艮》、《艮》就是《艮卦》等等（帛書《易經》卦名和通行本卦名有部分是不同的，現在為了方便敘述，改用今天通行本的卦名）。這樣的排列方式，便有如在水上漂蕩。「上卦」就好像船在水面一樣，一個一個順次經過「下卦」而建立了六十四個六畫卦。這就是「八卦相盪」的意思。馬王堆帛書《易經》六十四卦的卦序便是嚴謹地根據這個規律排列的。馬王堆帛書《易經》可能是戰國時另外一種《易經》版本。這種版本與我們今天的版本不同。今天的版本，六十四卦的卦序是根據天地和人類社會發展的規律排列出來的；而帛書《易經》的版本卻是根據邏輯性的數理規則來排列的。後來北宋邵康節有另外一種卦序：天地之前是原始混然合為一體的氣，即太極。這個混然合為一體的氣發展分為陰和陽兩氣，就是太極生兩儀，陽的是陽儀，陰的是陰儀（見下圖最下一層）。陰陽對立就叫做「剛柔相摩」，要摩擦和接觸，不是二氣或二物是不可能的。相摩之下，原來的陽自身又分化出陽陰，同理，陰自身亦分化出陽陰，就是兩儀生四象，分別是太陽、少陰、少陽、太陰（下圖第二層）；然後（第二層）分化生出的陰和陽自身又分出陽陰，陽陰便共有八個，就是四象生八卦（下圖第三層）。（據朱熹《周易本義》，宋咸淳吳革刻本，福建人民出版社，二零零八年）

伏羲八卦次序

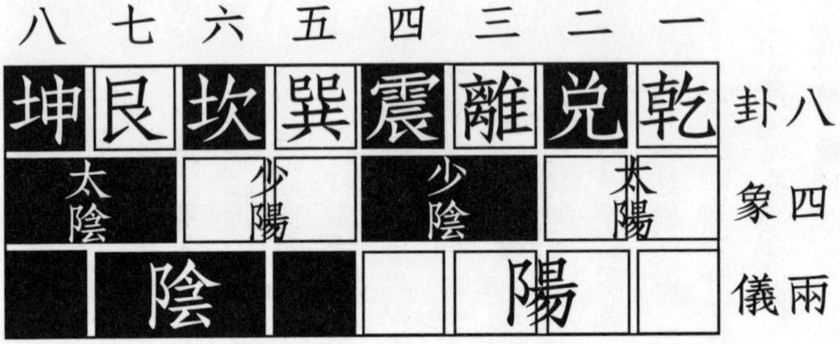
八 七 六 五 四 三 二 一
坤 艮 坎 巽 震 離 兑 乾
八卦
太陰
少陽
少陰
太陽
四象
陰
陽
兩儀

現在從右面開始，直看（由下向上看）是陽（第一層）、陽（第二層第一個）、陽（第三層第一個），組成《乾卦》；從右而左，陽（第一層）、陽（第二層第一個）、陰（第三層第二個），組成《兑卦》；接著，陽（第一層）、陰（第二層第一個）、陽（第三層第三個）就是《離卦》；陽（第一層）、陰（第二層第一個）、陰（第三層第四個）就是《震卦》。如此類推，依次得出陰、陽、陽的《巽卦》、陰、陽、陰的《坎卦》、陰、陰、陽的《艮卦》、陰、陰、陰的《坤卦》，合起來就是「八卦」（如果陰陽持續依此分化至六畫，就會變成六十四卦）。三畫「經卦」排列的次序，依次是《乾》、《兑》、《離》、《震》、《巽》、《坎》、《艮》、《坤》。重卦時則「上卦」和「下卦」都依同樣的次序排列。剛才所說的帛書《易經》排列次序，「上卦」和「下卦」並不相同，邵雍則整齊劃一。六十四卦排列的方法也是順次序先以「上卦」一卦為主，然後順次序在下面「八卦」上面漂盪，即和「下卦」結合為六畫卦。最初「上卦」的《乾》經過這「八卦」，於是就得出了「乾宮八卦」。接著是「上卦」的《兑》經過「八卦」，就得出了「兑宮八卦」等等。當這「八卦」完成漂盪之後，六十四卦就組成了一個先天圓圖（「伏羲六十四卦方位圖」）或「伏羲六十四卦次序圖」。如果我們勉強用現代數學來比擬，便是（乾+兑+離+震+巽+坎+艮+坤）的二次平方公式，展開後就得出六十四卦。先天圓圖為何要這樣排列呢？邵雍沒有解釋，後人也無法解釋。但如果用生於一六四六年德國的大數學家、大哲學家萊布尼茲（Liebnitz）所發明的二進位數去解碼，你會大吃一驚。

萊布尼茲得到傳教士白晉自中國寄來朱熹的《周易本義》，不懂中文，看了伏羲先天八卦和六十四卦圖的陰陽爻符號，異想天開用他自已發明的二進位數的0及1兩個數字代入陰陽爻試行演算。假設陽是0，陰是1，《乾》、《兑》、《離》、《震》等三畫卦，《乾》就是000，即是0。《兑》是001，即是1等等。與「先天八卦圖」一一比對，我們發覺它是由0到7順序排列的。原來用二位數去看，「先天八卦」的先後卦序位置是不可改變的。同理，六十四卦用二進位數代入，左面是0到31，右面是32到63，排列數字的次序和卦的次序一個都沒有錯。萊布尼茲開心極了，因為二進位數當時還沒有發現它的用途（今天應用於電腦），原來中國的伏羲在先天圓圖中已經應用了它（其實它不是由伏羲所創，應是後人或邵雍想出來的才對），可惜中國人反而忘記了。我卻能用新創的數學解釋它。我也可算是對中國的《易經》有所貢獻吧。萊布尼茲於是通過在中國的傳教士盡量找尋中國的文獻來閱讀（很多傳教士已將部分中國經典翻譯成拉丁文）。受到中國哲學的影響，萊布尼茲在物理學上發展了一個西方不接受的怪理論，叫作「單子論」。「單子論」其實與西方的物理思想不太相同，但卻與中國的自然哲學接近，明顯是受到中國《易經》哲學思想的影響。所以後來人們公認他是歐洲的孔子，即是指他受到中國文化很深影響的緣故。

但是我們千萬別說《易經》已有二進位數，現在有些人說它有二進位數是錯的，這只不過是巧合而已。更不能說二進位數是由中國發明的。只不過由於《易經》已經掌握了一些宇宙的基本原理，有些新的原理與《易經》的道理若合符節而已。以上就是對「剛柔相摩，八卦相盪」兩句文義的補充。

易有三義

這篇文章尚有很多內容可以詳加解釋的，不過其中最關鍵的是「變易」的道理和「易簡」的德性。所以西漢時的官方易學權威京房，在他的《京氏易傳》（這本書很好，但也很難讀），首先提到「變易」和「易簡」的道理。整本《京氏易傳》，主要是以「變易」的觀念作為基礎解釋《易經》。由於他是官方易學的代表，所以在西漢時候的影響力非常大。

到了西漢末年，出現了一批解釋《易經》的書籍。這批古書，我們叫作《易緯》，到今天仍有八種殘傳於世。為何叫作「緯」？它與「經」字相對。「經」和「緯」都是織布機裡的線。經線是預先放在織布機內的直線，梭子帶著橫線經過，於是直線和橫線交接就織成了布。橫線就叫作「緯線」。有經線不能織成布，要加上緯線的幫助才能織成布。單有《經書》尚有不足，要加上《緯書》的解釋，《經書》才能發揮作用，才有用處。可是大部分的《緯書》都寫得十分荒誕，難怪隋文帝把它禁止、焚毀了。

但《易經》的《緯書》則屬例外。特別是《乾鑿度》，更是例外中的例外。這本書吸收了道家的思想，甚至站在道家的立場來解釋發展易學。如果陳鼓應教授說這本書是道家後學撰寫的，勉強還可以。它吸收了京房的易學，以之作為基準，講述了一切與《易經》有關的知識。這本書可說是漢代的易學概論。要了解漢代的易學，就需要認真地讀它。這本書以前很難得到，這幾十年則在國內外經常有翻印，應該很容易找到。二零零二年，國內出版了林忠軍先生的《易緯導讀》，點、校、注解了這本書，比較易讀。

《乾鑿度》一開始便假託孔子說：「易一名而含三義」，指《易經》這一本書包含了三項重要內容。所謂「三義」，就是「易」、「變易」和「不易」。作者說的「易」是：「易者，以言其德也，通情無門，藏神無內也。光明四通，傚易立節，天地爛明，日月星辰布設，八卦錯序，律曆調列，五緯順軌，四時和，粟孳結。四瀆通情，優游信潔，根著浮流，氣更相實，虛無感動，清淨炤哲，移物致耀，至誠專密，不煩不撓，淡泊不失，此其易也。」文意是指「易」的作用，使到天地光明，日月五星順從天道運行，大地四時順生萬物，這一切都是清淨無為，不煩不擾，無心而成的。他所說的「易」，就是指《繫辭傳》內「易簡」的「易」。他特別提出了沒有個人感情，不需要勞心，自然而然，就是「易簡」。韓康伯綜合其意解釋「易簡」兩字之義，便說：「天地之道，不為而善始，不勞而善成」。在《乾鑿度》中，講到「易」是指易之德，即易的本性和易的作用。

接著《乾鑿度》說到的「變易」，是指易的氣，即陰陽兩氣的變動，它們推動天地四季萬物的演變。這是根據道家和陰陽家對陰陽兩氣的看法來解釋「變易」的。但是與道家不同之處是道家比較少講人，對個別的人是冷漠的，對人群更甚；對天地興趣較大、較尊重。但《乾鑿度》的作者畢竟受儒家的影響更深，故在他解釋時，特別說到夫妻、君臣、朝代都與陰陽兩氣推動變易有關。甚至說周文王因掌握了「變易」之道，所以周代建國可以有七、八百年之久。由此可見，他仍然不是道家的後學，不是站在道家立場說話的。但他把《繫辭傳》的「易簡」改為只提「易」不提「簡」，肯定是道家的說法，因為道家只注重一端。所以本來《繫辭傳》是從天地對立兼提「易簡」，而《乾鑿度》的作者只崇天道，而天就是「易」。所以他說「易」，不說「易簡」。後來東漢的偉大經學家鄭玄寫了兩篇文章：《易論》和《易贊》，其中同樣提到易的三義。他把「易」改回「易簡」，回復到儒家的立場。至於「變易」，《乾鑿度》已說出了任何事物無時無刻都在變動之中、永不停止。掌握「變易」之道就會幸福，不掌握便不幸福。因此，他講到「變易」，是比較全面的。「變易」是整本《易經》最關鍵的內容，任何事物永遠都在變動之中。所以讀過《易經》的人要明白，我們所看到的只是事物目前的狀態，接著它遲早會變向相反面去。這個道理可以見諸今天宏觀的宇宙、超銀河系，以至微觀的宇宙，電子、中子、質子，甚至基本粒子都是在變動不休，因此變動似乎是宇宙中最基本的永恆真理。而這一真理，《易經》已提出，佛家也如是說。但《易經》說得比較具體些。

接著的第三點是「不易」，《京氏易傳》沒有講，首先提出的是《乾鑿度》。作者從哪裡得到靈感？《繫辭上傳》的第一章第一節說「天尊地卑」，指天地的尊高卑下不會變；至於引申到人的社會地位、尊卑亦不能改變的想法則不是《乾鑿度》作者首創，而是西漢武帝時，令儒術得到獨尊的大儒董仲舒提出來的。董仲舒曾提到「三綱六紀」的說法，「綱」和「紀」都是法，指可以效法的意思。何謂「綱」？「君為臣綱，父為子綱，夫為妻綱」，即是說這些尊卑上下關係都是不變的。故根據這一說法，《乾鑿度》認為《易經》所謂的「不易」，是講位置的不變。其實如果我們細心讀原文，由「天尊地卑」一直到「貴賤位矣」，的確是講位置的不變。但跟著的「動靜有常，剛柔斷矣。」這兩句則說的是宇宙之間有動靜的常性。在變動中間有其規律性。這一規律是永恆不變的。為何《乾鑿度》的作者不說？不是他看漏了，而是因為我們上面說過道家注重天地表面的現象，儒家注重現象背後的德性．如果站在道家的立場，便不解釋這兩句。事實上，《繫辭傳》是通過天地位置的不變，引申到天地在永恆變動中間，有不變的常性。這常性是規律，掌握這規律就能控制萬變。他偏偏沒有發揮這兩句，因此顯示出他的道家立場。故我認為如果陳鼓應教授說《乾鑿度》是道家信徒所寫的還勉強可以備為一說。但說《繫辭傳》是道家信徒所寫的就絕對反對，因為立場完全不同。我們不應埋沒良心胡說，因這與學術良心有關。不顧真理而只順著自己的主觀愛好去寫文章，就會混淆是非，造成不良的影響。

各位現在知道，易學有三義，我們撇開《乾鑿度》，站在《繫辭傳》或《十翼》的觀點來說，肯定《繫辭傳》和其他各傳都特別強調變易是《易經》最關鍵、最基本的原理。但是在變易中有「常」，究竟應怎樣處理它呢？在《十翼》的不同作者中間，也有不同的觀點。在《繫辭下傳》中，作者說《乾》的恆德就是「易」，《坤》的恆德就是「簡」。「恆」就是永恆不變。因此根據他所強調的天地規律，即恆德是永恆不變的。而在恆德中，「乾天」就表現在乾、剛、易、健，即《乾》的性質是剛健、平易。其實「易」，或者「健」，或者「剛」，是同一事物的三種不同作用而已。而「坤地」就是陰柔、是順從、是簡略。這一種性質是不變的。因為天地有了易簡，或者有了剛柔。通過這個剛柔、易簡的變化，自自然然引導萬物的產生和變化，因此他同樣承認，變中間有不變，只不過變易更重要。變中之常是由變而產生的，所以是次要。故變是絕對，不變是相對的。

但《十翼》中，專門解釋卦辭的《彖傳》在解釋《恆卦》時就說：「天地之道，恆久而不已也。」天地的規律是永恆長久，而且是永遠不會停止的。「日月得天而能久照」，當日月得到天的原理，遵從天的規律，它就永恆地照臨著大地。「四時變化而能久成」，四季春夏秋冬交替變化，依著這一道理長久不變地發展，就能成就萬物。「聖人久於其道」，聖人根據天地所建立長久不變的仁道，「而天下化成」，而天下萬物和人類就能化育完成。「化」就是變化養育，「成」就是完成。例如人類的變化和人類建立的社會就是《易經》所說的「人文化成」。而「文化」兩字的意思，就是由此而來。《彖傳》作者最後說，如果我們細心觀察這永恆之道，天地萬物一切變化的情況我們就能夠完全了解了。這裡就強調了規律的永恆。因為變化只是在規律發展時所見到的現象，所以變化因而沒有永恆那麼重要了。

但《彖傳》在《革卦》卻說：「天地革而四時成。」因為天地有變化，順次推出了春夏秋冬；「湯武革命」，指商湯和周文王改革了上天的委命（即代理權）；「順乎天而應乎人」，這是順乎天意和應乎人心的。所以是「革之時大矣哉！」因此，《革卦》最重要的意義是「革之時」。根據作者的說法，雖然宇宙是永恆不變的，但是其實在不變的宇宙中，在適當的時機，應該有改變才會更好。正好比天地應該不變，但如果天地不變，就不會出現春夏秋冬四季，而天地只會永遠是暖或冷。假使我們人類社會不變，夏朝永遠是夏朝，商朝怎樣取代它？商朝永遠是商朝，周朝如何取代它？因此承認在宇宙、在人生中，變革亦是一種很重要、必然發生的道理。

但當他用了「時」字，我們就知道，「時」是指變革要在適當、有需要的時候才出現，而不是常常出現的。那便可知永恆不變是絕對，而變化反而是次要的。因此，各位在這裡會發現爭辯之點了。《彖傳》、《恆卦》和《革卦》所說不同，究竟宇宙變化是絕對，規律是相對呢？還是規律是絕對，變化只是絕對規律中的次要輔助因素？西方科學家相信變易是永恆的，今天甚至時代曲都唱著「變幻原是永恆」。但古人則不然，宋朝易學有五大派，北宋程頤、南宋朱熹是理學派，他們吸收了《乾鑿度》「易有三義」中「不易」的思想，和《彖傳》在《恆卦》、《革卦》提出的哲學觀念，發展了漢代董仲舒「天不變，道亦不變」之說，提出陰陽定位的理論，這理論是八百年來，普通人到高級知識份子大多數都接受的觀念。除了易有三義的說法，另外，《易緯》的《乾坤鑿度》，提出了易有四義的說法。當然其中三義是《乾鑿度》的說法。作者所提出的新的一義是「日月相銜」，指易就是日和月互相包銜，亦即是說，《易經》就是日月互相推行，推動整個天地變化之學。「日月相銜」，換言之，就是說天地的運行，所以同在漢朝時，便有人想到將這句說話改變，變成「日月為易」，勉強將「易」字的下半部分說成是「月」字。例如撰寫於公元一〇〇年解釋文字原始意義的著作，許慎的《說文解字》，在解釋「易」字的時候，就提到《秘書》有所謂「日月為易」之說，即是說，公元一零零年之前已經有了「日月為易」的說法。《秘書》當是指《緯書》而言。

到了公元一零四年到一六零年之間，東漢魏伯陽《周易參同契》說：「日月為易，剛柔相當。」「相」即互相，「當」即配合。而東漢末年偉大的經學家鄭康成（鄭玄）就接受了《緯書》中「日月相銜」或「日月為易」的說法，把易提升為「易道周普，無所不備」。我們上一個課程已講過，現在不再重複了。

後世的道教徒忽略了《易經》的原意，承繼《周易參同契》之說，以「日月為易」，可見這說法影響力之大。

到了清代初年，毛奇齡寫了很多有關《易經》的著作，其中有一本是《仲氏易》。「仲」是甚麼意思？古人稱兄弟的排行為「伯仲叔季」，最長的叫「伯」、第二叫「仲」、第三叫「叔」、最小的叫「季」。我們今天稱親人為「伯」和「叔」而不用「仲」和「季」。但古人有用「季父」稱呼叔父的。在《史記》或《漢書》中，我們可以看到項羽稱范增為「季父」。毛奇齡將他的兄長毛錫齡講解《易經》之說，擴大寫成一書，所以名為《仲氏易》，其實這是他謙抑、不掠別人之美的說法。在這本書中，毛錫齡提出（見原書卷一）「易有五義」，比前人多出了一義。除了前面所講的「變易」和「交易」外，還有三種，他稱之為「反易」、「對易」、「移易」，他認為這三種是他發千古之未發之義。但這三義都是就爻的外表形式來說明，其實瑣碎之至，落於形而下的層次，和古人站在哲學高層次立論是不同的。因此，雖然他提出了五義，研究《易經》有造詣的人不可不知，但跟從他的說法的人就只有少數，故我們不需要多加解釋。

各位只需明白「對待為體，交易為用」和「流行為體，變易為用」之理便已足夠。易學最基本的變化就是這兩種而已，其他只需觸類旁通就可以了。

天地、乾坤、人道

第一章尚蘊含有其他的意思。文中所說的「天地」、「卑高」、「動靜」、「物聚、群分」、「成象、成形」，都是指天地的自然現象，或者在古代稱之為「天地自然之形」。未有《易經》之前，易的道理早已蘊含在天地之間。「乾坤」、「貴賤」、「剛柔」、「吉凶」、「變化」，這些都是說體會了天地自然之理，將它變成了《易經》中理論的根據。其實甚至跟著的「剛柔相摩，八卦相盪。鼓之以雷霆，潤之以風雨」、「日月、寒暑」、「成男，成女」、「大始、成物」，以至《乾》的恆德是「易」，《坤》的恆德是「簡」；再進一步，「乾易」就是「易知」、「有親」、「可久」；「坤簡」就是「易從」、「有功」、「可大」，都可說是互相對比的。在這裡暗中說出了，《易經》來源於仰觀天象、俯察地理、中觀動植物和人類萬物，然後將現象提升、抽象化，變成了《易經》的符號和《易經》的原理。

因此，聖人根據《易經》「易簡」的原理，概括提升為天地、或者《易經》最基本的原理，那就是《乾》和《坤》。換句話來說，第一章其實說出了《乾》、《坤》最基本的原理。所以《繫辭傳》開宗明義，已經將《周易》最基本、最關鍵的「乾坤之理」概括地說明了。

這些對比，很明顯是用了孔子「執其兩端，用其中於民」的儒家想法，意思是說，從兩極端中間找出中道，或從兩極端之處去了解事理。即我們如果要做事的話，一定要在兩個極端中間去斟酌、取義，才能把事情做到最好。

換句話說，儒家所說的中道，一定要在兩極端那裡，通過兩極端的對比，然後才能夠找到中道。因此，不得不同樣地注重兩極端。

所以第一章最後的兩段文字，說到「乾坤易簡」之理，就說明了賢人之德、賢人之業從何而來。如果體會了這個「乾易」的道理，就是賢人之德的來源；體會了「坤簡」的道理，就是賢人之業的關鍵。只有同時在「乾易坤簡」處用力，才能真正達到賢人的境界。明白「易簡」之理，身體力行，神而明之，以至手揮目送，自然而然表現出來的，那就是聖人，那就可與天地並立而為三。文章的理路是很清楚的。

《繫辭傳》是否出於道家？

現代有一本《易經》的注解，說《繫辭傳》這段文章「卑高」即低（卑）高（尊）的互文足義的寫法，猶《老子》「知其白（榮），守其黑（辱）」的筆法。其實「知其白」，即知其榮；「守其黑」，即守其辱。老子的意思是，我們知道甚麼是白，但我們行事所堅持遵守的是黑；我們雖然知道甚麼是榮，但我們寧願處身於屈辱而不是光榮的位置。這是《老子》第二十八章中的文字，這一章文字，易順鼎、馬敘倫、高亨、張松如等都認為有後人竄改之處，陳鼓應《老子註譯及評介》亦以其說為然，在此不深論。

要注意，老子同樣於兩極端去了解事物，但他只是執著一端，而不是在兩端處同時著力。剛才提到那本《易經》注解的作者，也是研究《老子》和《莊子》的專家，他在注解《老子》時也明白這兩句說話的正確意思，而硬要拿來附會《繫辭傳》文章寫作方法從《老子》而來，是非常不適當的。

第二點是有關「乾易坤簡」的意思。《老子》第七十章說：「吾言甚易知」（我的說話很容易了解），「甚易行」（很容易實行）。「天下莫能知」（大家卻不能明白），

「莫能行」（不能實行）。這位注者說：這就是「易簡」的來源吧。這句話令我大吃一驚，竟然可以斷章取義到這地步！那就甚麼都可以引申、附會了！明明在這一章下面，老子慨嘆自己的道理如此明白，為何世人卻不明白也不能實行？在《老子》一書中，處處都是這類想法。因此，老子最後就說：愈高的真理，世人就愈嘲笑它，愈看不起它（《老子》第四十一章「下士聞道，大笑之，不笑不足以為道」）。這位研究老子專家我是很佩服的，但他竟然說出這番話，是甚麼道理？是不是我對《老子》文字的理解有問題，還是他有問題？老子乾脆說：「古之善為道者，非以明民，將以愚之。」（《老子》第六十五章）可知他不是要令人民增進知識聰明精巧，甚至偏激地說：「絕聖棄智，民利百倍」（《老子》第十九章）。凡是讀《老子》的人，都知道老子的意思剛巧和那注家所說的相反，那位注家當年在注解《老子》時並沒有錯，為何現在卻與自己從前所說矛盾呢？為何老子認為自己如此簡單、如此易行的事理，人人都不知道、覺得如此難行？原因是老子強把天道的規律加在人類身上。天道的規律普通人如何能懂？因此普通人不明白，感受不到，也不接受。

相反，儒家的道理都是根據眾多人心中所想、所希望的，然後找出正面、合理的部分，作為人類行為和思想的標準。可以說儒家是從人類的立陽，找尋哪些天道規律可以有利於人類而為我們能夠實踐的。表面是說天道規律，實際是用人道來附會天道的規律。因為所說的都是人人心中所想的，或者是隱隱約約有這一想法的，認為人類理應如此的。

所以一經提出，人人就覺得親切、明白，認為合乎自己的心意，所以才會親近它，它才容易付諸實行。因此，若真硬要說「易簡」的意思來自老子，倒不如說老子這種思想是《繫辭傳》第一章的反面教材。正因為老子如此說，《繫辭傳》的作者就覺得為何老子的主張得不到實行呢？於是修正了、補充了老子的想法，完成了儒家易知易行的理論，把它變成真正的人人易知易行。

所以，一個是忘記人類和天地有不同，將人融化在天那裡，回到原始；一個是以人為本位，來建立文化，向未來發展。它們是兩個極端，不可以混淆為一個體系。

第三點是，《繫辭傳》內的「天尊地卑」，那位注家拿老子所講的「道」和「德」，比附為「道尊德卑」。平心而論，老子雖然認為「德」比「道」低一些，但明顯地說出「德」就是道的顯現。「道」是德暗中的規律。「德」既是規律顯現出來的作用，卑極也有限。和「天尊地卑」是兩回事。另外，《繫辭傳》說到「天尊地卑」，其實就是說乾尊坤卑；而乾坤就是陰陽的對立。換句話說，「陽尊陰卑」是儒家哲學的基本精神。但是，老子的道家精神剛好相反，它是「陰尊陽卑」。一個崇陽，一個崇陰，可以說兩者剛好是兩個極端，他竟然將「天尊地卑」與道德比附，實在太不適當！所以，在這一點上，我們要多加注意。

在比較中，我們不單明白了儒道兩家基本的哲學精神，更重要的是，在清楚了解《易經》和《繫辭傳》的內含意義後，就能掌握基本的原則，海闊天空，天馬行空地發揮都不碰壁。如不掌握基本精神，在文字表面偷換概念、胡亂比附，就只會混淆學術視聽而已。

八卦與自然之象

還有一點各位需要知道，文中「鼓之以雷霆，潤之以風雨，日月運行，一寒一暑」一段，是說自然現象。但接著的「乾道成男，坤道成女」兩句，提到《易經》的《乾》、《坤》兩卦。當前後文兩者成為對比時，根據中國的修辭學規則，我們叫作「互文見義」，指對比之間，彼此的文字內容應該互相補足。整篇《繫辭傳》中，互文見義的手法到處可見。因此，在它描寫天地時，暗中是在說易卦。同理，當它說到易卦時，暗中也在說天地的規律。所以三國東吳了不起的易學家虞翻，他就認為「雷」是指《震卦》，「霆」是指《艮卦》，「風」是指《巽卦》，「雨」是指《兌卦》，「日」是指《離卦》，「月」是指《坎卦》，「寒」是指《乾卦》，「暑」就是指《坤卦》。說明了大自然通過天地的雷霆、風雨、日月、寒暑，推動宇宙萬事萬物的變化。而《易》的「八卦」，同樣推動全部六十四卦、萬事萬物的變化。不過他說霆電指《艮卦》、雨指《兑卦》，已經有些勉強。再說到寒是《乾卦》、暑是《坤卦》則更加勉強。尤其下面接著是「乾道成男，坤道成女」，照理不會在此之前以寒暑暗指《乾》、《坤》的。

所以唐初孔穎達等編定的《周易正義》，就不採用這一說法。他只說「雷」是《震卦》、「風」是《巽卦》、「日」指《離卦》和「月」指《坎卦》，是實指其作用。但《艮》、《兑》、《乾》、《坤》這四卦則是通過影響暗顯其作用。乾天在上，坤地在下，覆蓋著天地，暗中推動變化；而艮山和兑澤，它們在大地中間，暗中就是風雨雷霆的來源。因此，《乾》、《坤》、《艮》、《兑》這四卦，是暗中促進天地的變化。後世的注家多數採用孔氏這個解釋和引申。只有到了元朝時，一位相當有創造性的學者吳澄，他寫了一本解釋《易經》非常好的書，叫作《易纂言》，簡明扼要，有很多新意。如果略懂文言文，這本注解恐怕比我們今天大多數的白話文注解還優勝很多。在《易纂言》中，他想出了一個奇怪的解法，雖然不一定是原文的意思，但他採用後來的說法來解釋，亦說得很有道理。

現在請各位看看後出的「先天八卦圖」（即「伏羲八卦方位圖」）：

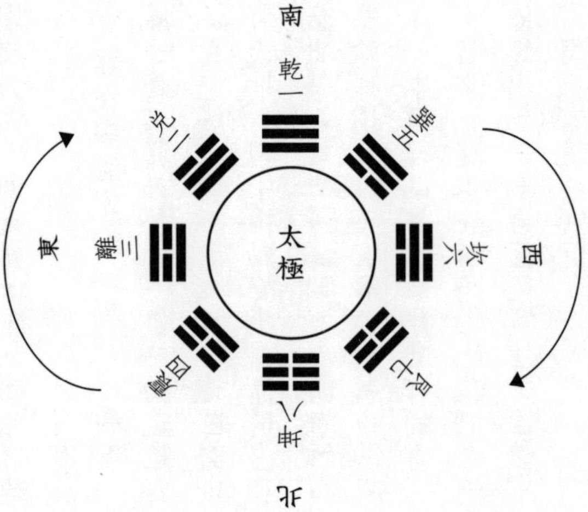
南
乾一
兌二
巽五
離三
太極
坎六
西
東
震四
艮七
坤八
北

吳澄說根據「先天八卦圖」可以這樣解釋：左面的《震卦》為雷，《離卦》為日；而《兑卦》在東南方的沼澤地帶，所以是溫暖的，再加上太陽（《離卦》）的運行，由春天（東）向夏天（南）運行，氣候日趨溫暖，故《兑卦》有溫暖、炎熱之意。「一寒一暑」中的「暑」字，就是指《兑卦》。至於右面的《巽卦》為風，《坎卦》為月，《艮卦》為山，處於寒冷的西北，再加上月亮（《坎卦》）的運行走向冬天，令《艮卦》寒冷，所以前面所說「一寒一暑」中的「寒」字，就是指《艮卦》。他的說法與「先天八卦圖」的運行是一致的，解釋得頭頭是道。這個「先天八卦圖」恐怕不是周初時已有，是後來的發展。它讓各位體會到《易經》的義蘊一直在發展，增加了很多新的意義。

第一章開宗明義，意義非常豐富，請自行再深入細心體會。

第三講

《繫辭上傳》第二章

聖人設卦觀象，繫辭焉而明吉凶，剛柔相推而生變化。是故吉凶者，失得之象也；悔吝者，憂虞之象也。變化者，進退之象也；剛柔者，晝夜之象也。六爻之動，三極之道也。是故君子所居而安者，《易》之序也；所樂而玩者，爻之辭也。是故君子居則觀其象而玩其辭，動則觀其變而玩其占，是以「自天祐之，吉无不利」。

聖人設卦觀象，繫辭焉而明吉凶。

「聖人設卦觀象，繫辭焉而明吉凶」，這一句，表面文字很簡單，但實際有不少可爭議的地方。首先，「聖人」指誰？第二，「設卦」的「設」字，應怎樣解釋才合理？先看「設」字，它有兩個意思。第一個是「創設」，即是說第一次創立、第一次發現。第二個意思是「陳設」，陳設就是將各樣事物陳設、排列出來，讓人看到。假使用第一個解釋「創立」的話，聖人應該就是傳說中的伏羲。

各位注意，伏羲即是包（讀如「庖」，寫作「庖」亦可）犧。因為在古代，同聲字往往可以假借。特別是今天大量古書的出土，從中可以見到抄本常用同聲字來取代，例子多不勝數。由此可知，古人的抄本有很多錯字和別字。為何伏羲即是包犧？因為根據人類聲音的變化，「包」是ｐ音，「伏」是ｆ音。古音ｂ、ｐ、ｖ音後來會變成ｆ音。在中國古代的文字中，有眾多的例子可以證明。如「恢復」的「復」字是一個最簡單的例子。「復」的聲符（即得聲音部分）是「复」，與「鰒魚」的「鰒」字，「剛愎」的「愎」字，聲符相同，「鰒」音「撲」，是ｐ音，今讀如「鮑魚」之「鮑」（不送氣為ｂ音，送氣為ｐ音），為何「復」字讀作ｆ音？另外，「剛愎自用」的「愎」字，亦讀作「逼」。同一個聲旁，為何這個「复」有不同的讀音？這顯示出ｐ音和ｆ音的古今音變化。外國也是一樣，拉丁文父親叫作pather，英文叫作 father。甚至中古時候的法文與現代的法文，這種情況都非常明顯。所以古音ｂ、ｐ、ｖ音後來多改為ｆ音。可能由於發ｂ、ｐ、ｖ音要送氣，很是費勁，但發 ｆ音則很容易。人總是怕辛苦的，所以中國人和西方人都逐漸把ｂ、ｐ、ｖ音改為ｆ音。「伏羲」和「包犧」就是這樣的一個例子。

傳說中，伏羲創設三畫的「八卦」，而重疊為六十四卦的人是誰？古人的說法很多。魏晉時的易學大師王弼說伏羲創「八卦」，再重疊成六十四卦。東漢末年的經學大師鄭玄則說重卦的是神農氏，晉朝時的孫盛就說是夏朝治理洪水的大禹，西漢的偉大歷史家司馬遷則說是周文王。古代一般相信並接受周文王重卦的說法。因此，說到誰創卦的問題，要看採用哪家說法；而最普遍的說法有兩個：伏羲和周文王。

一說到伏羲創卦，注解家就想到《繫辭傳》說伏羲仰觀天象，俯察地理和草木鳥獸，甚至是「近取諸身，遠取諸物」（《下傳》），然後創設八卦。因此，當他們解「觀象」二字時，就說這是伏羲觀察天地自然之象。但是如果我們細心體會原文，第一章暗中已說到伏羲創卦來自觀察天象，所以形成了卦象。因此接著的第二章，如果說的是伏羲，就應該詳細地說出他如何觀察天象。但是，在後面的文字，卻只是講人事而非天文地理。因此，緊接在後面第二章的文字，就可推論而知他不是仰觀俯察的伏羲。

另外，如果他是伏羲的話，文字的第一句就應該是「聖人觀象設卦」，先觀察大自然的象，然後創立卦。既然現在是「設卦觀象」，文意是已有了卦，然後根據卦以觀卦中之象，因此指創設卦的聖人是伏羲這個解釋就不太合理了。反而說聖人是周文王和周公就合理得多。但是古今中外注解這一章的注解家，估計百分之八十以上，都解作是伏羲觀察自然之象。

但是仍然有百分之二十的古代注解家思路清晰，指「設卦」的「設」字應解作「陳設」。例如清代順治年間，記錄了教導順治《易經》的《日講易經解義》，它實際是對《易經》的詳細解釋，逐日講解給君主學習的。有關這句，這本書明確地說出了「聖人」就是周文王和周公，「設」就是「陳設」的意思。上一章講伏羲創卦，這一章則講文王根據卦找尋卦象，在卦象中，推出人類的各種事物。這是正確的。這一本書寫得相當不錯。為何官方所定的書，學者很多都忽略不提？原因在於官方的書，是多人合力寫成的。它將所有特殊的見解剔除，要講最普通、最為人所承認的見解，故無獨特的說法。它只供給讀者一個基礎的、大多數人比較承認的說法，較為平庸一點。但它沒有異端邪說。其實，是否每本書都要有獨特的說法才算偉大？對初學者來說，教科書是否應該本本都是獨特之見、或是採用人人公認的說法？明白了這一點，就知道凡是初學《易經》的，從官方的教科書入手是最聰明的，先奠定一個安全妥當的基礎，將來再慢慢吸收獨特的見解也不遲。故唐初的《周易正義》是朝廷集群力編撰的，但一直到現在仍然是權威注本。

清朝有三本官方所定的注本。《日講易經解義》是順治時的注本。接著是清聖祖康熙時李光地等編的《周易折中》，它是一本非常好的書。但清朝學者提到的不多。一直到民國初年才有學者錢基博在他所寫的《周易解題及其讀法》（商務印書館出版）中加以推薦。到了今天，國內才大力推薦這本書。第三本是高宗乾隆所編的《周易述義》。《折中》包羅各家之說，極為詳盡。《述義》則極精簡，每個字都要慢慢斟酌它的意思，同樣很精彩。三本之中，順治這本略差一點，但另外的兩本就寫得很好。

現在的學者有沒有提出「文王（或周公）陳列卦以觀卦象」這說法呢？至少有一位，這是去世多年的國內學者徐志銳。他在《周易大傳新注》（齊魯書社，一九八六年版，頁四零七），說這個「觀象」不應是觀天地自然之象，但他說得不夠清楚。如果他能夠讀到古代百分之二十或十五以上的注解，也許就會說得比較清楚了。他很有分析能力，覺得這一句不應該解作伏羲仰觀俯察，這是對的。第二章應是指周文王和周公在有了卦爻符號之後，創立卦辭和爻辭。傳說中，真正創立《周易》系統的作者就叫作聖人；而當後聖（古人說是周文王和周公，但今人則以為不是）將古代的卦爻的符號排列在一起，經過綜合分析，細心研究後，就加上了卦辭和爻辭。

觀象的「觀」字，應該讀作「灌」音，因為作動詞用，要讀去聲。今天慣讀為「官」，其實不太對。「象」就是類似的意思。某某東西與某某東西很類似，就叫「象」。故「卦象」最初一定有具體事物作為它的藍本，然後用符號來代表與它類似的事物。因此，由類似變成了象徵性。所以凡是象，一定是有某一具體的事物，那事物人人明白。如果是具體的物件，當然是有具體的形狀。因此，象的第一個意思是具體事物形狀的反映。這可能是伏羲時代或古代最初「象」的意思。但是進一步，隨著《易經》哲理的發展，起碼到了春秋時候，甚至更早，已將具體的象慢慢提升到抽象的層次，並一直深化下去。因此，最遲在春秋時代，卦象已有象徵的意思。例如今天所說《乾卦》是「健」、《坤卦》是「順」，這些性質最低限度在周初已有。它們再進一步就變成了類象。任何事物都可以歸類，例如將天地事物歸成八大類，分別屬於乾、坤、震、巽、坎、離、艮、兑等。籠統一點則分成陰陽兩類；而複雜一點則分成六十四類。由於採取同類事物都有的最基本、最重要的特性規律作為歸類的基礎，事物就由具體變成抽象、變得注重它的性質和規律。於是《易經》的象，就由具體、特殊事物的類似象徵，發展到變成了最深奧、最難明之理。理即道，即性質和規律。正是因為這些象變成了規律、變成了一個類型的性質，那我們便可利用這規律或性質作為我們判斷引申、歸納發揮的基準。然後我們就能用有限的理，解釋無窮眾多的事物。就是這樣，《易經》才能成為一本偉大的書，否則它只不過是高級的黃大仙靈籤而已。

重要的是，它說出了細心觀察卦象，通過六爻所象徵的剛柔、它在不同的位置和發展的順逆、及和其他各爻相互之間的關係，包括時間、位置、乘承、比應、順逆等的道理，來體會抽象的符號有甚麼跡象可以象徵人類行事的得失、吉凶。於是經過細心分析研究，將卦象中間所蘊含的意思「繫辭焉」。「繫」指連接在一起，「繫辭」就是指在這個卦或爻的下面，連繫或加上文辭；而「明吉凶」，來說明這個卦或爻所指示的未來的吉或凶。

前此所說的虞翻，在他注解的《易經》古本中，和唐代初年陸德明的《經典釋文》校對古經的結果，說在正文中應加上「悔吝」二字，即全句作「繫辭焉而明吉凶悔吝」。因為下文有「悔吝者，憂虞之象也」，似乎加上這兩個字，照顧更周密、更合理。但陳鼓應教授則認為根據文字的排比，寫成「悔吝凶吉」更合理。這想法很好而且合理。但是，馬王堆出土的帛書《繫辭傳》，同樣沒有「悔吝」二字，因此可見並不是遺漏，只是由於古人行文省略所致，當他說到吉凶時，其他較小的吉凶如悔吝等可能已包括在內，故不用提了。今天二十世紀，受到西方科學思想訓練的人講求精密，覺得加上「悔吝」二字，行文就更精密了。但我們不能要求二千四百年的古人和我們一樣精密。故我們尊重原來的版本，不補回這兩個字。當然，站在今天的觀點，補回也可以，悉隨尊便。

剛柔相推而生變化

「剛柔相推而生變化」，「剛柔」一般是指爻。剛爻是一個橫畫，柔爻是兩個短畫。剛爻一般叫「陽爻」，柔爻叫作「陰爻」。我們今天改稱「陰爻」、「陽爻」是合理的。因為今天《易經》已變得更哲學化和抽象化，剛柔爻已經提升到陰陽抽象的高層次。故我們今天的更改是合理的。但古人當初稱為「剛柔爻」卻是最合理的。時代不同，內容也就不同，所以沒有問題。

「相推」，凡是推，一定有一強一弱。我推走你，我就慢慢由無變有。你被我推走，就一定會由有變無。文中的「推」就是這一意思。「變化」的意思在今天簡單至極。但注意，古人所指的「變」是慢慢地、循著原來樣子一直在改變和發展；而「化」就是突然間改變原來的性質和內容。在《易經》的注解中，由漢代開始，著名的易學家荀爽已說出了變化的意思。春夏叫「變」，秋冬叫「化」。把他的意思提升，由春天到夏天，就是天氣由寒冷到溫暖，再由溫暖到炎熱的過程；也是陽氣一直增加到極限的過程。秋冬就是由炎熱到清涼，繼而變為寒冷的過程；也是陰氣由無、慢慢增加到極限的過程。因此，他已說了陽就叫作「變」，陰就叫作「化」。稍後一點，三國東吳虞翻，也是說陽叫「變」，陰叫作「化」，一直到南宋朱熹的《周易本義》，他同樣強調陽叫「變」、陰叫「化」。

「陽變」和「陰化」這兩個詞是甚麼意思？要注意，「陽變」是指陽完全沒有、陰最多的時候，陽開始產生，一直發展到陽的極限的過程。甚麼叫「陰化」？它指陽到極限，然後陰開始產生，一直發展到陰的極限的過程。這個就是「變化」最嚴謹的解釋。

明白這個意思後，「剛柔相推」便很易明白。當剛推柔時，即是說完全沒有剛、全是柔的時候，它慢慢推走柔，剛便慢慢增加，一直到柔完全消失，便是整個剛推柔的過程。同理，柔推剛是最初只有剛、沒有柔，然後柔由此開始一直推，推到只有柔而沒有剛，這過程就是柔推剛。這句話講出了陰陽變化的規律。如果它不是說我們人類，而是指宇宙之間事物的變化，這規律就是兩股勢力的交替。（見下圖）

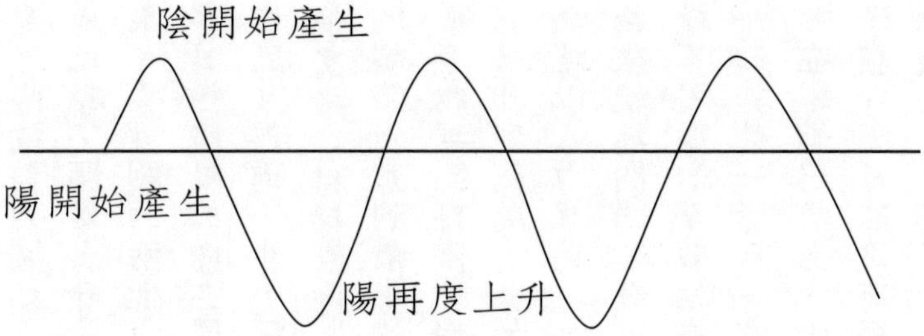

如圖中所見，陽的勢力開始上升，升到最高，由這點開始就是陰的產生，陰一直增長，陽消退到最低點又開始上升，就好像水波一樣，它是自動自發的。同一事物內部，本身就有剛推柔、柔推剛的兩種力量。它們你推我、我推你，互相影響，不停地推動，這就是宇宙萬事萬物變動的內在原因。它來自事物本身具備的陰陽變化的特性，自動自發地自己推動自己。再進一步，兩種事物，我影響你、你影響我，又產生另一種變動。事物增多了，便又多了幾種影響、變動，愈多愈複雜。我們今天的物理學家，發覺這個宇宙從最大的超銀河系到最小的基本粒子，都蘊含變動不休的波動。這就是柔推剛、剛推柔的意思。事物要到極限才變化，但我們人類有方法用人力令它比正常更快到達極限。本來正常它只升到此處，譬如說是一半罷，人卻可令它迅速升到極限。同理，如果我們在它的低潮時以人力幫助，令它更快到達極限，低到極限便轉為上升，就可化凶為吉。《易經》後來就專門講述這道理。懂得這道理，得意而不忘形，持盈保泰，就可永保富貴了。那就不用像老子般站在壞的地方去求好，而應該在好之處求更好，使它持續好下去。老子「知其榮」而只「守其辱」，是不懂得變化之道、不懂得事物到極限才會變。《繫辭傳》在學術思想上，比老子進步，是人類的偉大。老子已很偉大，但後人比他還偉大。孔子在今天可能沒有那麼偉大，但在當時無人比他更偉大。這是因為人類是在進步之中的緣故。

「剛柔相推而生變化」，這裡說出了最關鍵的判斷卦象的基準理論。這句意義其實非常豐富，留待在後面再補充。

是故吉凶者，失得之象也；悔吝者，憂虞之象也。

「是故吉凶者，失得之象也」，所以在卦辭爻辭中，說到吉祥、凶險的這些卦爻辭，是「失得之象」。實際是說我們人類行事失當就是凶，人類行事得當就是吉的象徵，而象徵則是以類屬展現的。

說到吉凶，就可見到《繫辭傳》或者儒家學者改變古書義蘊的偉大精神。各位看看「禍」和「福」兩個字，左邊形符（取義部分）的篆文是這樣寫的（見圖）：

示

最上的部分是「上」字的古文，和上天有關，其下的三畫，象徵旗幟。

「帝王」的「帝」字，最上的一點（豎）和一橫畫，也是「上」字。其實古代君主生前不稱「帝」，死後才稱「帝」。因為「帝」字指上天的神，因為「帝」字最上部分也是「上」字，與上天有關。

帝

故古代的「三皇五帝」，在生前不稱「皇」或「帝」，是死後人民崇拜他們，把他們當作神，才叫「皇」或「帝」。到了秦始皇才認為自己德蓋三皇，功過五帝，稱「皇」或「帝」都不足以表現自己的功和德，一定要連稱「皇帝」才能表示自己的功德超過以前的君主，於是皇帝的稱號以後才一直被帝王沿用。在他之前是沒有的。其實「皇」字的上部分，也代表了天上太陽的光芒普照。

皇

「禍」、「福」的形符（示）上部分是上天，下部分是旗幟。旗幟是訊號，是上天告訴在地上的人的訊號。因此，凡是從「示」字部的字，都與上天神靈有關。所以禍和福都是和上天有關。上天喜歡你就降福，不喜歡你就降禍，根本這就是迷信！當我們說到禍福時，即是信有神、有「上帝」。但當我們說得失時，我們自己做事得當是「得」，就是「吉」，做事失當就是「失」，也就是「凶」了。這就將占筮的迷信成分降到最低，強調了人為的努力才是成敗得失的關鍵。用了兩個不同的字，便使迷信變成哲學，所以說中國古人用字，實在是非常謹慎和精密的。

「悔吝者」，「悔」，原義指後悔，人的行動失當，事後檢討，心中可能便會有後悔的感覺。《易經》中的「悔」，便是據此引申的：它的意義首先是說行事不妥當，帶來不好的後果；其次是嘗了苦果能反省自己行事之不當，並以行動盡力改正，不只是心中有後悔的感覺而已。「吝」，最初是指行路艱難，很難走出一步，或者是很難說出一句話，《易經》中的「吝」，引申為困苦、行不通的意思，再引申，就是指事情繼續向不幸和壞的方向發展。「悔」和「吝」是《易經》判斷吉凶之辭。「悔」是自己做錯事，自己能反省，後悔自己做錯了，從而改變自己以前錯誤的做法。「吝」是指身處在適當的環境，或者地位高、享受好，自己就漸漸肆無忌憚，認為自己「我生不有命在天」（這是商朝君主說的：我的命運，是上天委派來做帝王的，所以做任何事都可以）。這就是所謂「安意肆志」。「安意」是指認為任何事可以萬世享受；「肆志」是指將自己後天的慾望感情盡情發揮，結果這就會造成「吝」。故「悔」是自己責備自己；而「吝」是他人責備自己，在道德上是可恥的。因此有內外之不同。正是因為內外的不同，好壞因此就不同了。例如一個人後悔、改過，再進德修業，就會由失敗走向成功。因此，後悔的結果會趨向於吉，到最後為吉。「吝」是說知道錯了，但不改過，甚至繼續錯下去，結果「吝」會由好走向凶。所以這四個辭之間，我們可以用一個最簡單的圖來解釋。（見下圖）

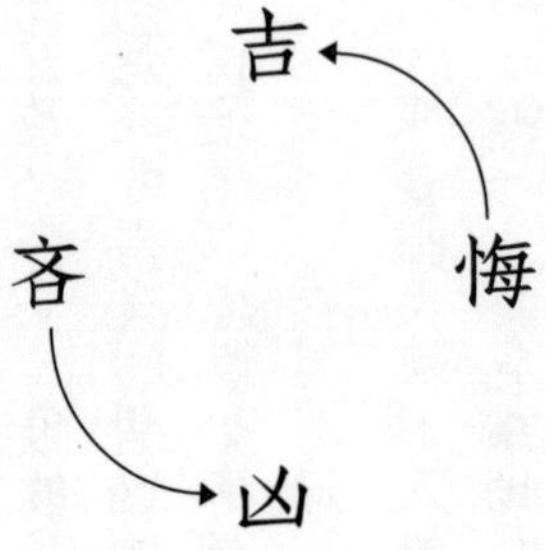

吉凶在兩頭，「悔」、「吝」在中間，各位一看這圖應該能夠觸類旁通。「吉凶」兩字指實際或具體的吉凶，它是比較快便會顯現的；而「悔」會趨向吉，「吝」則變為凶，則需要時間發展。因此，在「悔」、「吝」的階段，還可以有時間檢討、改過。明白這四個判斷辭的意義後，當看到吉凶的判斷辭，要立刻集中精神、力量來應付；吉要令它更吉，凶就要找尋出致凶的原因，及時消弭它，便能化凶為吉，最低限度也可減輕它的凶力，但要立即進行才成！同理，吉凶表現於外；而「悔」、「吝」還是隱藏未露的，即時發展為吉凶的可能性不大。例如一個小孩變壞了，並不是一朝一夕之事，而是積漸而成。所以從前的人常說：「初歸新婦，落地孩兒」，指在新婦初入門和嬰孩剛出生的時候教導他們非常容易。新婦乍來時，就嚴厲地要求她遵守家規，她最初一定遵照吩咐去做，做慣了也就沒有怨言。若是讓她先行享受兩年，再去限制她，那麼親情也會斷絕了。所以好壞、得失、吉凶都有一個發展的過程。《易經》的關鍵就是教人在「悔」、「吝」處著力，而吉凶便已兆於其中了。第三章對此有進一步解釋，不贅。

「憂虞之象也」，「憂」是憂慮，但「虞」字如何解釋則令人頭痛。因它有三、四種不同的解釋。第一種解釋是驚恐之意；第二個是虞度，即考慮、心中計算，例如在《尚書·偽大禹謨》中，便解為計算、虞度；第三個解釋是憂慮之意；但第四個解釋則是安樂、安逸，剛好與前三者相反。古今注解，百分之八十都是在前三個解釋上著眼。只有百分之二十解為安逸。其實原文作憂慮解可能是對的，但我們從易學的相對和發展之意，去「歪曲」提升（「歪曲」即提升），「虞，安也」就更為合理；而且上下相對成文，一個是能夠憂慮，是指悔；一個是指憂慮的相反，即是安逸，也就是吝，這樣對比就能兼顧悔吝二義。故我大膽地採用百分之二十的注解家的意見，認為「虞」是安逸之意。「悔」和「吝」，說出了人類占筮時，遇到這兩個判斷辭，或者是憂慮而悔，或者是貪於安逸，只知有安，認為可以長安而無危，終致產生吝的情況。「變化者」，「變化」指卦爻的變化，即卦爻的陽爻、陰爻，由陰變陽；由陽變陰。

變化者，進退之象；剛柔者，晝夜之象。

「進退之象也」，就是陰陽進退之象。例如我們說陽推去陰，是陽進陰退。陰推去陽，是陰進陽退。常識上，如果從《易經》更高層次來說，陽的發展叫做「進」，陰的發展叫做「退」。類似我們今天的物理學冷縮熱脹理論，熱脹是「進」，冷縮是「退」。另有一個專有名詞叫做「消息」，專門指陰陽之變。「進退」即消息，消是減少，陽退而漸減，就是陰進而漸增，故「消」就是陰的增加；而陽的增加叫作「息」，「息」字是增加之意。如今天的「利息」可增加自己的本金，故「息」就是增加。所以在易學中一用到「消息」，「消」就是指陰，「息」就是指陽。但今天怕普通人不懂，故勉強地說「消」、「息」兩個名詞陰陽都可通用，其實最初是指「陰消陽息」。卦爻的變化，反映出宇宙人事之間陰陽的消息進退。高層次的陰陽就叫做「消息」，而人事的進退就叫做「進退」。但卦爻既指陰陽的變化，亦反映人事的變化。因此既是人事，亦是天道。但是吉凶悔吝的失得憂虞，肯定是人道的事情。所以文章最初從人道說起，接著，進一步推說，人道和天道都可以適用。

「剛柔者，晝夜之象也」，至於說到卦中的剛柔爻，它的變動永不停息。陽極則陰，陰極則陽，循環交替，正好比人人都能見到的晝夜交替之象。當剛推走柔，光明推走黑暗，白天來臨了；當陰推走陽，黑夜推走光明，黑夜來臨了。因此，卦中剛柔定性的時候，就是明顯的白日和黑夜之象，它寫得很細膩。

「變化者，進退之象也。」是說陰陽仍在變化、發展之中，未到明顯的階段。變好變壞只有精通易理的人才知道，那便是「變化者，進退之象也」。等到變化確定了，好就是好，壞就是壞的時候，剛就是剛，柔就是柔。兩者已是確定了，剛就是剛爻，柔就是柔爻，就好像白天黑夜般明確，這是說變化暫時停止在一個明顯定性的階段。晝夜是說日月的變化，是天地日月的變化，因此到第三句「剛柔者，晝夜之象也」，已經提升為天地日月的規律，由人事開始，過渡到人事天道，再進一步專門談天道。於是天地人之道，就由人道開始，一直上升至天道。所以順理成章說到下一句。

六爻之動，三極之道也。

「六爻之動，三極之道也」，「動」就是變動，凡是「動」字，就是指《易經》中的變爻，凡占到哪一爻，那爻就是動爻。第一句是說六爻的變動。「極」是棟樑之意。古代的建築，房屋最高的樑柱叫做「極」，其他較低的叫做「樑」。因此，「極」字，由房屋最高的樑引申，變成至高、至極之意。去到極限、最高點，就叫做「極」。但是整間屋同時是由最高的樑（極）來穩定它的結構的，它是整間屋的中心和基準。由此再引申，「極」就搖身一變，由至、極、高而成為「中」，故「極」有「中」之意。現在不是用「中」的意思，而是指至高，最大和最偉大。「三極」就是三種至高、至大的事物，意思是整個宇宙中間，天是至高至大，地是至高至大，這個無人能否認的。但是人類雖然渺小，也是偉大的。如宇宙沒有人類，宇宙的偉大就沒人讚賞和了解。因為有了人類，才會有人讚揚宇宙的偉大。而在整個宇宙的生物發展里程中，可能外星有比人類智慧更高的生物，但我們今天尚沒有發現。今天的天文學知識、甚至根據「綠岸公式」

估計，宇宙應有很多高度技術文明的星球。但是在地球上，人類就是在眾多渺小生物中間最偉大的。因為他是具有最高度智慧的生物，他可了解天地和改造天地，使自己從最渺小的生物變成偉大的人。因此，人是偉大的。

人之偉大並不是《繫辭傳》首先說的。中國古老的《書經》（《尚書》）已經說出「人惟萬物之靈」。文中用的是「惟」字，我們現今改用「為」字（「人為萬物之靈」）。「人惟萬物之靈」，已經肯定了人在生物中間最具靈性和智慧。老子就說「天大地大、王亦大」，我們今本是「人亦大」，提出了「天大、地大、人亦大」。但老莊是否真的承認人偉大？恐怕是否定的，因為他們視人是天的奴隸而已。要完全回歸天性和順從天性，人根本就不會有獨立存在的價值。真正承認人偉大的是儒家。儒家思想建築在人的社會、現實的生活上，所以說人是偉大的。因此，儒家才會真正提出「三極」之道，《繫辭傳》才真正說出人是偉大的。

我們今天不說「三極」而叫作「三才之道」。將「三極」解作三才，第一個注解家就是鄭玄。他的《周易注》在古代很著名，很有權威性。但唐代以後則為人忽略了，書本已是殘缺不全。鄭玄說三極就是三才之道，他解釋說：卦爻從下面數上去，初爻二爻象徵地道、三爻四爻是人道、五爻和上爻就是天道。

其實《十翼》中的《說卦傳》，早已說得更清楚、更合理。其中提到「立天之道曰陰與陽，立地之道曰柔與剛，立人之道曰仁與義。」注意：仁屬陽，義屬陰，我們前此已說過了。因此，這六爻象徵了天地人之道的運行和變化。（見下圖）

如果我們觀察這六爻，通過陰陽爻迭運交替地陰變陽、陽變陰的過程，就能了解天道。根據大地萬物的剛柔屬性，我們就能夠掌握地道的最基本的原則。當我們懂得仁和義如何適當地施行，既要仁慈、又要嚴格依據義行事，既要民主、又要專制，兩者能夠好好地配合，人道就幸福了。今天的民主與專制制度都各有問題，斟酌於兩者中間才最合理。

為甚麼這樣說呢？因為宇宙萬事萬物都是沒有自由的，大至超級銀河系，小至基本粒子，全部都服從宇宙規律，不能自由運動。人也受宇宙規律的限制，怎能有自由？因此，人類只是在有限度的範圍內，才可以有自由，不是肆無忌憚地享有自由。今天人類的自由過了火，可說是人類的災害。我喜歡將音樂的聲量調校到最大，別人卻感到吵耳，這就是用我的自由干擾了別人的自由。舉此一例，便可知自由應受一定限制了！

「六爻之動」，六爻的變動反映了天地人變化之道，為甚麼？上面所說的吉凶悔吝是人道的變化；變化進退是天道人事的變化；剛柔晝夜是天道的變化，已經很精確地說出了變化的內容。由文章開始到這裡，進一步講出《周易古經》的創立，是為只有符號、沒有文字、要靠聰明才智才知道吉凶得失的《伏羲易》（《周易古經》前之《易》）作了詳細的文字說明，這是《周易古經》發展和完成的過程。而下文就說出了君子如何學習《易經》的方法。

是故君子所居而安者，《易》之序也。

「是故君子所居而安者」，「是故」是連接上文的連接詞，它繼承上文的意思而開啟下一句。上面是聖人創設卦爻辭的過程，而這句則是指學習《易經》的人，在明白如何創設卦爻辭之後，怎樣處理學到的知識。「君子」是指學習《易經》的人，他們包括普通人、帝王。因此，「君子」可以是普通人或賢人，甚至是後來的聖人，或者君主。「所居而安者」，「居」就是居住，表示身體停留在某地方，引申的意義是，我們的身體停留於某一特定環境裡，都可叫做「居」。這句是說，所以一個學習《易經》有成的君子，無論他當前處身於甚麼地位環境，都會安於他的環境，安份守己，樂意處於他目前的身份、地位、財富、環境之中。

「《易》之序也」，在前面所說的虞翻的古本中，這個「序」字寫作「象」字，他說「序」字是錯的，「象」字才對。他的根據是下文「君子居則觀其象」一句。上文是「象」字，才與下文相應。遺憾帛書《繫辭傳》在這裡的字體十分模糊，不能引證。但勉強辨認之下，「序」字的可能性很少，其他字的機會較大。不過，從文意呼應來看，這裡作「象」字是對的。如果原文是「《易》之象也」，「象」在上文指的是卦，廣義就是指卦象和爻象。君子處身在任何環境都覺得心安理得，樂於處身現在的生活和地位，是因為學習《易經》後，了解到《易經》中的卦象和爻象所展示的義理，因而明白這樣做才對。

如果原文是「序」字，就是次序的意思。「次序」可指卦的次序或爻的次序。今天通行兩千多年的《易經》六十四卦的排列次序，我們本以為自古以來就是如此的。但由於馬王堆的《易經》次序與今本有很大分別，於是疑古派學者懷疑今天的《易經》次序不是原本。很多新潮派學者否定了今天《易經》的次序，認為它是經過後人改易的。不過，一位比我年輕、很勇敢、研究《易經》很有新見解的學者廖名春教授，他則認為可能今本的次序來源非常古老，甚至原本就是這樣子也說不定。所以這個問題尚須深入探討。但古人都認為今天的次序就是原來的次序，由上一個卦產生下一個卦，根據的是宇宙生成演化和人類社會發展的過程，依著這種觀點來排列六十四卦。因此，這些卦與卦之間的次序，說出了宇宙人生的演進過程。當然有些解釋得很好，有些解釋得比較勉強。但至少在當時的學術思想水平，古人能有這樣的思想、或大部分今天仍覺有道理的思想，是很偉大的。例如《泰》、《否》兩卦，《剝》、《復》兩卦是繼續的，因此，就有了「否極泰來」，「剝極必復」這兩句話。人處身於幸福的環境，一定會安，只有處身在不幸的環境才會不安。假使明白了宇宙人生的發展，好像水波的升降，不升到最高點就不會跌到最低點。不降到最低點就不會升到最高點，例如《泰》《否》、《剝》

《復》、《既濟》《未濟》等卦所展示之理，做人就能心安理得。

在座各位有部分年紀已不輕了，請細心體會在大半生中間，當你認為自己處於人生低潮時，往往不久反而一飛沖天，一鳴驚人。所以凡是偉大的人，一生的起伏甚多，正是由於災難的磨煉，才形成他的偉大。反而小市民，一直平穩地上升，終究是普通人。你有了這「阿Q精神」後，就會明白這種起伏是磨練我們的聰明才智的過程。水波不降到最低不會激起大浪，所以我們先要受苦，處身低位時努力學習。在高處時不驕傲，在低處時就當它是最好的進德修業的機會，那麼將來便可以升到最高。各位切勿妒忌別人升得如此高，他人升到這樣高是經過了慘淡經營，度過了一次又一次的黑暗痛苦階段。所以，對任何有成就的人，我們都不需妒忌。少數是命運因數，但百分之九十是人為努力的結果。故明白了《易經》的道理，無論處身於幸福或悲慘的時候，都能安之若素。不幸則努力進德修業，幸則霖雨蒼生，兩者都是最好的。所以「《易》之序」中的「序」字，第一是指卦序。

第二是指爻序。例如《乾卦》是象徵龍從地底深處一直升到最高的過程。當自己處於最低潮時，想到「潛龍勿用」，明白我暫時不為人所知，此際應進德修業。到了九三「終日乾乾」，要「因時」努力。到了九四「或躍在淵」，便應「及時」爭取。只要能明白我現在的處境相等於三百八十四爻的哪一爻，就會明白將來會如何。明白現在，就明白將來的幸福，於是及時增進自己的才幹和能力，才會有下一步的發展，因此會心安理得，安於現在的身份、地位。人最要緊有希望。如果有希望，做乞丐也充滿鬥志，沒有希望則即使是富貴人家，也會有心理病。無怪乎有心理問題的多是有錢的少奶奶了。《易經》就是指示人希望之所在。這就是「《易》之序」所蘊含的意思。

因此，可能作「序」字不是古本原文，而是到了漢代才改易的，但改易得好，改易得妙。兩千多年的中國人，很多人便因為讀了這句而進德修業。它造就了無數的偉大人物和正常人。所以，不禁要讚嘆改者「歪曲」得好、「歪曲」得妙！我們只需知道原來是「象」字就夠了，我們絕不改回原文。因為這個「序」字更有哲學意義，更能鼓舞人心！

所樂而玩者，爻之辭也。

「所樂而玩者，爻之辭也」，上一句「是故君子所居而安者」，我的解釋跟兩千年來的解釋差不多，但是高亨教授在《周易大傳今注》中，認為「安」字不是安樂的「安」，而是等於「按察」的「按」字和「巡案」的「案」字。巡案即巡撫，職責是觀察地方。故「按」字引申，就有觀察的意思。因此，這句話應解作君子平居之時，即未曾出來做事、未有行動（不是指身體動作）的時候，他在家中所細心研究觀察的就是易卦的象。而「樂」字應是甚麼意思呢？如果「安」不能解為快樂，那麼「樂」字也不應解作快樂！高亨教授只好避而不加解釋。承其說則惟有勉強地解為平常悅樂之事（如陳鼓應教授），即閒暇之時，我們平常無事做的時候就是悅樂。因此，「樂」字不是快樂，是指日常無事做時的心境。但勉強解釋字詞到如此低的層次，是沒必要的。尤其是改易原文來解古書，更是大忌！所以我們不採用。

傳統的解釋：「樂」是心樂，內心感到快樂；「安」是身安，身體安泰。「玩」即細心研究，為何作者不用「研讀」而用「玩」字？因為玩耍人人都會愈玩愈開心，讀書則會感到非常辛苦。因此，用「玩」字表示君子愈讀愈開心，愈讀愈有興趣，變成了一項嗜好，好像上了癮。這裡用「玩」字，表示比正常讀書更細心。假使人喜歡一樣事情，便一定會專心地、自發他去學習。所以他說一個君子內心喜悅，自動自發，帶著開心悅樂的心情細心去研究「爻之辭也」（指爻的文字）。爻的文字表面是說人事的得失、吉凶、悔吝，但它背後卻說明了事情的規律。當我們由具體、低級的個別、具體的層次，抽象提升事物到規律，即道的層次，我們就會透過這具體、個別、特殊的事物，體會到宇宙人生的普遍真理。當我們能夠體會到一種前此不知道的道理，我們內心的快樂，是大到極點的。這點可能我們香港人就比較差，讀書很容易會打瞌睡，故過不了這一關。其實無論是誰，最初讀書都會打瞌睡，但能夠挨過這一關之後，每讀一本新書，發現了我從前不知道的知識，那種喜悅是大到令人不願放下書本的。所以這句「爻之辭也」，講出了君子喜歡的原因。《易經》的注解書中，有沒有這類著作？有！北宋程頤所寫的《易程傳》（或名《程氏易傳》）便是其一。年紀略老的，讀到程頤對某一卦或某一爻的闡釋，可能會大吃一驚。慨嘆當年如果我知道這個道理，就不會是這樣。所以一個人生活經驗愈豐富，愈讀就會愈驚歎，遺憾自已為何不早點讀到這本書。如果年輕時能讀到，成就一定更大。因此他愈讀愈有興趣。說到發揮《易經》義理的，古今最好的便是這本《易程傳》。

我們知道中國學問有宋學和漢學之別。漢學把宋學批評得體無完膚（不無門戶之見），但是清末漢學大師皮錫瑞，他寫了一本書叫《經學通論》，在介紹易經研讀書目時本來應介紹漢學著作，但他一開始，便介紹《易程傳》，讚它說理冠絕古今，應該先讀它。連反對派也認為要以宋學最經典的《易程傳》為據，可見凡是年紀過了四、五十歲、沒有成見的人，虛心去讀這本書，一定有所得益！

「所樂而玩者，爻之辭也。」正因為這句是說爻辭，故上面一句的「象」是指卦辭。但是這兩句其實是相對成文，上一句也是講爻，但以卦為主，爻為次；下一句也是講卦，但以爻為主，卦為次。即是說這兩句互文是同時講卦爻的。

是故君子居則觀其象而玩其辭，動則觀其變而玩其占，是以「自天祐之，吉无不利」。

「是故君子居則觀其象而玩其辭」，這個「居」字指平居、靜止、在家中無所作為的時候，與上文「居」的意思是不同的。一個學易的君子平居在家中，安靜無事時，就細心觀察《易經》六十四卦的卦象和三百八十四爻的爻象。「而玩其辭」，而細心分析、體會卦辭爻辭背後所顯示的宇宙人生的道理。我們知道先有象，然後根據象，文王定出了卦辭和爻辭。所以我們的學習程序，也應根據其發展程序。首先，先看看「象」，我們要發揮最大的想像力，去想想這個「象」是甚麼意思。先不要看下面的文字，只看著這六個符號（爻），看看自己能想出些甚麼來。想好了再看下面的「辭」，最初會笑自己幼稚，但經過了這過程，印象就變得深刻了。第一次錯了，第二次是小錯，可能一百次後就不會再錯。於是教懂自己起碼先看看「象」，想想「象」有甚麼意思，然後再看周文王、周公所定的「辭」怎樣寫。

「動則觀其變而玩其占」，有行動的時候，應先細心觀察，究竟自已行動的性質、時機、環境等和自已的身份、地位、知識、能力、助力、阻力等，類似三百八十四爻中的哪一爻。然後細心研究那特殊的爻的占辭，因為它講的是特殊環境的得失、吉凶的演變。各位，這裡說出了平居學習，應該預先將六十四卦、三百八十四爻不分輕重地全部細心學習。當要應用《易經》來指導行事時，某一爻適用，就只分析哪一爻。假使平日對六十四卦、三百八十四爻不是全部了解，臨急抱佛腳是做不到的。因此學習要全面，應用時就能將那一爻的指導作用發揮到最大。在學習的過程中，這是很重要的。

「是以『自天祐之，吉无不利』。」所以從上天降下福澤佑助，只有吉利，沒有任何不利。「自天祐之，吉无不利」是《易經》《大有卦》的上九爻辭。在這裡其實只是借用，表示可以達到《大有卦》上九爻辭所指陳的好處，不一定與《大有卦》有關。各位在這一段文章的前面，應已明白人事有「吉、凶、悔、吝」，吉只佔其一，而凶、悔、吝則佔其三。但是作者說學習《易經》的人，根據《易經》來辦事，就只有吉而沒有凶、悔、吝。他推許《易經》也許太過了，是否屬實？我們只能說信者得救。學習《易經》到最高境界的人可能做得到。但一般的人，一牽涉到和自已有關的事情時，就有了私心。當有了私心來作出判斷時，壞的看不到，好的會加強；判斷別人時剛好相反，好則減少，壞的反而加強，這是人性的不幸！因此往往判斷錯誤。醫卜星相的人看自己往往不準，醫生不容易醫治自己，最好找另一位醫生看症，肯定比自己更為準確。同理，學《易經》能否達到大公無私，純如天地自然運行？難！因此，我們剛才所說清乾隆時所編的《周易述義》，它說理論是這樣，但除非學易達到最高的境界，否則是做不到的，但是起碼能減少災害，或者即使有災害，也會減輕。如果我們平日依據這個準則來做人做事，則會胸懷舒暢，事事無愧，得益已是無窮了。

總結

第二章，首先說出了聖人設置卦辭的原則和基本的精神。讓我們知道《易經》的關鍵性判斷之詞就是吉、凶、悔、吝；而吉、凶、悔、吝實際是甚麼意思，由於在《易經講堂一·周易概論》中已詳細論述，在此不贅。第二點說出了學習《易經》的人要怎樣學習《易經》。首先，要真正地親切體會：用身體體會，得到「安」，和用心靈體會，得到「樂」。自己身、心得到安樂，已是個人無形最大的得益。然後說到實際的得益，平日能夠掌握《易經》的原理，當有事的時候，就可應用《易經》的原理指導自己去做事，這樣成功的機會就大，失敗的機會就少了。用原文精要說明，就是要「觀象玩辭，觀變玩占」。

第二章到此完結。

第四講

《繫辭上傳》第三章

彖者，言乎象者也；爻者，言乎變者也。吉凶者，言乎其失得也；悔吝者，言乎其小疵也；无咎者，善補過也。是故列貴賤者存乎位，齊小大者存乎卦，辯吉凶者存乎辭，憂悔吝者存乎介，震无咎者存乎悔。是故卦有小大，辭有險易；辭也者，各指其所之。

彖者，言乎象者也；爻者，言乎變者也。

「彖者，言乎象者也」，這個「彖」字與判斷的「斷」字發音相同。中國的文字，最遠古的時候，聲音是甚麼，意思也就跟它類似。所以愈是古老的文字，聲音和意義愈是密切相關。但後來發展到聲音歸聲音，意義歸意義，聲音不再有其獨特的意義，這就是後來的形聲字，發展至聲符只作為發音之用。即使這樣，很多時候聲符仍然是有意思的。例如當西方科學傳入中國、日本，日本和中國翻譯西方的元素名詞時，往往用了有意義的同音字，來給予新詞以意義。例如「氧氣」，人類有氧氣則生，沒有氧氣就死，故用養育人的「養」字，來作「氧」字的聲符。「氫氣」是最輕的，故用「輕」字作「氫」字聲符，這些聲符是有意義的。因此，即使是形聲字，其中可能也有百分之四十到五十，其聲符是有意義的。因此，用聲音說明字詞意思，很多時在中文是有道理的。

所以「彖」字就是判斷之意，所判斷的是卦的整體的意義。「彖者，言乎象者也」，在《易經》中，「彖」就是卦辭。《易經》的卦下面，解釋整個卦的卦辭，是說明整個卦最基本、最重要的象。這個象既包括了事物外表形象的摹寫，同時也說明外表形象背後所蘊含的規律和道理，說出整個卦的主要精神。

「爻者，言乎變者也。」這個「爻」字，是指分佈在每一個卦的六個爻的爻辭。「言乎變者也」，是專門說明處身於這個爻，人事會由現在這情況變化到未來的情況。單說「變」的時候，已包含了「化」在內；它可以是變，或者是化。《繫辭傳》很多時是以互文見義的。上句講卦，下句講爻；上文講不變，下文講變，都是相對成文。換言之，卦是以不變為主，但亦有變。爻是以變為主，但亦有不變。因為卦只是籠統地說出整個卦的精神性質，沒有具體說到變化的內容。所以相對來說，它似乎是靜止的。而六爻，則說出了六種不同變動的情況和方向，很明顯見到各爻都是變動的。所以相對來說，爻和卦比較，它是變動的。但是，假使我們從今本《易經》卦的排列次序來看，下一個卦跟上一個卦，由這個卦變成下一個卦，變動之大，比起爻與爻之間的變動不知大了多少。因此我們只能夠說，相對於卦中的爻來說，卦本身比較靜止，而爻是變動的。另外，要注意，相對來說，卦注重的是時，爻注重的是位。當然不是說爻無時，卦無位。只是說卦較注重時。甚麼是「時」？最簡單就是陰陽消息，即陽變陰、陰變陽，這是卦的最大特色。由於卦中間的陰陽變化，就引起了卦中的爻相應的變化。假使卦中的爻不變，卦也不會變。因卦以時為主，時代表了天地之間，最基本的陽變陰、陰變陽的物質或能量的變動，因此就帶動了整個卦的變動。所以我們觀察卦，最重要的是觀察卦的陰陽之時。例如我們說，這個卦的陰陽是順或逆，順就是好，逆就是凶。或陰陽的配合是相合還是相離等的變化。

爻則是說位置，我（指爻）在這個位置與卦的關係如何？與上爻和下爻的關係又如何？和我相應的爻的關係如何？即乘承比應的關係是如何等。通過這些關係，這個爻才有相應的變化。亦通過這些關係，爻的變化才會顯示出吉凶、得失。因此，爻就比較注重位。爻並不是不注重時，只是相對於「位」，「時」的地位變得較為次要罷了。

明白了這一點，也就明白了「《易》之序」的意思。我們也可採用另一種解釋：這個次序就是陰陽變換的先後次序，我們稱之為「盈虛消息」（套用《易經》的名詞），這個「序」提升時，就是「盈」，即是滿；「虛」即是甚麼也沒有。「消」即是陰生，「息」就是陽長。當我明白了每個卦本身蘊含了時，而時在變化過程中，就是展現「盈虛消息」，盈極就會虛，消極就會息；好極就會壞，壞極就會好。明白了這一道理，即使你處身於任何環境中，都可以知道應怎樣做。如我們處於曲線的低點，也會開心極了。原來黑暗雖長，但很快就到盡頭，前面就是光明白晝的開始。因此充滿了希望，努力進德修業，能夠安於自己的本份，而不會作奸犯科、胡作非為，這就能夠「安」。

那是否有注家解「序」為「盈虛消息」呢？答案是有的。南宋時很有成就的易學家王宗傳，在他的著作《童溪易傳》中，就是解為「盈虛消息」的。這似乎是別解，但卻實際發揮了《易經》更高的哲理，將次序由具體的卦的次序提升到卦本身內裡蘊含的哲學意義。卦本身有時，時就是盈虛、陰陽的變化。既然是如此，人的好運和惡運正如天地的運行，客觀上是不能沒有的，但主觀上則可通過個人的進德修業（這是不受命即規律限制的），而有所成，因而樂而忘憂。這樣，外界環境不好，大家也能安貧樂道。因此，我們無論處身於任何環境，雖然外在環境我不能夠改變，但是在個人有限的自由中，卻可以盡量進德修業。儒家就指出：人的「命」受天限制，不能改變。但我們可以在這有限的範圍中，將人「性」盡量擴充到最高境界，那人就偉大了。表面上，命運（規律）有很多限制，實際我在這有限的範圍中，很多事情仍可做到非常完美。受限制似乎不是好事，但各位試想想，假使中國語文科考試的作文題目是自由題，不限制題目，人人都一定會倒抽一口涼氣，因為不知寫甚麼才好，更難於下筆。有了題目限制，不是自由任意寫作，人反而能在這個範圍內作最大的發揮。傳統的律詩，規律極多，限制了人寫作的自由。但古今的詩人，神化於規律，在這有限度的寫作範圍內，卻寫出無數感人肺腑，傳頌千古的名篇。明乎此，便明白上面所說「性命」之義了。

「爻者，言乎變者也。」說出了爻辭最基本、最重要的特徵是變動。卦辭是以說出整卦的精神為主，爻辭是以具體指導人如何行事為主。當然二者主要都是說天地人生的道理。

吉凶者，言乎其失得也；悔吝者，言乎其小疵也；无咎者，善補過也。

「吉凶者，言乎其失得也」，重複說出吉凶就是人事上的或失或得。所謂人事上的或失或得，如果站在儒家的立場或觀點來說，並不是說以小聰明去做偷、騙等事，而是站在正道的立場，做正道的事，就是得當；做不正道的事，如賣鴉片發達，那就是不得當。因此，「言乎其失得也」，就進一步指出，道德行事上的得就是吉，道德行事上的失就是凶。再進一步引申，則堅持正道而死是吉，行邪道而富貴反而是凶！這是易學對吉凶的定義，和世俗的觀念是不同的。

「悔吝者，言乎其小疵也」，《易經》判斷詞中的「悔」和「吝」是甚麼意思呢？「疵」字本來是指病痛，「小疵」就是小病痛，引申為小過失。如果從儒家立場來說，「悔」和「吝」就是說行事上有小過失或德行上有小過失。

「无咎者」，「无」是我們今天「無」字的古代寫法，不見於其他古書，只見於《周易古經》，是《易經》才用的字。「咎」本來是罪過，過錯。「无咎」即是沒有罪過和過錯。凡是說到「无咎」，即是說有咎。例如我們說「還不錯」，意思即是不大好，暗中有保留，只是部分好，有部分其實不好。又例如「沒有錯」，為何你說他「沒有錯」而不說他「對」？「沒有錯」也就是有錯，只是錯得不大就叫沒有錯，其實還是有錯的。「善補過也」，上句是說為甚麼沒有錯呢？本來有過失，但由於他善於彌縫，挽救、糾正自己的過失，所以最終由有過失變成無過失。

是故列貴賤者存乎位

「是故列貴賤者存乎位」，「列」是排列、陳列。當我們排列、陳列時，就可以有比較。由此引申，排列、陳列的背後意思就是能夠對事物有所分別。你不把事物排列比較，便分不出好壞。所以「列」字引申，就有分開、分別、確定之意。

「存」即在乎，在於；卦中的六爻，在乎（由於）位置高低的不同，就分為貴和賤（人類的貴賤觀念）。這裡說卦中的六爻分貴賤，其實至少有三、四個不同的意思。第一個最簡單的意思是陽貴陰賤。凡是陽爻，暗中有貴之意，陰爻相對就是賤。這是第一個貴賤的分別。第二個是位置的分別。初爻最低最賤，上爻最高最貴。原則上是這樣，按照爻位的高低，象徵社會地位的高低。第三個指得位就是貴，失位就是賤。陽爻在陽位、陰爻在陰位就叫作「得位」，就是貴。意思指陽爻在初、三、五位，陰爻在二、四、上位就是得位，得位就是貴。第四個指中位就是貴。卦的第二爻和第五爻，分別是在「下卦」和「上卦」的中間，無論是陽爻或陰爻，在二爻和五爻之位都應該是貴的。如果陰爻在二，陽爻在五，既得中、又得正，那就真是既富且貴，就更加肯定是貴。這些都是原則性而非絕對的。貴賤可概括為四種情況：爻的陰陽可定貴賤、位置高低可定貴賤、得位與否可定貴賤、中位可定貴賤。當然還有以整個卦的主要精神來定貴賤。要定貴賤，當中存在著很多條件的。

齊小大者存乎卦，震无咎者存乎悔。

「齊小大者存乎卦」，甚麼叫「齊」？又是一個令人頭痛的字。「齊」字古代起碼有三種有影響力的解釋：一是「定」、一是「正」、一是「均」。確定大小的「定」，正確的「正」，同樣是確定而已。「均」，大小平均，三個解釋其實有其共通點。

先看「小大存乎卦」，「存」即是在於，指在卦內。由於卦體的結構，就決定了甚麼叫「大」，甚麼叫「小」。究竟甚麼叫「大」，甚麼叫「小」呢？三千年前的《周易古經》，在《泰卦》和《否卦》中，已特別說到陽就是大、陰就是小。所以《否》、《泰》兩卦，一個是「大往小來」；而另一個則為「小往大來」，代表《乾》、《坤》兩卦，一稱「大」、一稱「小」。因此，「陽大陰小」是三千年前《周易古經》早已有了的想法。

注解家大都認為「大」、「小」是指陰陽。例如我們說到《乾》、《坤》兩卦，《乾》純陽《坤》純陰，《乾》大《坤》小，此其一。其次是《震卦》、《坎卦》、《艮卦》三卦，它們的符號，都是二陰一陽，物以罕為貴，故二陰一陽反而是「陽卦」。如果用「八卦」來說，《乾卦》、《震卦》、《坎卦》、《艮卦》都是「陽卦」、都是「大」。至於《巽卦》、《離卦》、《兑卦》三卦，它們都是二陽一陰，是「陰卦」，包括《坤卦》都是「小」。所以決定「大」、「小」的第二個關鍵就是卦主的問題。卦中一陽是兩陰之主。既然以陽為主，那便是「陽卦」；反之，一陰為兩陽之主，既然以陰為主，那便是「陰卦」。所以這裡以卦主定陰陽。

假使重疊的六畫卦上下兩個都是「陽卦」，或兩個都是「陰卦」，就很容易定兩陽「經卦」為「大」，兩陰「經卦」為「小」。但如果一陰一陽，應該是「大」還是「小」？

如何判定呢？因此，後人定出：如果是六畫卦，只是由兩個「陽卦」或兩個「陰卦」組成，那兩個「陽卦」是「大」，兩個「陰卦」是「小」。但假使「陽卦」和「陰卦」重疊，則根據卦主定大小。我們之前曾說過，一個卦中有一爻主宰著整個卦的，它就是卦主。當卦主是陽爻，就是「大」；卦主是陰爻，就是「小」。

第三是根據陰陽發展的主從。例如《復》、《臨》、《泰》、《大壯》、《夬》、《乾》這六卦。《復卦》只有最初一爻是陽爻，五爻是陰爻，那它是「大」還是「小」呢？因為這一陽爻是初生的爻，故有無限發展的可能，所以是主。上面的陰則衰老了，外強中乾，所以是從。故陽爻是卦主。另外，《復卦》的陽氣上升，變作二陽（《臨》）、三陽（《泰》）、四陽（《大壯》）、五陽（《夬》），到最後變成六陽（《乾》），陽一直發展，它就是「主」，所以這六卦都是「大」。相對來說，如果初爻是一陰（《姤》），接著二陰（《遯》）、三陰（《否》）、四陰（《觀》）、五陰（《剝》），到最後變成六陰（《坤》），陰一直發展，所以陰是主導，這六卦都是「小」。

再進一步，《易經》所說的吉、凶、悔、吝，其實都是指人生的好壞，那「大」、「小」代表甚麼意思？故朱熹乾脆在《語錄》中對學生說：凡是好的卦就叫作「大」，凡是不好的卦就叫作「小」。各位可將原則靈活運用。古今說法，在不同之中還是有相同的。

「齊」指要確定卦屬於陽大還是陰小，也就是卦的好壞，則在乎卦體的結構。剛才說的這些爻的分佈，都是指出卦體結構的不同。

辯吉凶者存乎辭，憂悔吝者存乎介。

「辯吉凶者存乎辭」，「辯」就是分辨，注意這是辯論的「辯」字，但古文中「辯」與分辨的「辨」是相通的。要分辨吉、凶、悔、吝，在乎卦辭、爻辭。卦辭、爻辭就說出了到底是吉、還是凶、悔、吝等。

「憂悔吝者存乎介」，這個「介」字，指最細微的事物。從晉朝的韓康伯開始，一直到後來都這樣解釋。後來再引申，例如朱熹認為「介」等如分界的「界」、界線的「界」，指生死、禍福、善惡的分界。這句是說，一個人如果憂慮他會淪入悔和吝的境況，那便要看他能否預先注意、了解細微的事物。這便是韓康伯的解釋。

其實這個「介」，類似《易》學中重視的「幾」（「機」）。「幾」代表事情在它最初、最微小的發展階段，而任何人尚未察覺它發動的時候就叫作「幾」。研究《易經》的人，講究的是在任何事情未曾發動、其他人尚不知道之時，而他能夠預先知道。原因就是他通過這個「幾」，就知道它將來會怎樣發展。如果知道這件事情對未來有害，在它細微、剛發動時消弭它、改善它、預防它，大災就可變小災，小災變無災。如果這件事是好的，就可「乘幾」，或更進一步及時利用人力促使它加速發展。故「知幾」是學易的關鍵。

但現在是說，如果我們平日注意，在細小事情上謹慎小心，就不會有悔和吝。所以這個解釋是很好的。但照朱熹的解釋亦有道理，「介」是好壞的分界、善惡的分界、吉凶的分界。如果人人行事時，心中在貧富、善惡、是非之間交戰，在這個善惡分界處嚴謹地秉持正道，選擇了只做好事而不做壞事，何來悔吝？東晉大詩人陶淵明有「貧富常交戰，道勝無戚顏」的詩句，便是依此義成詩的。因此，在發揮《易經》義蘊上，它不及韓康伯，但有更高的道德意義。

「震无咎者存乎悔」，「震」就是震動或震懼。由於怕有「无咎」的後果，心中震懼，害怕它出現，那便要懂得後悔和檢討自己，因而會變得沒有錯，甚至連「无咎」也不會有，所以最後就真的是「无咎」了。如果你怕犯錯，就會懂得整日檢討自己的作為，一有錯就懂得去改正。有錯懂得改正才是處理「後悔」的正確方法，因此「无咎」的最大關鍵，就是能懂得「悔」。這個不是吉凶悔吝的「悔」，而是我們人事上後悔的「悔」。我們如果懂得後悔，就會无咎了。故无咎的關鍵就是後悔。所以《易經》由「无咎」引申，還有三個判斷詞，它們是「吉无咎」、「凶无咎」、「吝无咎」，偏偏就沒有「悔无咎」，因為悔就是无咎。甚麼叫「吉无咎」？因為你懂得後悔之道，改變一切錯誤的做法，因此有吉，所以无咎。「凶无咎」就是本來有凶，由於你懂得後悔，改變了行事的方法，結果因為如此，雖凶而無咎。「吝无咎」是指你本來狂妄自大、驕奢淫逸、「知得不知喪」、「知存不知亡」等，以為你永遠能夠保持富貴，但如果懂得後悔之道，吝也會變為无咎。「悔无咎」則不必說，因為以上三種「无咎」都是由後悔產生的後果。這個就是《易經》由「无咎」引出的三個吉、凶、吝的無咎。因此它特別注重「无咎者存乎悔」。

這兩個句子是指人事，說出了悔、吝、咎是可以通過人為的努力，將有過變為無過。如果在事前注意預防的話，就連悔、吝、無咎都不會出現。

是故卦有小大，辭有險易；辭也者，各指其所之。

「是故卦有小大」，這句就簡單了。它說所以通過上文所述，我們知道卦有陽大陰小、好壞的分別。「辭有險易」，「險」是危險，即是凶；「易」是平易，即是吉。有些卦爻辭作出好的判斷，有些則作出不好的判斷。

「辭也者，各指其所之。」「辭也者」，指卦、爻辭所說的內容，「各指其所之」，它分別指導在哪種情況之下，那個人要去哪裡。「之」是去、往之意，分別指點那個人究竟人事上怎樣做、行動趨向哪裡才對。意思就是說，如果判斷辭是險的、凶的，它就說出了趨避危險的方法，指示你趨避的途徑。如果是吉的話，它指導你如何真正到達吉和得的境地。因此卦爻辭有雙重作用，情況壞的時候，指導你避禍；情況好的時候，指導你如何得到更多的幸福。所以你要好好地閱讀、研究卦爻辭。

總結

第三章到此完結，它主要說明了《易經》最基本的五個判斷辭吉、凶、悔、吝、无咎的哲學意義，和學習《易經》的學者，如何根據這裡所指示，以進德修業和趨吉避凶。因為在第一次《周易概論》講課中已有詳細解說，在這裡只是為初來的同學約略解說而已。

第五講

《繫辭上傳》第四章

《易》與天地準，故能彌綸天地之道。仰以觀於天文，俯以察於地理，是故知幽明之故；原始反終，故知死生之說；精氣為物，遊魂為變，是故知鬼神之情狀。與天地相似，故不違；知周乎萬物而道濟天下，故不過；旁行而不流，樂天知命，故不憂；安土敦乎仁，故能愛。範圍天地之化而不過，曲成萬物而不遺，通乎晝夜之道而知，故神无方而《易》无體。

《易》與天地準，故能彌綸天地之道。

「《易》與天地準，故能彌綸天地之道」，「準」字是齊平、相等的意思。如果再深入來說，所謂「準」，其實就是通過水的水平來定出一個準則。例如古代建築的木匠，當他要定出地的水平或量度其他平面的時候，就會用「準」來定水平。因為它是水平，「平」就是相等；另外亦有相似的意思，進一步，「準」就變成準則。譬如大匠也需要利用「準」來作為標準，定出水平的位置。傳統的注解家則多數只採用相等、齊平的意思。但已經有小部分的注解家大膽地認為，如再加上準則的意思，配合下文所說的就更加完美了。所以，這是由舊解再引申發揮的新意見。

「《易》與天地準」，這個「易」字，是指《周易古經》這部書。注意，《周易古經》不到五千字，是三千年前的古書，在這裡叫作「《易》」。《周易古經》這本書，內裡所蘊含的內容和它所寓的規律是可以和天地的內容和規律齊等、相同，甚至可以作為天地規律的一個準則。

「故能彌綸天地之道」，這個「故」字是轉折、連接之詞。這個連接之詞，其實就是令兩個句子的意義相銜接。所以它與上面的句子應該是密切相關的。既然上面的句子是說《易》書，因此，這第二句句子亦應該是說《易》書。「能」就是能夠，「彌」是普遍、包羅，即是說廣泛、宏觀地包羅了一切的事物。而「綸」字，原本是指蠶絲混亂的時候，將它整理至井井有條。將混亂的蠶絲變成整齊，就是綸的意思；引申是有條理；再引申是在細節方面做到非常有條理。所以「彌綸」這兩個字，「彌」就是宏觀、廣大地包羅了天地一切的內容。「綸」就是微觀、細緻地將天地之內有關的事物和規律精詳細微地表達出來。假使有「彌」無「綸」，就只有外殼，空泛到極點，無法反映出天地真正的內容和規律。假使只有微觀的細緻描寫，那就會有只見石頭不見大山、只見樹木不見樹林、只知其小不知其大的缺點。因此，用了「彌綸」兩字，就從宏觀和微觀兩方面，說出了《周易古經》這本書對天地事物、不論是巨、細、宏、纖，都無遺漏地包括於其中。

「天地之道」，這個「道」字意義極豐富，勉強可解作內容和規律。這句是說，所以它就將天地的內容和規律包含在裡面。注意，天地之道並不等如天地。天地之道只是說天地的規律；而天地是指具體的天地。我們傳統兩千年來，都認為這兩句句子是指《周易古經》這本書，一直到了最近陳鼓應教授寫的《周易注釋與研究》（先由台灣商務印書館出版，國內商務印書館版改稱作《周易今注今譯》。國內的商務簡體字版略有修訂，較好），他認為，根據《繫辭傳》、尤其是這一章的文字，都是上面說《周易》，下面說聖人怎樣用《易》。照理，這兩句句子也不應有例外，所以上面一句是說《周易》，下面的句子應該是說聖人能夠「彌綸天地之道」。他有甚麼強而有力的證據？他提出的證據是根據在湖南長沙馬王堆出土、古人從未見過的一本古書，我們今天稱為《黃帝四經》，其中有一篇叫作《稱篇》，它有幾句：「知天之始，察地之理，聖人麋綸天地之紀」。古代的抄寫，別字多到慘不忍睹，「麋綸」這兩字就是今天的標準字「彌綸」。因此，他說：「『故能彌綸天地之道』的主語是省略了的『聖人』而非《易》，《黃帝四經．稱》作『聖人麋綸天地之紀』可以為證。本章所論都是前言《易》而後言掌握了《易》道的『聖人』的議論形式，而注家皆以此句主語為《易》，大謬。」（《周易今注今譯》，北京：商務印書館，二零零七年版，頁五九四）

但如果我們細心研究《稱篇》的句子，「知天之始」，既然講「知」字，那當然是說人，這個人就是指聖人了。細心去「察」也是人的作用，因此，這兩句同樣是指聖人。

這三句雖然首兩句沒說是聖人，其實暗中就是說「聖人知天之始，聖人察地之理，聖人糜論天地之紀」，所以三句句子的主語都是聖人。

回到《繫辭上傳》「《易》與天地準，故能彌綸天地之道」這兩句，第一句，它不用「聖人」這兩個字而用《易》字，表示了這句的主語不是聖人，而是「《易》」。這應該是很明顯的寫文章的邏輯思維。第二，陳教授認為《繫辭傳》下一句應是說聖人，他一定有一個假設，就是《繫辭傳》這兩句，是忠實地、不加思索地抄錄了《黃帝四經》內的文字，好比是中、小學生的抄錄，完全不懂變化，所以和《稱篇》的意思一樣。假使他有這個假設，就應該從另一角度考慮如果原文只是說聖人，為何《繫辭傳》的作者會如此聰明，想到上文講「《易》」，下文卻講「聖人」？豈不是有違原文的思路、邏輯？因此，他的這個推理，本身就是犯了自相矛盾的問題。何況，《繫辭傳》是否後於《黃帝四經》，和這句是否抄襲《黃帝四經》，抑或兩書此句是從更古的載籍而來，因此同中有異等，這些都須要再深入探討！不應輕率地比附。

另外，只要是略為懂得文字意思的人，或者慣讀古籍的人，都無法得出第二句句子是指聖人的意思。因為沒有任何的文字暗示第二句句子主語是指聖人。所以他這個說法，我們可以知道，但不應接受，因為它違背了中國寫文章的規例。所以我們仍然採用兩千年來公認的說法。

仰以觀於天文，俯以察於地理，是故知幽明之故。

「仰以觀於天文，俯以察於地理」，「仰」和「俯」，都是人才能做出的舉動。因此，肯定就不是《周易古經》這本書所能做到的。所以應該是指人。「仰」是仰望；「以」是用之意，即利用、憑藉或根據。憑藉《易》書的原理，即根據《周易古經》這本書上所說的知識和方法。

「觀於天文」，天上的星辰在天空運行的軌道，就類似織布機上縱橫交錯的絲線，美觀而有條理。「天文」，就是指太陽、月亮、五星等等運行的軌道。當我們將「天文」的軌道畫出來時，就好像織布機上的絲線所織成的各種圖案。古代織布機上的布匹，花紋交錯，就叫作「文」。「文」的意思就是由絲線組成不同的圖案。當它組織得非常美麗時，我們就說這些圖案很美。後世所謂「文章」，「章」字原來也是織布上的專門名詞，是明明白白。明白就可以看見，可以看見就是光明，光明就是漂亮。所以看得見就是漂亮，故北方人說美麗就是漂亮。亮就是光明之意。因此，後來「文章」的意思，是指由織布機織出那些漂亮到極點的圖案這意義的引申。當我們填充、組織文字，將文字組織配合得合情合理，那些文字就叫作「文章」。將文字組織得美麗，即文字本身有意義，令人讀起來非常感動，覺得它是好文章。這是由織布引申到寫文章的。因此，「天文」就是指天上各種星辰運行的軌道組成了一個美麗的、可見的、有規則的圖案，隱寓是指天的規律。

聖人應用了《周易》的原理，仰望觀察天上星辰運行的軌道變化；「俯以察於地理」，低下頭，憑藉《易經》的原理，細心觀察大地的條理。「觀」是遠觀；「察」是細心仔細觀察。要「察」的話，一定是愈近愈清楚。因此，天文是遠觀，地理就是近察、細察。「地」就是大地；「理」就是井井有條的條理。

城市人忽略了地球的條理。但如果各位登上高山，俯望大地，你會發覺整個原野的山河、原隰的分佈，形成了一種宏觀性的呼應之美。這種呼應之美。各位可讀一讀中國古代大文豪所寫的山水遊記，作者往往將天地本身的對稱平衡之美，或者背後所蘊含的宇宙真理，通過個人的主觀感受表達出來。所以讀中國的山水文學，往往可以悟道。這種悟道的體驗，可能在東晉陶淵明、謝靈運的詩篇中已經開始。後來的禪宗最喜歡用山水來反映禪宗的哲理。在禪宗應用山水反映哲理的同時，或者比禪宗這樣寫作略早一些的盛唐偉大詩人王維，在他描寫山水時，已經將高級的禪理，通過巧妙的詩篇表現出來。後來就變成了中國描寫山水詩歌或散文的傳統。不過這些都是古代的詩篇或古文，各位可能要找一些詳細的分析注解幫助，才會讀得明白。近代偉大的武俠小說作家還珠樓主李壽民，在他書中所描寫的風景，便是運用了《易經》的哲理，將大地風景所蘊含的宇宙原理表達出來，甚至有時真實的景物缺少了某些呼應，不能夠表達那個哲理時，他還會無中生有地加上一些虛有的景物，去配搭實有的景物，令到他要表述的哲學思想，表達得更清晰、更合情理。因此，各位如想了解山水對我們的影響，尤其是對《易經》的道理的體會，讀讀還珠樓主的山水描寫，那你就容易明白。明白了以後再看真實的景物，你就會容易悟道，覺得在在處處都充滿了悟道的資料。

「俯以察於地理」，就是說細心地觀察大地的紋理、條理，隱寓大地規律之意。

「是故知幽明之故」，通過上面的仰觀俯察，因此就知道「幽」，「幽」就是幽暗；「明」就是光明；「故」就是原故。這句的意思是，所以知道天地之間的事物光明和黑暗的緣故。例如我們從天文來說，白天就是光明，晚上就是黑暗。上面就是光明，下面就是黑暗。如果從地理來說，南方就是光明，北方就是黑暗。高處就是光明，深入地底的地方就是黑暗。這個可能是原始的想法和解釋。但是晉代韓康伯在注解這段文字時說，「幽」是不可見的，「明」是可以見到的。他雖然沒有進一步發揮。但事實上，所謂可見的，就是現象和具體的事物。不可見的，就是在現象和事物背後的性質、內容、規律等。這個解釋可能就是原來《繫辭傳》作者所要說的意思。所以通過觀察天地，就了解到宇宙可見的萬事萬物和不可見的規律。

原始反終，故知死生之說。

「原始反終」，這個「原」字，就是說找尋到源頭，推源；「始」就是開始。當我們要找尋開始，即是要逆行，由現在開始倒過頭來，逆行到那個事物的開始。其實事物的開始並不是事物的真正開始，而應該是在事物未曾開始之前，上一件事情結束之後。因為如果沒有結束，你如何能確定這是最先的開始？正好比如果沒有在此之前的靜，怎能說這是動的開始？因此，當它「原始」的時候，不單止是追尋到它最初的開始，甚至要追尋最初開始之前的「終」，即是上一次的「終」也要了解。「反終」，「反」字其實是我們加上「辵」字部的「返」。例如我們出門，由外面返回自己的家就是「反」。例如我們到臺灣去，從臺灣回來就是返港，那個「返」就是這個「反」字，不是「作反」的「反」。「反終」就是由最初的剛開始，一直順行返回現在，不單止返回現在，甚至從現在開始，一直推到事情的終結。其實當推到事情的終結時，何以知道它是事情的終結？因為它是另一件事情的開始，我們才會知道它是終結。

「故知死生之說」，所以通過這樣推衍，就知道事物、人類所以死、所以生的學說（道理），它們只不過是一種循環。甚麼叫循環？有生必有死，死是未來下一次生的開始，撇開人類，從整個宇宙來說，我們死後，身體腐化，身體的物質、元素回歸大地。接著另一種生物或人類利用這種元素，再重新鑄造出新的物件或新的人類或生物。因此，簡單地說，不過是有生必有死，有死必有再生。

精氣為物，游魂為變，是故知鬼神之情狀。

「精氣為物」，這個「精」字，可能在哲學上最早是老子所用。老子在解釋道體（即宇宙）產生時，有「其精甚真，其中有信」的說法，可能這就是最早說到宇宙的基本物質叫作「精」的開始。戰國時候（注意，不是春秋），託名管子所著的《管子．內業篇》中（管子是春秋時人，但《內業篇》不是管子所著，而是大概戰國中葉前期，一個齊國稷下學派的學者所寫的文章），提出「精也者，氣之精也」之說，他說「精」就是氣中間特別精粹的東西。他將氣和精分成兩個層次，一般的叫作「氣」，即是中國所說基本物質的氣。而氣中特別精粹的，他就叫作「精」，即高級的氣。然後在《內業篇》中，說這種「精」「下生五穀」（在大地上，五穀、動植物和人類都是它所化生的），「上為列星」（在天上，日月星辰也是由「精」構成的），「流於天地之間謂之鬼神」（當它在天地之間流動的時候，就叫作「鬼神」）。我們首先要分析一下，《管子．內業篇》在繼承老子「精」的說法的時候，意義是否有所改變。我們的答案是有的。因為老子認為道才是宇宙的本源，是最高的本源。而《內業篇》就認為精氣是宇宙的本源。或者簡單地說，老子認為道產生天地萬物，而《內業篇》認為精氣產生天地萬物。精氣在老子思想中不是最重要的，也並不是最先、最關鍵的，它只不過是道生天地萬物過程中衍生的一樣事物。而《內業篇》就將精氣代替了道，變成是最先、最基本的物質。

那麼這裡的「精氣為物」和《管子．內業篇》所說的精氣是否相同？可能是有同亦有異。因為管子認為氣是低一個層次，精是高一個層次的。但是在《繫辭傳》、尤其是下一章（第五章）提出的「一陰一陽之謂道」的哲學命題，各位可見到《繫辭傳》的作者已經將氣提升到更高的哲學層次，認為組成整個宇宙的最關鍵的物質是陰和陽。所以各位細心讀《繫辭傳》的文字，往往看到它總是從兩個極端來作比較講述，前面所說的乾坤等便是例證，現在講到的天文地理，同樣是對比。因此，當它用到精氣時，它繼承了《內業篇》的見解，但內容已有所改變。改變的內容是將精和氣視為兩種不同的物質或能力，精是指陰，氣是指陽，精氣就是陰陽兩氣，精和氣同一層次，甚至精較氣層次還略低。後來道教宇宙生成論，神（老子的「道生一」）生氣（「一生二」）、氣生精（「二生三」）、精（「三」）生萬物，明顯分為三層次，便是據此發展的。所以後世的注解家就說，陰精陽氣的結合或聚合就變成萬物，包括天地、動植物、人類、鬼神在內。由於陰陽兩氣的不同分量、不同品質的結合，才變成了高低不同層次的萬物。因此，鬼神不過是陰陽兩氣混合的另一種形式，即「鬼神者，二氣之良能」，意即鬼神只不過是陰陽兩氣顯現的功能。換而言之，天地高級的變化叫神，低級的變化為鬼。

「游魂為變」，「游」字是游蕩，即是離開原來的地方。旅遊總不會在家中的房間旅遊，因此，「游」是離開身體的意思。「魂」是甚麼？各位注意，有關魂魄，古代學術上的觀點，與我們今天民間的說法，可能有很大的不同。首先對「魂魄」做了明確定義的應該是《左傳》魯昭公七年的記載。我們上幾次說過的鄭國執政大夫子產，在那一年到晉國去。晉國執政大夫之一趙景子，聽說鄭國一個死了已經八年名叫伯有的人，還在那裡鬧鬼，感到有點奇怪，因為在他的心中，鬼的氣很快會消散，有甚麼理由過了八年還鬧鬼？這便是「相驚伯有」的典故。子產回答的那段話很精采。他說：「人生始化為魄，既生魄，陽曰魂。」當一個人剛剛出生，那時他只有魄。等到魄產生後，才能動能思考，就叫作「魂」。因此，既然「陽曰魂」，魄當然屬「陰」了，所以是「陰魄陽魂」。各位看看這段文字，嬰孩初生時只有魄，後來才有魂，魄和魂究竟是甚麼？南宋真德秀（真西山）的解釋比較清楚。用現代語來說，他說人分兩個部分：一個是肉體的部分，一個是精神思想心靈的部分。我們肉體的生理部分就叫作「魄」。所以我們今天還用「體魄」這個詞，稱讚人體魄強壯。這並沒有涉及精神、思想方面。因此，魄只說肉體。人初生時只有肉體，等到有了肉體，慢慢就形成了他的心靈、思想、精神部分。

因此真德秀就解釋說：「魄」是指我們眼睛能看、耳朵能聽、身體能感受寒冷、肚子能感受餓和飽，這些就是魄的作用，即今天所指的人體生理作用。但是能推己及人、考慮事物是魂的作用。因此，魂和魄都是指人的生前，並不是死後才叫「魂魄」。子產繼續回答：本來人死了，變成鬼的氣很容易消散，消散了就不再有鬧鬼的現象，何以伯有死了八年仍然鬧鬼？因為他「取精用弘」；而且他家族浩大，有了憑藉：再加上伯有死得太年輕，身體太強壯，他沒有消耗盡他一切的能力。所以他的鬼就凶猛了，換言之，活到八、九十歲的人，已經用盡了一切的能量，死後，他的鬼很快便會消散。

跟著他說到魂的作用時，說如果你能發揮這個精神、思考的部分，達到高明，就會「精爽至於神明」。精爽其實就是指精明和神爽。換言之，當你的思想達到最高層次時，你的想法就叫作「神明」。這些字眼，對後世的影響很大。因為他說這番話的時候，孔子十七歲，所以對孔子和整個儒家鬼神生死的觀念影響很大。孔子繼承了子產或者春秋時候這種觀點，認為人如果能發展魂的部分，在思考上達到神明的境界，那他就是神。如何達到神明和精爽的境界？從孔子和他的後學的引申發揮，認為其實所謂「鬼神」，是一樣事物兩種不同的稱呼。當一個人生前是一個非常精明、神明的人，死後他便是「神」。百分之九十九點九的人渾渾噩噩，不知為甚麼原因生、不知為甚麼原因死。生前渾渾噩噩，死後做鬼，依然渾渾噩噩，所以這些人就叫做「鬼」。

再引申，為何鬼那麼快就消失？原因是所謂「鬼神」，其實都是活在我們心中，而不是活在外面。例如心中有鬼，鬼即時出現；心中無鬼，鬼就不會出現。心中有耶穌，就有耶穌顯聖；心中有佛祖，就會有佛祖降臨。因為這些都是心中所想。一個偉大的人物，或者通過他的學說，使後人遵從；或者通過他的事業，令後人得益；或者通過他的道德，成為後人仰慕、模仿的對象。那個人在後人的心中就存在。當他在後人心中存在，他就是「神」。一般百分九十九點九的人，死後可能他的子孫還會掛念他。但全世界的人老早就忘記了他，他已消失於人間，這就叫做「鬼」。所以各位再想想，民間的傳說中，某某對人類有貢獻，死後變成了城隍、變成了神，原因便是這樣。這就是儒家所說的鬼神的來源。

如果用假科學來解釋，一個偉大的人物，他總是集中精神思考一些為他人謀求幸福的事，而不理會自己的利益。凡是專心做一件事或研究學問的人，他想的事都是集中於同一個範圍內的。所以他大腦放出的電磁波（能量），一直在天地中累積加強。因此，他死後在天地間的能量還是很強。而我們這些百分之九十九點九渾渾噩噩的人，這分鐘想這些，另一分鐘又想那些，又無崇高偉大的理想，我們大腦的電磁波能量渙散到極點，生前已經被天地陰陽之氣抵銷，死後很快也就會消失了。至於全心全意為人類謀求利益的那些氣，集中就凝聚成為一個整體。當能量凝聚成一個整體，就有神奇而想像不到的變化。那些便是神，而普通的就是鬼了。

正因為是鬼氣弱，有甚麼辦法令祖先的氣存在？以下是一些迷信的說法，各位姑妄聽之。兩個方法，第一個是找一些東西，令這些少到極點、差到極點的靈氣保存下來，例如用神主牌，使它得以繼續存在。第二樣就是遺傳，子孫的氣與祖先的氣相同或類似，同氣可以相求。這種氣只有通過子孫的氣和他連接，然後才能維持，令他不會消失於天地之間。所以「不孝有三，無後為大」，因為只有直系子孫的氣才能相接。這是傳統的迷信理論。各位明白後，就可以知道《繫辭傳》是繼承了儒家傳統的觀念了。

「遊魂為變」，當你的魂游離身體，只剩下肉體，那便有變動，即是死了。那你的魂升到天上，魄降到地下，身體就分散了，不再存在了。「為變」的「變」指變化，變成另一種事物。我們明白陰精陽氣的凝聚結合，形成了萬物。而陽魂和陰魄分離後，事物就會分散，還原為陰陽兩氣，這就是變化。

「是故知鬼神之情狀」，通過這個道理，我們就知道鬼神的實情和他的大體狀況。換言之，鬼神其實是陰陽兩氣的聚散。只不過貓狗動物的陰陽兩氣的品質較次，人的陰陽兩氣的品質高一點，神的陰陽兩氣的品質就更高，而鬼的陰陽兩氣就是人的兩氣的分散。鬼神不過是如此而已。請注意，在《繫辭傳》中所說的鬼神，已由真正的鬼神變成了哲學的概念。它是說，所謂「鬼神」也者，就是陰陽兩氣變化所表現出來的功能，和我們人類、萬物也是由陰陽兩氣聚合而成，沒有不同。只不過低級的兩氣變成石頭，高級的變成神，都是陰陽的變化。明白了這一點就明白了整個宇宙萬物、包括鬼神的生成、變化了。

各位要注意，魂和魄代表生前，甚至高級的道家、道教思想都是如此認為的。例如道家修煉、譽為「萬古丹經王」的《周易參同契》，就有相同的觀點。或者讓我先引述高亨教授的說法。魂和魄首先見於《老子》，老子說：「載營魄抱一，能無離乎？」他不說「魂魄」，而叫「營魄」。接著的下文，練氣功的人一定知道：「專氣致柔，能嬰兒乎？」他叫作「營魄」，其實就是魂魄。因此，魂魄同是說生前，老子也是說生前，魂魄合一、元氣合一的人是健康的。另外，前面提到的《周易參同契》，它是這樣說：「陽神曰魂，陰神曰魄。魂之與魄，互為室宅。」陽的神叫「魂」，陰的神叫作「魄」，魂和魄應互相結合在一起。因此，練功最重要的是使魂魄合一。甚至中醫說到心肝脾肺腎時，說心藏神，肝藏魂，肺藏魄，腎藏精，脾藏意，同樣用到這些名詞，都是指生前。故要記著，魂魄不是指死後，世俗人才會說是死後。所以這裡就說「是故知鬼神之情狀」。這是第四章的第一節。

小結：《易經》可以窮盡天下之理

各位如果心思細密，會發覺作者寫文章非常嚴謹。他用了三個「知」字，來說出憑藉《易經》來了解宇宙知識的過程。這三句句子是「知幽明之故」、「知死生之說」、「知鬼神之情狀」。通過這三件最關鍵、最難懂的事項，來說明通過《易經》，可窮盡天下之理。有了三個例子，就可以引申到一萬個例子。故第一段，我們可稱之為《易經》可以「窮理」。「窮」就是窮盡；「理」就是宇宙人生的真理。

為何這樣簡單、這樣粗疏就可以說是窮盡天下之理？因為《繫辭傳》認為整個宇宙最基本的原理，就是陰與陽的變化。下面的「一陰一陽之謂道」，就是說明這個道理的。其實應該先解說「一陰一陽之謂道」（後面始出此命題是有道理的），讀者便容易明白，現在顛倒了次序，反而不易理解。因為提升概括到最後，宇宙人生萬事萬物的道理，離不開陰和陽。《易經》將宇宙人生之理概括為陰陽，用陰陽來解釋、說明最高至最低的宇宙人生的真理。所以你明白了陰陽之理，就同時明白了天地人各種的理。因此，當它說觀察天文地理，說到幽和明的時候，就是說陽是明，陰就是幽。明白了陰陽之理就明白了幽明之理。或者我們說，當古人在仰觀天文的時候，通過陰陽的交替運行，即陽變陰、陰變陽，引起整個天上星辰的運行，在它運行的過程中，我們就看到天文上各種事物的變化。當我們體會到陰陽流行到某一階段，到了陰陽剛好相等的時候，在這個短暫的時刻，由於陰陽相等，就僵持著。表面上好像是停頓了，正好比上世紀美蘇兩大國對峙的時候，整個世界就好像停頓了一樣。其實不是停頓，而是另一種變化。天上陰陽在對待、對峙，不容易看得明白，但可以通過細察大地山河原隰互相呼應之妙，就是陰陽的對峙的顯例，由此便可觸類旁通。於是通過陰陽的變化，從陽氣上升、陰氣下降，我們就可看到上為明、下為暗；高為明、深為幽的道理，而通過「精氣為物，遊魂為變」，就說出了陰陽的聚散之理。陰陽的「合德」組成萬物；陰陽的分散，萬物就離析。當我們掌握了陰陽聚散之理，就了解到宇宙萬事萬物的生成和變化、消失再重生的原理。如果我們知道了陰陽是陽變陰、陰變陽的循環變換，那就知道了死和生。任何事物的生與死、死與生，其實都是一種循環。因此，我們掌握這最高而又最簡易的陰陽原理就能以簡馭繁，對宇宙人生的事理，從宏觀至微觀都明白了。這個就叫作「窮理之學」。文章採用以特殊反映普遍的寫作方法，舉出知道了三件最關鍵的事為例，就代表能夠知道全部事情。

與天地相似，故不違。

「與天地相似，故不違」，這兩句有歧義。因句前沒有主語，究竟它的主語是甚麼？中國古代的注解家分兩派，一派說「與」字之前的主語是《周易古經》；另一派就說是聖人。例如我們說漢代的易學，其中一個家派叫作「九家易」，它收集九個人對《易經》所作的注解，所以叫「九家易」。它以天為《乾》、地為《坤》，於是就說這段其實不是解釋萬物，只是解說《周易古經》的卦爻和卦爻有關的一切。下文的「萬物」亦不是真正的萬物，而是我在《易經講堂一．周易概論》說到占筮時，三百八十四爻加起來是一萬一千五百二十策數。這一萬多個策數，就是實際萬物的象徵。因此，萬物既是真正的萬物，也就是卦爻。接著的「知周乎萬物」，只是指知道整個卦爻的情況而已。「道濟天下」，亦只是說《易經》這個理論能夠幫助天下人做一切的事。這種說法，由漢代的「九家易」開始，一直到清代的李道平的《周易集解纂疏》都承繼了。《周易集解》是唐代李鼎祚撰寫的，李道平替這本集解再作詳細解釋就叫作「纂疏」，是《易》注的名作。如果進一步深入研究《易經》，這本是必備的經典之作。《周易集解》本身已經很好，而《纂疏》解釋得更加好。《纂疏》繼承了「九家易」的說法，認為「與天地相似」一句是指《易經》本身。到了今天，起碼徐志銳教授的《周易大傳今注》和陳鼓應、趙建偉教授的《周易今注今譯》，都認為是指《易經》來說的。這個說法大概是原來的意義之一。由於《十翼》的作者要將《周易古經》的義蘊提升，從哲學的高層次來解釋，他要找出為何《周易古經》是這樣，為何它有道理，故他採用了戰國時的哲學和當時科學的一切知識（我們今天不稱之為科學，而說是自然哲學），他找到自然哲學中能夠引申發揮解釋《周易古經》、將它的迷信變成哲學道理的，作為理論的根據。所以表面上是解釋《周易古經》的占筮內容、體例，背後是他體悟的自然哲學。因此，各位要明白「一語雙關」或「指桑罵槐」，即說話同時有兩種不同的意義、能夠有兩個不同的發揮角度，才明白《十翼》的真正意義。所以當他在解釋《周易古經》時，用的全都是哲學觀念。你可以忘記他在解釋《周易古經》，把它當作是哲學著作更為合理。因為他本身就是用這個哲學來解釋《周易古經》的；所以單據《周易古經》原義來解釋這段文字，是知其一、不知其二。因為捨棄了高級的哲學，只採取低層次的解釋。所以後來兩千多年來絕大多數的注解家，都認為不應當只是解釋《周易古經》原義，更應解釋它所發展的哲學思想。因為不局限在《易經》，而當它是在解釋宇宙人生的哲理，豈不更偉大？於是這個想法就成為兩千年來公認的想法。所以我們今天也應忘記筮法，用哲學觀點解釋才善於學習！所得才更多！

其實「與天地相似」的主語不應是《易經》而是聖人。因為聖人深入掌握了《周易》所蘊含、指示的、宇宙人生最高之理，所以他的思想行動就與天地非常相似。為何不用相同？因為人體與天地根本不同，人的作為與天地更有主客、大小的不同。因此只可稱為相似而不能說是相同。

「故不違」，所以他的思想行動是並不違背《易》的道理，即不違背天地的道理。為何它能夠與天地相似？記得在第二次《易經講堂二．乾、坤、屯三卦闡微》，我解釋《乾卦．文言傳》的最後一段，說聖人能夠「與天地合其德，與日月合其明，與四時合其序，與鬼神合其吉凶，先天而天弗違，後天而奉天時」，是因為他能夠與天地相合，天人合一，所以他的想法和做法自然而然地與天地一樣。不過聖人也要經過長時期的體驗領悟才可以。所以「不違」是說思想行動不違背天地的規律。

知周乎萬物而道濟天下，故不過。

「知周乎萬物而道濟天下，故不過」，「周」是普及、籠罩；「萬物」，包括天地人。古代認為偉大的聖人要能夠周知萬物才可說他有「知」，亦要達到這樣才算是真正的「知」。我們今天剛好相反，提倡專才教育，不以認識所有宇宙人生萬物的道理為榮；

而以深入研究一件事到極端為傲。古人說：「一物不知，儒者之恥。」其實這是任何人都做不到的。今天最偉大的專家對一門學問的所有內容都不會全懂，更不用說是全世界的學問了。所以今天就不要如此要求別人，能夠每樣事物懂一些，而達到相當水平就可以了。所以凡是說自己不懂的人，我就特別尊重，因為他敢說我不懂這些、不懂那些，那麼總有一些學問他有深入認識，才有勇氣和信心說我不懂。愈是甚麼都不懂的人，就愈是要說自己甚麼都懂。

「知周乎萬物」是人生最高的理想，應當如此，以周萬物為志。「而道濟天下」，能夠濟助天下，才算是最高的道。現在詳細解說。

聖人掌握了《易經》的原理，利用《易經》的原理作為鑰匙，很容易體會到宇宙萬事萬物的最基本的原則和原理。因此，它的知識高明到能夠周知萬物的境界。而古代儒家對學問的看法，重「知」，但更重實行。要將所學實踐於人間，才算是真正的知識。所以說能夠以《易經》之道去濟助天下，文章不用「天地」，而用「天下」，是非常嚴謹的，因為天地包括天地萬物，天下則天之下，人為主，萬物為從。站在人類立場，如果能夠解決人類的問題，令大多數人類得到幸福、安樂的生活，已是偉大的聖人。所以暫時放下天地問題，先去解決人生問題。所以他說能夠利用易道濟助天下，「故不過」，「過」是超過，注意，凡是超過了就不好。因此，不超過就要做到儒家所說的「中」，用這個「中」來做標準，矯正這個「過」，那就是對天地作出制裁、抑制，而不是增加。

旁行而不流

「旁行而不流」，這個「旁」字，不同的解釋非常多。傳統解釋「旁」字，說有正道，有旁道。在正常的時候用正道；在非常的時候，用正道可能無法解決問題，我們就需要正道之外的道，即是旁道。一如後世所說，太平盛世時我們要守「經」（守著永恆不變的道理），亂世時就要行「權」。「權」，是衡量事物輕重的秤錘，衡量時勢如何，才用適當的方法應付。這件東西五斤，我們就用五斤去拿，十斤就用十斤。「權」就是衡量、權衡。

「旁行」的第一個解釋，就是說在正常時候，聖人用正常之道；在非常時候，聖人懂得利用常規之外的合理的方法來應付，去解決各種問題。但這個「旁」字，類似左道旁門的「旁」，容易走歪路，因此，要「不流」。「流」就是流蕩，不定，容易改變。當他用權道，又能夠掌握分寸，守著中道，令到權道不會過份，不會超過應該、合理、適當的標準。這就是傳統大多數注解家對此句的解釋。

「旁行而不流」，古代第二種解釋不太流行，卻是可接受的解釋。「旁」字在《說文解字》是普及、廣泛之意。因此，「旁行」就是廣泛地推行、實行上面所提到的事物。當各樣事物被廣泛、大量地實行的時候，最容易出現的是流蕩、過份而不能控制的情況。這句的意思是，能夠廣泛地實踐道德及事業，但是不會流蕩、過份和不正當。

「旁」字的第三個解釋是高亨教授說的。他說：「旁」字與四方的「方」字在古代是相通的，所以這句其實是「方行而不流」。這個「方」就是四方，意思是正確、方正，因此，引申就是正當、正確的行為。至於「流」字，他根據《淮南子》的文字再引申，這個「流」字就是流於邪惡。「旁行而不流」，就是指所實行的各樣事情都是正確合理的，不會流於邪惡。這個解釋當然亦是比較合理的。

樂天知命，故不憂。

「樂天知命，故不憂」，「樂天」就是感覺到安樂，是心的感覺。上面已提到樂是心之樂。天就是指天的規律、自然規律。要解釋這兩個字，我們不能不說，《周易》這本書，甚至在它最初撰作的時候，已經往往把自然現象與人的實際行事連繫在一起，它認為自然的現象是這樣的話，人事就有相應的發展。即是從自然現象的「已然性」，可以推論到人間事件的「應然性」。因此，它已經認為天地人的事件是可以互相對應的了。到了《十翼》的時代，再將原始《周易古經》的這種想法，擴展到《周易》蘊含著天地人之道。因此，真正要學習、了解《易經》的人，首先就要知道自然規律。知道自然規律，用古典術語來說，就是「知天」。但是各位要知道，研究《易經》，知天並不是終極目標，它只不過是一種手段。因為我們了解自然規律之後，明白了整個宇宙的一切事物都服從著這個規律，不能違背它。違背這個規律就會造成災害、不幸。因此，進一步就是利用自然規律，順從自然規律去做事情，就可得到最大的快樂和幸福。這種順從自然的規律，在《易經》中就叫作「順天」。我們在第二章最後提到的《大有卦》，它的《大象傳》已經特別強調了學習這個卦的人最重要的是「順天休命」，要順天才可得到最優美的命運。另外，還記得我們說到《恆卦》和《革卦》時，說《革卦·彖傳》的其中一句就是「湯武革命，順乎天而應乎人」嗎？各位就可知道《十翼》如何強調順天的重要性了。

上一次課程說到《乾卦》時，說到《乾卦》的天和時間有密切關係，《坤卦》的地與空間有密切關係。要順天就是要順時，明白了立即可以應用，例如《乾卦》「初九，潛龍勿用」是未到時機，要待時；而「九二，見龍在田」，就是得時；九三要因時；九四就要及時；九五就是最大的得時；上九時已過去，是失時。可見《乾卦》六爻所說全和時機有關。因此，如果要順天，最關鍵性的條件，就是了解和掌握「時」，明白「時」的重要性。一直到今天為止，人類還不能操縱時間，既不可把時間推前，也不可以把它押後，亦不可返回過去，時間只是順著一個方向向前流去。將來物理學進步了，或者可將時間倒流，但是暫時還做不到。因此，時間不是我們可以控制的，我們只能就著時間來做事情。時機的發展是一個波浪的曲線，明白了「時」之後，我的「時機」在上升的時位就好了，因為這是向著好發展的，我只要及時努力，就可以自然達到事業的高峰。但如不幸我在下降的時位，時間的發展是不能改變的，即使我們怨天、怨地、怨國家、怨別人也沒有用處。因此，既然「時機」向下，我就要懂得如何在向下的時候，去掌握這時機應該做的事（例如進德），不應怨天怨地，浪費寶貴的光陰。因為時機的發展有規律，它遲早會上升。人生最不幸的時候，如果不氣餒，不自暴自棄，在這個階段中，準備為未來的工作做得好，一到了時機，你就會一飛冲天，一鳴驚人，成就甚至超過你本身能力所及。

再者，人如果有不應該有的壞運，就會有不應該有的好運。換個情形來說，好像教書的人生活平淡，一直平平穩穩，似乎一生無災無難，但永遠不會做到公卿。只有愈是偉大的人，他的挫折就愈多，於是他的成就也就愈大。當你明白了宇宙的「時」和它起伏的必然性，你在這個不幸時刻，努力增進一己的道德、才能，養精蓄銳，一有時機就會一飛沖天。因此，這個「潛龍勿用」正是你發達的關鍵。有甚麼理由憂慮？明白了宇宙的必然性，你就不會因為個人暫時的幸與不幸而憂慮。幸運來自你個人的努力，亦是時機的因素。同理，不要成功後，以為全是自己努力和聰明的結果，以致驕奢淫逸，剛愎自用，那必定會到「亢龍有悔」的地步，一跌倒就永不翻身。好運時不要用盡，壞運時進德修業，一生都會幸福。「樂天」的關鍵就是順天，明白天的規律，掌握天的規律，明白了「時」是人所不能改變的，但「時」永遠都是有機會可「乘」。例如股票賣了，在最低價位時再買入，永遠可發達。股市不跌，又如何可以低價買入？怎會有發達的機會？一切不幸，就是你幸福的原因，又何來憂慮？還不樂天嗎？因此，知道天的規律，順從天的規律，然後不為個人的短暫幸福或不幸而憂慮，而是順從天的規律好好地做人，你就無入而不自得。在幸福時，不驕奢淫逸；在失望時，同樣是快樂到極點。因為你懂得「時」，所以就能樂天。

知命同樣重要。何謂「命」？我們細心分析古代的經典所述，便可以了解它意義的發展：在商朝以前，甚至到了周初之際，命就是天命。命是與天有關的，是天的命令。天的命令，在當時是人力所不能違抗的。因此，天命是不可改變而只能服從的。但是周朝改變了上天委任商朝君主的命令，因此，天命改變了。本來上天委命商朝子孫世世代代為君主，所以商朝的君主說：「我生不有命在天？」認為可永遠做君主，胡作非為都會讓他當君主。但周朝取代了商，所以周初提出了「惟命不於常」的說法，見於《尚書．周書》。「常」即永恆不變，可見天命並非永恆不變的。《詩經．大雅．文王》亦說：「天命靡常」，因為天命不是永恆不變，所以周朝才能取代商朝。它提點子孫不要以為做君主可以世世代代承繼，只有進德修業，才能永遠做君主。否則就好像周朝取代商朝一樣，另一個朝代會取代周朝。

因此，到了周初，「命」的意義有了改變。以前命是不可改變的，但是現在不同，在某些條件下，命運是可以改變的。孔子同時繼承了這兩個「命」的觀點。孔子自己曾說：「五十而知天命」（《論語》），說要到五十歲然後才知道天命。再如他在《論語》中說：「道之將行也與？命也。道之將廢也與？命也」，道能夠實行於人間是命；道不能夠在人間實行也是命。可見在這裡的「天命」和「命」，承繼了周代以前的命定觀。但孔子所說的儒家之道，即仁義之道，如果要實行、要主觀人為去進德修業，人類有自由可去做。但是這道能否普及於人間，就不是個人能力所能做得到的事。因此，這個命是外在於我，而是我無法控制的，就叫做「命」。

孟子將孔子這個想法明確說出：「莫之致而致者，命也」。「致」就是得到，不是自己希望得到的而得到了，就叫做「命」。各位注意，甚麼叫自己不希望得到而得到就叫做「命」？孟子有一個詳細的解釋，他說：當我實行了一切儒家的道德，而我竟然得不到道德帶來的好處，反而有災禍，這就叫做「命」。相反，自己胡作非為入獄，而說這是命就是錯的，這是你自取其咎而已，並不是命。因此，孟子對命的定義是：做了應有好處的事而最後得不到好處，這才叫做「命」。你懶惰而怨天恨地，說你的命比我好是不應該的，或我的命比他差是不應該的，但這其實是你自己不努力所造成的後果，難道希望能得到別人同樣的好處嗎？這種思想很重要，因此孟子提出了「立命」的說法。

「立命」是說我們人類要明白宇宙任何事物其實都沒有自由，因為受到命定的影響。用摩登術語來說，宏觀到超銀河系，微觀到基本粒子，它的運動變化都服從一定的宇宙規律，沒有任何自由。人造衛星依著一個軌道運行，也是沒有自由，因為不順從，就會有意外。簡單一點說，我們的壽命，夭年可能只是一百二十歲，我們不能夠返回宇宙開闢，也去不到宇宙的未來，因受到時間限制。空間呢？古人很難去另一個地方，今天也往往要有簽證才能入境。即使在地球，也不是任何地方都能到達，更不要說到火星或銀河系去了。因此，空間也是沒有自由的。而我們的所作所為，受到社會規律的限制，也是不可以胡作非為的，所以人類並無限制。但在有限制之中，還是有一定容許的自由。這個容許的有限自由，就是我們人類要盡力的地方。這就是人類的自由意志，人可以胡作非為，也可以進德修業。

人類就是要在有限的自由中，盡量去追求人生中自己認為最偉大、最崇高的理想。在這個追求的範圍內，我們一方面有限制；另一方面卻無限制。例如是進德修業，可以做一個小慈善家或大慈善家。可以馬馬虎虎地幫助人，也可以盡自己最大的努力去幫助人。當我們能夠在有限自由之內，做到我們最大的可能，這個就叫做「立命」。當然他所說的是進德修業，忘懷自己，盡量去擴展人性的偉大。擴展人類知識的偉大，是為了整個人類的未來和當前的幸福著想的做法。這一件事上天並沒有限制我們，我們時間受限制、空間受限制，但這個上天則沒有限制。

「立命」的意思就是在這裡努力，所以首先要「知命」。知道自己受限制，知道在限制中有多少自由，然後在這有限的自由範圍之內，自己發展到最大的限度，今生就無憾了，這就是能盡一己之性。也就是「樂天知命」中「知命」的意思。當人人有這一想法，就不會怨天、怨地、怨命運。即使做乞丐，仍能像武訓一樣，可以籌款幫助人辦學校。結果武訓真的開辦了一間義學。乞丐也能開辦學校，偉大極了。只要你真的去做，任何事情都能夠成功。「樂天知命，故不憂」，所以無論你是重病也罷，窮鬼也罷，被人打敗也罷，你都不會憂慮。因為人生短暫，人總會死。但在死之前，盡了我最大的努力，做了我應該要做的事，死得無憾，死得堂堂正正。生前光榮，死後無憾，這就是真正的無憂。憂是指個人之憂；「不憂」就是沒有個人自私自利之憂。

在這裡又要岔開一筆。這個「樂天知命」的思想是儒家才有的。如果和道家比較（注意，我其實也是道家信徒，只是對儒家之說更信服而已），老子曾說過：「天地不仁，以萬物為芻狗。」上天大地對萬物兼愛而無偏私，視它們為「芻狗」罷了。「芻狗」就是用來祭拜時以草結紮成的狗。這些東西在祭拜之前受到十分隆重的對待，但祭拜過後就棄置了，再不顧惜了。天地不會像人類有偏愛和仁愛之心。它對萬物，都是有用時就用，沒用時就不理。因此，它對萬物沒有人類的感情、私愛，是真正的大公無私。這裡用來說天地之愛是合理的。但接著他由這一點引申，認為人類只要服從天地的規律，依著它去做，人就偉大了。即是說，人不應有儒家那種的仁愛之心、感情之念。所以道家老莊對整個人類是比較冷漠的。如果我們再看看《莊子》的說法，有一句名言是這樣的：「知其不可奈何而安之若命」，這是他對命運的看法。「不可奈何而安之若命」，任何事情不幸時，就要「安之若命」，你說這是消極還是積極的態度？命運不好，這就是命運，知道它無可奈何，就當它是命運好了。雖然表面上，很難說莊子認為命運是有或無。「安之若命」，說我的命運不好，就安於命運的安排，這是當它有命運，但只是一項假設，似乎莊子對命運不堅持說是有，但在其他篇章中，則見他對命運很注重。即使這樣，在他「知其不可奈何而安之若命」的說法中，就推知他認為人生不是幸福的；所以才勸人要看開一點，因為這是命，而命是我們不能抗拒的，只能消極地接受，無法積極反抗。這是一種消極的態度。因此，老莊對人生的態度是順從自然，對不幸逆來順受。他們對人生的態度，相對於儒家來說，是悲觀的。另外，他們是順從著命運的發展，因此我們稱他們是「悲天任運」的，「任」就是跟隨命運的發展。

反觀儒家卻是樂天的，在有限的範圍內，還要與天相比較。人雖然渺小，但有些事人能做到而天做不到。因此，天大地大，人亦大。老子所說的「人亦大」，尚可商榷。儒家所說的人亦大才是真正的從「人本位」立論。因此，相對於儒家來說，道家是「悲天任運」，而儒家則是「樂天知命」。但是如果與佛家相比，道家卻是樂天的，佛家才是真正的悲觀，所以這點又要分清楚。相對來說，整個中國哲學是樂天的，不論是儒家或道家都是樂天的。尤其相對於印度的佛家，道家也是樂觀的，儒家就更是超級樂觀了。故此，要和其他事物比較，才有意義；而《易經》著重的就是比較。不比較就不知好壞了。

安土敦乎仁，故能愛。

「安土敦乎仁，故能愛。」「安土」的「土」字，是指土地。你處身在任何土地，如處身在香港就安於做香港人，處身於非洲就安於做非洲人，在哪處都覺得快樂。即是說，無論你處身於幸福或是不幸的環境，你都感覺到安於那一個環境。「敦乎仁」，「敦」即是厚，當動詞用。非常厚重地實行仁愛之德，「故能愛」，所以能夠愛護萬物。「安土」的「土」字，帛書《繫辭傳》作「安地敦乎仁」，意思就更清楚了。它說出了原來這段文字其實就是安於乾、安於坤；「樂天」、「安地」，成為對比的文字。「樂天」，就是了解乾天最高的哲理規律後，就樂於順從天的規律；掌握坤地的大地規律後，便實踐大地的規律。大地容納萬物，大地生長萬物，可見大地的仁愛之心是到達了極致。如果我們效法坤地的德性，即是效法大地愛護萬物的德性，這就是最偉大的仁。所以這一句，就是說效法大地的德性，因此要實行仁德。既然實行仁德，就能夠以愛護萬物作為思想行事的指南針。

古代注解這一句只是盡量發揮個人安於自己的環境、隨處都安樂這一層意思，然後再輕輕點出這是由於效法坤地之德，這是因為他們受到「土」字的限制。但是他們所發展的哲學，對兩千年來中國人的思想影響極深。它叫我們隨遇而安，不是懶惰，而是在當前環境下，努力做得最好，不要非份妄想，而要有合理的想法，進德修業，盡量擴展仁愛的德性。這樣解釋更為合理，值得讚揚。至於陳鼓應教授和趙建偉教授在《周易今注今譯》的解說，則更明確、說得更好。他們不是第一個如此解說，但古代注解家避重就輕，解說得不夠詳盡。如果大家明白這兩句指效法坤地愛護萬物，因此而愛護萬物，意義就非常清楚了。這裡就是第四章第二節的完結。

小結：盡性之學

各位，文章非常嚴謹地用了四個「故」字：「故不違」、「故不過」、「故不憂」、「故能愛」。四個「故」字，就說出「盡性」之學。「盡性」，即是盡量擴展我們的人性到極限、令人性變為偉大的過程。「不違」就是守持中道；「不過」，不要超過，不要有過失；「不流」，就是不要有泛濫邪淫，兼加上「不憂」和「能愛」。如果能夠同時在這四個「故」字所說的事理盡力，就真正能在上天賦予我們有限的自由中，將我們的人性擴展到與天性一樣偉大，甚至進一步比天性更偉大，變成「自立人極」，能夠和「天極、地極」鼎足並立，而成為三極中的其中一極。如果我們人類未能盡量擴展天性、怎能與天地相比，怎樣與它並立？而「盡性」之學，就說出了這樣做就能夠達到了。

範圍天地之化而不過，曲成萬物而不遺。

「範圍天地之化而不過」，「範」字，是指古代鑄造金屬時，先用泥土做模，然後將金屬融化，倒在模內，待金屬冷卻後，將模打碎，就剩下金屬造成的器具。這個模規定了金屬的液體不能夠任意流走，只能停留在它規定的範圍內，因此，模和「範」字就有限制在一定空間位置之內的意思。現在的「範」字，主要是指「範者，法也」。法就是規律，針對天之時，所以「範」字在這裡就是專門指能夠對天作出限制。「圍」是包圍，凡是圍都是有空間的，而空間是屬於坤地的，所以這個「圍」字針對大地。因此，「範圍」兩個字，一指上天，一指大地。能夠限制天地，可說偉大極了。

「化」就是變化，化育萬物；「而不過」，指不超過。這一句的主語是聖人，它是說，聖人掌握了《易經》的道理，明白天地的規律，按天地的規律對天地加以調整，使天地的運行和生育變化達到最適當的程度。抽象點來說，即在陰陽對待流行的變化過程中間，當它在正常合理的時候，我們只能夠遵從、效法。但是很可能天地的陰陽衍變化偶然會有過或不及的情況。當天地過或不及，我們就要根據控制天地背後的規律，人為地制裁它、規範它，令它不要逸出常規。例如天旱得太厲害，我們就說天地失常，我們應輔相它，令它不要如此乾旱；連續下雨兩百天，這也不是正常的，我們因此要裁成它，令它不要降雨降得過份。要注意，不是覺得不足要它增加，而是在它過份後限制它，這樣就是「範圍天地之化而不過」。

「曲成萬物而不遺」，「曲」就是委曲，即順從。彎曲，就順從他彎曲。這裡的意思是完全吻合地跟隨，用盡一切方法普及地成就萬物。「而不遺」而沒有遺漏。宇宙在生長萬物的過程中，很可能在某些地方對某些物和某些人的生長過程有所忽略或不足。當有所忽略或不足時，我們就根據那事物的生長規律略為幫助它。整句是說巨細不遺漏地促進所有萬物的合理生長；超過的就壓抑它，不足的就幫助它，令它能夠完成正常生長的過程。對萬物無一遺漏，就叫作「曲成萬物而不遺」。這是非常偉大的想法。

《易經．泰卦》的《大象傳》說：「天地交，泰，后以財成天地之道，輔相天地之宜，以左右民。」「天地交」是指《泰卦》中《乾》《坤》（天地）兩個經卦上下相交感。「后」是君主，不是皇后。其實遠古可能由女性當君主，所以遠古時，「后」字是指君主，後來承用，男的君主也可稱為后了。這句說君主應根據這個卦象背後所反映的自然規律，來「財成天地之道」。注意，「財」這個字，別本作「裁」字。其實「財」是一個別寫字，標準應是「裁」字。「裁」就是裁衣服。裁衣服是減少原本整幅布的大小，只剪出有用的部分。我們就好像裁布一樣，制裁天地過份的部分，令它不過份。我們有責任幫助天地，天地做出的事過了，我們就要像裁衣般剪小它、抑制它，令它像衣服般沒有多餘的部分。「輔」是輔助。「相」，把這個字拆開，即左面是木杖，右面是眼，這根木杖就是幫助盲人走路的工具，而右面的眼可幫助盲人看路。

相

因此，「相」字之義為幫助。君主需要人幫助，所以後來幫助君主最重要的人，便叫「宰相」。「相」字之義既是幫助，有人相助，力量便增加了，所以「相」字引申，便有「增加」之義。「宜」字十分重要，指適當。體會到在適當的情況下，天地應該需要增加的，便幫助它增加。最關鍵的原則是左、右兩手幫助，原文「左」用原義左手，「右」用原義右手，左手和右手都有幫助之義。例如「祐」字，因為是上天的幫助，就用「示」字部表示，而右，正如幫助別人要用右手，合在一起，便是「祐」字。

祐

又如「佐」（左）字，幫助人也可以用左手。

左

「左右」的意思就是如此。

再看看，兩個「右」字其實就是朋友的「友」字。

友

能用右手幫助的才是朋友。朋友需要幫助，故彼此都要用右手幫助對方，因此兩隻右手合起來就是「友」。當然左撇子就作別論。所以「左右」不是控制普通的人民，而是要協助人民，真正對人民有利益的便去協助他們。

「財（裁）成輔相」很重要，它說出了我們人類調整天地、幫助天地。給予天地最合理的幫助，《中庸》叫作「參贊天地之化育」。「參」是參與；「贊」是幫助，不是讚揚的「讚」，是沒有「言」字旁的「贊」字，就是幫助、贊助。要參與天地、幫助天地而不是損害天地。因此，「財（裁）成輔相」的意思：「財（裁）成」就是令它減少一點；「輔相」就是令它增加一點。兩者是相輔相成的。而要令它增加或者減少的標準是「宜」，「宜」字在儒家的另一個名稱就是「義」。「義」就是在任何不同情況之下，都找到最適當的處理事物方法的意思。

有個例子我最喜歡講，有兩個同學去外國讀書，一窮一富。大家湊集銀兩送禮，窮的送一筆錢，讓他安心讀書；有錢的送他一枝金筆，略表寸心已足夠了，這就是適當。若相反的話，窮的送他一枝金筆；有錢的送一筆錢就叫不適當。因此，適當不適當，是根據「義」決定的。「財（裁）成輔相」不是征服自然，是幫助自然和調整自然，令到自然的功能合乎最正常的規律。和我們今天西方利用自然、征服自然，令地球不勝負荷而反抗，帶來無窮的災禍是不同的。所以「財（裁）成輔相」的說法，在今天西方已開始受到重視，因為它能真正解救地球目前的危機。

通乎晝夜之道而知，故神无方而易无體。

「通乎晝夜之道而知」，「通」指貫通和匯通。「融會貫通」，要把很多事物合在一起，然後才能夠會合貫通。「晝」指白天，「夜」指晚上。單說「晝夜」就只是指白天和晚上，但現在它說「晝夜之道」，便不是只講晝夜，而是說形成晝夜的原因和規律。形成晝夜的原因和規律是甚麼？首先，白日過後就是黑夜，黑夜之後就是白日，它是一個循環無息、永不停止地進行、發展的過程。另外，白天光明，是陽；黑夜黑暗，就是陰了。因此，可將這個晝夜之道提升到更高的層次。綜合了類似晝夜的其他現象，例如幽明、死生、鬼神，乃至眾多相對的事物，它們表面上有不同的性質、不同的外貌和不同的行動，但如果提升和抽象化的話，是可以把它們匯會、綜合和貫通，變成了陰陽之道。因此，假使真正能夠精通融合，由晝夜之道，提升到更高層次的陰陽之道，便是宇宙或天地最基本的原理。如果能夠明白，那你就能真正了解一切的事物。應用這個最簡單的原則，就可以解釋天地任何的事物。

「故神无方而易无體」，這個「神」字要細心分析。首先《易經》用到「神」、或者是《十翼》用到「神」字，是有幾種不同的意思的。第一種是指傳統意義的神，即「神鬼」的「神」。例如在《繫辭下傳》的「天生神物，聖人則之」，上天生出蓍草這一種神奇的物件，它會幫助我們、指導我們、告訴我們未來的情況；因此，聖人效法這一種神物著草，形成了《易經》占筮之道。「神」字在這裡就是古代宗教迷信中神鬼的「神」。不過在《十翼》中，這樣意思的「神」字不多，只有寥寥可數的例子。

第二個「神」字的意思，是代表我們的聰明智慧達到了普通人不能達到的境界，高到極點。即是說將普通的知識提升到智慧的層次，超越所有人知識的水平。大家讀同一本書，但你聽完他的說法後，你佩服極了，因為你讀不到這層意思而他讀到！《繫辭傳》稱為「神而明之」的「神」，「神」是指道德，尤其是知識達到了最高妙的境界，就叫作「神」。此義就與鬼神無關。

第三個專指變化之道，也叫作「神」。首先將「神」字解為變化的意思不是《十翼》，而是西方人重視的《孫子兵法》。當中就首先提到變化叫作「神」。可能因為它所說在先，《繫辭傳》就繼承了這個意思，再向上提升。《孫子兵法》只不過是說運兵變化莫測，打勝仗的這種變化就叫作「神」。它是指戰爭，只是低級的說法。《繫辭傳》將它提升到天地之變化是神，因此陰陽的變化就叫作「神」。例如「陰陽不測之謂神」，陰陽不測，我們就叫作「神」。「神也者，妙萬物而為言也。」「知變化之道者，其知神之所為乎？」知道變化之道，就知道甚麼叫做「神」了。這些都是《說卦傳》和《繫辭傳》中的文字。因此神是指陰陽變化，尤其在《繫辭傳》中。當我們看見「神」字時，應先想它就是指變化之道，很多時候都是正確的。上文「天生神物」指「神鬼」的「神」只是例外。「神而明之」中「神」的意思也比較少用。

退一步，高級的陰陽天地變化降到最低是甚麼？那就是蓍草的變化。因為當我們用五十根蓍草，經過各種運算過程後，最後究竟會得出九、八、七、六哪一個結果，是沒有人能夠預先知道的，它是偶然的。因此，它說：「蓍之德圓而神」，蓍的性質好像圓形的物件到處滾動。它是不穩定、隨處轉動的，它的性質是神。因此，「神」字是指蓍草的六、七、八、九變化不定的數據。這種解釋偶然會用到，例如「神无方而易无體」，勉強亦可作為一例。通過上述，可知神的意義共有四種說法。而傳統的鬼神的意思最少用。由此，可見得屬於儒家的《十翼》作者，雖然不像道家般徹底、完全否定鬼神的存在，但很早已經將鬼神的觀念提升到哲學的觀念，不當它是迷信來處理了。

「故神无方」，「方」就是方向、趨向。蓍草如果有一定的方向，每次是九是六就可預測，如最墮落的賭博，預知大小，買大得大，買小得小，那就是有方向，但蓍草不是。蓍草得出六、七、八、九之前，無人可知結果，這就是「無方」。如果提升到陰陽的層次，陽變陰、陰變陽，當你說它是陽時，它已變為陰，當說他是陰時，它已變了陽。但也有可能你說它變為陰時，它不變依然是陽等。另外，陽中蘊含著陰，陰中蘊含著陽。它是陽時可作陰用，陰時可作陽用。你根本無法找到一個方向。因此，宇宙事物的變幻，雖然有永恆的規律，但懂得的人才可看到，不懂的看去覺得好像萬花筒一樣，變化萬千，以致目迷五色，不知所從。故說宇宙的變化、陰陽的變化是神。而蓍草的變化，也是沒有一定的方向和趨向讓人容易知道的，所以也是「陰陽不測之謂神」！

「而易无體」，「易」，就是天地的變化，也就是暗寓天地的規律於其中的《易經》一書，在《易經》這本書中的六十四卦，亦是沒有一定的形體的。占筮得到《乾卦》，但是初爻變，於是初爻變陰爻，即時變了《姤卦》。二爻變，就是《同人卦》等等。結果《乾卦》就可變成其他的六十三卦。六爻盡變就是《坤卦》。當你占到是《乾卦》時，跟著就變為《姤卦》、或《同人卦》或《坤卦》等都是可能的，所以《周易》書中的卦沒有固定的形體。另外，每卦有六爻，雖然有初、二、三、四、五、上有確定的位置和陰陽、貴賤。但這六位，可以是陰爻，亦可以是陽爻，所以只是虛位。何況陽爻會變陰爻，陰爻會變陽爻，所以爻亦是沒有固定之體。再次，卦象亦無定體，例如《乾卦》卦象，可以是天、圜、君、父、玉、金、冰、良馬、木果等，隨變所適，亦沒有固定之體。

如果再進一步引申，爻中所指陳的，原本是個別的、具體的、確定的事物，但後來從哲學上提升為普遍的事類和規律，這樣就將實事化為虛理，虛理自然沒有固定的體了。所以易是「无體」的。因為《易經》說宇宙是永恆在變動中，既是永恆在變動中，它的形體只能在短暫時間是固定的。在此之前或之後，都不是這樣的。因此，易是無體的。如果從宇宙說明，而不是講低級的占筮或卦，誰能看到宇宙的實體？古人只能從天地變化之道，推想它的實體，這是「即用以見體」，所以便說是沒有形體。進一步推論，宇宙的變化是指外表的形體還是背後的規律？則外面形體的變化是次要的，規律帶動實體變化，因此規律的變化才是更根本的。而規律是抽象的，是沒有形體的。故最後綜合來說就是：「神无方而《易》无體」，這句話請細心研究。第四章第三節至此完結。

小結：與宇宙規律相合

各位要注意「而」字。這裡有四個「而」字：「而不過」、「而不遺」、「而知」、「而《易》无體」，四個「而」字，就說出了宇宙的規律最關鍵的幾件事。它們不單說出了宇宙的規律，而且說出了要人神而明之、利用宇宙規律來「財（裁）成輔相」天地的規律。因此，主要是說規律的問題。所以這裡是闡釋「至命」，「命」就是規律，是不能改變的，整節是說最後到達了和規律相合。本來規律限制著我們，當研習《易經》的聖人到達神而明之的境界，他不受規律的限制，還靈活地操縱規律，一舉一動、一言一行，全部合乎規律，和規律合一達到完美的最高境界就是「至命」。這三點可說是這篇文章最重要的三大人生修養的過程。這個人生修養過程在下面將會再有所發揮。

總結

現在為《繫辭上傳》第四章作一個總結。要了解第四章背後的深層意義，或者引申發揮的意義，我們首先要對《十翼》的《說卦傳》的一些文字有所了解。《說卦傳》第一章說：「和順於道德而理於義，窮理盡性以至於命。」這裡的「道」字，就是指天道，即天地的自然規律；至於「德」字，就是人類了解天地之道後，將天地之道變成了自已的思想行為，有所得就叫作「德」。「理」字作動詞用，意思是條理、整理、治理。這個「義」字，是指事情最適當的做法。《說卦傳》的第一章，是說明《易經》的體例和產生的過程。首先，《易經》利用蓍草作為工具，以天地五十五之數和大衍的五十之數為基礎，通過份二、掛一、揲四、歸奇四營，找出九、六、七、八這四個數據中間的任何一個，它們分別代表了老陽、老陰、少陽、少陰，然後將這些數據變成了爻畫的陰、陽、老、少，再將爻畫重疊，組成了三畫和六畫的卦。接著就是上述的那句話，指這樣用蓍草、數據、爻組成的卦，是根據宇宙的合理規律建立的。「和」是配合，但彼此不相同。好像我們唱歌，我唱 do，你唱 mi，他唱 so，同時唱出來，就變成了更美麗動聽感人的聲音，這就是「和」，西方便稱為「和聲」。所以「和」字，意思是彼此雖不相同，但能互相幫助、配合。「順」就是完全順從。《周易》的卦爻、文字等都是和天道配合的，也是順從天道的，它們變成了人類道德和行事的準則。所謂「準則」，主要是用於人的思想和行為方面，然後再擴展到對任何事件的處理，都能夠達到最適當、最合理的情況。掌握了《易經》之理，把它用於處理任何人事問題，都是最適宜的。

「窮理盡性以至於命」，窮極天地萬物之理，盡量擴充發展萬物、生靈的本性，那便可以到達掌握天命的理想境界。「命」是上天的命令。上天的命令，即是任何事物都不能抗拒的，引申就是天地的規律。因此，天命就是天的規律或自然規律。當你能夠窮盡天下之理，發展自己的本性，那你就能進一步，到達一個更高的層次，那時你的想法和做法自然而然地符合天地自然的規律。天地規律就是你，你就是天地規律，因為你所想、所做的，自然而然地展現了這一規律。「窮理盡性以至於命」，變成了儒家人生理想的實踐原則。原本的意義只是說《易經》的卦窮盡了天下之理、了解萬物的本性，因此與天地自然的規律吻合為一。這兩句句子是顛倒來說的，上一句是從天的規律，變成人的道德，再變成人合理的行為標準；下面一句則是從相反次序來說，從最低的人，逐步學習，先了解道理，擴展自己的本性，到最後回歸到天地。兩句說話其實上一句指由上而下，下一句則由下回歸到宇宙的天道，也就是孔子所說「下學而上達」的發揮。

當後來的儒家學者將這句話勉強地引申，不當它是對《易經》的讚揚，而變成講個人修養時，就發展為通過「格物致知」而「窮理」，藉此理將自己人性中最美好的部分，盡量擴充至完美，那你就能夠「天人合一」，你的做法自然而然地符合天的做法。到了這時候，你根本不用去想應該如何做，隨手做去便合乎天的最高規律。這不單止對儒家後學來說，變成了人生實踐最高最理想之道，甚至道家和道教，同樣以它為道家的人生追求的最高理想。道家修煉最重要的金丹大道，一樣要經過「窮理盡性」，一直到恢復天命。這個天命就等於與天為一，是長生不死、精神不死的準則。它和儒家的說法有所不同，但意思相差無幾。明白了這句說話，我們就明白第四章其實就是闡說這道理。

第四章的第一節，作者說出了古代人類最難了解的三樣事物：一是天文地理背後的規律，一是人的生死問題，一是鬼神究竟是甚麼。結果他就認為，這些最複雜的問題，將它們提升簡化，其實就是陰和陽的變化。我們已經說過，因為陰陽的顯晦，就是天文地理幽明的原因。因為陰陽的循環往復，說明了生發展到最後是死，死之後是再生。生和死只不過是陰和陽的循環。因此，生固然開心，死亦不需要憂慮，死可能是另一個生命的開始。至於鬼神，和人類萬物並沒有不同，亦不過是陰陽兩氣的聚合和分散而已。掌握了陰陽之理，去看宇宙萬事萬物，就可以根據這一道理，了解萬物最關鍵、最根本的性質。於是通過這三個古人最難明白的事例，用了《易經》的陰陽之理，就能夠了解它們是甚麼。其他沒那麼複雜的萬事萬物之理，自然也可以通過陰陽之理來說明。所以掌握了《周易》陰陽之理，就能以簡馭繁，明白一切事理了。因此，第一節是說利用《易經》以窮理的方法。

第二節則說出了因為掌握了易理、掌握了陰陽的重要原則，因此，聖人的想法、做法就與天地類似，所以他的作為就不違背天地。然而真正要達到盡性就不是這麼簡單，要實踐最關鍵的兩件事，即「知」（智）和「仁」都要達到極致。實踐仁德而無智慧、知識的指導，只不過是普通人所能夠達到的「小」人。你的智慧愈高，你所實現的仁德才愈高、愈偉大。同樣，有智無仁也不行，因為智只足以濟奸邪。所以智、仁兩者要互相配合。怎樣互相配合？最簡單就是「旁行」，因為旁行是仁智的應用，它不單止懂得守常經，甚至對任何事件的特殊變化，都有足夠的知識，採用最合理的方法去處理。但知識太高的人往往流於理智，變成自私自利，這是人性中很容易產生的毛病。因此，要「不流」，即守著仁德來作根據。智需要仁來制裁、制衡，達到中道。達到這一境界，然後個人通過知天、順天而「樂天」，由於「知命」，只做合乎道德、上天容許的好事；而不會因為自己個人的私利，去做一些為害別人、社會、不合理的事。

這裡說出了盡性既要「樂天」，守天道，又要「安土」，守地道。天道即是乾道，地道即是坤道。要掌握乾坤的德性之道，發展到極致，那你便能夠達到「盡性」的理想目標。能夠「盡性」，就能夠達到「天人合一」。當你達到「天人合一」，你就是自然規律。當你就是自然規律的時候，你就能做到「範圍天地之化而不過」。注意，宇宙的規律雖然永恆且合理，但陰陽的運行往往會逸出常規，超過了合理的限度。掌握了自然規律的聖人，當宇宙逸出常規，他就有責任利用更高的自然之理去疏導宇宙，令它不要超過常規，而回到中和。又或者是宇宙產生萬物時，可能有疏忽，不是對萬物都能照顧周到，身為聖人，就要根據自然的真理，體會到在萬物的發展過程中，有甚麼是由於天地的疏忽，或者環境乃至人為等原因的影響，而未能發展到合理的標準，於是協助（輔相）天地到合理的標準。這是已經神化於自然規律的人才可做到。因此，這和《泰卦．大象傳》要求的「財（裁）成輔相」有關。「財（裁）成」就是減少，「輔相」就是增加。

「財（裁）成」就是第一句句子「範圍」的意思；「輔相」就是下一句句子「曲成」的意思，於是通過人為的力量，令到宇宙的運行更加順暢合理。注意，只是配合天地，天地多了，減少一些；天地不足，則增加一些。一切是以天地為主，我們只是協助它，是一種參贊作用。西方則不然，它要了解自然、征服自然，於是變成了我是主宰，自然是附庸，最後做出來的就是一種根據自己的需要、利用未曾完備的自然知識來對待自然的做法。因此，西方開始時認為是好的事，往往在幾十年後發現是壞的。所以一個是積極地對待自然，一個是消極地對待自然。西方以「積極態度」對待自然，但因為今天的知識尚不夠完善，所以為地球帶來無窮的災害。而《易經》是以「消極態度」對待，認為我是賓，天地是主，我只不過是幫助它而已，對自然採用協調的方式，令它達到中和的境界。起碼到目前為止，地球上，如果說到對待別人、萬物和地球，易學這種思想比西方今天的觀念合理得多。所以難怪今天西方因環境污染問題而苦惱，很多人讀到這裡，就特別欣賞。於是《易經》成為西方的熱門學問，這是其中的一個原因，當然還有其他原因。

至於下面兩句：「通乎晝夜之道而知，神无方而易无體」的意思，在這章之後，下面的第五章還有發揮。請注意，第四和第五章的內容是互相呼應和補充的，是從兩個不同的角度來講述相同道理的。了解第五章，回頭再看第四章，更容易明白。第四章至此講解完了。

第六講

《繫辭上傳》第五章

一陰一陽之謂道。繼之者善也，成之者性也。仁者見之謂之仁，知者見之謂之知，百姓日用而不知，故君子之道鮮矣。顯諸仁，藏諸用，鼓萬物而不與聖人同憂。盛德大業至矣哉！富有之謂大業，日新之謂盛德。生生之謂易，成象之謂乾，效法之謂坤，極數知來之謂占，通變之謂事，陰陽不測之謂神。

一陰一陽之謂道

「一陰一陽之謂道」這句雖然只不過寥寥七個字，但是內容非常豐富。它是易學最基本、最重要的原理（不是其中之一，而是唯一），亦是《易》學認為宇宙唯一的、最重要的基本的原理，其他的原理都是從這原理引申發揮而來的。正是因為這樣，古往今來的學者，對這句話的解釋多得不可勝數。例如西漢武帝時，令儒家學術定於一尊的儒家學者董仲舒，他從「一陰一陽之謂道」這句，就得出陰是卑賤、陽是尊貴，它們的性質是永遠不能改變的說法。由於天尊地卑，所以君主尊、臣子卑。於是提出了「天不變，道亦不變」的說法，推及人間社會的尊卑上下倫常關係亦不變的結論。後來東漢初年彙集今文經學學說的著作《白虎通義》（或《白虎通》）便發展了這觀念，影響後世非常深遠。

題外話，《白虎通》是收集西漢今文經學解經說法的綜合性著作。要了解漢代官方對儒家學術的觀點，《白虎通》這本書非常重要。當時的今文經學家說法分歧，令人困惑，於是漢章帝把所有的今文經學大師集合在一起，討論各種學術問題，大家經過討論爭議後，找出大家都可接受的說法。由於當時的今文經學家大多孤陋寡聞，只專精一經和一家之說，例如懂《易經》的不懂《詩經》，懂《詩經》的不懂《書經》，於是請了一位與他們學派相反的古文經學家班固來做記錄。各位對班固應該有所認識，《二十四史》中，《漢書》的作者就是班固。其實《漢書》非他一人所寫，他的父親班彪、妹妹班昭也有功勞，由此可見古代女子的能力，但主要的作者仍是班固。《白虎通》就是記錄這些學術問題的著作。

又，「一陰一陽之謂道」的另一種解釋，例如《易經》的權威注解家之一的韓康伯，他的另一個名字是韓伯，所以大家看見有些書寫作「韓伯」，並不是漏了「康」字。他注解《繫辭傳》時，就發揮了王弼對《易經》的主張。王弼用了老子的哲學來解釋儒家的《易經》，認為老子所說的「道」是無，無然後產生有。有不可能產生有，因此，他認為陰不能產生陰，陽不能產生陽，只有升高一個層次，到達道的境界，即是無的時候，那時沒有陰，才能產生陰；沒有陽，才能產生陽。於是這個「一陰一陽之謂道」，他就解釋為「無陰無陽之謂道」了。這就變成了道家的說法，而違背了《易經》的體系。

比較正統的是北宋張載的說法，他認為這句既然是「一陰一陽」，代表了陰陽對待或對立。然後陰陽對待又互相統一，於是就變成了整個宇宙的規律。因此他解釋這句說話，說是對立統一或對待統一的意思。而南宋朱熹，則認為「一陰一陽」指一陰之後又一陽，一陽之後又一陰，於是認為它內含的意思以流行為主，是流動、變動為主的。解釋不相同，原因當然是每人哲學思想不同。但更關鍵的是因為「一陰一陽」這四個字太簡單，很難確定其義。另外「一」字究竟作何解更是關鍵的問題。究竟「一」是甚麼意思？不說似乎人人都懂，要說的時候卻令人頭痛。

首先，我們說「一」是數目字，即一二三四中的「一」。第二，這個「一」字如作動詞用，將一萬變成一，將一切變成一，即是統一、合而為一、歸一之意。第三，老子說：「道生一」。如果「道生一」，究竟「一」是甚麼？因為道家說陰陽是氣，因此，「道生一」的「一」，是指道生「氣」。但這種氣是未曾分為陰陽兩氣的一氣。要一生為二，這種氣才變成了陰陽兩氣。但是有些道教學者則說「一」等同於「道」。原因是老子說的「道」包涵有和無。無是道，是道的本體。當道變成有時，就是德（道的展現），就是氣。因此說，道即是「一」，所以在道家、道教哲學中，「一」有兩個意思：一是道即是「一」；二是「一」是道派生出來的氣，低一個層次。兩個說法都有道理、都有人採用。

儒家又怎麼解釋？在我們經常提到解釋文字起源的字書、寫於公元一零零年前後的《說文解字》中，許慎在解釋「一」字時說：「惟初太始，道立於一，造分天地，化成萬物。」他說的「道立於一」與老子說的「道生一」，如果各位細心研究，兩者的意思是不同的。「生」是生出的意思，有先後、高低的不同層次。「立」字是沒有層次的，道就是「一」。道根本沒有「無」的境界，只有「有」的境界，有就叫「道」。這個「一」原來就是氣；「一」原來就是道。

另外，偉大的易學史家朱伯崑教授在《易學哲學史》第一卷，對「一陰一陽之謂道」有非常詳細的發揮。他認為「一」字應解作「又」字，所以是「又陰又陽之謂道」。個人覺得，第一種說它是數目字，第二種說它解作「統一」，第三種說它解作「又」的說法，都比較合理。而老子的「道生一」，或《說文解字》的「道立於一」，都不是確解。

個人認為的解釋：首先，「一陰一陽之謂道」，從張載到王夫之以「對立為主、然後產生統一」的說法比較合理一些。而南宋朱熹說它的意思是流行，亦不是不合理，可作為輔助次要的說法。因為在這一章後面的「生生之謂易」一句，其實就是以陰陽的流行為主，對待為次要。「一陰一陽」則是以對待為主，流行為輔，前後文的互相呼應是很清楚的。

我們採用了這個說法，現在就開始解釋。何謂「一陰一陽之謂道」？首先要明白只有陰沒有陽，或者有陽無陰都不是道。道一定要陰陽對待，這是第一層意思。在宇宙未開闢之前，事物是絕對的。當大爆炸開始之後，任何最巨大的事物到最微小的事物，它本身固然是陰陽相對，它和其他事物亦是陰陽相對。換言之，可能在宇宙中，任何事物都是只有相對真理而無絕對真理，這我們應該明白。《繫辭傳》因此提出有陰有陽才是道。

第二點是，為何說「一陰一陽」？不作「陰陽之謂道」？如果用「陰陽之謂道」，豈不是更簡單？因為用了數目字「一」，一是有一定比值的，意思是說所謂「對立」、所謂「相反」，其實是有條件的，譬如一陰和二陽，二陰和一陽是否對立？不是。因為陰陽之間形成對立的話，一定要在數量上、或者質量上相同類似，可以互相比較的才能成為「一陰一陽」。例如簡單地說，人類的男和女，才可說是「一陰一陽」，可否用人和貓比較？不可以，因為不同類，不同類就不可以比較。因此，當我們用了「一陰一陽」的時候，最重要是明白有陰就有陽，有比較才有真理。沒有好就沒有壞。沒有聰明人便不會有笨人。因此，所以說它好、說它壞，是你拿它與某些物件比較，然後說它比那個好、比那個壞才有道理。因此，這就是第二點，陰陽是要通過適當的量，或者適當的質，或者是同類，才可稱之為相同等級的陰陽，才能相提並論。

接著，這個陰和陽是對等的時候，就形成了兩個事物的對立。這種事物的對立，最重要就是會產生交感的作用。對立，我們叫作「對待」，今天叫作「矛盾」或者「鬥爭」。

在對立時，會有交感的作用。「交」就是互相，「感」就是感應、感動。交感，將它作最大程度的簡化，起碼有兩個可能出現的情況：一個是親近融合，一個是排斥。因此，當我們說到「一陰一陽」是對待的時候，我們一定要明白「親近」和「排斥」這兩個最基本的可能性。甚麼叫排斥？就是你攻擊我、我攻繫你，你害我、我害你，你推動我、我推動你。但注意，中國與西方最大的不同的地方，就是老子哲學特別提倡「不爭」，儒家則提倡「和」。讀過《論語》的人，就知道孔子分別君子小人的方法是「君子和而不同，小人同而不和」。甚麼叫「和」？最早提出「和」的哲學命題，是春秋早期的史官史伯（伯陽父）。他的說話記載於專門記錄春秋歷史的古書《國語》之中。他說：「和實生物，同則不繼」，能夠做到「和」，就能夠產生萬物，「同則不繼」，「繼」是繼續，「不繼」是不能生長。甚麼叫「和」？他說：「以他平他之謂和。」這解釋似乎很奇怪，因為「和」即是用他來與別的他平衡對待，即叫作「和」。因此，「和」的第一個原則是指兩樣不同的事物，而這兩件事物是要平衡對稱，才能夠混合為一。

這兩句說話沒頭沒尾，你可能不會明白。其實他前面的文字說音樂的「和」，你唱 do，我唱 mi，他唱 so，do、mi、so 三個不同的音符同時唱出，就是「和」。而當大家一起唱 do 聲，就叫作「同」。當我們同時唱 do 時，得出的聲音很明顯仍是 do 音，沒有變成新的、不同的聲音；但當我們同時唱 do、mi、so，得出的聲音不是 do 或 mi 或 so 三音中任何一音，而是一個新的聲音。那個聲音比 do、mi、so 更動聽、更感動人心。

各位如果懂得西方或中國音樂，明白甚麼是和聲就應該知道「和」的意思。

因此，「和實生物」，是指「和」可以產生新的、更好的事物；「同則不繼」，「同」的聲音就沒有事物繼續。「繼」是再生下一代，下面還會再用這個意義的。「同」不會產生新的事物，「和」就會產生新的事物。因此，陰陽對待之時，如果是親近接觸，陰陽混合，萬物就產生。陰陽分離，萬物就不能夠繼續或死亡了。所以《易經》最重視的就是對待交感，即是「和」。「和」然後整個宇宙生而又生，一直由原始簡單發展到今天的進步繁榮，將來更加豐盛，就是因為能生出萬物，這是《易經》、《易》學最重視的一點。陰陽和就是幸福，陰陽分離就是不幸，可以用這個作為解釋一切事物的原則。因此，第一點，對待而能統一，就是「和」，就是宇宙之所以能夠不停發展的最主要原因。

但排斥又如何？西方會形成鬥爭，但中國所說的排斥則是推動，你推動我、我推動你；你推開我、我推開你，於是就產生了運動。運動的結果是你推人，別人因此運動，你自己亦因反作用力而運動；別人推你，你因此而運動，別人亦因反作用力而運動。整個宇宙的事物，就是因為這種推動的作用，不停地發展、不停地變化。《繫辭傳》所說的陰陽之理，固然說到兩個事物的陰陽互相推動，但更重要的是說同一個事物蘊含著陰陽。老子曾說：「萬物負陰而抱陽」，天地之間，任何一件物件都同時負陰抱陽，即同時有陰有陽。譬如中醫會說你身體陰陽不調和，陰陽調和就沒有病了。各位想想，這種說法不是今天硬加上去的，古人早已想到任何一件物件本身都是同時包含著陰陽的。

正是任何一件物件本身都有陰陽，所以物件外表雖然靜止不動，但內裡卻是陰推陽、陽推陰。所以暗中一直在變動著。同一事物，本身的陰陽推動本身的變化；與另一件物件相遇，兩件物件之間的陰陽，又是你推動我、我推動你。如果有三、四、五件或更多物件會合，當中推動的關係就更為複雜難辨。於是整個宇宙，就由於本身具備陰陽的特性，自動自發地推動自己、自動自發地一直變化下去，這種變化是無止境的，只有宇宙毀滅時才會停止。從宇宙一開始，這種道理就存在，到了宇宙結束時，它是否還存在我們不知道。但起碼我們知道在宇宙開闢之際，它已經有了。

各位，這是否一個很光輝偉大的思想？當年牛頓的力學定律說「運動的永遠運動，靜止的永遠靜止」。但是何以故整個宇宙的物事全在運動，是誰最初推動它們？他不能解釋，只能勉強說最初開始時，「上帝」踢它一下，於是使到所有事物都運動起來。因為他認為「運動的永遠運動，靜止的永遠靜止」，第一個令它們運動的只能是「上帝」。他就想不到物件本身的運動是自動自發的這個更高的科學想法。在牛頓以後，今天的物理學才知道，不是「上帝」推動，而是事物自己推動。但是兩千多年前，至少二千四百年前的《繫辭傳》，甚至更早之前已有這種想法。故你們是否還認為中國的科技思想落後？它能否接受時代的考驗？那就要各位自己判斷了。

這種一陰一陽的對立，有最關鍵的交感和排斥兩種作用推動它，使它由對立轉為流行。這種推動的過程，其實是這樣的：當陽被陰推動，陽漸漸減少，陰慢慢增加，直到陽被推走為止。於是陰陽的增加、減少成比例。陽增加一分，陰就減少一分；陰增加一分，陽就減少一分。請注意：如果陰推陽的話，就是陰一直將陽由有推到沒有的過程；陽推陰，就是陽將陰由有一直推到沒有的過程。但不可以文害意，因為天地的陰陽，雖然有消息、強弱，但不會絕對沒有。因此，《易經》和我們常識想法是不同的。

另外，我們說陽開始生長，陽便成為變化的主宰或主導，其實是說，在此之前，整個宇宙都是陰氣。陽做主宰，指陽在陰之中產生，當時的陽是十分弱小和微不可察的。但雖然當時整個世界都是陰氣，當陽一產生，那就要考慮兩個問題。第一，當陰發展到極限，而尚沒有轉變產生微陽之前，《繫辭傳》稱呼這一階段（時期）為「窮」，即「窮途末路」的「窮」，意指前面再沒有路可走了，因為已到了極限，無法不停步，那時是最差的。無論是陽到極限，還是陰到極限都是最差的。當窮途末路時，就會想方法走另外的路，現在陰已到極限，再行不通了，要走另一條陽的道路，於是陽開始了。這個開始能否繼續？沒有人知道，世界上，很多在強大勢力下產生的相反事物都很快被消滅。故當微小的反力量產生之後，它雖微小到極點，但有繼續向前發展的力量時，我們才會給它一個專門名詞，叫它作「通」。故我們平常也會說：「窮則變，變則通」（《繫辭下傳》），但須知窮未必會變，要窮而想出改變，改變後尚須看這種改變能否行得通，即是否有繼續發展到極限的能力。

在《繫辭傳》中，凡說「通」，就是指陽窮極而能變陰，或陰窮極而能變陽，這初生出來的陰或陽，現在雖然是極微弱，但它有無限生長的能力，一直向前發展。因此，它雖然是極微弱，但當它一產生，陰陽的主宰權、領導權已經不是在於表面上最強盛的陰（或陽），而是微不可覺的初生的陽（或陰），而這個主宰會一直由微小發展到極限。發展到極限就是「窮」，未發展到極限則繼續發展，要到極限才叫做「窮」。而且到「窮」時會有停頓的時期，這是哲學上的停頓，可能是一秒、十分之一秒，或者是一萬年，沒有人知道，這時期或階段就稱為「窮」。經過停頓的階段（窮），才是轉變期（變），然後變成相反的事物。當這相反的事物能持續發展，就是「通」。這就是「窮則變，變則通」。當宇宙產生這種變動，於是就呈現陰生陽、陽生陰的循環，一直不停地變化下去。

另外，最重要的是，無形之中有一種關鍵性的力量（這是真理還是謬說，留待將來科學鑑定），在陰陽的升降過程中，各位可用最簡單的水波升降來推想，水波升高後會降低、降低後會升高，然後它慢慢地減低升降的幅度，最後變成平靜的水平面。我們用常理來猜想，可不可以說是因為它要追求平衡穩定，這種升降其實是追求更高層次平衡的過程？例如剛才說的陰陽變化，如陽為主宰，繼續發展，如果陽發展到中間，就是陽一半陰一半。陽是方生的力量，力量大；陰則衰退，有退無進。在這一位置，表面上陰陽達到了平衡。其實或者應該早一點已是平衡，因為一個是進，力量大一點；一個是退，力量小一點。在這個時候，就呈現平衡穩態（或者可能因相反互相對抗而同歸於盡，這是《易》學不討論的）。但由於這種情況的平衡，一個仍在進，一個仍在退，基於「運動的永遠運動」這一規律，它不會在這個平衡的一點停下來，因而不可以長期保持平衡，只是理論上，在這位置陰陽達至了最大的平衡。儒家就是要追求這短暫時間的平衡，認為這個就是「和」。

這種「和」，大家還記得我們讀到《乾卦．彖傳》時，有「保合大和」這一句嗎（《易經講堂二》）？不只是「和」，還是「大和」，而且希望能長期「保合」。大和是矛盾的事物達到平衡的狀態，也就是陰陽的平衡。這同樣是儒家哲學崇尚「中」的另一表現。中就要和，中與和的關係，《中庸》這本哲學經典闡釋得最好，稱它為「致中和」。盡人力去達致宇宙人生的「中」與「和」的境界，就會「天地位焉，萬物育焉」，天地確立，萬物都能達到最合理的生育。用另一種說法，因為萬物知道自己不平衡，為了追求平衡，因此形成了水波的起伏，然後由於高的不能不低，低就是為了慢慢達致平衡的結果，同理，低的為了致中致和也不能不上升。於是整個宇宙的這種運動的背後，推動它的力量就是《易》學所講的「和」，不是鬥爭，而是為了要達到平衡。所以儒家，或者是受儒家文化影響的中國人，是地球上最講和平的民族。任何歐洲國家一朝興盛，就變成軍事強國，要征服世界，結果導致焦頭爛額、失敗收場。早年的法國是這樣，德國又何嘗不是如此？甚至今天的美國亦表現出霸權主義，要征服世界。這種想法是中國人不會有的。因為講到和，就容許矛盾（我們傳統不叫「矛盾」，叫「異端邪說」）的存在。

因此，我們說到「一陰一陽」時，就已經不完全是對待，也是在「流行」。因為對待是看不到的，而流行則是現象表現出來的東西。而流行的背後，其實是要追求平衡，平衡就是對待。但對待只是在極短時間內呈現，所以我們眼中見到的事物，都是在流行之中，所以「生生之謂易」。《易》學反映世間的規律之中，「道」就是最高的真理，「易」就是「道」展現於人間、讓我們學習應用的道理。所以「一陰一陽之謂道」和「生生之謂易」，一先一後，一個是以對待為主，流行為次；一個是以流行為主，從流行回歸對待。「一陰一陽之謂道」的意義豐富到極點，請各位自己再細心體會罷。

繼之者善也

「繼之者善也」，「繼」就是繼承；至於「之」字，傳統兩千多年來，對中國文字約定俗成的理解，「之」字是「他」字的代名詞，代名詞是代表文章中要說的某一樣事物。它只能夠代表之前說過的事物而不能代表以後要說的事物。因此，兩千年來的注解家對這個字都無疑問，認為「之」指「道」，或者是「一陰一陽」，甚至是指「一陰一陽之謂道」整個句子來說的。為何我要指出這一點？因為陳鼓應教授和趙建偉教授的《周易今注今譯》在頁五九八中將此句語譯為「衍生萬物是《易》道的美德」，將「之」字理解為萬物。為甚麼得出「萬物」這個意義來？因為他們「削足適履」，拿了《黃帝四經．十大經．觀》「不會不繼」那句說話：『繼』即衍生後代來比附，以為『繼之』、『成之』，兩「『之』字均指代萬物」（頁五九九），用這麼勉強的方法去解釋文言文，有些過份了。

「繼之者善也」，繼承一陰一陽這宇宙最根本的原理，令到萬物繼續依著這一規律發展的，就叫作「善」。這個「善」字，今天搞哲學和科學的人不容易接受，因為善惡是我們人類主觀定出來的標準，提升到宇宙的層次，是不應該有善惡的。宇宙的所作所為，我們不應用善、或者用惡來評論。因此，這個字似乎用得不適當。但從另一角度來看，為何作者用這個「善」字？要解決這問題，首先要從甚麼是「繼續」開始。既然文章說一陰一陽，即是陽生陰、陰生陽，一直沒有停止發展下去的過程就叫作「繼續」。如果陽完了之後，陰是否可以繼續呢？陰是靜止的，這就等如沒有繼續。故從哲學的思維，一定是前此是靜止的，現在發動，才是持續發展下去。因此，這句話是指陽的發生作用。因此所謂「繼」字，是比較著重說明陰之後，陽再產生。

當陽產生時，是否就是《乾卦》所說的「元亨利貞」？「元」是事物的開始，而「元者，善之長也」，那豈不是「繼之者」就是善？這樣引申，是否合理呢？請讓我一步一步解說下去，諸位便可能覺得有道理。例如我們說，地球上任何不合理的行為、制度和想法，儘管它能夠在某一地方（空間）短暫的時候（時間）出現或實行，但能否持續下去呢？以西方歷史為例：正是由於羅馬大帝國後期的驕奢淫逸，人類的道德蕩然無存，人類才覺得應該嚴守道德規條。由於矯枉過正，西方中古世紀就壓抑、限制人性，遵守道德過了份。文藝復興的時代，就是對中古世紀道德規條的反抗，於是輕視道德。到了今天，西方的社會道德變得愈來愈差，雖然目前還可接受，但將來可能再發展到某一程度就不能接受了。我們可以說，人類的放縱是不合理的。放縱的結果，不單是害了別人，還害了自己。例如毒奶粉事件，等到他的子女、親人也受害，他就會明白這樣賺錢是不對的。等到有了一萬宗類似毒奶粉的事件，人們就開始反省。害人就是害自己的親戚、子女，最終是自己受害，於是才覺得不應害人，要守道德才對，於是社會便返回正常。

各位可從這常理來想：任何行為、制度如果是不合理的，是不能持久的。如果一種規律能夠長久用於地球或宇宙（宇宙起碼有一百至一百五十億年以上，規律一直保持），則這一規律就正常合理到極點。因此，用人類的想法來說，當這規律或制度是合理的，便對全人類都有好處，對人有好處就是對人有善意。宇宙的規律如果是合理的，它就對萬物懷有善意。甚麼是善意？愛護萬物、扶助萬物生長。甚麼叫惡意？仇視萬物，惡意毀滅萬物。因此，如果用人類的善惡觀念來說，善是關心別人、扶助別人，令別人生活得更好，令到別人能夠繼續存在。惡就是對人懷有惡意，令別人不能存在等等。

天地的規律，是善抑惡呢？如果它是「惡」，它便逐漸令物件減少，直至沒有，宇宙就不存在，那規律也不存在了。如果天地是「善」的，它的規律令到萬物繼續產生得愈來愈多，宇宙愈來愈繁盛。因此，它的規律能夠繼續存在。從這一觀點來說，用這個「善」字，比我們科學家和哲學家想用的字更合理。宇宙的規律因為持續發展，愛護萬物，推進萬物的發展，因此它是善的。當然，規律可以是惡，沒有人說規律不容許是惡，但只能行於短暫的時空之中，很快便會被合理的、即善的規律取代了。所以「繼之者善也」，首先肯定了這規律（道）早已長久存在，這一規律之所以能夠長久存在和繼續發展，根據上述推論，就是由於這個規律內在的德性，蘊含著「善」的本性。當然在宇宙之中，事物都是相反相成，有善就有惡。由於天地的本性一定是善性多於惡性，因此，宇宙得以繼續發展。如果宇宙的惡性多於善性，整個宇宙就萎縮，很快就不存在，今天我們也不會存在了。正是由於宇宙一直都在發展之中，所以一定是善！這想法說得非常好！

成之者性也

「成之者性也」，我們曾經說過，乾天開始只是知覺而已、動機而已。萬物真正完成是由於坤地的作用。因為陽的性質發散，陰的性質收斂，任何物件都是收斂然後才成形的。一散開就甚麼都沒有了。因此，形成萬物的原因是陰性的收斂作用。所以「成之者」，是指坤的作用、陰的作用，亦即是「利貞」的作用。上面「繼之」是乾「元亨」的作用。

宇宙既有陽的發生、擴展力量，又有相反相成的陰的凝聚力量，令到一陰一陽變動的規律由無形變成有形，推動宇宙生物、成物，因而形成了萬物。當宇宙的萬物形成後，每一樣事物就有了個別的性質，形成萬物各有不同的性質。我們在《易經講堂二》解說《乾》、《坤》兩卦時已討論過，故不再多說。

這裡所說的「性」，是根據一陰一陽的規律所形成的萬物的性，因此，它來源於這個規律。而這個規律本身是善的。繼承這一規律、服從這一規律發展所形成的萬物，當然就是秉承著這個規律背後更高層次的善的性質。因此，萬物本身便是天地善性的顯現。這個說法雖然只用簡單的兩句句子加以陳述，但在哲學發展上卻是偉大到極點的。因為從老子到莊子的道家學者，都認為人性要服從天性，人性就是天性的發展。天性中，哪有人為社會標準的仁和義？因為仁和義是人為的標準，上天何來仁和義？因此，儒家提倡仁和義，是違反人類的天性。違反人類的天性，即是傷害人類的天性，扭曲人類的天性，去實行天性所沒有的仁義。因此，儒家注重仁義的學說，對人類有害。只有回歸自然，順從自然，追求逍遙自在，不要仁義道德，本性喜歡做甚麼，就做甚麼最合理（今天的社會可能也是如此想）。但是，儒家則不認同，根據宇宙最基本的規律的合理性和它的發展，它背後呈現的就是善性。因此，萬物中任何一物種在繼承後，一如人、物的遺傳，便帶有天地的本性。今天西方最摩登的科學思想就是說，任何物件打碎後，任何一片碎片都蘊含著整體物件的性質。這是最新的西方理論，這理論可以解釋為何中醫三隻手指分別按手腕寸、關、尺，就能夠知道一個人體內臟腑的情況，因為我們中國認為部分可反映整體。佛經的理論，同樣有「一花一世界、一葉一如來」、「一粒黍米可以藏大千世界」的說法。正是這說法在最新的科學中有證據，所以我們說：「人類具有的善性來自天地或宇宙」。

另外，不用從宇宙高層次來說，就從人類的低層次來說，為何我們要實行仁義？因為這是全人類的共同心願。如果只是一個人的心願，別人是不會支持、贊同的。在悠長的歷史長流中，有很多不合理的制度，曾經實施一段時間，但這些制度最後被打倒或自動取消。原因是它違背了大多數人的意願。因此，要做的事，都是大多數人認為是好的事才能做、才能長久持續。儒家仁義之說，並不是孔子和孟子胡思亂想想出來的，而是由於大多數的人都有這一想法。試問大多數人的想法是社會制度造成的，還是他天然已具備的呢？你能否認人人天生都共同有這種無形的想法嗎？一種想法，不是一個人而是多數人的共同想法，豈不是人性中就有這一事物？儒家通過這樣替自已辯護，「性善說」終於站得住腳，能對抗道家的攻擊，甚至成為中國文化的主流，而道家只能成為輔助，關鍵就在於仁義是合乎天性，而為人心中所共有的說法是站得住腳的。

在這裡又要打岔。孟子說「性善」，只是說我們人性中蘊含著善性。但在這裡，《繫辭傳》是說天賦予我們善性，層次更高。因此，和孟子的「性善說」比較，《繫辭傳》的說法，說得更圓融，更合理。因為孟子講的善性，是人類本身產生的。而這裡說出人類的善性是「繼之者善也」，則善性是來自上天，是先天具備，不是後天添加的。這樣

《繫辭傳》便將孟子的人性善之說推到更高、更大、更遠的層次，是更合理、更有說服力的說法。所以這句說話可說是更能支持整個儒家的道德理論。但注意，《繫辭傳》不單純說人，整個宇宙萬物都包含在內，因此內涵是非常廣闊的，狹義才是說人性善。

而「成之者性也」，則和荀子「人性惡，其善者偽（偽不是虛偽，是人為之意）也」、「化性起偽」（《荀子．性惡》）之說相合，而有所提升。指出萬物繼（遺傳）承天之善性，但亦須自我完成它，才能變成萬物的本性。所以人類在繼承天性，形成為人性的過程中，後天人為的努力，亦非常重要。後來宋儒所提倡的「擴充人性說」，便是從此而來。

因此，「繼之者善也」和「成之者性也」分別繼承了儒學兩大師孟子「性善」和荀子「性惡」之說，經過融會貫通，兼有孟子、荀子之得而無其失，使儒學人性論發展至另一高峯，貢獻非常大。所以請諸位細心體會才是。

仁者見之謂之仁，知者見之謂之知。

「仁者見之謂之仁，知者見之謂之知」，這兩句是說具備仁德的人，從「一陰一陽之道」，體會到上天仁愛萬物，以生育萬物為心，認為就是仁德的展現；而知（智）者，通過理智觀察萬物的本性，就認為「一陰一陽之謂道」，已將天地萬物演化的至理概括了，涵含了最高的知識。雖然同是一陰一陽之道，但由於哲學觀點、立場、價值取向等的不同，於是就有了「見仁」和「見知」的不同。「仁者見之謂之仁」是指原始儒學的看法；「知者見之謂之知」，是早期道家的看法。

早期儒家的學者看到「天地之大德曰生」（這是《繫辭傳》的文字，其意是：天地最偉大的德性就是生育出萬物；而且是懷有無限的關懷愛心，令到萬物合理地生長、無限度發展下去，使地球上的生物愈來愈多、愈來愈繁盛、愈來愈進步。這是天地的偉大，而這種偉大從人類的道德來說，就是仁德的表現），認為這是由於天愛護萬物，所以令萬物能夠合理地、幸福地生而又生，因此，感到天地最偉大的德性就是「仁」。至於萬物的毀滅和人類的死亡，可以這樣理解，如人衰老不死，其實比死亡還要痛苦。死了的人循環再生，下一代就會比上一代更進步、更幸福。因此，死亡是次要的，物種繼續生而又生才重要。死亡是為了將來有更美好的生而著想的。例如植物的樹葉在冬天枯落，好像樹木受到傷害，但樹葉腐化後，對植物變成了最好的營養。春天一來，樹木因此能夠再次更繁盛、更充滿生意地滋長。如沒有冬天樹木的落葉，則沒有來年春天更繁榮的生長。樹木是如此，萬物也是如此。在演變過程中，一直在進步。因此，死亡是次要的，生而又生才是最關鍵的，這就是天地最偉大的仁德。站在儒家的立場，體會到天地生物的德性，於是歌頌天地的仁德，認為天地最關鍵的德性就是「仁」。

老子、莊子就是「智者」這一類。因為老莊是冷靜、理智、客觀地觀察萬物。例如我們前此說過：「天地不仁，以萬物為芻狗」（《老子》），他們從理知的觀點，覺得天地既不愛萬物，亦不討厭萬物，對萬物一視同仁。它只不過把萬物視為天地演變過程中所產生的東西，過程完結後失去作用就不再理會。沒有任何愛憎之心，只是讓萬物順其自然生死、成毀，所以認為「天地不仁」，「不仁」不是我們平常所說壞的意思，而是說它沒有偏愛之心。另外，老子、莊子和《易經》同樣講循環，好壞兩端都注重，卻只看到壞的一端，總是站在壞的一端上來安身立命。處身於貧窮會變富，長處富貴會破敗，所以從理智考慮，不如處身貧窮更好之類。他們總是站在那個極端。於是看到有生必有死，死是無可奈何，但又無法改變，只能理智地「悲天任運」。

站在儒家仁者的立場，明白「天地之大德曰生」和「生生之謂易」，可見天地仁愛、關懷萬物，所以能夠「樂天知命」；站在道家的立場，去看宇宙變化的過程，他就自然「悲天任運」。一個是「悲天」；一個是「樂天」。老莊既然是順從自然的運化，自己便不可主宰有為，不會積極反抗，順從自然的發展就是「任運」。因此，他只看到宇宙知識的部分、理智的部分，而看不到感情的部分。所以特別讚揚宇宙所蘊涵的知識的高深偉大，要發展天道，以天道的知識來規範人道。如果要用天道的知識來規範人道，就要注重知識。因為站在智者的立場，從宇宙表面所呈現的現象，可以看到最重要的道理、規律。這種規律，只要我們人類乖乖地跟著它做就不會有錯，於是他只看到天地「知」的部分。

百姓日用而不知，故君子之道鮮矣。

「百姓日用而不知」，「百姓」是令人很頭痛的名詞。遠古時，只有兩種人有姓，一是女子有姓，男子無姓；另外是只有貴族有姓，平民無姓。其實最主要是只有女性才有姓。有沒有看到，「姓」字是由「女」字和「生」字組成的？所以最初只有女子有姓，後世女子改稱「氏」，但遠古反而男子稱「氏」。例如伏羲氏、神農氏、軒轅氏等便是。後來進一步發展，到了人類有了文化，在歷史的開始，只有貴族、官吏才有姓，平民沒有姓。因此，當時百姓即是百官，即掌握國家政治各種不同職務的人，就叫做「百姓」。可能到了戰國時代，平民的地位改變了，所以漸漸平民也有了姓，但也並不是所有人都有姓。至於春秋時代，例如各位讀過的《左傳》有《燭之武退秦師》的記載，燭之武是指燭城的阿武，他的封邑在燭城，故叫做「燭之武」。又例如「宮之奇」等，就是宮城的阿奇，這些都是貴族，不是平民，但還不能說他們姓「燭」或姓「宮」。後來，做甚麼官就姓甚麼，例如管倉的就姓「倉」，而司徒、司馬、司空等官職，後來亦成常見的姓了。於是各種的姓就出現了。另外，一個地方、城市、河流的名字都可以作為姓，造成了各種姓氏的出現。

在戰國時候，究竟是否人人有姓？很難確定。但這裡文中的「百姓」，古代注家理解為普通老百姓，不是百官。但也有例外的解釋，陳鼓應教授說「百姓」是指上文的智者和仁者，不過這是忽略了原文所指的層次而得出的錯誤看法。因為知者和仁者都有所知，不是「不知」，只不過其知尚未全面，或偏於知「知」而不知「仁」，或偏於知「仁」而不知「知」而已，但「百姓日用而不知」則是於「仁」、「知」都不知，在知的程度上是不同的，故不可以將仁者知者等同於百姓。所以現在根據文意解釋百姓為一般的普通人。

「日用而不知」，每天都實踐了宇宙的各種規律，但從來不知道他所做的合理事情，原來無形中在實踐著宇宙（亦可指《易》）中最高、最基本的理論。

「故君子之道鮮矣」，「君子」，其實是指學易有成的人，能夠真正徹底了解《易經》之道的人，同時既要知天，又要知地；知乾知坤；知仁知智。偏智不仁，或者偏仁不智，都是不齊全的。這句是說，所以能夠「仁智兼盡」的人太少了，「鮮」即是少。這是當然的。

又引申來說，拿中國的文化和歐西的文化作一比較，中國的文化包括道家老莊在內，是偏於仁的，西方的文化則偏於理智，而且一直把理智發展到極限。發展仁，就是關懷宇宙、愛護萬物、愛護人群，這可以令人與人之間的感情變得非常融洽，所以在中國傳統中，家族、親戚、朋友的關係密切得過了份。西方偏重知識，很早就發展了個人主義，出現了小家庭。到了今天，受到偏智思想影響，在西方，人類彼此之間的關係疏離之極，變成了一個冷漠到極點的社會。各位看看，我們今天受西方文化影響，還有親情和友情嗎？人與人的關係太疏離了。因此，西方有今天的偉大，是值得肯定的。中國古代有其偉大，也是值得肯定的。不過雙方其實都有缺點。如果中國學西方，西方學中國，融會貫通，大家都「仁智兼盡」，我們未來的世界就更幸福了。因此，各位讀了《繫辭上傳》這幾句，希望盡量在「仁智兼盡」這一點上體會和深思，這樣我們未來有限的生命旅程中當會過得更幸福、更快樂！

顯諸仁，藏諸用，鼓萬物而不與聖人同憂。盛德大業至矣哉

「顯諸仁，藏諸用」這兩句可以指天地，可以指《易經》，甚至可以指聖人，主語是三者任何之一都可以。甚麼叫「顯諸仁」？如果從天地來說，我們為何覺得天地對我們萬物有作用？而不是不存在？天地最明顯的表現，普通人都感覺得到的，是由於它充滿著仁愛之心。它愛護萬物，令到萬物展現於宇宙，兼且愈來愈繁盛。我們從它表現出來的生長萬物的明顯作用，發現它通過仁德，顯現了它的偉大功能。

「藏諸用」，但是它生長萬物的道理、規律，一般人能否看得見？不。萬物的規律，或宇宙的道理是隱藏著的，一般人不能看見。天地是如此，聖人是如此，甚至說《易經》的占筮亦是如此。在《易經》占筮的運算過程中，蓍草演算的結果呈現為爻和卦。最後，卦和爻的文辭告訴你這樣做是吉，那樣做是凶，提點人類趨吉避凶，這是愛護人類，是占筮仁心的表現。占筮通過指導我們人類如何趨吉避凶，表現了它的仁愛之心。但是占筮的規律，或者占筮在我們不求它、不問它時，它將這個偉大功用埋藏於占筮之中，你不占不問是不會知道的。這兩句說話的意思，高至宇宙和聖人，低至占筮都可以解得通。

但是馬王堆帛書《繫辭傳》，「顯諸仁，藏諸用」這六個字，變成了「聖者仁勇」，接著的下一句是「鼓萬物而不與聖人同憂」。易學家朱伯崑教授看了之後，就說我們今天的版本，是兼說宇宙和聖人的德和義，一句話包含了兩層意思。但是馬王堆帛書古本，只說聖人的作用，沒有了天地的作用。將本來豐富的意義，收縮成為學習《易經》最有成就的聖人，意義已經不豐富。更兼這一節開始時是說高級的天地，現在只說聖人而不說天地，已經不太合理。加上，更荒謬的是，「聖者仁勇」是說有仁有勇的聖人懷有愛護萬物之心，下面接著就說：「不與聖人同憂」，本身意義自相矛盾。何況「顯諸仁，藏諸用」一句，根據《漢書．翼奉傳》的記載，已被翼奉（西漢元帝時人）引述，因此，起碼西漢中葉的古本已經是如此，當然這是時間最低下限，而不是最高上限。由此可見，最遲在西漢中期，「顯諸仁，藏諸用」一句已被人引用了。馬王堆古本這幾句是否真的比今天通行本早出和合理，實在須探討！

後來，廖名春教授細心比對帛書原本，發現這幾句文字中還有幾個字，好像有「藏」和「用」字在其中，但寫得很模糊。由此可見，「聖者仁勇」可能是不忠實原文的。可能原文是「顯諸仁，藏諸用」，被抄寫的人塗改成「聖者仁勇」。所以帛書本是不可根據的。雖然陳鼓應教授能勉強解釋，但只是很勉強，並沒有甚麼高級的意義。另外，陳鼓應教授引用了《論語》、《孟子》等書，以智、仁、勇「三達德」印證解釋「聖者仁勇」兩句。用了儒家的解釋來解釋這兩句，豈不是自打嘴巴？他們說《繫辭傳》是道家後學所寫的，是道家的著作，不是儒家的著作，何以故《繫辭上傳》這裡竟用了儒家的說法，豈不是推翻了自己的說法？

「鼓萬物而不與聖人同憂」，推動萬物的生長是天地的功能。天地將它仁愛之心通過生長萬物來展現，但它生長萬物的偉大功能，卻是隱藏於背後不為人知的。它推動萬物生長，和聖人推動人類的發展相同。但與聖人不同的是，聖人有憂慮，天地沒有憂慮。天地只是順著自然的規律，讓萬物在合理的規律下自生自長。但聖人在觀察萬物和人類時，見到人類萬物中有些不能依著自生自長的規律發展，他就去幫助它，令這些人或物能夠重返常規生長發展。因此，出於仁愛之心，他憂慮萬物不能得到正常發展。天地無情，聖人卻是有情；天地無憂，聖人卻是有憂。聖人的憂不是憂自己，而是憂整個宇宙人生萬物不能發展到合理的程度。

那無情豈不是不好？千萬不要以文害意。天地的無情，就表示了它對萬物全部公正地對待。例如這是我的情人，意思是任何人我都不愛而只愛這一個。一說到情，人就會偏心、有偏愛。一說到無情，可能會令人誤解為殘酷無情的無情，但這裡說的「無情」，其實是情的最高境界，是大公無私的。道是無情，卻又是最有情。天地的情，不是單獨對某人或物，而是同時相等無偏私地對萬物，所以無情而又最有情。例如不是只鍾愛一人，而是同時愛盡天下的人。對所有人有情，也就是對一人無情。注意，天地之無情應這樣理解。「不與聖人同憂」，也應作這樣理解。

「盛德大業至矣哉」，「盛」，是大、是多；「大」，指偉大。「盛德」是指乾天的德性；「大業」是指坤地的德業。天的德性盛大永恆，而大地的事業巨大永恆，在於產生萬物。兩者都達到最偉大的境地。聖人掌握這個道理，對人間萬物的作為，同樣是「盛德大業」。

富有之謂大業，日新之謂盛德。

「富有之謂大業」，當說「富有」之時，「富」，如是指人間的富，是錢財豐厚，指盛多到極點就是富。「有」是具有、佔有。這個「有」，不是說個人佔有，而是指產生出來，實在具有之意。甚麼叫「業」？當坤地的規律和德性，令到宇宙的事物產生得愈來愈多，這個就是坤地所做出來的最大的事業、最大的貢獻。如果聖人能改善人間，令人類生活得更幸福、人類的財產更增多的話，這就是他最偉大的功業。這是我們以前已經說過的，不贅。

「日新之謂盛德」，宇宙之內陽生陰、陰生陽，事物生而又生，無時無刻都在改變中，這就是乾天的規律，它推動萬事萬物變化，是最盛大的德性的表現。我們人類學習和實踐道德學問，當然也要日新，正如《大學》所說：「苟日新，日日新，又日新。」因此不能夠抱殘守缺，每日都要有新的改進才行。宇宙每日都在變化，將舊的排除，然後才有更好更新的事物出現，這就是乾天德性最偉大的表現。

這兩句說話，前人沒有想到循環的真正意義。今天的人看了，可能有不同的看法。因為「一陰一陽之謂道」，如果是指陽之後就生陰，陰之後就生陽，這是否一種循環？這種循環是否有進展？抑或循環只是永遠重複同樣的事物？對於這個哲學的命題，我們今天國國內外研究《易經》的人，已經開始密切關注。對於這個問題的看法，我初步認為三千年前的《周易古經》，當它說到循環之時，應該沒有進步的意義，因為文字上找不到明文的證據。可能當時人類的文化不夠進步，只想到今年的春天與明年的春天是一樣的，每一年的春天都是相同的，不覺得在這個循環中有進步。原因在於當時人類的知識水平和觀察能力，是無法看到這些極微小的變化的，要累積一百年、一千年，才能見到確實有所不同。因此，他只能就當時的觀察來了解，循環就是循環，沒有進步之意。

但到了撰寫《十翼》的時代，可能有所不同了。因為人類知識已進步了，國家、人事也在急劇地變化中。每次變化都展現出它不只是個循環，而是在循環過程中有了進步。尤其是在人事上，很明顯覺得是進步了。天上恆星就是恆星，是不變的。大地的春夏秋冬也看不到變化。但在人事上，肯定可以看到變化。每一個循環，其實在結束時，就是另一個循環向上發展的開端。所以我們兩千年來《易經》六十四卦的排列，很明顯說出《乾》、《坤》兩卦是天地的開始；之後的《屯卦》是《乾》、《坤》陰陽的結合、天地的開闢；然後由於天地的開闢，人類的愚昧就需要教育，所以接著是《蒙卦》；再之後，對人類來說，飲食是最重要的，所以是《需卦》。飲食分配，你多一點，我少一點，就有戰爭、掠奪，於是有了《師卦》。就是這樣，按照天地和人類社會的發展規律，把六十四卦一直排下去。八成以上說得很合理，非常好，有兩成說得勉強，但這沒有辦法，因為受卦序限制所致。到了第六十三卦《既濟卦》，事情發展到最好，豈不是人類社會發展到極點？但接著的六十四卦，即通行本《易經》最後一卦《未濟》，暗寓上面的成功，其實就是未來一個繼續循環發展的開始。於是已經說出循環是進步的和應該是進步的。現在說到「日新之謂盛德」，「日新」是指每日都在更新，說的是宇宙、是天地，自然也包括聖人和人類。所以這句話，已經由人類的進步，推想到天地在循環中也是有進步的。這很偉大。

遺憾地，不是整本《十翼》都這樣說。很多時候，它仍然是繼承了《周易古經》的觀點，循環就只是循環，不能堅持這個光輝的思想。但各位看看《十翼》怎樣解釋《革卦》，我們已經說過了，剛剝下來的牛皮不是怎樣有用的東西，經改變後，才成為有用的皮革。《革卦》承認人類的革命是合理的，即是改變得好是合理的。因此，改變便有進步，只不過古人並沒有發展這個思想。因為他本身思想有時也有矛盾，有時也不敢肯定，因為當時沒有精密的科技觀察，不敢亂說，故仍然只是說循環就是循環。但我們今天的科學觀察精密了，古人認為不變的恆星（後來中國觀測天文的人也說恆星的位置改變了，只不過要經過百年後），今天已能探測它的變動；所以這兩句話很偉大，既說天地，又說乾坤和聖人。希望各位和我都應該勉勵自己去效法。

生生之謂易，成象之謂乾，效法之謂坤。

「生生之謂易」。生而又生，就叫作「易」。即生而又生，就是宇宙最根本的變易的原理。甚至可縮小到「《易》」是指《易經》這本書而言，而「生而又生」，就是《易經》所說的最基本、最重要的原則，所以《易經》是說變易，這就是它最基本的原則。這句是說陽生陰、陰生陽，這就是「流行」，指流動變化，永不停息。「對待」是暫時停止，即前面的「一陰一陽」，比較上，它是對待多一點，流行少一點。而這個「生而又生」，則強調陰陽是變動不息的。因此，這裡以流行為主，對待為次。通過文字前後對比，「一陰一陽之謂道」和「生生之謂易」兩者互相對比、補充，義蘊便更明晰了。

「成象之謂乾」，但是生而又生，變而又變，我們豈不目迷五色，像在看萬花筒，愈看愈亂，愈看愈迷惑？《易經》明白了宇宙表面上是變化無窮，但是在變化無窮中，其實是有比較穩定不變化的規律，讓我們可以簡單地掌握它來了解變化，這就是「成象之謂乾」。「象」其實就是「法」，「法」即是「象」。只不過「象」是暗中的、未曾成為明顯的「法」的叫「象」。能夠比較容易明白和掌握的「象」，就叫作「法」。當我們將乾天的性質，從極為抽象的運動規律中，找出一個比較模糊、但仍然可以勉強認識的抽象的規律，作為了解乾天規律意義的標準時，這就叫作「象」，即《乾卦》的德性「健」，或者上面說的「易」，「易簡」的「易」。

「效法之謂坤」，「效法」即是體會、學習、順隨著坤地明顯表現出來的規律。它比較具體，所以用「法」字，古人稱之為大地生長萬物的方法，再將它歸納、提升、簡化，便變成坤的規律。而坤的規律的另一個名詞就叫作「簡」。掌握了「易」和「簡」，就是掌握了乾坤之道。掌握了乾坤之道，就是掌握了抽象的天地規律。就能夠在永無止息的變化中間，掌握了一個可以觀察變化的一把鎖匙、一個基準。用這個「易簡」的道理來看永恆變動不休的宇宙和事物，心中自然有數，變化多端的背後其實是有規律的，如果明白了這個規律，就簡單到極點，任何事物一看便知它的底細。不會被它外表的變化所迷惑，而且根據規律就可知其前因和後果是怎樣，等如今天科學的定律，有這個就必有那個，複雜便變為易簡可掌握。但是各位，我們今天的科技書籍敘述得如此艱深，是因為要陳述整個理論過程。人類知識能力愈低，就必須說得愈囉唆、愈複雜。過了數十年或幾百年後，知識進步，將它消化了，幾句話便能說得明白清楚了。所以《易經》的「易簡」不是幼稚，而是高級智慧的發展，才能將如此複雜的事理變成簡單。愛因斯坦的「相對論」最初只有十位物理學家明白。但現在大學物理系的學生都可以說得頭頭是道、清清楚楚。原因在於複雜的事理變得簡單了，人人也就能明白了。《易經》就是要將最複雜的事理，提升到一般人都聽得明白，所以說是「易簡」。但這個不是簡單容易，說是「簡單容易」是笑話，兩個字其實包含了複雜的內容。

「成象之謂乾，效法之為坤」，是以乾坤作對比，說明天「象」地「法」，「法象」是老子首先提出來的，但在這裡的意義，和老子的原意已有不同。

極數知來之謂占

「極數知來之謂占」，「極」是窮極。甚麼叫「數」？這又牽涉到人類對宇宙生成的看法。究竟我們這個宇宙是否在物質之上有個「數」，這「數」控制著整個宇宙的發展？抑或是物質本身的變動，令到宇宙發展？古希臘的畢達哥拉斯（Pythagoras），即發現直角三角形「勾股弦定理」的那個大哲學家，他認為整個宇宙的一切事物都是受數控制著的。因此，他的整個哲學體系建築在數和幾何圖形上，認為那些才是宇宙最基本的規律之所在。我們中國有沒有持類似看法的人呢？有。北宋的邵雍認為一切事物都是與數有關，他的著作《皇極經世書》就是建築在數上的。甚至今天的術數也根據數字，甚至連賭博也會認為某一個號碼是幸運的，這都是認為數字可影響整個宇宙的規律或命運。這是不是真理，我不知道，至少今天認為不太合理，認為畢達哥拉斯的說法不合理，邵雍也有問題。但遠古遍及全地球的人類，對數字都有神秘的崇拜，認為很多數字都帶有數字以外的各種意義，經過這麼悠長的時間，今天依然有人相信。

《易經》是根據數來求出卦爻的。首先說天地之數，天數是一、三、五、七、九，加起來就是二十五；地數是二、四、六、八、十，加起來就是三十。天地之數之和就是五十五。還有大衍之數五十，這個我們在第九章才會談到，現在暫時不說。利用天地之數、大衍之數，通過一定的運算過程，到最後求出四個可能的數據：六、七、八、九，分別代表陰陽爻的老陰、少陽、少陰、老陽。當用這個數來求得之爻，累積三爻就變成「經卦」，累積六爻就變成六畫的六十四卦其中一卦。所以現在說「極數」，就是一直推展數、發展數，通過數來運算到極限，於是由這個數得到爻，再由爻組成卦，根據這個卦的卦象、卦辭、爻辭，指示我們的未來，使我們知道未來的禍福，這就叫作「占」。

今天一般人經常說「卜卦」，嚴格來說是用詞不當的、不嚴謹的。甚麼叫「卜」？卜可能首先聽到「卜」的聲音，跟隨而來的是龜甲或獸骨裂開出現各種不同的裂紋。古人問卜，先在龜甲一處磨薄，放在火上烤，由於龜甲厚薄不同，引致冷縮熱脹程度不同，熱力令龜甲裂開，發出「卜」的聲音，繼而表面呈現裂紋，於是根據裂紋來判斷問卜的事如何如何。由於這「卜」的一聲和龜甲出現的裂紋，我們就叫作「龜卜」。但易是占，所以凡是占卦就不要說卜卦，否則就錯了（古人於此亦多混淆）。

這句的意義是：「極數」的演變，求出六、七、八、九的數據組成卦，卦爻能夠預知未來，就叫作《易經》的占筮之術。

通變之謂事

「通變之謂事」，當我們占到一爻，它會說出未來的變動，但我們不應只看它的爻辭的「變」，而是要「通其變」。這個「通」是會通所有條件、事故，然後認為怎樣去配合爻辭所說的變動去做才最適當，那才叫作「通」，不是固執盲目一成不變地跟隨爻辭所指示的去做。首先審視我的身份地位，和這個爻所反映的身份地位有哪些不同？這爻是說事件發展的哪個階段？我現在又處身於事件的哪一個階段？爻中所說的人的才能是甚麼？我和他的才能比較又如何？爻中間具備哪種德性？我又有沒有那種德性等？配合各種條件，融會貫通，然後通過各種調整，最後決定怎樣做，這便不是單純遵從爻辭的指示，而是配合時間、空間、個人各種不同條件而有所改變，變得更適合爻辭的指示。你照著做，做出來就是成功的事。「事」必須實際做了才叫「事」，而占則是未曾做的，只是說出來而已，你做不做只有天知道。

請注意，「變通」和「通變」是不同的。《繫辭下傳》「窮則變，變則通」是說宇宙的真理，或卦爻的自動變化過程，這是「變通」。但「通變」是人為的考慮作用，指面對變化著的事物，根據事物變化的規律，人為考慮一切因素，判斷如何應「變」，使未來的發展，得到最理想的結果，才叫「通變」。「通」字是動詞，是人為的力量、智慧考慮的結果。請注意這兩辭的不同意義，一個是天地自然的、或卦爻的變化，一個是我們人類想出來應變的方法，是兩回事。

陰陽不測之謂神

「陰陽不測之謂神」，陰陽是不能夠預先推測的。當陰陽變化不居的時候，我們不能夠絕對推測未來是陰是陽，這個就叫「神」。這是很難解釋的一句說話。首先我們從低層次來說，古人認為當我們用五十根蓍草占筮的時候，不能預先知道結果是陰、陽、老、少。這就是說，當我們在占算時，得到陽或陰是偶然的，不是絕對的，事前不能夠推測。因此，我們說「陰陽不測」，就是《易經》「神」的作用。這是最粗淺、最原始的解釋。接著我們進一步說，為何陰陽的變化我們不能預測呢？因為陽變陰、陰變陽，對於不同的事物，它變化的性質、情況、時間也有不同，甚至同一事物，在不同的時間、空間、和人事上，可能亦有不同的變化。自然，受到各種干擾或影響，亦有不同的結果。例如以股票為例，當它升到最高，照理陽到極限就一定會變陰，變陰後股票便會下跌。但何時變陰？不知道。你知道股市已這麼高，「以為」已到極限，理論上應該下跌，但它卻繼續上升；當你以為可大賺一筆之時，它就忽然大跌，這是否「陰陽不測之謂神」？當然這是個最荒謬的事例，但卻是各位最容易明白的例子。

因此，陽一定變陰，陰一定變陽。但只在一定的條件，和適當的時候才會變！如果我們不明白這些，以為它會變，它偏不變；以為它不變，它卻突然變了，這是否陰陽不測？因此，第二點就說明，陰陽的變化，理論很簡單，人人都懂。但要真正掌握，能夠真正知道未來變陰變陽，就不是這樣簡單。有些情形，因為你知識豐富，所以準確地知道它變；另一些情形，則是人類知識還未曾發展到這樣高的水準，所以不能明白它的因果關係，便判斷錯誤。因此，我們對這種判斷，就變成了一種或然率，有時準，有時不準。但是背後的意思，其實是說由於宇宙的知識深不可測，我們人類的知識還沒有到那個層次，所以不測！換言之，這個規律用於我們已知的科技知識範圍內，我們可以準確地判斷；但如果非我們的知識所及，我們的判斷就不準確。

人類現在知識不足，所以不能準確判斷，未來知識進步了，可以準確判斷嗎？還是說人類永遠都不能有機會完全懂得一切呢？《繫辭傳》沒有說。哲學家有不同的說法，有些認為宇宙的知識，隨著人類文明的發展，始終會全部被我們知道。但站在孔子的立場：「知之為知之，不知為不知，是知也。」（《論語．為政第二》）他承認人類對宇宙人生，有些事情是可以知道的，有些是不可以知道的。我們對於不知道的應暫時放下，不要強不知以為知，而應該在所知的部分好好地努力。這是一個更高層次的解釋，不是通常的解釋；當然通常的解釋也是對的。因此，在孔子心中，固然承認人類可以認識宇宙很多的秘密，但也認為有很多局限限制了人類的認知，可能永遠無法知道某些知識。例如叫你舉起一千斤，這是不可能做到的事，因人類能力是有極限的。我們要懂得自己的極限，只能在極限之內、即命之內努力。

故從高層次說，「陰陽不測之謂神」，說出了宇宙的變化既有人類可知道的，也有人類不可能知道的。人類推測未來，因此有準亦有不準。從今天的科學觀點來看，量子力學大師 Heisenberg 的「測不準原理」和這道理可以互相印證。這原理從前譯為「測不準原理」，今天可能叫「不確定原理」。這原理甚至說，當我們做實驗時，由於人參與了實驗，每一種結果都是有機遇性、或是或然率而已，不一定測得準。你想那個粒子會出現，可能那個粒子沒有出現，結果變成測不準。這個測不準，和這個「陰陽不測之謂神」可能有一些不同。而今天新派的易學家，認為這句話是獲得諾貝爾獎的李政道教授所說，「必屬真理」。但他們將這句話作如此的解釋未必全對。

另外有人說，宇宙之間有很多事物是必然的，所以可預測；有些事件是偶然的，所以不可預測。有些事是我們人類知道的，有些則是我們人類不知道的。因此，這個我們偶然不可得出結論的情形，就是「陰陽不測之謂神」。這是高亨教授在《易經大傳今注》中的說法。這說法說得很好，但似乎不是《易經．繫辭傳》的原意，所以我們以剛才的說法為準。

各位現在知道這句話同樣有很多問題。因此，這個「神」字究竟是甚麼意思？如果說，你想著這陽是慢慢發展的，它卻突然間變成陰，發展得極快；你想著這陰是慢慢發展的，它卻突然變成了陽，這就是「神」。「神」指神速，意料不到它神速地降臨。因此，這個「神」字，可以解作神速。如果說陰陽變化不停，「神」象徵宇宙規律的陰陽變化亦通。甚至勉強地、從傳統上來說，占筮的時候，我們無法知道它得出陽爻或陰爻，這個就是「神」的作用，神（鬼神的神）才會知道是陰爻是陽爻，亦都未嘗不可。這要看你從哪一角度來解釋這句話。「神」字一是指傳統鬼神的神、一是指宇宙的規律、一是代表神速之意。三個解法其實都是根據對原文的理解不同而有異。但個人覺得解為宇宙的規律或神速，兩解都合理。因為宇宙規律我們不明白就說是神速。神速也應有規律，只是我們暫時不知道而已。所以神速和規律應該是比較合理一點的解釋。

第四、第五章合論

第五章終於完結了。請注意，第五章和第四章是互相呼應的。第一點，各位請注意第四章說到陰和陽、天和地的規律時，是合在一起來說的。它將天地、陰陽放在兩個極端，綜合來說出宇宙人生當中的道理和規律。而第五章就分別從陰、從陽，從天、從地來說的。一是綜合說明，一是分析說明。中國學術傳統喜歡綜合說明，西方學術喜歡分析說明，但我們看了第五章就知道，原來中國也不是不懂分析的。《繫辭傳》作者首先籠統地綜合來說，然後是分析、拆開陰陽天地來說出這個道理。這是兩章不同的第一點，但是相反相成，通過先綜合再分析，就更能讓我們了解天地、乾坤的性質。特別是各位細心了解這兩章的內容，進一步融會貫通，那你就懂得讀《易經》，讀《易經》就容易有進步。這個責任我交回給各位，因為腦筋不用就不會發達。

第二點，相信在座細心的同學經已發覺。兩章都說「知」和「仁」，但兩章的知和仁的陰陽屬性卻相反。第四章所說的「樂天知命，故不憂。安土敦乎仁，故能愛」，留意其中的「知」和「仁」字，第四章說到天和乾，就是說它們是「知」，說到地和坤，就說它們是「仁」。而第五章「仁者見之謂之仁，知者見之謂之知。……顯諸仁，藏諸用……富有之謂大業，日新之謂盛德」，「仁」是說天的開創萬物，「知」是大地繼承了這種智慧、規律成就萬物。第四、五兩章，文字、內容相連接，而「知」、「仁」的屬性剛好相反，令人困惑。所以古代有注解家勉強地說第四章的「知」也屬天，「仁」也屬地，藉此配合第五章。這是宋朝的李杞說的，見他的《用易詳解》，很多人疏忽叫它《周易詳解》，甚至印刷都印錯了。這是一本很好的書。一九九四年四川大學出版社蔡方鹿、李璉生等將它譯為白話文，以簡體字出版。

對於這一矛盾，讓我們首先分析「知」和「仁」的屬性。「仁」的性質是擴展，是推廣愛心普及萬物，這是陽的生萬物、愛護萬物的德性，應是天的德性。「知」是冷靜的，只是冷靜地分析事物，然後產生智慧。智慧是進入自己的大腦的，收斂性的，因此知屬陰、屬地。這是正常的涵義，《繫辭傳》一般都用這樣的意義，只有第四章是例外。朱子《周易本義》則說這是從清濁的性質立說，所以不同。

陰陽、清濁是不同的層次。或者我們可用另一個角度來說，在解說第一章時，說「乾知大始」用的「知」字，意思是乾只知道，坤則「作成物」。「作成物」即發展、成就萬物。因此，第四章是承接了第一章所說乾的作用只不過是知道，它知道萬物的發生。真正完成萬物的發生過程，推展這個偉大工作的是大地的仁愛之德。因此從天地的「功能」來說，知屬天屬陽，仁屬地屬陰。但第五章卻從天地的「性質」立論，注意天地的性質有體和用的不同。還記得前面說的陰陽屬性嗎？一個物件中同時具備了陰和陽。下面的章節說《乾卦》的性質便是如此，但隨著它的發展，就走向相反的性質去。《坤卦》的性質也是如此，一發展就變成了相反的性質。我們在《易經講堂二》解釋《乾》、《坤》兩卦時，說到陽而能陰、陰而能陽，是說本身是陽，展現的是陰；本身是陰，展現的是陽。記著外表和內裡剛好是一陰一陽，內裡是陰，陰產生陽，外表的性質就是陽。內裡是陽，推展出來的性質就是陰。所以任何事物都是負陰而抱陽（老子首先提出）；任何人類都是雙重性格的，男似女，女又似男。女性是陰，應該是最安靜的，但女性一般都比男性活潑，你細心觀察就可知道。如果根據陰陽屬性，明白這一道理就可知道表面是這樣的性質，展現後會呈現另一種性質，作用和本質剛好相反，所以第五章說本質，那當然是這樣。但展現於外，它的性質就會變成相反了，這便是第四章「知」和「仁」與第五章相反的原因。人類很多時都是如此，細心想想自己的行動便知道；細心體會筮辭，你可能也會明白這個道理，所以根本沒有矛盾，如果不明白它的文字表達的對象和意義，就會錯得厲害。細心分析原文之義，矛盾就不存在。不從多方面為古人考慮、設想，原來不矛盾的，也認為有矛盾了。這是第二點。

第三點就是，這兩章都是說陰陽的最基本的屬性。但是第五章就更根本地說出了陰陽的屬性。陰陽的屬性是以「一陰一陽之謂道」為主，配合了「生生之謂易」，兩者互相配合，就將陰陽兩個最基本的特性，「對待」和「流行」分別說得清楚了。「對待」的背後就是「流行」；「流行」的背後就是「對待」。而「對待」最關鍵的作用是「交感」，有「交感」，然後形成宇宙的各種變化。「流行」的關鍵是相推，相推形成事物永無止息的變化。另外，最關鍵的是，任何一事物本身已經同時具有陰和陽，而不同事物互相比較，亦分別是陰和陽。因此，如果只是一事物件本身的變化就比較簡單，兩事物在一起就變得複雜，再和眾多事物對比，就更複雜了。由於整個宇宙的事物互相影響、互相推動彼此的變化，要了解任何一事物的變化便複雜到極點，因為任何一個微小的變化，都影響到整個宇宙萬事萬物的變化。即是說整個宇宙是一個完整的有機體，任何事物都是息息相關、互相影響的。西方牛頓的古典物理學屬於「機械論」，但今天西方的物理學，終於走向中國的「有機論」。「有機論」是說整個宇宙之內，萬物是互相關連的。我「哼」一聲，整個宇宙也受影響；我拋一粒石子入大海，整個大地海洋都會波動，佛經中就是這樣說的，這是東方、包括中國、印度在內的偉大思想。西方的物理學到了今天，才修正牛頓古典物理學的錯誤，這是哲學、甚至是科學中偉大的思想，研究科學的人也應該在這些地方下功夫。掌握這點，神而明之，你可能有很多新的想法，受到這種思想的影響，你看宇宙人生就不同了。你去學習、體驗、應用、提升這些規律就會更容易，那你未來的成就便可以大到極點了。這章我們就此完結。

總結：陰陽之道

第五章的意義非常豐富，因此，我們再綜合講述。所謂「一陰一陽之謂道」，特別說出了孤陰不是道、寡陽不是道，同時有陰有陽才是道；而陰陽是「對待」的。在陰陽的變化中，陽發展到極限就會產生陰，陰發展到極限就會產生陽。換句話說，陽的根本來自陰；陰的根本來自陽，互為對方的根本，即「互根」。為何陽可以產生陰？陰可以產生陽？本身沒有的物質是不可以產生出來的，因此，可以進一步推測，陰中蘊藏著陽，然後陰才能發展成為陽。同理，陽中有陰，然後它才可以發展成為陰。正因陰中藏有陽，陽中藏有陰，彼此藏著對方，我們就叫作「互藏」。再由此，我們更能發現有陰才有陽，有陽才有陰，彼此依賴對方才能存在。無陰則無陽，陽是依賴著陰才能存在的；同理，無陽則無陰，陰也是依賴著陽才能存在的，這就是互相依存。

陰陽具備了這些基本的性質後，我們就可將其演繹，用今天各位都能明白的語言講述，就是任何單一的事物本身，乃至事物與事物之間，其實都蘊含著陰和陽的「對待」；而陰和陽的「對待」，在一定的條件下，能夠產生「流行」、變動。這種陰陽的彼此對立、彼此依存、「互根互藏」、互相推動對方的發展，結果就形成了整個天地、或者整個宇宙的一切事物的變化和發展。在陰陽的「對待」、「流行」的過程中，它還有另一個重要、關鍵的意義叫作「交感」。「交感」簡化到最後，起碼有兩個不同的作用：一個是親和的作用；另一個是排斥的作用。所謂親和，就是陰陽混合為一，我們就叫作「陰陽合德」。有關陰陽合德，將來在《繫辭下傳》還有所闡述，現在只簡單地解釋，當陰陽巧妙地混合在一起，就能夠產生萬物。當陰陽排斥，就會令陰陽分散，萬物就會改變原來形式。這種「交感」作用是易學特別崇尚推重的作用，不過恐怕不是《繫辭傳》首先說的。三千年前的《周易古經》，早已通過《泰卦》和《否卦》兩卦，來說明「天地交」就是《泰卦》，那時萬物就生長；「天地不交」就是《否卦》，那時萬物就不生。這兩個卦說明了陰陽「交感」對天地萬物生成的重要影響。而整本《周易古經》，尤其是後來的《繫辭傳》或其他《十翼》篇章所發展的判斷吉凶的方法，往往是通過爻位的初四、二五、三上彼此間的「應」和「敵應」，即是否有「交感」的作用，來說明卦爻的禍福吉凶。因此，這種「交感」作用，同樣就是陰陽最關鍵的作用；而這些最簡單的內容，就組成了「一陰一陽之謂道」。這就是《繫辭傳》的作者認為是宇宙最根本的原理、最根本的規律之所在。所有的其他規律，都是由這個原理引申變化出來的。正是因為如此，如果真正徹底明白這個原理，就可以了解宇宙間任何事物的原因、變化。因此，易學就自己誇耀《易經》能包羅天地萬物的事理，這在上面已經說過了。原因在於用這最基本的道理，就可了解宇宙無數次要的原理。因此，我們研究《易經》，一定要對這個最簡單、最基本的原理神而明之，應用時隨機應變，就能夠解決一切宇宙人生的問題。這是本章最關鍵的內容。

天道與人道

第二點就是，我們知道孔子、孟子都注重人道，即有關人類生活的一切事情；老子則特別注重天道。從文化發展，知道遠古的中國人其實是關心天道多於人道，但是到了春秋時代，人性覺醒，人類由注重天道變得開始注重人道。上面多次提及的鄭國子產曾說：「天道遠，人道邇」，這是見諸《左傳》魯昭公十八年的記載，顯示了春秋時候的人開始注重人道。孔子繼承了子產和當時春秋時代進步人士的思想，特別注重人道，但並不代表他不知道天道。因此，雖然儒家沒有強調天道，其實天道思想已隱藏在它的人道思想的背後。如果探究其人道內蘊，從孔子到孟子的人道思想背後，都蘊含著深邃的天道的思想，只不過是引而不發而已。《繫辭傳》的作者是孔子的後學，繼承了孔子的儒學思想，但有所改變，兼重人道和天道。注重天道肯定是受了老子思想的影響，這是沒有疑問的。

但是究竟《繫辭傳》所說的「道」和老子所說的「道」是否有同異？那我們可以根據幾句簡單的句子，就可分析兩者之間的同異。《老子》（王弼注本，下同）的第二十五章，老子說：「有物混成，先天地生」，他說的「道」，是混合形成的一個整體，早於天地而產生。換言之，老子所說的「道」，第一點從時間上說，是比天地還要早，或者可說「道產生天地」，因此「道」在天地之先；第二點，「道」是渾然融合的一個整體，未曾分為兩種事物。因此，它是絕對而不是相對的事物。我們用《老子》對「道」的經典描述，和「一陰一陽之謂道」作一比較。首先，讓我們看看《繫辭傳》各處的文字，或者隨手翻到前面第四章的開始，便可以看到這一句：「《易》與天地準，故能彌綸天地之道」。如果各位再看看《十翼》所有其他有關的敘述，你們會發覺《十翼》、或者儒家所說的「道」，是從天地開始的，是「天地之道」。天地是「道」，「道」就是天地。有了天地，才有「道」，或者「道」和天地是同時並生並存，並不是早於天地的。用我們今天的術語來說，「道」和宇宙同時出現，並不是早於宇宙、或控制和操縱宇宙的出現。這是《繫辭傳》和道家不同的第一點。

對待與流行

第二點，這裡說到「一陰一陽之謂道」，儒家的「道」已不是渾然不分的一個整體，而是指陰陽的「對待」。而對待是兩種關鍵事物的對立，然後「流行」、演變。因此，儒家之「道」，已經是事物的對立和流行所展現出來的才叫作「道」。各位在這時或會想到，老子的「道」有所謂「無」和「有」，會不會就是陰和陽？如果細心讀《老子》，我們會發覺老子所說的「道」的「無」和「有」，其實是「道」先後的兩個發展層次。「道」由「無」發展到「有」，所以我們今天說到宇宙的發生層次，由「無極」到「太極」，這就是受到老子思想的影響。「無極」是高一個層次，「太極」是低一個層次。但儒家就認為是同一個層次，所以朱熹從「宇宙本體論」的觀點，解釋周敦頤的《太極圖說》，就認為「無極」即是「太極」。只不過是同一個事物的不同作用，或體和用之別，並不是兩個先後發展的層次。今天搞哲學的人大概忽略了這一點，因此，從南宋朱熹和陸九淵的辯論開始，一直到清朝的學者，都執著這句話，說周敦頤受到道家的影響，「無極」是一個層次，「太極」是另一個層次，朱子的解釋是歪曲了原意。我們須了解到老子的「無」、「有」是先後的兩個層次，本身不是兩個對立。老子說不說對立？說，但他不是說在「道」的層次中有對立，而是「道」發展到現象界才有對立。甚麼是現象界？即已經形成宇宙流動的世界，才說到對立、才說反復，反復即循環。但老子說的對立、反復，既沒有說明對立和反復的原因，更沒有說明反復的規律是甚麼。但是《十翼》、特別是《繫辭傳》明顯說出了對立和反復，尤其是說出了這種對立的變化是有條件的、要到極限才會變向對方。因此，不憂慮富貴，最重要的是我不到富貴的極限，就一百世也是富貴。因此，我可以就富貴而求富貴。如果不明白要到極限才會變，老子就不得不說求富反窮，求榮反辱，倒不如我做相反的事，求窮可得富，求辱可得榮，所以我要站在低、卑的地位了。就是因為他不明白變化是有條件的，所以就退縮、憂慮、預先提防。如果懂得不到極限就可永遠有好日子，那為何不享受而要捱窮？所以我們一看就知道，兩者所說的「道」是兩回事，千萬不要因為《繫辭傳》亦提天道，不細心審察天道的義蘊和老子所說的是否相同，便貿然說是道家後學的說法。這是《繫辭傳》和道家不同的第二點。

儒家明白了事物對立，但為何要肯定對立的雙方彼此存在？就是因為儒家繼承了中國古代「中」的思想，例如《論語．堯曰篇》說到堯的最重要的精神就是「允執其中」。再者，孔子在《論語》已經提到「中庸」。傳說是他的孫子子思所寫的《中庸》一書，更發揮了孔子引而未發的「中庸」思想。在《中庸》內，就特別提到禹能「執其兩端，用其中於民」。這就是「執兩用中」，在兩個極端處體會：但是兩個極端都不用而用中，「中」即是「陰陽合德」。陰陽混合到最適當的狀況叫「中」，因此，同時對兩極端都尊重。早期為儒家陽剛有為，其後發覺陽剛到了極點，過剛則折，就採用了老子陰柔消極的主張作為補充，因此陰陽並重。傳統的儒家是崇陽，老子則是崇陰，亦即是這章所說的傳統的儒家崇仁，傳統的老子重智。偏智不仁；偏仁不智，都是不妥的。因此新儒家、《繫辭傳》的儒家、以後的儒家都主張「仁智兼盡，陰陽並重」。這種想法是道家沒有的。道家因為不明白轉化是有條件的，結果它只能夠崇陰而不敢崇陽，只能夠站在低處，希望轉變成高處；站在屈辱的地位，希望轉變成尊榮；處於貧窮，而希望得出富貴。這是讀了《老子》的人都明白的想法。《繫辭傳》的作者採用了《老子》的陰柔作為補充，能夠崇陽之餘，同時又能崇陰，變成了比較完整全面的哲學體系。以後的儒家的路線就是依著《繫辭傳》所說的路線發展的。這是《繫辭傳》和道家不同的第三點。

所以我們通過比較，就知道道兩者之「道」是不同的，不能夠混合為一的。更不能因為《繫辭傳》的作者說到天道，沒有經過細心審判，就貿然認為他繼承了老子之說，得出《繫辭傳》是老子後學所撰而不是儒家之作的結論，這只是貽笑大方，特別是研究哲學的人更不應該如此。

另外，《莊子》最後的一篇文章，即第三十三篇的《天下篇》，是一篇評論先秦各家學說的偉大論文。當它評論到儒家時，就講述到儒家經典如《詩》、《書》、《禮》等等的特色。當它講到《易經》時，首先，它認為《易經》是儒家的著作，與《詩》、

《書》、《禮》並列，接著說：「《易》以道陰陽」，指《易經》是說陰陽之學的。因為它放在評論儒家之列，可見連偉大的莊子都承認儒家的經典包括《易經》在內，為何後世的道家信徒竟然連祖師爺的說話也不信服？尤其荒謬的是，這位注解家在引用文章時，故意將前後文刪去，寫成「莊子說『《易》以道陰陽』」，好像在說莊子或道家的學問就是「道陰陽」。這是一種學術上的混淆視聽，欺騙今天不讀書的讀者。其實這樣做是要賠上了自己的名聲的。你得到大多數無知的讀者認同，卻被少數的有識之士蔑視。那我寧願得到有識之士的稱讚，比無知讀者的詆譭更好。辛苦建立的學術聲名，因為這樣而敗壞是不值得的。

《莊子．天下篇》指出「陰陽之學」是儒家《易經》的重要特色。由此可見，起碼到了戰國中後期，《易經》已成為儒家的經典，它已經發展到用「陰陽」這一哲學層次來解釋宇宙萬事萬物的變化，《繫辭傳》就是闡釋這理論的偉大著作。

人性與天性

另外，「繼之者善也，成之者性也」，最簡單的說法就是陰變陽、陽變陰。這種一陰一陽的規律永恆無息地變化、永恆無息地發展下去。因為它能夠持續發展而不停息，可見這一規律的本身是合理的，可以放諸宇宙而皆準，是有秩序性和規律性的。對人類來說，一個社會有規律，人人就能夠生活得愉快，可繼續生存下去。如果一個社會沒有規律、沒有理性，人的生命財產根本沒有保障，人就不能存在。因此，通過這個來推理，宇宙規律合理才可以永恆地繼續。這個就是一陰一陽的規律，它的持續性就證明它合乎規律，從人的觀點就叫作「善」。由這個合理的規律所形成的萬物，就繼承了這個規律的合理性，因此，它所形成的萬物，本身自然就具備了這個善性，或者我們叫作「規律性」和「合理性」。孟子只說到人性中有善，將它擴展，人就成為偉大的聖人。但《繫辭傳》的作者進一步提升說，因為天地的規律本身是善，由這個規律派生出來的萬物，便承繼了天的善性，所以形成我們的人性因繼承天性而有善。因此，人發展了本性中已具有的善性，就能與天地同等偉大。他最後將孟子所講的善性推源於天地。結果，老莊攻擊儒家所提倡的仁義是違背人性的說法，就在這裡得到了比較完滿的哲學性的答辯。這個答辯，如果我們從後來的《中庸》首三句（見後）引申發揮，就更能明白。

《中庸》這篇經典一開始便說：「天命之謂性，率性之謂道，修道之謂教。」「天命之謂性」，天的命令就是天的規律，依循上天的規律，派生出來的萬物自然承繼了這規律，這規律就形成萬物和人的本性。「率性之謂道」，我們只要順從本性的發展，走出來的就是人生應該行的道路。即順著我們合理的天性，喜歡的就做，不喜歡的就不做，自然變成了人生合理的規律。「修道之謂教」，如果我們好好地將人生的規律，修飾到完備、合理，令到其他人能夠跟著我所說的去做，那便是教育。通過敏銳善悟的人，將從天性發展出來的合理規律，通過教育傳播給一般普通人，使他們也能夠更明白人應該如何立身處世，這個就是「教」。整個儒家的哲學思想便包括在這三句話之內了。由孔子到今天的教師，都應該奉行這句說話。注意，道家則相反，它並不主張教育，人只須順從天性就可以了。明白了這三句說話之後，就明白「道」就是人道，不是天道。這三句說話的意義隱寓於下面幾章中，明白了上述《中庸》之義，再讀下面的文字時，就容易明白其寓意了。

現在再講「仁者」和「智者」的問題。甚麼叫「仁」？「仁」就是博愛。博愛不同於兼愛，不要將兩者混合為一。「博愛」是指廣泛地愛護一切，但卻是有等差之愛。愛我的兒子比愛別人的兒子多一些；愛自己的妻子比愛他人的妻子多一些；愛人類比愛萬物多一些，這愛是有差等的。但因為我推廣愛心，由愛自己兒子之心，推及他人的兒子，一樣好好地照顧、指導他。因為愛自己的妻子，因此相信他人都愛他的妻子，故對他人的妻子也能愛護。然後再由愛人類推廣到愛萬物。而墨子所說的兼愛卻是無差等的，愛自己妻子與愛別人的妻子一樣，這好不好？各位自己想想。兼愛其實到最後任何人都不愛，只愛自己。這是有歷史事實為證的，最愛國家的人原來最愛自己，現實世界不乏這一類例子，原因是有差等的博愛才是真正合乎人性的，而兼愛是不合人情的，因此不能存在。

這裡說的「仁」，就是博愛的意思。「仁」的表現，見諸上天令到萬物欣欣向榮地生長，惟恐它不生長，惟恐它不繁盛。這份心意就是天最仁愛的表現。因此，說到天的性質，最重要的就是有仁心，宇宙萬物才能蓬勃生長。這是乾陽的作用。陽有擴展、發生、流動、變化的功能，令到萬物不停地生長得更多更好。在我們眼中，看到人類由少數、一直繁殖而遍及全世界。自遠古以來直到十九世紀，人口的總和，恐怕比今天地球上的人口多不了多少，而今天世界的人口增加到以此巨大的數量，不能不說這是天心仁愛的表現。所以如果能夠體會到天心仁愛的人，就會特別覺得整個天地最偉大的就是這種德性。所以《繫辭下傳》就說「天地之大德曰生」，天地最偉大的德性就是生出萬物。

這裡說的是「生生之謂易」。但從科學家，或者特別反對宗教的人來看宇宙，卻有不同的見解。他們覺得，你總是說「神」愛世人，但「神」是有意志的，喜歡的就對你好，不喜歡就對你壞一點，所以你要討好「神」、祈求「神」。因此「智者」如老子就反對「神」的存在，認為宇宙根本無「神」。因此，他說「道」先於鬼神而存在，「道」在鬼神之先。「道」本身是沒有意志的，是自動自發的。它生長萬物，順著這一規律不須「道」親自去推動、主宰，萬物自然生長。萬物的死亡也是依著規律自然死亡。上天既沒有施加恩惠給它，也沒有特別仇恨它。宇宙對待萬物是漠然無情的。因此，就像今天科學家所說的這是個理智世界、一個沒有「上帝」主宰的世界。既然宇宙沒有感情意志，是自動自發的。那人類做人還有甚麼意義？只看到自己一天一天地走向死亡。我今天已減少了一天壽命，明天就更減少一天，死亡的陰影正迫近我。但我不能改變現實，我受到自然的規律限制、必須服從，我是自然的奴隸。由於無法掙扎、無力改變，只是不得不向死亡進發。各位想想，你還能夠樂觀？還能夠開心嗎？因此，對宇宙的看法，老子站在一個「智者」理智的立場，見到這個世界一切都是自動自發，人力不能改變，豈不是可悲到了極點？又怎能不「悲天任運」？於是站在科學家、智者的立場，從知識的角度來看宇宙，見到任何事物都是超乎人性、超越一切，看到天性而看不到人性，所以他們的看法和儒家或仁者不同。於是人類的觀點可分為兩派，簡稱為「智者」和「仁者」。

其實「智者」和「仁者」，孔子已經提及，《論語．雍也》有「知者樂水，仁者樂山」的說法。因此，「智者」、「仁者」的分別，孔子早已知道。這裡正是繼承了孔子的思想，在「智」、「仁」之間作出比較。「知者達於事理而周流無滯，有似於水」（朱熹注），所以水代表知識，而老子特別讚揚水，認為水的德性最接近道；「仁者安於義理而厚重不遷，有似於山」（朱熹注），所以山是道德的代表、仁的代表。兩者只有其一都不完美，只有「仁智兼盡」，才是最理想的，亦即是要同時注重陰陽，不要只注重其中之一。所以儒家就能夠既站在正面，亦細心體察反面，在兩者中間找尋一個適當的做法。因此，儒家對異端邪說雖然討厭，但不會禁止。天地既容許我們生長，亦容許獅子、老虎、毒藥一起生長。所以我們人類亦應效法天地，容許異端邪說的存在，「萬物並育而不相害，道並行而不相悖」（《中庸》第三十章），這是儒家待人處事的胸襟態度，希望我們也要學習這種思想。

體與用

接著，這裡有一點很重要的，是對前文解釋的進一步補充。第四章最後說：「神无方而易无體」，它的意思是甚麼？作者說「易」有兩種不同的性質。首先，「生生之謂易」，任何物件都是生而又生。引申發揮其義可指物件的形體隨著它的生長不停地變化。嬰兒由七、八磅長大成人，到最後又消失於人間。你可以說，在短暫的時間內，任何事物都有固定的形體。例如戰國時惠施的詭辯：「飛鳥之景未嘗動也」（《莊子．天下篇》），他接著說：「鏃矢之疾而有不行不止之時」，射出的飛箭是不動的，是停止在那裡的。這是甚麼意思？箭一射出就一直向前進行，為何你說它不動？因為在零點零零一秒中，它動不動？這是基於時間的因素。時間久了物體就動得明顯，時間極短就不動。同理，短時間之內，物體的存在有固定具體的形狀，經過長時間，物體形狀等就會變化。因此，「生生」就是「易无體」的關鍵。而「陰陽不測之謂神」，就是「神无方」的原因。神沒有一定的、可以探測得到行動的趨向。為甚麼？是因為陰陽不測，你不能推測未來陽是否會發展成陰，陰又是否會發展成陽。陽繼續發展可能仍是陽，也可能變為陰；陰繼續發展可能仍是陰，或者變為陽，不容易知道，因此是不測。既然是不測，當然找不到它的方向、位置和變化了。因此，「生生之謂易」及「陰陽不測之謂神」這兩句，就是對第四章最後一句說話的最合理的解釋。但是，也可以反過來說，因為「神无方而易无體」，所以「陰陽不測之謂神」，和「生生之謂易」了。

最後一點就是「易无體」，這句話很重要。印度的哲學最喜歡說「體用」，所以中國後來的哲學，也受到印度佛家哲學的影響，任何事物都說「體」和「用」，甚至我們現在解說《易經》，也常常講到「體」和「用」。古人明顯知道事物有「體」、「用」之分，但一超乎普通事物，「體」、「用」就很難界定。例如天的體是怎樣的？它只是一個圓形，似乎甚麼也沒有，你很難說明它是甚麼，只能夠通過天的規律所呈現的各種現象，去推出天的體，即「由用以見體」。這是說，由於我們見到天的功能和作用，於是通過功能和作用推想它的本體可能是甚麼。《易》學以為不論低級具體的事物還是高級抽象的理論，最關鍵是通過它的作用所展現出來的，逆推出它的「體」。中國哲學最高之理就是「有用而無體，由用以見體」，因此「易无體」雖然只是三個字，但對中國的哲學有承先啟後的重要影響，它說出了「用」的重要性，和印度哲學的「體用」是不大相同的。

另外這章還有很多次要的意義。但這裡不談了，讓各位自己好好地去體會罷。

第七講

《繫辭上傳》第六、七章

夫《易》，廣矣大矣！以言乎遠則不禦，以言乎邇則靜而正，以言乎天地之間則備矣。夫乾，其靜也專，其動也直，是以大生焉；夫坤，其靜也翕，其動也闢，是以廣生焉。廣大配天地，變通配四時，陰陽之義配日月，易簡之善配至德。

夫《易》，廣矣大矣！

現在我們解說第六、七兩章，因為第八章可能是各位最有興趣的，我們需要用兩堂的時間去細心分析和研究，這兩章只好在一堂之內簡略地加以講解。

「夫《易》，廣矣大矣！」為何這一句要寫得如此辭費？寫成「夫《易》，廣大矣」豈不是簡潔得多嗎？那麼為何要這樣寫？因為這裡特別要強調「廣」和「大」是兩樣事物，不要將兩者混淆成為一件事。在「廣」和「大」字之後的「矣」字是一個很重要暗示的字。因為有了這個字，說明了「廣」是一回事，「大」是另一回事。甚麼叫「廣」？它指廣闊，和空間有關。在《易經》來說，就與地、坤、陰這類最基本、重要的概念，關聯在一起。「大」字本來同樣是說到空間的廣闊，但是「大」字的來源是「人」字。

大

這個「大」字，象徵人頭和兩手兩足，頂天立地。各位，「人」字其實應該如此寫的。正是人要頂天立地，所以「立」字下面一橫畫象徵大地，人站在大地上就是站立的「立」字，這就是「立地」。兩個人站在一起，並立在一起，所以就叫作「並」，「並」是兩個人同時對峙並立、對待。

立

再看「天」字上面的一橫畫象徵天，下面的人頂著天，便是「頂天」，「天」字，字義即源於此。

並

天

這個「人」字，《書經》已經說了「人惟萬物之靈」。在萬物中，人最靈，所以用「人」字來代表「大」。因此，發展到後來，就是「天大地大人亦大」（《老子》），所以用「人」字代表「大」的意思。既然這個字代表「大」的意義，「人」的字義怎麼辨？於是另外找了個可憐的人形來代替原本的「人」字。

人

篆文就是這樣寫的，它像楷書的「入」字，人垂頭彎著腰、側身站立、手在身前。原來的「人」字則成為「大」字。因此，這個「大」字背後是有與天地並立的偉大的意義在內的，不單純是空間之大，還有是與天地同等之大之義。「大」與「天」字對等，因此能包含天的特性和空間、時間在內，所以「大」字在《繫辭傳》中不是隨便用的。各位還記得讀到《乾》、《坤》兩卦的《彖傳》時，有「大哉乾元」、「至哉坤元」這兩句嗎？只有乾天才叫作「大」，坤地則叫作「至」。因此，「大」字和天、乾、陽是相關聯的。

「夫《易》，廣矣大矣！」「夫」字是發語詞。在文言文中，凡是發揮議論，多數會以「夫」字開始。一看見「夫」字，就知道下文是作者的議論和見解。這是說《周易》這本書和它蘊含的道理，是「廣矣大矣」，它講述的《坤》具備了地「廣」的德性；它講述的《乾》具備了天「大」的德性。

其實這是銜接第五章之義再發展的。第五章講的是一陰一陽之道，主要是說天地的陰陽。現在降低層次，說到《易經》的內容。天地是陰陽；《易》就是乾坤，即《易經》最重要的代表意義就是乾坤。上一章由陰陽立論，同時說出了兩者的作用，和兩者合一所展現的偉大的規律。現在降低層次，這個陰就是《坤》，陽就是《乾》。因此，這就是說《乾》、《坤》具備了「廣」和「大」的德性。

以言乎遠則不禦，以言乎邇則靜而正，以言乎天地之間則備矣。

「以言乎遠則不禦」，這是一句令人頭痛的句子。原因在於這個「禦」字應作甚麼解釋呢？三國吳的虞翻已經說，這個「禦」字等如「止」的意思。「止」就是制止。他這說法其實是有道理的。「禦」就是抵禦敵人，令到敵人停止前進。要是抵禦敵人，起碼在尚能抵禦時，可制止敵人的前進。所以由「禦」字引申，解為「止」是有道理的。因此，後世注解家多數根據這個意義去引申發揮。

作者說《易》書中所蘊含的乾坤的廣大道理，在整部《易經》和它所講述的萬事萬物來說，可以籠罩到宇宙最遠的任何事物，沒有事物可以停止它。意思即《易經》所說的道理放諸宇宙萬物而皆準。在宇宙之內的任何事物，遠到極點都不能夠違背、不遵守這個道理。

「以言乎邇則靜而正」，「邇」即是近，和上句的「遠」對比成文。說它近到極點時，「則靜而正」，它就寧靜而正確。這個「靜」字，是對比「不禦」這兩個字。「不禦」

即是永遠不會停止，象徵著乾陽「動」的德性，在整個宇宙中不停地、持續地發生。所謂「靜」，就是指坤陰的特色。它的靜，凝聚成為萬物，因此成就萬物的本性。所以「靜」字本身，就具備乾動「不禦」相反相成的特性。「不禦」說出乾陽是和知識、道理有關；而坤陰就秉承這一道理、順從這一規律來形成萬物。形成萬物之後，每一事物就靜止穩定地存在。當坤陰的規律順從乾陽，使萬物凝聚，變成穩定靜止的狀態，這樣，每一事物都具備了最「正」的性質，「正」即「繼之者善也」的「善」，也就是說具備了萬物應該有的正確合理的形體和性質。

「以言乎天地之間則備矣」，再說到《易》理的內容，它在天地中，完備到極點。所謂「完備」，就是說整個宇宙萬事萬物的道理和內容都包括在《易經》一書之內。這似乎誇大了一些。

這裡說出了《易》書的三大作用，怪不得清聖祖康熙所編的《周易折中》，李光地在這幾句話後面的案語就說這是上文「窮理盡性以至於命」的另一種說法。「以言乎遠則不禦」，這是說追求宇宙知識，遠至極點也不會停止。「以言乎邇則靜而正」，這是說將這一道理形成了萬物之性，把人性、萬物之性發展到極限的程度。第三句「以言乎天地之間則備矣」，就說出了在整個宇宙中，都遵守這一規律，豈不是任何事物都可回復到天的最自然的規律、依著自然規律而行？當然這種說法有點牽強，所以後來的注解家都不敢跟隨他。其實他這樣發揮，可能與原文的意思不同；但對人的進德修業，尤其是作為上文「窮理盡性以至於命」的進一步解釋，用這麼簡單的說話就可概括，在哲學上的確是一個偉大的想法。

馬王堆帛書《繫辭傳》「以言乎遠則不禦」一句，作「遠則不過」，「禦」字變成了過失的「過」字。大家是否還記得「範圍天下之化而不過」？「過」就是沒有過錯。因此，這句句子如果按照馬王堆帛書的解釋，即是說：論及易學的道理，遠達宇宙的任何處所，這個道理和規律都不會有過錯。這個說法其實非常好。「以言乎邇則靜而正」一句中的「靜」字，它就作精彩、精確的「精」字。在馬王堆帛書未曾出土之前，高亨教授的《周易大傳今注》已認為這個「靜」字應是解作「精審」的意思。因此，他已大膽地說：「以《易經》論近處之事，則精審而正確」（齊魯書社，一九九八年版，頁三八九）。帛書《易經》的出土，就證明了高教授的推測已有古本證實。這是否反證通行本文字較差呢？如果說到文從字順，帛書本《繫辭傳》這一句清楚、明白、準確，肯定比兩千年來的通行本好。但如果從哲學深度來說，我們覺得兩千年來的通行本文字雖較不暢順，複雜一點，但蘊含的內容和意義則更為豐富。

其實可以用帛書的《繫辭傳》來對原文原來意義作推測：因為《易經》原本用於占筮，以預測未來吉凶。因此，帛書本的文字，大概是說《易經》占筮的功能廣大，「遠」是指未來之事，用這本書來預測未來的事情，準確到沒有任何過錯。「近」是指目前之事，用《易經》來分析討論現在的事情，也是非常精審而且正確的。《易經》的道理，可以將整個天地之間的萬事萬物都包容在《易經》之中。因此，《易經》可解決人生宇宙的問題，可以預測一切事情。如作這樣的解釋，這段文字的確是非常之通順，故陳鼓應教授就這樣解釋，解釋得很好，我們應該接受。因為原意之一可能真是這樣，但卻沒有兼及哲學的好處了。

但通行本，就不單純是說低級的占筮，它已將《易經》提升到很高的哲學境界。因此，我們雖然知道古代有另一版本作「不過」和「精而正」，但我們亦懷疑今本是從更權威、更古老、更正確的古本繼承下來的。兩者雖有不同之處，但可以並存。今本這種解釋既然兩千年來接受了，在兩千年中產生深遠的影響，如它不對，當然不應繼承；但它是偉大的，我們便應該繼續承用它。所以我們知道帛書本是這樣就足夠了，不用改了。

夫乾，其靜也專，其動也直，是以大生焉。

「夫乾，其靜也專」，因為上一章是說真正的天地，這章其實是說《易》書的道理，所以作者立即改口不說陰陽，而說「夫乾，其靜也專」，這不是說具體的《乾卦》，而是由《乾卦》推廣，泛指乾陽背後所蘊含的高級的性質和意義，可以分別從它的動靜來比較說明。「其靜也專」，當這個乾的性質在靜止時，它最大的特色就是「專」。「專」就是說人不專心的「專」，和馳心雜務的意思相反。各位聽完這解釋後，就明白「專」和「博」是兩個相反的名詞。因此，我們說專一，「專」字就有「一」的意思。所以我們說精誠、專一、純粹精一，無論行事或思考集中到極點，一心一意，就叫「專」，再進一步引申，便有凝聚為一之義。當乾靜止時，它的性質就純粹精一，這叫作「專」。「專」者，就是順從自然，不是多心，而是一心一意，順乎自然規律而行。

「其動也直」，當乾的這種性質向前發展，在運動時，表現出來的是「直」。「直」就是指沒有任何事物能阻攔它，它才能「直」行。當一件事物受到其他事物的干擾阻礙，就不能夠保持原來直行的方向，而會出現彎曲改變。因此，這個「直」字，就是指能夠無往不前，直道而行，宇宙之間沒有任何事物能夠干擾阻礙它的運行。為何乾要用動靜來分析？其實就是我們剛才所說的「體用」的問題。凡是任何事物靜止時，就有穩定的性質和狀態，這才有穩定的形體；而在運動時，則呈現它的功能、作用。因此，當我們分析乾坤，將它們分析到最重要、最基本的兩種不同性質和作用時，就需要從陰陽、動靜、體用等來分析。它靜止時，就是「精誠專一」；它運動時，就順著「直」這一性質發展，而沒有任何事物能阻礙它，於是就能令萬物依著這個規律無阻礙地變化、發展。

唐初陸德明的《經典釋文》說：「專」字在漢代，有一個版本作「摶」字。唐末宋初的名人陳希夷，他就以這個「摶」字（音「團」）為名，不要誤讀為「陳搏」（音「搏」）。陳摶也是研究《易經》的，「摶」字之義取自《繫辭傳》，「希夷」則取自《老子》，是老子用來形容「道」的性質的。「摶」的意思是團聚在一起，當任何物件團聚在一起，它的形狀就呈現為一個近似的圓形。因此，這個「摶」字就有圓的意思在內。當乾天在靜止的時候，它的本體呈現出圓的形狀；當它運動的時候，呈現為直線運行。這豈不是與我們今天的天文學所說相符？今天的天文學認為宇宙所有的物體都呈現圓形或橢圓形，所有的星體，包括行星地球在內都是圓形或橢圓形，甚至宇宙也是圓形或橢圓形。乾代表天，即代表宇宙。它具體的形狀是圓形，當它運動時，就呈現直線運動。這解釋很了不起。但為何我們宇宙之中的物體運行是曲線，這是因為萬有引力，就會令直線變為曲線。所以黎曼幾何就說物體本是直線運行的，因為萬有引力，然後物體的運行才由直線變成曲線。好像各位拋一塊石子，最初可見到它是直線運行的，到最後才斜斜地落在地上，宇宙之內的物體就是這樣運行的。

郭沫若教授和他的徒子徒孫就從「摶」是團聚之義中得到靈感：西方的古人類學者認為，在原始時期，人類曾經過生殖崇拜的階段。人類的生殖器變成古人最崇拜的神聖物件（這只是西方的說法，中國傳統沒有這種說法）。郭沫若教授於是說乾陽爻畫是「一」，這豈不就是象徵男性生殖器官？而下文說坤是：「其靜也翕」（它靜止的時候，像是一道缺口閉上的樣子），坤陰的爻畫是兩短畫「- -」，這豈不是印象派畫家畫的女性生殖器官的模樣？乾是男性的生殖器，坤是女性的生殖器，「《易經》真是偉大！它與古文化有關」，於是他再由陽爻象徵男性的特徵和陰爻象徵女性的特徵，繼續發揮他的「偉論」。

但我們要知道，第一，中國文化發展得非常早。遠古即使有生殖崇拜，但到創作《易經》的時代早已過了那時期。特別是到了春秋戰國時候，中國的學術水準，老早遠離了生殖器崇拜的階段。即使有，也只不過是存在於潛意識內，寫文章的高級知識份子老早脫離了這個原始階段。第二，中國的學問和西方的學問最大的不同，就是西方學問一開始就注重分析，而中國則注重概括綜合。或者簡單一點說就是，西方學問是同中求異，要在相同事物中找出其不同，結果將同一類事物分成多種不同的事物、性質、道理、層次。中國學問則剛好相反，是異中求同，在無限不同的事物中間，找出相同之處。當整個宇宙中的事物找到大家都相同的一點，那就是最接近宇宙的真正原理之所在。所以中國的學問由古到今，一直受得起時代的考驗，同一個系統從古代沿用到今天仍未被打倒；而西方的科學經常是以一個系統修正另一個系統，結果原來的體系逐一被打倒或修正，因為它所追求的是枝節的原理，而不是根本的原理。中國所追求的是萬物共同的原理，難道這不就是宇宙最基本的原理？愈接近宇宙真正的基本原理便不需要修正，明白這個道理，《易經》是追求這個基本的原理，要異中求同，而不是同中求異。所以你說它是陽的性質，故此它可以象徵男性生殖器，這絕對沒有錯。但它並不是單獨象徵這件事物，它是象徵所有陽性的事物！而不是單指一件事物。

因此，你說這是生殖器絕對正確，但實際上，它已經將所有不同的事物變成相同的類屬來處理。略具知識的人，應該明白這是內容更廣闊、更高級的陽，從它的共同普遍原理來體會才善於學習。我們在這一點上，要用這種看法，不應該接受郭沫若教授的原始思想，明白了《易經》是求同之學而不是求異之學，這些粗疏的說法便不會流傳下去。

「是以大生焉」，「大生」這兩個字，傳統上有兩種主要的解釋。第一種見於漢朝末年的宋衷，一直到唐初的孔穎達的《周易正義》都如此認為：「大生」就是乾的德性廣大地生出萬物。「大」就是指廣泛地，「生」就是生出萬物。

第二種是南宋朱熹提出的。他認為這個「生」字不是指生出萬物，而是指生出《乾卦》「大」的德性。「靜專動直」，就是《乾》產生出剛大性質的來源。兩種不同的解釋，一指《乾卦》本身，一指《乾卦》生出萬物。後世的注解家多數跟隨朱子的說法。事實上，兩個說法都各自有道理，因此，如果能夠同時綜合兩個不同的古代的解釋，作為它同時相關的意思則更為合理。

夫坤，其靜也翕，其動也闢，是以廣生焉。

「夫坤，其靜也翕」，這個坤陰，「翕」就是指聚合，凡是說聚集就不是自己一個，一定是兩個或者三個在一起才可說是聚集。這裡大概可能是從《乾卦》和《坤卦》的最基本的符號，即陽爻和陰爻的符號，提升到哲學高度後產生的意義。陽爻是一直畫，所以「專一」。坤爻是兩條斷開的橫畫，所以作者就認為坤陰的性質是凝聚收斂，形成萬物。所謂「凝聚收斂」，就是將眾多的事物聚集混合成為一體。把《坤卦》陰的性質提升到哲學上，就是說當《坤卦》陰的本質或性質靜止的時候，就呈現出好像《坤》的兩個陰爻凝聚成一個整體、收斂成為「翕合」的狀態。

「其動也闢」，當它運動發展的時候，它便從凝結的一體而分開。一旦分開，就由一變二、一變四、一變一萬、一變萬萬，形成了天地無限多的萬物。闢是開之義。

「是以廣生焉」，「是以」，就是根據這「靜翕動闢」的特性，所以能夠廣泛地生出萬物。這個是由漢代到唐代一般採用的解釋。如果跟從朱子的解釋就是說，它因此產生出坤陰廣博柔順的德性。兩個解釋結合就是說，本身因為具備「廣」這種德性，又能夠利用「廣」這種德性廣生出萬物。

小結：《乾》、《坤》的作用與德性

同理，「大生」就是因為《乾卦》具備了剛大的性質，為它本身內在的德性，因此能夠向外展現出廣泛地令萬物具備各種生命開始的動機和能力。兩種解釋，一是就其作用說，一是就其德性說，合而為一，解釋就更為完美了。

這裡是說出了《坤卦》「靜翕動闢」和《乾卦》「靜專動直」的德性，可說是將《乾》、《坤》兩卦的性質提升到更高的哲學和科技的水平。各位如果從這兩個性質去體會宇宙生長萬物變化的功能，能夠神而明之，再去看整個世界的運動變化，可能會透過表面令人迷惑的現象，看到事物背後發展的更深一層的自然哲學根據。因此，請各位注意這兩句：「靜翕動闢」和「靜專動直」。另外，怎樣可以增加觸類旁通的能力呢？我們在講解《乾卦》和《坤卦》的《文言傳》時，說到《乾》、《坤》兩卦動靜的德性，用它來配合這裡所說的，那你便能夠自己想出一些道理來。我現在不說，讓你自己想想《文言傳》上面所說，哪些可以配合；又或者再從《彖傳》所說的乾坤，一個有「開始」的功能，另一個有「成物」的功能，融會貫通「大生」和「廣生」的意義，你便可能有所得了。

廣大配天地，變通配四時，陰陽之義配日月。

「廣大配天地」，《易經》蘊含的「乾大坤廣」的豐富內容，可以和實際天地的廣大相配合、相類似。換言之，《易經》中的「廣大」，就是說摹寫了天地廣大的內容和規律，變成了《易經》所說的乾大坤廣的原理。

「變通配四時」，注意，「變通」不是上文的「通變」。「變通」即是「窮則變，變則通」，意思是陽發展到極限是「窮」，變出陰就是「通」。「通則久」，陰就可以長久地持繼發展。到最後，陰發展至極限才會「窮」，再度「窮則變」，由陰變陽。陽又有無限發展的能力，於是又再「通則久」。《易經》蘊含的陰陽變換原理用來「配四時」，即它與春夏秋冬交替迭運的規律是相類似的，可以互相配合。春夏秋冬的春是陽的開始，夏天是陽的極盛，陽極產生陰；秋天是陰的初生，冬天是陰的極限；陰到極限，陰極變陽，於是又再有春天的產生，四季其實就是陰陽的四個階段。由陽的初生到極限，再由陰的初生到極限，就和《易經》所說的「窮則變，變則通」、陰陽到極限才變向相反之說類似。初陰是一個狀況，陰極又是另一個狀況；陽生是一個狀況，陽極又是一個狀況。豈不是類似春夏秋冬？所以這一句是說：《易經》中陰陽交替變通的規則，就是摹寫了地球上四季陰陽變化的規律，再將之提升而完成的。

「陰陽之義配日月」，即《繫辭傳》所說「一陰一陽之謂道」，它是一陰之後又一陽，這個叫「對待」與「流行」。這與日月互相對待，又互相交替，白晝是日為主宰，晚上是月為主宰的交替運行原理和規律是相符合的。因此，《易》所說的陰陽規律，和真正的天地日月運行的陰陽變換、「對待流行」之理是配合、符合的。這一句是說：《易經》摹寫日月運行變化的規律形成書中所闡發的陰陽之義。這三句分別從天地、四時、日月說明，《易經》的規律是摹寫天地的規律而成，即是上文「《易》與天地準」的另一種說法。

易簡之善配至德

「易簡之善配至德」，在第一章說過，乾的德性是「易」，坤的德性是「簡」。接著第一章的最後就說，人類學習《易經》，了解天地的最關鍵的德性是「易」和「簡」。賢人和聖人就利用「易」來擴展自己的道德到極限；利用「簡」來發展人類的事業到極限。這樣《易》的「乾易坤簡」至美至善的原理，就可和最善最美的德性配合。

究竟這德性是指甚麼？古今有兩個有影響的解釋，其他的就不說了。一個認為「至德」是指「天地之至德」。唐代以前，多數主張這一說，指聖人、賢人實踐《易經》易簡之德就可配合（媲美）天地之至德，或者是指《易經》所說「乾易坤簡」的規律和性質，就是模仿真正的日月天地的德性。因此，廣大、變通、陰陽、易簡都是根據實際的天地日月四時和「乾易坤簡」的德性，提升成為《易經》最基本的原理和規律。這解釋非常有道理。

但到了南宋，朱子就認為這裡所說的「至德」，是指「人類的至德」；尤其是說孔子以及他的孫子子思所弘揚的「中庸之德」。因此，他說聖人和賢人掌握了中庸之至德，就能夠和天地之《易》的易和簡相配。換言之，人類「中庸之德」，就是模仿效法天地「易簡之德」而形成的，倒轉來說就對了。這有沒有道理？後世的注解家多數接受朱子的說法。除了漢學家要與他唱反調，又或者民國時代學者覺得宋代的理學是罪大惡極，故意不跟隨之外，南宋以後的注解家都跟隨他。

為何朱子的闡釋和古代不同？原因是《易經》，尤其是《十翼》最關鍵的意義不是要了解天道，老莊才是真正想了解天道的哲學家。儒家是為人類服務，我們了解任何知識，都是為人類服務，對我們人類有利的才去學習。因此，儒家所了解的天道，都要和人類的德性相配合，以建立人類的道德規範，所以《繫辭傳》表面雖說天道，但寓意是根據天道，以指導人類如何進德修業。以前面數章為例，最初句句都是說天地，然後句句都是說人道，便可知道由天道降落到人道，是作者一貫的主張。開始是說天道，到了文章的結論就是人道，尤其是這裡，明顯地與上文的天地、四時、日月有所不同。上文那些句子不能任意解釋，非說天地不可，這句則明顯地說人道，人道就應該效法天地「乾易坤簡」的德性，來建立人類的中庸之道，然後這篇文章對人生才有作用。否則你說宇宙如何偉大，這對人生是否一定有用？儒家認為那是沒有意義，起碼不那麼重要的。以香港人為例，他們比較急功近利，管它甚麼天道，最重要的是對我有甚麼好處，其他地方的人，可能好一些也說不定，其實人性往往便是如此的，這是正常合理的想法，難怪朱子這一說法被後世眾多注解家接受。各位請注意，《繫辭傳》的文字經常是「義兼天道、易道、人道」的，作者所說的內容，同一句句子既說天地自然之道，又說易道，更說人道。各位如果每一句都能從這三方面理解，才會知道古人文章的簡潔精煉，同時可以顧及三方面。這是中國文字才容易做到，西方語言是很難做得到的。

晉代（或以為前秦苻堅時）的蘇惠（若蘭），她的丈夫竇滔離開了，為了希望挽回變心的丈夫，寫了很多詩篇，組成一幅圖，約八百多字，名「璇璣圖」。圖中的文字可以由上向下，也可以逆行由下向上，讀來都通順，這是「迴文詩」，寫作已經不容易！它甚至可以由左向右讀通順，由右向左讀亦通順，甚至斜角線讀也通順，結果八百多字組成四千二百六首詩（具見明康萬民《璇璣圖詩讀法》一書）。這是中國文字做到最高水準的一幅圖，要解讀也不容易。最方便是看《鏡花緣》這本章回小說，它說明這幅圖如何解讀。雖然這幅圖文字只是八百多字，但如果將這幅圖全變成詩，會變成厚厚的一本書。這是中文才能做到的，其他國家的文字是不能的。明白了中國文字的特色，便知道《繫辭傳》文字同時兼有數義，是可能的！

所以各位要學習古文「一文多義」的寫作手法，一語三關，可以同時有三種不同的解釋。我現在只解釋最重要的意思，其他的各位要自已動腦筋去想，如不能舉一反三，就不配讀《繫辭傳》了。重覆再說一次：記著，很多時，它是同時解釋天道、易道和人道的。

總結

第六章是回應第五章的。第五章說到一陰一陽之道是天道，因此，這裡降而說易道，說明易道將天道之理變為易道之理。天道概括為陰陽，易道概括為乾坤，乾坤最關鍵的德性，除了一陰一陽「生生之謂易」的德性外，還特別注重它的「體」和「用」。「體用」以《乾卦》來說明就是「靜專」為體，「動直」為用，而《坤卦》就是「靜翕」為體，「動闢」為用，然後再一次回應最初所說的「《易》與天地準」，說明了易怎樣與天地準。就是通過廣大、陰陽、易簡、變通等作用，來摹寫天地最關鍵的德性的。

子曰：「《易》其至矣乎！」夫《易》，聖人所以崇德而廣業也。知崇禮卑，崇效天，卑法地。天地設位，而《易》行乎其中矣。成性存存，道義之門。

子曰：「《易》其至矣乎！」

「子曰：『《易》其至矣乎！』」「子」究竟是誰？傳統不假思索就說是指孔子。正好像英文 the book，無人不知道這是指《拜撲經》（《聖經》）。Bible 本身就是「書」的意思。The book 指「唯一的書」（the 作為定冠詞的其中一個用途），能夠說是唯一的書、對西方文化影響最大的，就是《聖經》，它是無可取代的。在中國來說，孟子、荀子、老子、莊子、韓非子都要加上姓氏，免得混淆。唯一不用加姓氏的就是孔子。

到了北宋，大文豪、大歷史學家，甚至是研究《易經》的真正專家歐陽修，在他的《易童子問》中說，《繫辭傳》中的「子曰」是「講師之言」，即「子」是講解《易經》的講者，學生把他的說話記載下來，稱呼老師所說為「子曰」。其實這一說法有問題，學生哪會如此狂妄地稱呼他的老師作「子」而不加姓氏？特別是儒家學者，怎會如此不尊重孔子？這是不可思議的事情。譬如教徒可以叫自己的書作 the book 嗎？

《繫辭傳》中的「子曰」，到底真是孔子所說還是假托孔子之名說的呢？清代到民國時的學者，根據歐陽修這句話，認為這些「子曰」都不是孔子說的，是後來研究《易經》的人說的，而由其弟子記錄下來。更離譜的是，有本注解說這些「子曰」是齊國稷下學派的學生記錄老師的說話。換言之，這是黃老學派的說法，因此《繫辭傳》是黃老學派的著作。但是這本注解的作者知道長沙馬王堆還出土了例如《二三子》或者《要》這些篇章。在《二三子》中，就提到子貢和他的同學請教他們的老師一些《易經》的問題，老師的回答就是以「子曰」開始的。一般人都不可能不知道子貢和他的同門是孔子的學生，所以作為回答「子曰」中的「子」，只可能是孔子。身為大教授的作者竟然無視文章前後相關情事，說《二三子》等篇章中的「子」，都不是孔子。單是一個「子」字可以指任何人，但這個回答子貢問題的人，不是孔子，那難道會是老子？為何不說這幾篇文章內的「子曰」都應是「老子曰」，然後說《繫辭傳》是道家著作，豈不證據更充足！

由於這些文章的出土，可知道起碼戰國到漢初時候，已記載了孔子和學生曾討論《易經》的內容。因此，在《繫辭傳》和《文言傳》中提到的「子」，我們絕不能否認它是代表孔子。我們只能探討是否孔子親口說的？答案是可能是，也可能不是。因為孔子親口所說的說話，學生可能在多次抄寫、轉述時，失了原意，或加添了其他意思。但我們不能否認那句說話的來源是孔子。就好像小孩子玩「大風吹」的遊戲，到最後一位小孩子轉述同一句說話時，它已經和原來的語言、意義相差甚遠。但我們不能否認，它是從最初那句說話而來的。

第二點，任何地球上遠古的書都不是一個人撰著的，凡親自撰寫，或只是他說的，而由他的學生筆錄，這都可說是他作的；甚或將他所說的話引申、擴展成為文章，都可以將它歸屬於當初講述的人，我們叫作「學派」，中外如是。孔子代表孔子學派，莊子代表莊子學派，老子代表老子學派。否則所謂莊子的著作，《莊子》一書，其中很多是戰國後期的文章，根本就不是莊子寫的，但你不能這樣說，我們都視作是莊子的著作。因為它是一個學派，收集了整個學派的文章，然後將著作權歸屬於創派祖師。荷馬（Homer）的《伊利亞特》（*Iliad*）和《奧德賽》（*Odyssey*）真是他所撰的希臘古籍嗎？印度的佛經是釋迦親自撰寫嗎？都不是！如果要斤斤計較，非他所寫的就不是他的著作，那只是後來才有的事。古人是沒有的，古人不像我們那麼好名，所以甚至將自己的創見歸諸創派的祖師。今人則偷了別人的說法也當成是自己的創作，又或者拿了別人的發明去申請專利權，連原創者也要跟他對簿公堂，和古人想法剛相反，所以才特別注重著作主權。明乎此理，《繫辭傳》中的「子曰」，我們認為仍應視為孔子所說較合理。

在《十翼》七種十篇中，一共引用了三十一次孔子的說話。分別在《文言傳》引用了六次，我們前此已讀了，在《繫辭傳》則引用了二十五次。但在這二十五次中，其中有一次談到「亢龍有悔」，在《文言傳》中已經出現，因此實際上，孔子解釋《易經》的說話，有三十次記載在《十翼》中，我們應該特別珍惜，當它是孔子或者孔子思想的發揮，而不應當它是假的。尤其是馬王堆文物出土後，還如此亂說，令人感到不可思議，想不到有這樣無學術是非之心的學者，自欺欺人、埋沒良心到如此程度。

孔子說：「《易》其至矣乎！」「《易》」是指《周易》這本書，或者《周易》這本書所蘊含的宇宙人生的道理。「其」是不定之辭，指大概、可能。「至」，至善至美。這個「至」字用得好，我們已經說過，「大」是高一層次，「至」是低一級的。真正的天地就是「大」，摹寫天地規律形成的《易經》比天地低一個層次，因此，最偉大只能叫作「至」。雖然實際上偉大到極點，但相對於天地，就差一點，所以用「至」字。這句話是用懷疑的口吻來表達最大的肯定。很多時我們要求別人接受，但語調太肯定，別人會反感而抗拒。如我們用疑問的句式來說肯定的事，別人反而容易接受。所以我們寫文章不要用「絕對」、「一定是」這些詞，而要用「差不多」、「我相信」、「大概」、「恐怕」等等，別人就比較容易接受。這就是寫文章的技巧，寫文章或者說服人不要用指揮或命令的口吻，特別是身為教師的人，往往不自覺地犯了這毛病，所以我們要多加留意。

夫易，聖人所以崇德而廣業也。

「夫易，聖人所以崇德而廣業也」，「夫」以下又是作者發揮議論。「易」指《易經》這一本書和它所蘊含的道理，「所」字指所說的事，「以」是憑藉，因此，「所以」就是利用它、憑藉它的意思。甚至最偉大的聖人，都是憑藉、利用《易經》的道理作為最重要的根據理論，令他的道德更崇高、使他的事業更廣大。「崇德」是指模仿體會天的德性。當依據《易經》的最高哲理，使這哲理進入自己的心中，變成了對自己肉體、對處理任何事情的自動自發的理論根據之後，自己的思想就是乾德的思想，自己本身的內在德性，就達到最崇高的境界。假使我們體會了《坤卦》的陰性的最高原則和道理，明白它怎樣生育萬物，形成萬物，令到萬物蓬勃發展，將這一道理首先應用於自己身體，然後再擴充到任何外界事情。這樣自己做出來的事業，當然好像坤地一樣，是廣大無邊，遍佈整個地球。因此，利用《易經．乾卦》之德，就能夠「德崇」；利用《易經．坤卦》之德，就能夠「業廣」，真正能夠做到「崇德廣業」，令到原本的道德和事業更崇、更廣。「崇」和「廣」兩字都作動詞用，「崇」指提高、提升，「廣」指擴展、擴大。

知崇禮卑，崇效天，卑法地。

「知崇禮卑」，「知崇」，當我們追求知識時，應該要達到最崇高、最高明的層次。達到如天一般高的知識，才是我們追求知識的終極理想目標。「禮卑」，當我們實行人人應該遵守的人類規範、人類行為標準的「禮」時，我們應要仿效大地坤陰卑順服從的德性，盡量不獨在禮儀方面，甚至內心，都做到對人謙卑，這就達到人類行事的最高、最合理的標準。因為我們人類追求知識的崇高，是效法天的崇高，當我們在知識達到最高明的境界，我們就具備了與天同等的德性。當我們在人類的行為實踐方面，達到最謙虛、最能服從一切規律的話，那就是效法大地坤陰的德性，臻至最理想的境界。「崇」是效法天，「卑」是效法地，因此，我們要同時既要效法天，又要效法地。既效法乾，又效法坤；既需要有知（智），又需要有禮。各位，前面不斷說「智仁」、「仁智」，為何這裡忽然變成「智禮」？古代注解家可能疏忽了，沒有作出注解。為甚麼？因為「仁」是比較高層次的、浮泛的、原則性多一點的。禮制則是有具體內容規定的，例如要對人有禮貌，見到人要鞠躬、打招呼等，要根據具體細節去實踐。我們說「卑」，不是說高，高就是原則，「卑」是具體行動，因此，這裡只說「禮」。

另外，《論語》有句說話可供各位參考，受到孔子稱讚，認為是學生之中最好學的顏淵問如何實行仁，孔子的答案是：「克己復禮為仁」，然後下文跟著說：「非禮勿視，非禮勿聽，非禮勿言，非禮勿動。」（《論語．顏淵》）因此，在孔子心目中，「仁」和「禮」是一事的兩面，「仁」為體，「禮」為用，「仁」在內，「禮」表現於外。有些學者說既然講到「禮」，儒家中只有荀子崇「禮」，所以《繫辭傳》是荀子後學作的。孔子說「仁」，孟子說「義」，荀子說「禮」，這是儒學三大師的不同重點。但他沒有想到荀子說「禮」，其實也是繼承孔子所說「克己復禮」的「禮」，其實孔子也是重禮的。「仁」、「禮」一內一外，並不是兩回事，一個是原則，一個是實踐。因此，作者這裡用這個「禮」字，回應上文的「仁」，因為上文是原則，現在是實踐，而「禮」要從尊人卑（抑）己開始，所以說「禮卑」。

「崇效天，卑法地」，由古到今的解釋都差不多，唯一例外是近期的一本注解書。它說馬王堆帛書的《易經》內，「禮」字寫成如此（見圖）。

禮或履

在馬王堆帛書《繫辭傳》或者其他的古代抄本中，為這個字解讀時，可以讀作「禮」字，亦可以讀作「履」字。因此，作者說今本《繫辭傳》這個「禮」字，可能應作「履」字。於是將「知崇禮卑」改為「知崇履卑」。

但這違背了中國嚴謹的學術傳統。中國的學術傳統就是在任何時候，都不應亂改古書的文字來遷就自己的解釋。如果真要這樣做的話，都會先說明傳統這樣解釋，我現在提出一個不同的說法供你參考。不能說第一件事物等如第二件事物，第二件事物等如第三件事物，於是第三件事物等如第一件事物。這在科學上，是不能成立的。譬如說1+2=2+1似乎應該是對的，但硫酸加水等如水加硫酸嗎？其實硫酸加進水裡變成稀硫酸，水加進濃硫酸裡就造成爆炸。這個當然是詭辯，但數學上確是有如此規例。因此，我們不能亂用等號，說第三個「履」字和第一個「禮」字等同。

這本注解的作者又說：「『知崇禮卑』猶老子之『知雄守雌』。此言聖人既認識到崇高的一面而又能履行卑順的一面，因為崇高是效法天道的，卑賤是效法地道的。」（北京：商務印書館，頁六零五）老子所說的：「知其雄，守其雌」見《老子》第二十八章，上面說的注解家亦有為《老子》註釋，他的《今譯》這兩句是：「深知雄強，卻安於雌柔」（北京：中華書局，頁一八一），和我們理解這兩句話的意思是「知道有雄性事物，但我們所堅守的是雌性的原則」，沒有不同。老子會不會說我既要崇雄，又要崇雌？古今以來，大多數的人都認為老子是說雌雄陰陽兩方面都知道，但實際守的是雌和陰，並不是兩端同等對待，難道大多數人都錯了？這位注解家從前也錯了？為何他現在解釋這兩句話時，說既知道要崇高以效法天道，又要卑賤以效法地道，跟老子所說的只「守其雌」原則根本不同。原因是他明白《繫辭上傳》這段文字是天地、知禮、崇卑的並重雙舉的，但為了要說《繫辭傳》寫作形式和思維受老子的影響，遂不顧違背老子文義，藉此影射《繫辭傳》和《老子》有關。於是他憑藉這種理據，說《繫辭傳》是老子的後學模仿老子的句式寫成的。如果這都能牽強附會，世間沒有甚麼不能牽強附會了。這其實是對老子最大的不敬！文章明顯是說天地並重的，連他自己都是這樣說，卻用了《老子》這句話來附會，真是太過份了！

這兩句文義是說：學習知識要盡量達到崇高，是效法天道知識的高深；在人生行動踐履上要盡量達到謙卑克己守禮，是效法地道柔順以從天道。

天地設位，而易行乎其中矣。

「天地設位，而易行乎其中矣」，當天地設定了高低上下的位置，有了不易的定位、於是就在天地之間，在宇宙的包圍範圍內，易道，亦即天地之理，就自然地在這個穩定的、具體的範圍之中，展現出陽變陰、陰變陽、「對待」、「流行」等等各種宇宙變化發展的規律，推動所有的事物依循著易道，自動自發的變化發展。

這兩句句子是比喻而不是說實際情況，甚麼意思呢？因為整個第七章其實是說《易》書和它所蘊含的哲理，現在只是用天地作比喻。好像我們說這位女子的眼睛很像天上的星星，美麗極了。說的是天上的星星，實際是形容女子眼睛的美麗。同理，現在說「天地設位」，究竟是說甚麼呢？因為上文說到「智」和「禮」。在我們人間，或者在《易經》指導我們人生的規律中，當易學用了「智」和「禮」來代表天地乾坤陰陽的德性，在天地就叫「乾坤」，在人生就是「智」和「禮」。當「智」和「禮」變成了人類不變或者確定的人生實踐的規律，那麼《易經》所說的指導人生的各種規律，在實踐「智」、「禮」的過程中，便自動實現完成了。

成性存存，道義之門。

「成性存存」，通過實踐「智」和「禮」，形成了我們人類的本性，其實即是天地「易簡」之德。天地之性變成了我們的人性，從我們人類來說，就是實踐「智」和「禮」，形成了我們的人性。「存存」，第一個「存」字是保存，存在的意思。當實踐「智」、「禮」，所形成的性，變成了我們人類的本性後，第二個的「存」字，就是說我們還需要後天的人為努力，好好地繼續保存。因為縱使天性已存在，但你不去繼續保存和發展，仍會退滅的。

「道義之門」，指這就是「道」和「義」產生出入的門戶。凡是門，出門要打開門，入戶也要打開門，因此出入必經門戶。引申「門」就是「道」、「義」產生的處所（地方），「道」、「義」得以產生和繼續發展，最關鍵是其來源不絕，而「門」則正是開關不絕。各位，我們剛說的「天命之謂性，率性之謂道，修道之謂教」，其實就是「道義之門」這句話最高的注解或發揮。這裡很突然，上文說「智」、「禮」，現在說「道」、「義」，似乎有點語無倫次？其實不是。因為如果你要了解「道」，最重要憑藉的是「智」。如沒有「智」，就不能了解「道」。當你實踐「禮」時，「禮」為甚麼要這樣做？它一定要有哲學上的根據，「義」就是「禮」的根據。「義」即是事情最適當的做法。如果沒有「義」作為標準，「禮」就是繁文縟節，是不合理、虛偽、荒謬的。任何的禮制都是因為合乎「義」，所表現出來的形式才會為人所敬重，自己實行時才會覺得是理所當然的。

那麼，「道」和「義」是否「智」和「禮」的更高的層次？請回憶前文，當作者說到「天地之道」時，往往說天道是「仁」，因此，在儒家來說，「仁」字勉強等如它所說的「道」。因此，「智」、「禮」、「道」、「義」即是「智」、「禮」、「仁」、「義」四德都具在了。「仁」、「義」是更高層次的「智」、「禮」；「智」、「禮」則是「仁」、「義」實踐於行為的具體表現。結果「仁義禮智」都兼及了。還記得我們講解《乾卦》「元亨利貞」一句，說到《彖傳》和《文言傳》解釋「元亨利貞」變成了人類和天地的四德時，「元亨利貞」分別代表了「仁義禮智」嗎？因此，這裡就是繼承了《彖傳》、《文言傳》理論的另一種說法，說出了「仁義禮智」就是《易經》道理中，指示我們人生最關鍵、最需要注意和實踐的四種關鍵性的德行。

《易傳》（《十翼》），尤其是《中庸》對「仁義禮智」，是否以為在諸德之中最重要呢？未必。在「仁義禮智」之上，還記得《文言傳》或者《中庸》說到一種更重要的德性嗎？那就是「誠」。為何這一章不講述「誠」？反而「誠」之下的「仁義禮智」則說了？原因在於「誠」只能用來指天德，《乾．文言》，尤其是《中庸》說：「誠者，天之道也；誠之者，人之道也」，所以誠是真實無妄，正如天地的規律可以重複不已（所以人的言行可以重複、證驗，真實無妄，便是誠實）。因此誠是天德，儒家法誠，就須通過「致誠」，「致誠」就是人類努力以達致天之誠德。現在是從天道降落到人道的層次，不是回升到天道的層次。因此，當你達成「仁義禮智」四德，自然就能「致誠」。「誠」是人沒有，天才有的。我們只能「致誠」，才能得到「誠」。即通過「仁義禮智」的實踐，才能回歸到「誠德」去。

另外，還有一點，春夏秋冬在五行中的象徵，春天屬木，夏天屬火，秋天屬金，冬天屬水，五行中缺少了土。但金是由土生出的，沒有土就沒有金。樹木種植於泥土中，沒有泥土也沒有樹木。水如沒有泥土做成牆壁包圍著它，就會流失不再存在。火如果沒有土來作它的歸宿，火便無所歸，此其一。再者，先天五行水生火，火生木，木生金，水火木金混合為一成土。後天五行則因土含藏木火金水，所以依次產生木（春）、火（夏）、金（秋）、水（冬）。所以四季之中沒有土，土並不是不存在，而是它在暗中督導著金、木、水、火這四行，這便是「土旺四時」。明白這一道理，「仁」就是屬木，「義」屬金，「禮」屬火，「智」屬水，同樣沒有土。土就是「誠」。要達成「仁義禮智」，最重要是有「誠」而「致誠」，否則都是虛偽、假的。或者用五行理論來說，木、火、金、水合而成土，仁、義、禮、智四德完成便是「誠」；土生木火金水，有「誠德」然後可生出仁、義、禮、智（注意：先秦儒家除子思一派外，都不採五行之說）。因此，讀這一章時，要對文字表面沒說的細心體會，因為這是你更應該知道的，這是古代的修辭手法，可是我們今天不能用，要囉囉嗦唆、逐步清楚地解說。古人則文字簡潔，讓你自己去體會其真義。

總結

第七章繼續發揮了《易》應用於人生之理。因為最後一句說「易簡之善配至德」，但如何配合呢？於是文章銜接著上文，說出了通過由「禮」、「智」晉升至「道」、「義」，然後再進一步復歸天道。說明人效法天地是一個由低而高的層次、一步一步走向與天地合德。這就是本章的大意。

第八、九講

《繫辭上傳》第八章

聖人有以見天下之賾，而擬諸其形容，象其物宜，是故謂之象。聖人有以見天下之動，而觀其會通，以行其典禮，繫辭焉，以斷其吉凶，是故謂之爻。言天下之至賾而不可惡也；言天下之至動而不可亂也。擬之而後言，議之而後動，擬議以成其變化。「鳴鶴在陰，其子和之；我有好爵，吾與爾靡之。」子曰：「君子居其室，出其言善，則千里之外應之，況其邇者乎？居其室，出其言不善，則千里之外違之，況其邇者乎？言出乎身，加乎民；行發乎邇，見乎遠。言行，君子之樞機。樞機之發，榮辱之主也；言行，君子之所以動天地也，可不慎乎？」「同人，先號咷而後笑。」子曰：「君子之道，或出或處，或默或語。二人同心，其利斷金；同心之言，其臭如蘭。」「初六，藉用白茅，无咎。」子曰：「苟錯諸地而可矣，藉之用茅，何咎之有？慎之至也。夫茅之為物薄，而用可重也。慎斯術也以往，其无所失矣。」「勞謙，君子有終，吉。」子曰：「勞而不伐，有功而不德，厚之至也。語以其功下人者也。德言盛，禮言恭；謙也者，致恭以存其位者也。」「亢龍有悔。」子曰：「貴而无位，高而无民，賢人在下位而无輔，是以動而有悔也。」「不出戶庭，无咎。」子曰：「亂之所生也，則言語以為階。君不密則失臣，臣不密則失身；幾事不密則害成，是以君子慎密而不出也。」子曰：「作《易》者其知盜乎？《易》曰：『負且乘，致寇至。』負也者，小人之事也；乘也者，君子之器也。小人而乘君子之器，盜思奪之矣；上慢下暴，盜思伐之矣。慢藏誨盜，冶容誨淫。《易》曰：『負且乘，致寇至。』，盜之招也。」

聖人有以見天下之賾，而擬諸其形容，象其物宜，是故謂之象。

「聖人有以見天下之賾」，這裡的「聖人」，就是指創作《易經》的聖人。創作《易經》的聖人是誰，在古代有不同的看法。三國時代吳國的虞翻認為這裡說的「聖人」，就是指伏羲。但如果從另外的觀點角度來看，這章是闡述《周易》這本書的，因此，很多注解家都指這裡的「聖人」是指周文王，這更合情理。我們籠統來說，指創作《易》書的聖人。「有以」的「以」字，解作「原因」、「憑藉」、「利用」。這句句子隱含的意思是，未有《易經》之前，聖人已經有了《易經》的原理在心中，憑藉這種原理來觀察天地的事物。至於「賾」字，唐初孔穎達解作「幽深難見」。宋代早期曾有注解家提出，「賾」字應該是《左傳》定公四年所載「嘖有煩言」的「嘖」字，是指雜亂的意思。南宋朱子接受了這種意見，所以在《周易本義》中，認為「賾」字解作「雜亂」。後來的注解家，部分繼承了孔穎達的意見，大部分接受了朱子的看法。表面上，這兩個解釋似乎不同，但實際上是相通的。因為天下之間的事物，所蘊藏的性質、規律和原理，正是由於隱藏在事物的背後，所以就是幽深奧妙，普通人是無法見到的。由於普通人無法體會認識這種高深複雜的性質和原理，面對表面各種混亂複雜的現象，內心慢慢就會覺得它繁亂、混雜，產生無所適從的感覺。各位如果是數學、物理科成績較差的，相信會明白這種感受。當數學或物理科愈複雜時，你愈讀就愈亂，於是愈感到那門學問混亂到極點，以至要逃避它。因此，正因為它深奧難知，所以就呈現出雜亂的樣子。如果你懂得那個道理，雜亂就變得簡單，所以兩個意思是相通的。這一句是說聖人根據心中的易理，觀察天下奧妙幽深而繁雜眾多事物的內涵、性質和規律。

「而擬諸其形容」，「擬」就是比擬、比喻。比喻和事實不同，它通過比喻明白深奧的道理。凡是比喻，一定是用普通人能明白的事物來作比喻的對象，然後通過這一事物，令人聯想、引申了解深奧難知的道理。「諸」是「之於」兩個字的合音詞；「形」是形狀；「容」是容貌。當我們說到形狀和容貌時，往往是指由具體事物得出來的感覺印象，它不是具體直接的事物，而是看了具體直接的事物，得出來的那種接近具體事物的東西，就叫作「形容」。例如說：各位今天看到某件事物，你可否詳細「形容」那件事物？一說到「形容」某件事物，即是說你在腦中想像那件事物，再用你的比喻文字，將那件事物描繪出來。因此那便不再是實物，而是實物的比較能夠為普通人明白的描述。

這裡是說出了卦的性質，它通過陰陽爻組成的符號，用以形容一件具體的事物。但它只是形容而不是直接說出事物，平常我們用語言來形容事物，《易經》則用陰陽爻的符號來形容這些具體的物象。因此，我們可以說《乾卦》形容了天，《坤卦》形容了地，

《離卦》形容了火，《坎卦》形容了水，如此類推。卦的第一個特色，就是通過抽象的符號來形容具體的事物。

「象其物宜」，「象」就是象徵，象徵亦不是指真正的實物，而是通過一種類似的想像，通過比較去說出一件事物。「物」是具體的事物；「宜」就是最適宜的做法，引申就是「意義」的「義」字。「物宜」就是「物義」，指這件事物最為重要的東西，最能代表這件事物的內含意義。所謂內含的意義，我們今天可以說是這一事物的本質、性質，甚至是這一事物所蘊含的道理、規律。因此，卦的更高一個層次是，不單止形容了具體的事物的形狀，更進一步深入探討這個事物背後的性質和規律，就叫做「象其物宜」。例如《乾卦》象徵天，天就是它的形象。天的性質是「健」，指永恆無息地運行，這就是天的德性（本質）。再進一步引申，這個運動的過程、運動的條件等，就形成了這個運動的規律，於是我們說《乾卦》反映了天的一切規律。

「是故謂之象」，表面形容物象、背後反映事物本質和規律的六爻畫符號，就是「卦象」。「象」字主要是說六畫的卦，但如果引申，卦的最基本的符號是剛爻和柔爻，也勉強可稱為「象」，因為把宇宙的事物簡化成為兩大類，一類是屬於陽的性質，一類屬於陰的性質，然後由三爻畫組成「經卦」（或「八卦」），也可稱為「象」。「經卦」的《乾》、《坤》等「八卦」就象徵了天、地、雷、風、水、火、山、澤的物象；也象徵了《乾》天是健、《坤》地是順、《離》火是麗、《坎》水是陷等德性（性質）。再進一步是重疊三畫的「經卦」，組成六畫的卦。這就將兩個卦和六爻的意思複雜地組成了一個卦的內涵。「經卦」、六畫卦都可叫作「卦」，而卦即是「象」。

聖人有以見天下之動，而觀其會通。

「聖人有以見天下之動」，這裡說的「聖人」，就是前文所說創作《易經》的聖人。這裡的重複可能沒有意思；或者可能暗示創作爻辭的聖人和創作卦的聖人不同。因為這一段文意主要不是說爻畫，而是說爻辭，所以三國時候的虞翻，就認為這裡的聖人就是指周文王。元朝的吳澄在《易纂言》就說應該是指周公旦。因為雖然說爻辭有部分是周文王所寫，但有部分卻是敘述周文王過世後的歷史事實，因此肯定是他以後的人寫的。父業由子繼承，周公旦繼續完成父事是有可能的。所以傳說是指周公旦，今天的學者可能不相信，懷疑它的真實性，但也可能懷疑得過份了。

「天下之動」的「動」字，就是指天下事物的變動。凡是變動，我們都是看得到、感受得到的。因此，這個「動」，就不是指事物的本質或者規律，反而是指事物的本質或規律呈現於外的變化，其中尤其包括了人所決定的行動。《易經》是講乾坤陰陽對比的，因此，各位讀《十翼》，最重要就是掌握這道理。讀任何的文句，你都需要心中有數，知道它是互相對比。通過互相比較，來補充對方的意義。如果你能這樣讀，就能更深入地了解原文的意義，你所得到的就更多。正是因為這個「動」字，讓我們體會到上文說的內容本質，是內裡的；現在這個變動是外在的。又通過比較，我們知道，任何事物的本質，甚至規律，相對來說是比較穩定的；穩定也者，「靜」也。這個「動」字，就帶出上句所說卦是比較「靜」一點的。所謂比較，在這裡只能是卦與爻比較，所顯示的性質是穩定一點，但是如果和另一樣事物比較，可能會有不同的結論。《易經》最重要的是說比較。我和我父親比較，我就是兒子；我與我的兒子比較，我就是父親；我和上司比較，我是下屬；我和下屬比較，我就是上司。因為比較對象不同，得出的結果便不同。這裏從相對來說，卦是靜止的，爻是較為動一點的。

「而觀其會通」，甚麼叫「會通」？如果從易學的陰陽層次來說，陰和陽相遇會合，首先就形成了我們所說的陰陽「對待」，然後由陰陽的「對待」，會產生「交感」，交感的混合或排斥，引起了「流行」。最初的「會」，主要是說陰陽會合形成「對待」。「通」就是「窮則變，變則通」的「通」，是指陽發展到極限，當它未能再向前發展的時候，我們就叫作「窮」；等到它找出一條路可以繼續發展，即走到盡頭之時，另外找出一條新的道路繼續走，即是陽極變陰，這微陰就能不停地繼續前行，就叫作「通」。所以「通」就是指陽能變陰、陰能變陽循環交替的過程。如果是這樣，即是說細心觀察爻畫中間，哪爻是一件事物的開始，哪爻是那件事物的極限。通過這一種變化，明白了它會變向甚麼情況，那麼未來的吉凶得失，就能通過爻畫的變化而推測得到。如果降低層次，從人事上來說，我們不同的人，在不同的地方居住，假如說大家到香港會合吧，就好像今年（二零零九年）香港的東亞運動會，來自亞洲各國的運動健兒跑到香港來參加比賽，這就叫作「會」。大家從不同的地方來，大家的文化不同，男女老幼不同，但來到香港有一個共同目的，就是參加運動會。換言之，所謂「會」，本來是有很多道理、很多事物，表面上，這些道理和事物都是不同的；但是它們一定有一個目的、一個地方是大家相同的。我們看了若干特殊不同的事物，發現這些特殊的事物在不同之中有相同之處，或者幾種道理中有一點相同，我們就捨棄不同，採用那共同有的「同」。這個「同」，就是說很多特殊事件、很多特殊道理中都有這性質。我們可以用一句比較清晰的語言或文字來說，就是會通幾個道理，形成另一個新的道理；而這一道理，是同時可以解釋前此的幾個道理或者幾個事物。所以這道理是超乎之前的幾個低級的道理，而同時又能解釋這幾個低級的道理。假使我們能將天下道理找出共有的相同之理，它就趨近宇宙最根本的原理，或者它就是宇宙的根本原理。「會通」雖然主要是說爻，但其實卦也可以兼及的。

當我們說到爻理的時候，它是不是宇宙的根本原理？不是，只是很多事物中的共同原理。我們掌握這一共同原理，就可以同時了解到很多瑣碎的具體事物、瑣碎的道理。由於六十四卦共有三百八十四爻，就等如三百八十四條比較高級的原理。不要說古代生活如此簡單，即使是今日生活這樣複雜，如果我了解宇宙人生三百八十四條規律，神而明之，就可以解釋世界一切事物，足夠應用了。各位心中想想，你所認識的科學定理有沒有三百八十四條？保證沒有！你能夠掌握二三十條靈活運用，已經是大學者，更不要說普通人了。

「而觀其會通」，指細心觀察這些不同事物的外表和它們所呈現出來的各種不同變化情況，找尋不同中之同，概括提升為假說，證實沒有錯，那就叫作「會」。但你還要進一步懂得如何將這一原理應用出來，這就叫作「通」。所以不能有會無通，也不可能只有通無會；既要「會」，又要「通」。有關這兩個字，各位需要細心想想我前此所說，再引申發揮，《易經》的道理就容易明白了。

以行其典禮，繫辭焉，以斷其吉凶，是故謂之爻。

「以行其典禮」，甚麼叫「典」？「典」也者，其實就是書。我們古代的書是用一條條竹簡或木簡組成。每條竹簡只寫一行或兩行字而已。寫完後，有條理的人會在每條簡上面寫上編號，懶惰的就不寫，再用繩、或者牛筋把它們束在一起，再用牛皮保護。

冊

一卷書卷起來就是一大堆，要用車子來承載。如果你能讀完了五車的書，那你就是「學富五車」，這似乎非常偉大了。但事實上，一卷的內容有多少只有天知道。各位手上的《周易本義》，至少有十卷，不需用一輛車子來承載，但至少也佔了一輛車子的幾十分之一。好書，在古代是最珍貴的典籍，故要用架來擺放，以免放在地上受潮。於是就變成了這個「典」字。所以我們後世有「經典」這個詞。古代的書很少，有的話一定是說了宇宙人生很多道理，人一定要好好學習的。因此，說到「典」字，就會有常的意思在內，「典」即「常」，而「常」即是永恆不變的道理。

典

「禮」又是甚麼？人相見要互相行禮，這是人與人相處應有的禮貌，因此，「禮」就是人的行為的一種典範，一種大家都要遵守的行為標準。「典禮」就是常規，即人類應該遵守的行為規矩。兩句合起來，即是說觀察了爻畫所蘊含的陰陽變換的道理，反映出未來情況的改變。然後我們細心綜合提升，找尋出在具體的道理或特定的事物背後，更高層次的普遍原理。用這一普遍原理來建立宇宙人生任何事物、任何行為的一種合理的標準，使它變成了我們人類生活、道德、行事的標準。然後我們就體會到這個爻所反映的情況，配合這種典禮的原則，順從典禮做法的話，當然就是吉，違背了就是凶。

「繫辭焉」，於是就將這事理未來的吉凶，用文字表達連繫在爻的符號之下。「以斷其吉凶」，用了典禮理論和原則，來判斷這個爻所顯示未來將會是吉或者是凶的結果。「是故謂之爻」，因此通過這做法，得出結果之後，我們就叫它為「爻」。它效法天地運動變化的規律，有這樣行事之因，自然得出這樣行事之果。「爻」字，就是效法之意。

這個可說得上是我們傳統兩千年來，大概是大多數注解家的看法。但馬王堆帛書《繫辭傳》寫作「以行其挨禮」，「挨」即是靠近。這說法首先由張政烺教授提出，他在把馬王堆帛書《繫辭傳》的古代文字解譯成今天的文字時指出，應從西漢京房的版本作「等禮」。

唐初的偉大學者陸德明，寫了一本在文獻上非常有貢獻的著作，叫《經典釋文》。這本書將古代經典不同版本的不同文字、不同的讀音、不同的意義羅列出來。陸德明就提到西漢京房《易．繫辭》的版本作「等禮」。今天有注解家認為作「等禮」更為合理，因為我們前面已經讀到「列貴賤者存乎位」（第三章），在《繫辭下傳》還有「爻有等」（第十章）這一句。一說到爻，就有尊卑上下之分，由初爻的元士到五爻的天子，逐級有尊卑貴賤的分別，所以說爻有「貴賤之位」，有「貴賤之位」就是有等差，所以京房說《繫辭傳》有幾次說到爻是有等的。因此，現在就用「等禮」來說出爻的最重要性質是有貴賤之等，這只是說爻。這樣一來，「繫辭焉以斷其吉凶」這句句子，就似乎與「等禮」無關。因此，為了遷就「等禮」這版本，就說這句句子是多餘的，不應該有的。這樣前文和後語都非常對稱。前文是「聖人有以見天下之賾，而擬諸其形容，象其物宜，是故謂之象」四句，後語第一句是「聖人有以見天下之動」，第二句是「而觀其會通」，第三句是「以行其典禮」，第四句是「是故謂之爻」。前面四句說卦，後面四句說爻，非常對稱。因此「繫辭焉以斷其吉凶」，就似乎是多餘了。

這一說法有其道理，但又令人產生懷疑。馬王堆古本也有「繫辭焉以斷其吉凶」這一句，由古到今的任何版本都有這句，我們是否可以這樣不尊重原文，刪除它以遷就「等禮」，來解釋「爻有等」？況且爻是否只有「貴賤之位」？它有沒有「陰陽之位」？有沒有「中位」？那是否其他的都不重要，最重要的是等差，只強調禮法尊卑的等差，就能將爻的所有性質包含在內了嗎？另外，《繫辭傳》是否強調禮和人應有等級分別呢？這些都需要確定，才可以這樣說，否則就是以偏概全。何況甚麼叫「禮」？凡是禮都是有等差的，古代的禮是「禮不下庶人」，不同階層有不同的禮。不單是中國，地球上以前任何民族都是這樣。凡說到「禮」，暗中一定有等差之分，用不著再加上「等」字去說明。所以京房雖然是漢代易學權威之一，但後人都不採用這句文字，因為寫作「典禮」的版本，意義更為豐富。故這個新說法只可供參考之用，是否跟隨是各位的自由，我個人覺得用通行本的文字更為合理。

言天下之至賾，而不可惡也；言天下之至動，而不可亂也。

「言天下之至賾，而不可惡也」，「不可惡」的「惡」字，就是討厭、厭倦；或者是輕易忽略的意思。所以「不可惡」既可以解釋為不可以輕視它、低估它；亦可以解釋為不可以煩厭它。兩種說法古代的注解家都有採用。不過「厭惡」這種說法比較多注解家接受。我在下文再作解釋。

「言天下之至動，而不可亂也」，「不可亂」，就是淆亂、混亂；或者是說不可輕舉妄動，不要因此而錯亂的意思。這兩個不同的說法同樣有人採用。但我覺得元朝吳澄的《易纂言》的說法比較好。他繼承了朱熹的說法，再將之引申。

「言天下之至賾，而不可惡也」，他說上面的卦和卦象就是說明了、反映了天下最深奧、最複雜的內容、本質和規律。雖然《易經》將艱深的道理變得平易簡單了，你不要因為它表面的平易簡單而輕估它、鄙視它，認為它沒有甚麼了不起。這是第一種解釋，說明了《易經》將最複雜的道理變得簡單，但這種簡單不是幼稚，而是把最複雜的事物提升到普遍的層次；就好像我們說任何科學的原理，例如牛頓的力學三大定律之一：如果不受外力影響，「運動的物體永遠運動，靜止的物體永遠靜止」，這定律小學生也聽得明白，但如果我們細心體會他當年如何作出研究、分析和推理，才得出這定律的複雜至極的思考過程。或者知道在牛頓之前眾多物理學家在這一方面的學問建立時，由幼稚逐步發展到極之複雜的原委，然後牛頓才能在這個基礎上，融會貫通，化繁為簡，完成這定律。明乎此，就可以推知這種簡單已提升到更高層次，是人類智慧和知識進步的結果。《易經》所說的道理雖然表面平易、簡單，但它實際上是融貫了「至賾」的事物才能達致的結果，因此不可以因為表面平易簡單而輕視它。這是第一種解釋。

第二種解釋是說象中間所蘊含的至微至奧的原理，你讀了內心感動、喜悅，可以「進德」；依據它行事於外，可以「修業」。因此，你樂意接受，而不會討厭它。這也解釋得非常好。其實兩種說法都是同一意思。實際上第二種說法更多注解家採用。

「言天下之至動，而不可亂也」，爻辭反映、說明了天下事物變動的原則、方向、規律。因此，如果掌握了這些知識，面對任何要採取的行動，你都能看清楚各種事情，不會目迷五色、被各種變亂的事物混淆了判斷，你就能夠走正確的道路，因此得到成功。這是第一種解釋。

第二種說法是掌握了爻辭所示處動之道後，明白了這個「至動」背後，有不變之道作為行事的指南，你就不會因為爻辭表面所說事物的變動不休、混亂之極，而感到混淆無所適從。這是第二種解釋。其實兩種解釋意思差不多，只是說法不同而已。

擬之而後言，議之而後動，擬議以成其變化。

「擬之而後言」，「擬」就是比擬、比喻。通過比較和想像，找出跟這事物或道理類似，或可以反映、解釋它的事物，然後進行比較分析。第一個「之」字指象，這是說分析了卦象背後所蘊含的道理之後，根據這道理去立說。意思是當我看見一件實際要發生的事或理，我就將這事、理和六十四卦比較，看看六十四卦卦象哪個卦的內涵性質和規律，和我現在面臨的道理、事物的本質是最類似的。通過細心分析六十四卦所展示的六十四條大原理，發覺我現在所面對的事物，其本質和道理，其實可歸類於六十四條原理中某一條道理。這就簡單了，我可以根據《易經》這一條更全面、更高級的原理和它比較，從而更準確、更深入、更有根據地說明要說出的事理。舉例來說，通過互相比較分析，我知道所看見的道理原來就是《乾卦》的道理，但是它只是《乾卦》的道理中的一小部分，例如股票升降曲線中某一位置，但它不是整條曲線，只不過是其中一小截。我通過比較，知道了是這原理，我再根據這原理以立言說話，就更準確、全面了。

「議之而後動」，「議」就是商議、討論、分析，甚至可以指幾個志同道合、研究《易經》的朋友的商議。這裡的「之」字指爻或爻象，上句的「之」字指卦或卦象。大家碰到一件要做的事，不知道應該怎樣進行，於是在三百八十四爻中，找出其中一爻和我們現在要做的事情最吻合、最類似的。這件事情只是爻中變動的某一部分，而這爻仍會跟著這個方向發展下去的。因此，我們明白了這爻整個變動過程之後，把實際的事情和它配合，於是這件事情就是這爻；這爻的結果，就是未來事情的結果。首先要分析這一爻指示我們怎樣做，而這樣做，未來的吉凶又會是怎樣？再根據個人的才、德、地位、時機和該事發展的階段，乃至外在的環境，助力和干擾等，細心分析，認為怎樣做法才最妥善，然後行動。這便是「議之而後動」。言、動都經過這樣的過程，碰壁的機會雖然不是沒有、也應該較少了。

「擬議以成其變化」，注意，我們上文說到第一個「之」字是說象；第二個「之」字是說爻，我們知道這是對比成文。意思是說第一個「之」字表面說象，但其實也牽涉爻；象為主，爻為次。第二個「之」字說爻為主，象是次。只是主從、重點不同而已。因此，「擬議」既要擬議卦象，又要擬議爻象。「以成其變化」，「以」就是利用「擬」

和「議」兩方法；「成」字可說是成就或者確定，古文「成」和「定」相通，意思是確定它言論的變化、行動的變化。

這句話，由古到今的易學家多數認為是說人事的變化。只有最近黃壽祺、張善文教授著的《周易譯注》（這是一本非常好的、新出版的《易經》注解，上海古籍出版社，一九八九年初版，二零零一年修訂），有不同的看法。他認為：「作《易》者先譬擬物象然後言說道理，先審議物情然後揭示變動，通過譬擬和審議就形成此書的變化哲學。」

這說法是說得通的。只不過如果我們從文字意義的層次來看，它首先說由具體的事物道理，通過聖人的體會，將天地的事物和原理摹寫在《易經》中，變成卦象和卦象背後所蘊藏的變化哲學。但是《易經》，尤其是儒家，特別講究知識能夠實踐於人生，因此，上面是說創作《易經》，下面就是說學習《易經》的人怎樣去學習《易經》，所以作者說完這句話後，就舉出了七個爻例來解釋。他害怕讀者不明白，於是以具體實例，教授如何通過「擬議」之學，去體會《易經》卦爻的道理。如你能夠神而明之，對其他三百八十四爻同樣依這方法去處理，那你學《易經》就可以得到更多、更深入的知識。所以我們從古到今的注解家，對這一句都是作為人事解釋。因此，「擬議以成其變化」，就是指人事上言論和行動的變化，而不是《易經》的變化哲學。

《易經》的研究分為兩大宗，一宗專門說象數，一宗專門說義理。例如我現在就站在義理的角度來解說《繫辭傳》，跟著我會循象數的觀點來解釋。象數之學在古代就變成天文地理，乃至醫卜星相各門學問的理論根據。今天的新派易學，就利用象數來說明科學，變成了研究易學的新派別，叫作「科學易」。我們現在講授的屬「人事易」、「義理易」，而「科學易」最近已漸漸冒出頭來了。

宋代一位很了不起的象數易學家朱震，他的著作叫《漢上易傳》，凡學習象數易學的人都應讀此書。這本象數易學著作網羅了由漢到宋的各家象數之學，而且解釋了象數背後的原理，將這些凌亂之極的象數歸納成為一個比較完整的象數學系統。我們讀漢代的象數學，如虞翻的易學，甚至鄭玄、荀爽等的漢代易學，因為殘缺，再加上繁瑣，很難掌握。但朱震的《漢上易傳》就比較完整，而且他對宋代的圖書象數易學亦有發展。因此，可以說是網羅了古今象數易學於一書，非常值得閱讀。

朱震說，「變化」兩字，在《繫辭傳》內有四種不同的意義。例如它說到「天地之變化」，實際是說乾坤之變化，這是第一種意義。第二種是「乾道變化」，各位還記得「乾道變化，各正性命」嗎？乾道的變化就是說乾的變化。第三種是「剛柔相推，而生變化」，這在《繫辭上傳》文章開始不久就提到的。那是說爻畫的剛爻或陽爻、柔爻或陰爻相互之間的變化。接著第四種就是這裡說的「擬議以成其變化」。「擬議以成其變化」這一句，朱震解釋為語言行動的變化。各位，能夠語言行動的是《易經》還是人類？因此，當《繫辭傳》說到言動的變化，其實即是說人類根據《易經》所指示的原理和方法，去說話和做事，這就是「擬之而後言，議之而後動」的意思。

另外，要讚揚馬王堆帛書《繫辭傳》，它「擬」字作「知」字，「知之而後言，義之而後動」。當一用到「知」字，是《易經》這本書知道還是我們人類知道？這不用說當然是人了。「義」字其實就是「議」字，馬王堆帛書《繫辭傳》錯別字多不勝數，很多字都需要推測。但帛書《繫辭傳》這裡的文字，指說的應該是人。在絕大多數情形下，黃壽祺教授的解釋都是對的，這只是偶然的小錯，故《周易譯注》這本書的價值很高。各位如果單把它讀得通曉明白，你研究《易經》的水平就相當不錯了。這是一本非常超卓的《易經》現代注解，由淺入深地解說了六十四卦和《十翼》的內容。

小結：聖人以比擬作卦象、爻象

第八章一開始，說出了聖人通過「擬議」的方法來創作卦象、爻象。我們學習《易經》

的人，如果希望自己學習得有成績，一定要體會當時聖人如何創作《易經》，明白他創作卦和爻背後的理據，再去讀《易經》，當然就更能掌握和了解《易經》的意思，達到更清楚、更明晰的層次。因為有了這些理據來帶領我們，我們的聰明才智雖然比較低，按部就班，由低而高，逐步學習，必然有成。如果我們不明白當年聖人如何創作《易經》，而只是依靠自己的推想，就很難學習得好。因此，下文就說：「擬議以成其變化」，說的是人語言行動的變化。由於《繫辭傳》是儒家著作，儒家是重視人的行為思想的，而行為思想最重要的是言語和行動，因此將行為思想濃縮簡化為「言語」和「行動」兩項。《易經》總是將複雜的事物簡化為類例。這一節的主旨，便是在這裡。

鳴鶴在陰，其子和之。我有好爵，吾與爾靡之。

「鳴鶴在陰」，這個「陰」字，今天有人會讀作「蔭」，但傳統則讀作「陰」。「其子和之，我有好爵，吾與爾靡之」，這幾句是《易經．中孚卦》九二的爻辭。《中孚卦》是這樣的（見圖）：這卦中間的三、四兩爻是陰爻。在陰陽的類象中，陰是虛，而卦的中間，就象徵人的心臟位置，因此這個卦就說出了中心是虛。能夠虛心，即是沒有自

《中孚卦》

己，有了自己就不虛心，就會想名想利，想一些對自己有利益的事，不做對自己沒有利益的事。當你虛心而沒有了自己，就能夠將一些偉大的想法付諸實行。因此，虛心就不會爭名爭利、或做出一些邪惡的行為，就能夠沒有虛詐、邪偽。

再者，將它分拆為兩個三畫卦，各位可以看見「下卦」的中爻是陽爻，「上卦」的中爻也是陽爻，兩者都是在中間的位置。陽爻相對陰爻就是實。一個是虛，一個是實。「實」即是誠實，尤其是它處身於卦的中位，這裡象徵有道德，行事適當，思想正確的意思。因此，這個卦是說能夠虛心，沒有邪僻的行為，誠實地實踐一切道德。這種誠懇信實，得到別人的信服，因此你信我，我信你，所以叫做《中孚》。

「孚」字今天新派認為原意是「俘虜」，我們傳統兩千年來則解為「誠信」、「信用」。現在我們不理其原意，因已無從稽考。能夠誠信，人就對你信服，於是互相感應、互相尊重、互相信賴，這就是《中孚卦》的卦義。它說出了誠實互相感應的道理。

九二爻「鳴鶴在陰」，用象數學簡單地說，由於三、四、五三爻互體（嚴格應稱為「約象」）為《艮卦》，而艮象徵山，九二被艮山籠罩著，所以是「在陰」。傳統的解釋是，太陽照射到的地方叫「陽」；太陽照射不到的地方叫「陰」，這是「陰」、「陽」兩字古代原來的意思，所以我們就說，山南水北叫作「陽」；相反，山北水南叫作

「陰」。這是以早上太陽初升作標準，太陽在東南方出來，首先照著山的南面，所以山南就叫作「陽」。山北被山擋著沒有陽光，所以山北叫作「陰」。水就剛好相反，太陽從東南方升起，因岸上泥土的遮掩，就照不到水的東南面，反而照到西北面。明白了這一點，各位畫地圖就不會移山倒海，錯得厲害。中國城市有衡陽、襄陽、洛陽等，其實是與山、河有關的，視乎山還是水。如衡陽在衡山之南，淮陰在淮水之陰，即水的南面。現在用這一意思是說這鶴在山的北面、陰暗沒有人看見的地方鳴叫。因為它陰暗，所以沒有人看見它。

「其子和之」，「子」，我們勉強說是鶴子，因鶴子和母親之間，感情和心意相通。因此，這鶴子雖不在山陰而在別的地方，聽到母親鳴叫都會和聲相應。這就說出了「同類的事物，如具備至誠之心，即使空間有距離，彼此都能感應。」注意我現在所說的，已經由個別、特殊事件提升到一般、普遍的原理。《易經》所說都是具體、個別、特殊的事件。母鶴叫，鶴子和，這是個別、特殊的事件，可能烏鴉不會如此，只有鶴才如此。但如一再引申，由鶴到動物，由動物到人類，再由人類提升到宇宙任何事物，便都有互相感應之理，例如發出某一個聲音頻率，某一個音叉就會共鳴共振。不單止音叉共鳴共振，受這個頻率影響的所有宇宙的物件，都會共鳴共振。喜歡玩音響的人最明白這個道理，有時會故意找一塊厚的鐵條壓在揚聲器或擴音機上，以重物減低共振，就可令聲音清晰了。這個例子雖是減少共鳴，但可用來說明宇宙萬物有共鳴共振之理。現在《易經》用了一個非常特殊、個別的事例去說明此理。有「科學頭腦」的，可能會說這裡說的是鶴，鶴與鶴能夠共鳴，不應該類推貓、狗、豬、牛也能共鳴共振！但是《易經》則是教我們由特殊的事例提升到普遍原理的偉大典籍。孰是孰非，請自己決定！

「我有好爵」，「爵」就是酒杯。這個「爵」字其實就是「雀」字，如果各位去博物館看實物，或者看古代的圖畫，可以見到古代的酒杯形狀很像鳥雀，因此酒杯就是雀（爵），再由酒杯引申到酒杯中的酒。「好爵」即是美酒，我有很好的酒，「吾與爾靡之」，「靡」即是共享，共有。我願意和你一起共同分享、品嘗這美酒。

子曰：「君子居其室，出其言善，則千里之外應之，況其邇者乎？居其室，出其言不善，則千里之外違之，況其邇者乎？」

「子曰」，這「子」一定是孔子，或者是孔子的學生引申發揮的言論，不會是別人。勉強說它不是孔子之言，是不合理的。孔子讀了爻辭之後，就引申發揮說出下面的話。

「君子居其室」，這「君子」就是鶴的象徵。鶴在鳥雀中，古代特別受到尊重，可以與人中的君子相比，因此這裡從鶴進一步提升，指人中的君子，這君子既可指有道德學問的人，更指古代當權的貴族。「居」就是留在家中，不出來做事，無所表現於外，即沒有行動作為，不為人所知的意思。「在陰」是指在陰暗的地方，等如人在家中，外人就看不見、聽不到等。所以「君子居其室」就和「鶴在陰」成為同一的類屬，而可以類推了。

「出其言善」，他雖身處陰暗沒有外人知道的家中，但從口中吐露的言辭卻非常好、合乎義理的，這是「鳴」字的引申。「則千里之外應之」，這樣，甚至空間距離在一千里之外的地方，人也會贊成、響應和支持他。這便是由「其子和之」類推，不受空間距離的限制，遠方也有人響應。「況其邇者乎」，遠方的人都響應他，何況是接近他的人？當然就更響應他了。

「居其室」，居住於陰暗的、不為人所知的房室中。「出其言不善」，假使從口中吐露的言辭是不善的。「則千里之外違之」，這樣，同樣不會受到空間距離的限制，甚至千里之外的人聽到了，都會違背他的作為。「況其邇者乎」，更何況是與他接近的人？

「言出乎身，加乎民；行發乎邇，見乎遠。言行，君子之樞機。樞機之發，榮辱之主也；言行，君子之所以動天地也，可不慎乎？」

「言出乎身」，「言」就是言語、言辭，從口中吐露的言語、言辭，從我們身體之內，顯現於外界。「加乎民」，「加」即是影響的意思，就會影響到普通的民眾，不要看輕言辭的力量，說出來，對所有的人民都會產生一定的影響（因此文中的「君子」，指當權貴族更貼切）。

「行發乎邇」，我們在近處做出來的任何具體行動。「見乎遠」，即使在遠方也會顯現出來，給人看見。

「言行」，即言語和行動。「君子之樞機」，是君子最關鍵的事情。「樞」指門。傳統古代的門，門邊有一個軸，軸令門能夠開關，這叫作「門樞」。門樞可說是門最重要的部分。門開了，就有了光明，人就能夠出入；門閉上，屋子就變得黑暗，人就不能夠出入。「機」是古代的弩機，「弩」是一把附有機械裝置的弓，將弓拉至盡頭，它便停在那裡不動，用時按掣，箭就發射出去。弩就是那個裝置，按掣令箭發射的部分就叫作「機」。一按「機」，箭或者射中敵人，或者射不中敵人，因此，「機」是弩最重要的部分，由它控制弓箭的發射。

作者說「言」和「行」都是君子最關鍵、最重要的事。好像門的「樞」影響明暗出入；好像「機」用來發射，箭或者射中，或者射不中。如果能夠射中，或者能夠開門，就得到榮譽；如果閉門或射不中，就帶來恥辱。

「樞機之發」，「樞」和「機」的發動。「榮辱之主也」，是令到君子得到榮譽或恥辱最關鍵的、最主要的原因。

傳統採用東漢鄭康成的解釋，即剛才上面所說的解釋。可是清代大學者王引之就引用了很多古籍內用到「樞機」文字的句子去分析比較，認為「樞」和「機」都是指門戶。「樞」固然是門，而「機」亦是指門闑的部分，是門關鍵的地方。王引之認為「樞機」只是說門戶而已。

當代的高亨教授，看到王引之《經義述聞》這一說法後，又引用了其他一批古籍的文字，認為「樞機」兩字都只是指弩而言。因此，兩個字都是指弓箭的事。各位通過這一例子可以知道，單靠古籍內的文字作為比較，認為得出的意義是正確的，是否一定合理？如果這方法是正確的，為何兩位學者客觀比較其他古籍類似的文句，卻得出不同結論？誰對誰錯？能憑這方法決定嗎？（王引之、高亨之說見《周易大傳今注．卷五》注解十四，齊魯書社，一九七九年版，頁五五零、五五一）

要判斷王、高二氏誰對誰錯，應從《繫辭傳》本文文意來確定。從《繫辭傳》來說，往往是對比成文，陰陽並用的。上文爻象、吉凶、死生、陰陽，全都是對比成文的，言行何嘗不是對比成文？因此，鄭康成細心體會到《繫辭傳》作者的想法，拿「門」和「弓」兩件事物，來反映言行是兩件事，應該是更合理的說法。難怪兩千年來的注解家都沒有人有異議，認為鄭康成的解釋是對的。王引之雖然是清代偉大的清學家，但清學家研究學問之得，同時就是他們之失，因為他們故步自封，只從文字原意著想，沒有想到不同的人用相同文字可以表達不同的意思。

「言行，君子之所以動天地也，可不慎乎？」這是說人類的言行，人類已經夠渺小了，人類的言語行動則更為渺小。但是一個君子能夠通過萬事萬物互相感應這個普遍原理，令到巨大如天地，都會因我們的所作所為而受到影響。這不是迷信，而是把宇宙感應原理擴大的誇張說法而已。因此，孔子就通過這個爻辭，由特殊的「鶴鳴子和」事件，引申到人的言動會受到其他人的感應。再由人類行動的互相感應，再推進一步，人類中，誰對其他人影響力最大？就是所謂「君子」。這裡的「君子」雖然是指有道德、有學問的人，但更重要是指孔子之前、傳統所指的「君子」。傳統的「君子」是指貴族、指大小的統治者。他們的一言一行，能影響國家的措施；而國家措施的好壞，又能影響人民的禍福。因此，他們要特別謹慎、注意言行，所以文章中所說的「君子」不是指我和各位，而是高高在上的統治者，也因此孔子回答定公所問時，便有「不幾乎一言而興邦」和「不幾乎一言而喪那乎」之說（見《論語．子路》）。《大學》也說：「此謂一言僨事，一人定國」（《傳》之九章），後來的「一言興邦，一言喪邦」，就是儒家的後學在孔子這個基礎上，加以擴展及提倡的主張。不要說行動的影響，甚至輕微的言論，都會導致興邦或喪邦的嚴重後果。

有了這個作為前提，由仁君的施政影響國家、影響萬民，再推進一步，這種感應的原理應該是宇宙萬事萬物感應的原理。因此，一般人的作為同樣可與天地相感應。於是將原本特定的小事件，擴展變成宇宙普遍的原理；再應用這個普遍的原理，來指導執政者應慎重言行；再由執政者降低到我們普通學習《易經》的人，明白《易經》這感應的原理，我們也要慎言慎行。慎言慎行就是回應上文「擬之而後言，議之而後動」這兩句，指要注意「言」和「動」。這樣就緊扣、回應了上文的意思。

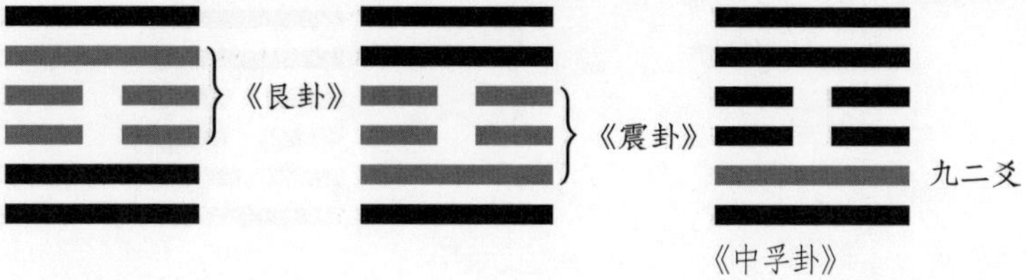

小結：鶴鳴子應相互感應之象

《中孚》這個卦，我們勉強用象數學來略作解釋。現在它是說九二這一爻。《中孚》的二、三、四爻，可組成一個卦，漢代稱之為「互體」，指一個卦內所組成的另一個卦。

《中孚卦》的二、三、四爻組成了《震卦》，《震》為雷，因此有發聲之義，所以它說「鶴鳴」。「鶴」就是因為它本身在《震卦》，所以發出鳴聲。這本來是陽爻，為何我們叫作「母鶴」？陽爻象徵有德性的動物，如前所說，就是鶴了；而爻位的二、四、上是陰位，所以是母親，因為九二在陰位的緣故。

究竟為何說「鳴鶴在陰」？各位請看三、四、五這三爻，它們又組成了另一個「互體」。這互體稱為「約象」。「互體」指在下面的卦，上面的卦則叫作「約象」。如果為了便於稱呼，兩者都可籠統地叫作「互體」；但嚴格來說，在上的應叫「約象」。各位可以看到這是《艮卦》，《艮》為山。這鶴處於山之下。另外，初、二、三這三爻組成了《兑卦》。

《兑卦》

《兑》為沼澤，說出鶴在山之下、沼澤之中。所以我們用山南水北來解釋是有道理的。今天的人不理會象，將「陰」解作「樹蔭」，說鶴在森林，在被樹木掩蓋的林蔭中間鳴叫，意思似是一樣，都是指在不為人見的地方。但古代的「陰」字能用作樹蔭的「蔭」字嗎？尤其是在周初會不會有此義？相信不會有。因為當時只以看到陽光與否來解「陰」、「陽」兩字。今天「陰」「陽」的其他意義是慢慢引申出來的。至於「樹蔭」的用法，是周初時的人發夢也想不到的，所以不會作如此解釋。因此，我們分析時，要視乎時代和卦象。山之下，沼澤之中，這都是人不去、或者少去的地方，這就是「陰」字的解釋。「鳴鶴在陰」，就是根據這些卦象的意義綜合得出的爻辭。

「其子和之」，究竟「子」指誰呢？注解家有兩種說法，一是指初九，另一是指九五。其實，嚴格來說應該是指初九。第一點，因為它是同類同體。如果同在下面的「經卦」中，豈不是更同類、更同體？第二點，爻辭說到我有美酒與你分享，象徵的意思是九二和九五相應，得到九五的賞識，它不是單獨接受九五青眼有加的禮遇，而是帶了同樣喜歡結識九五的初九一起去，正如有福同享，有禍同當。我有美酒而不獨飲，要與你一起共享。因此，即是說我有好事物不單獨佔有。九五已經有了一切好處，它只是將好處給予九二。這是因為它的爻位較高，象徵它的地位也較高，反過來說，九二就不能給予九五好處了。

另外，從象數學來說，《兑卦》除了象徵「沼澤」外，還有「鳴叫」的意思。《兑》為口，口是說話用的，因此，在上的鶴母，震動而鳴，鶴子在她之下，這因為是兒子，所以低她一級，和聲相應。一個是震鳴，另一個就是兑鳴，所以說是「鶴鳴在陰，其子和之」。一唱一和，兩個都發聲才能造成和鳴。《震卦》象徵發聲，《兑卦》也象徵發聲，上下互相響應，其中有空間距離，但只是很近的距離（初、二、三、四爻之內）。

孔子從近距離空間受影響，引申到「千里」的距離空間也受到影響，這是把空間擴展了，因此說是「千里」之遠。孔子沒有錯，影響有遠有近，他沒有單說在遠處造成影響。但後人尊敬他過了份，一見「千里」兩字，就認為是指九五，打破了空間距離更好，於是九五變成了鶴子。兩派的注解家都有道理，但嚴格來說，鶴子應指初九。如果你讀到另一種解釋說鶴子指九五，不要認為注解家錯了，因他們是根據孔子這番說話引申解釋的。

明白原文的意義後，我重複再說，要從特殊事件推展到普遍的原理，再進一步應用於人生方面。舉一個低級的例子來說，如追求異性，你掌握了同類互相感應的原則，當占到「鶴鳴子和」這一爻，就簡單了，知道彼此兩心相應，就可以勇敢地去追求。因為特殊感應的事例，變成普遍的感應原理，你便可以跳過文字的限制去解釋一切同類的事例；否則《易經》正文不足五千字，能說的事理不多，更不能說可以包羅天地宇宙之理了。

但如果你掌握了這個規律，是否一句句子已經包涵了無限的事實？學《易經》正要學這一方法，搞科學的人同樣要懂得這方法，原因在於任何科學發明都需要靠聯想和推理，才有突破，當然做低級科學家就不必了。如果你想拿諾貝爾科學獎或者超諾貝爾獎，要知道很多時候，靈感一到，你的腦筋就會有所啟發，由此有了一個假設之後，未來的一二十年，用盡各種方法去找尋理論證據，可能失敗，可能成功。成功的話，則可成為永遠受人敬重、歷史上有貢獻的大學者。

同人，先號咷而後笑。

九五爻

《同人卦》

「同人，先號咷而後笑」，「號」是大聲叫；「咷」亦是大聲叫。因此，「號咷」連用，可引申為大聲悲痛地啼哭。這句是說，想和別人和同友好、親密聯繫，但是最初非常失望，乃至悲慘地痛哭；但到最後大家能夠和同，又互相歡悅地相聚在一起。這是《同人卦》的九五爻辭。這個爻辭本身只是說出了一個簡單的事實，即是想和別人親近，最初失望以至痛哭，後來能夠親近，歡樂笑語。這是很簡單的具體事實。要將這個具體的、個別的事件提升到更高層次，就要聽聽孔子怎樣說了。

子曰：「君子之道，或出或處，或默或語。二人同心，其利斷金；同心之言，其臭如蘭。」

「子曰：『君子之道』」，孔子看了這爻辭後，就說：「身為君子，立身行事的方法。」「或出或處」，「出」本來是指從家中外出，引申就是在社會上做事。古代所謂在社會做事，即是在朝廷做官；因此這個「出」字，在古代就是指在朝廷做官、為人民服務。「處」就是處身家中、居住在家中，意思是沒有做事，只是留在家中，一般是指未曾在朝廷、政府做官。這個意義一直沿用到今天，凡是飽讀詩書，尚未在政府任職的人，古代稱之為「處士」。這句是說：有些人出來朝廷做官；有些人則隱居進德修業。

「或默或語」，「默」就是沉默不發言；「語」就是言語。「默」也就「潛龍勿用」，進德修業以待時；「語」就是發揮有影響的言論，教導世人。「默」和「語」是君子兩種不同的做法。

「二人同心」，假使這兩個人，他們的心意是相同的話。「其利斷金」，可以變成一股力量，這種力量很鋒利，甚至堅硬的金屬都不能阻攔它，會被它斬斷。

「同心之言」，大家心意相同的人所說的話。「其臭如蘭」，「臭」是氣味的意思。「臭」字本來沒有香或臭的意義，只是指我們嗅到的氣味，氣味就是「臭」。後來凡是嗅到好的氣味就不提了，嗅到不好氣味的機會總是比較多的，就說「臭」。因此，「臭」字取其多數的意思，就指臭味。

這裡是說，它的氣味好像蘭草那麼高雅、芬芳，言外之意是指他們言談的內容高雅（知識和道德），像蘭花的香味，使人樂於聽聞。孔子體會到這個，先不能「同人」，而後能「同人」的情況，所以就想到了先異後同的問題。為何最初是異，而後來是相同？這可以從人情上來說，把人類思想行為歸納、簡化為兩大類，其實所謂同與不同，只有兩種，一種是指我們「心」的相同；一種是指我們「形跡」的相同，即行動。我們的「心」，是內在的想法；而「跡」就是表現出來的行動。同人因此可分為「心同跡異」和「跡同心異」兩大類別。因此，說到人之同與不同，我們要分清楚究竟甚麼叫真正的同，甚麼叫虛假的同。究竟「心同跡異」較好，或是「跡同心異」較好？

首先我們可以說，心和跡要表現出來的話，完全都是心所起的作用。大家還記得「言為心聲」這句嗎？因此，言是心之聲；行就是心之跡，都是心的作用。因此，在「心同跡異」或者「跡同心異」中，真正的「同」應該是「心同」，所以《易經》所重的是「心同」，而不是「跡同」。

於是再進一步推想，為何他最初會號哭，後來卻快樂？因為人外在的行動，有些已經做官，有些仍然在讀書、修德；有些已經發表言論，有些仍在默默進德。外表呈現出不同的出、處、語、默，你能一下子從人的行動了解到人真正的內心想法嗎？不是這樣容易吧。因此，君子要找尋同心之人，是否首先需要從不同人群的不同行動中，體會背後與自己同心的人，然後才能結交？最初彼此不同、外表動作不同，例如一個專唱西方歌劇，一個專唱粵曲，根本是兩個極端，這就很難相處下去了；但最後發覺大家欣賞音樂有共同原則，這便比只從唱歌劇或唱粵曲分別同異高了一個級次，於是大家可以討論樂理，用樂理來分析粵曲或者歌劇的好壞，用同一個道理來交談，大家都高興極了。因此，最初受到外表形跡不同的限制，不想結交，但最後看清楚他內心與我是一樣的，於是大家就結交。結交後，大家同心而感到快樂。再進一步，從這個為何相異、為何相同，是心同跡不同、或是跡同心不同等各種情況設想，最終得出要與人和同，最重要的是「同心」這道理。「同心」須透過外表的不同，去找出真正同心可以結交的朋友。

當然孔子是贊成「跡異心同」的，孟子也有類似的想法。《孟子．離婁下》就說到大禹和后稷在天下太平時，他們都為了要認真為國家辦事，三次經過家門而不入，原文是：「禹、稷當平世，三過其門而不入，孔子賢之」，孔子特別讚揚他們這種公而忘私的精神。「顏子當亂世」，顏子即顏淵，在春秋亂世時，「居於陋巷」，居住在一個簡陋到極點的房屋之中；「一簞食，一瓢飲」，用一個竹或葦草製成的盛器盛載著食物，用一個瓢盛水，「人不堪其憂，顏子不改其樂，孔子賢之」，於是孟子就說：「禹、稷、顏回同道」，意思是大禹、后稷是為人群工作，而顏回這個讀書人甚麼也沒有做，只是進德修業，表面上，大家的表現不同，即跡是不同的，但他們的心相同，所以叫作「同道」。孟子說得很對，這裡的「同心」的「心」，不是一起去做壞事的心，而是「同道」的意思。具備儒家最高的道德，才稱為「同道」；同心者，同道也。

題外話，「禹、稷當平世，三過其門而不入」，句中的「平世」是指太平盛世；而西漢司馬遷《史記．夏本紀》說到禹為了治理洪水，三過其門而不入，到了今天，變成了大禹治理洪水，公而忘私，完全忘記了孟子當年不是這樣說的。孟子所說的是，不獨在亂世、困難的時候，甚至是太平盛世，大禹都認真為國家工作，三次應該回家的時候也不回家，這比國家有危難不回家還偉大。後世的說法是把大禹降了級。由古到今，讀書人沒有讀過《孟子》的很少，為何大家都不作出修正（清代焦循《孟子正義》已提出，可惜注意的人不多）？很不合理！各位讀讀《孟子．離婁下》，就會知道大禹不獨治理洪水是偉大的，即使太平盛世時，所作所為也是偉大的。

回到正題，於是孔子就由一個初異後同的簡單例子，提升到人事上較高層次的心和跡之間的異同，再由心與跡之間的異同，說出了「心同」比「跡同」更重要。隨便舉一個不太好「跡同」的例子來說吧，很多慈善機構掛著慈善招牌，說解救人類的痛苦，結果是所有職員都變得生活舒適，剩下的捐款才拿去救濟窮人，窮人所收到的，只是捐款的少數而已。另外有一「傻子」，同樣去救人，將自己所有的金錢捐出（偉大！）。同樣是做慈善事業，這便是「跡同」，但大家想法不同，一個為自己，一個為別人，做出來的事就不同了。因此，「跡同」是儒家最反對的；「心同」才是儒家所贊同的。不過這個「心同」不是做壞事，而是說「道相同」。所以請各位從這裡細心體會。我們做事情最重要的是動機，我們動機好，做的事無論成功或失敗都是好的；動機不好，即使成功也不值得讚揚。所以儒家不說事情的後果，認為立心（動機）更為重要。

小結：心同跡異和同之象

我們現在又用象數學去解說。這次主要是說九五這一爻。

各位看《同人卦》，一陰五陽，豈不是五男一女，那會如何？這個女子自然就成為五個男子追隨、嚮往、親近的對象，所以卦中五陽爻都想和同於六二。另一點，物以罕為貴，五陽多就不貴，一陰少就貴。以貴者為主宰，因此，一看就知道這個卦的一陰是五

《離卦》

《同人卦》

陽之主，五陽都願意和六二和同。

首先從卦象來說，初、二、三爻組成的下卦是《離卦》，《離卦》的卦德是甚麼（如果不讀熟這些，各位研究《易經》，不容易有進步的）？《離卦》的卦德是「麗」，這個「麗」字，不是「美麗」的「麗」，而是附著的意思。這是說這個陰爻和上下兩個陽爻緊密連繫在一起。所以初爻自然親近二爻；而二爻自然親近三爻，因為它們同在一個「經卦」內；另外，它的性質也有連繫、附著之義。當這二爻親近三爻，從這個三畫卦本身來說，是正確、合理的。但一變成六畫卦，就需要注意感應的作用，二爻和五爻是「正應」，這是最大的感應，而二爻和三爻只是親比，原先的親近，就變得疏了一些。本來在單卦中，二爻和三爻相比，感應是很密切的，但一變成六畫卦，受大環境規律的限制，三畫單卦的小環境就不能保持原來的規律。因此，三爻得到二爻的親近，知道不合理，同時知道所有男子都會追求這一女子，為了保護自己的權益，就在「邊界」處，設置和埋伏了一些兵馬阻攔，叫作「伏戎于莽」，令別人不能過來和六二和同。九四同樣希望和六二和同，要和同就要跨越九三，因此，它要爬上高牆，過了九三的「牆」（阻礙），才能和六二和同。但最後想到這個做法不合理，自己取消了這個想法，所以是「乘其墉，弗克攻，吉」。因此，《易經》說它能夠知道自己不合理而歸於合理，就作出「吉」的判斷。六二和九五是正應，理所當然應該彼此親近。但不幸，六二被九三、九四阻攔，九五應該得到的得不到，氣憤填膺以至痛哭，這就是「先號咷」的原因。但是道理就是道理，合理遲早會戰勝不合理，九五最後終因是「正應」能夠與六二和同，因此歡欣喜悅到極點。但是真正要得到和同，有兩個條件。第一是時間，真理能夠戰勝不是一蹴即就的，要經過時間的考驗，所以一定要經過長時間，然後才可得到和同。時間要多久？沒有人知道。第二是戰爭，九五聯合九四，發兵打敗九三，這樣就能更快和六二親近。因此，九五爻辭接著就說，「大師克相遇」，發動大軍，戰勝了九三之後，九五才能與六二相遇。這是指通過戰爭之後才能夠和同。

《同人》這個卦其實是說，所有人都應該大公無私地和同在一起。即是大同社會的另一種說法。但在這個卦中，每個爻都說出了和同的艱難困苦，第五爻還要通過殘酷的戰爭然後才能得到和同，可見得大同只不過是人類的理想，要真正達到大同社會，絕不容易。一是遙遙無期，一是通過戰爭之後，才能夠得到大同。

戰爭我們不說了，另一的時間因素，其實可以這樣解釋：因為九五的位置既中且正，本身具備了《乾卦》九五的德性。如果它暫時不能和六二和同，而繼續發揮《乾卦》九五的德性，那樣下面的六二，身在《離卦》之中，會作甚麼反應呢？首先，《離卦》是甚麼象徵？是光明。因此，《離卦》本身象徵文明。通過等待，發展了文明，遲早能夠達成大同的社會。所以相反，不是九五親近六二，而是六二受到具備乾「剛、健、中、正、純、粹、精」德性的九五的感召，去親近、響應九五，這樣其他的陽爻都會跟隨六二，一起去親近九五，於是真正的和同就會出現，比戰爭的出現就更崇高、更偉大。因此，爻辭所說的「大師克相遇」，只不過是暗示大同世界要經過艱難、困苦的奮鬥才能達到。相反這個卦引申的第二種說法，才能得到理想的「大同」。

這裡也說出了「或出或處，或默或語」應怎樣解釋。各位看看六二和九五，一個是陽爻，一個是陰爻。陽爻的性質是「動」，陰爻的性質是「靜」，因此，二者在外表的形跡是不相同的。所以，「出」指九五，「處」指六二；「語」指九五，「默」指六二。六二或「默」或「處」；九五或「語」或「出」。正是因為大家的外表形跡，一個活潑之極，一個沉靜之極，兩人似乎是不會結成夫妻或好朋友的，但事實上剛好相反，男女之間，兩人性格不同反會結成夫妻。「跡異心同」，才是婚姻永恆之道；「跡同心異」，譬如大家都喜歡跳舞，這是「跡同」，應該可以成為配偶，但最後可能離婚收場，就是因為「跡同心異」。因此最重要的是要明白原來九五是「動」，六二是「靜」，但因「心同」，再有「正應」的條件而能夠「和同」。

為何「二人同心，其利斷金」？現在是說九五這一爻，九五處身的「上卦」是《乾卦》，《乾卦》是金的類象，《乾》為乾金。當九五爻發動時，由陽爻變陰爻，於是三、四、五爻組成《兌卦》。

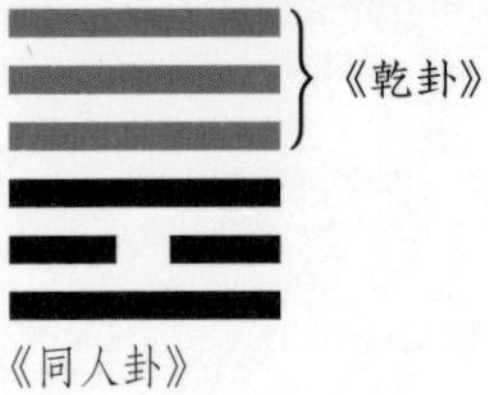

《同人卦》　《離卦》

《兌卦》亦為金，所以《乾》金將《兌》金斬斷，清除了兩人中間的阻隔、防礙，就是「二人同心，其利斷金」。

為何「其臭如蘭」？這是說六二。二、三、四爻組成的「互體」是《巽卦》。《巽》為草，為臭，草象徵蘭花。而在氣味來說，陰是臭味，陽為芬芳。當六二上升到九五，九五便和同於六二，而九五下降到六二的位置，六二便和同於九五。陽到哪裡，陽為芬芳，就發出了香味。正是因為陽是香味，九五的陽下降到六二，或者六二上升到陽所在的九五，結果陽的香味就通過上下，傳播開來，於是彼此間發出蘭花的香味。這是從象數學來體會卦辭，卦辭就是將卦象背後的意義用文字來說明的。

這種同心的「其利斷金」、或者「其臭如蘭」的道理，在後世變成一般指兩個人同心同意，合力一致。中國古代除了親兄弟外，還發展到朋友也應該有兄弟之愛。再進一步就成了結拜兄弟。結拜兄弟要具備這個卦的精神，才算是真正的結拜兄弟。「不能同年同月同日生，但願同年同月同日死」，這就是所謂結拜兄弟的誓詞。而同心就能夠將兩人的力量結合，將金屬斬斷。兩人的說話要同心同德，說出的話就是最偉大的語言。因此「金」和「蘭」是最重要的，所以說結義為「金蘭之好」，稱呼義兄為「蘭兄」、義弟為「蘭弟」，甚至廣東的粵劇也套用到今天。不讀《易經》的人，只要是聽過粵曲的人，甚至是那些不讀書的人，都認識這詞，來源就是在這裡。

這就是擬議的第二則。這只是一件特殊的偶發事件，說的是最初由於大家形跡不同，因而不和同，傷心到極點；後來透過形跡不同的背後，發現大家志同道合，就結成患難相交的朋友。本來意思就只有這麼多，但是孔子由這個別特殊的事件，推出了「跡異心同」是「和同」的最重要關鍵之後，再進一步探討為何我們要與人和同？和同有甚麼好處？於是提升到更高的哲學層次，得出「二人同心，其利斷金」之說。這就變成了哲學上、人事上高層次的說話。如果今天突然有人說這兩句，可能不知道它是來自《同人卦》，尤其是不會聯想到「先號咷而後笑」，因為這具體的特殊事件被人忘記了，但提升到含蓄、抽象、具普遍性的意義層次的名言：「二人同心，其利斷金」，則直到今天，仍是人生的格言。清代的漢學家，或者今天有些不合理的學者，會說這是歪曲了《易經》原意的胡說。但如果你真的希望學習《易經》有所得，這些才是哲學上、或任何搞科學和文學的人都應該學習的智慧，否則你只是一個讀死書的機器而已。能夠觸類旁通，才能真正提升你的聰明智慧。各位希望提升聰明智慧，或是忠實於原意？那你自己決定罷。

初六，藉用白茅，无咎。

「初六，藉用白茅，无咎。」「藉」就是憑藉，墊著物件的意思。即是說一件事物藉著放在它上面的事物。在物件上面的就是「藉」，「藉」和「席」相通，例如我們說「席地而坐」，就是人坐在地上。「白茅」是白色的茅草，古代祭神時，為了表示恭敬、慎重，往往放祭品在桌上或地上之前，先在桌上或地上加上白色的茅草，然後將祭品放於其上，表示祭神虔誠、莊敬、慎重的心意。現在就是說這件事。「藉用白茅」，如果我們祭祀時，用白茅來做祭品的憑藉，那就「无咎」了。要注意不是吉，也不是凶、悔、吝，而是「无咎」。各位知道「无咎」雖然不錯，但不是最好。只能夠做到「无咎」，為甚麼？我們在下面再說明。

子曰：「苟錯諸地而可矣，藉之用茅，何咎之有？慎之至也。」

「子曰」，孔子體會到這具體特殊的祭神事件不能應用在其他事例中，所以將這特殊事件的意義提升。

「苟錯諸地而可矣」，「錯」不是「錯誤」的「錯」，是安置的意思。這個「苟」字，有兩個不同的解釋。我們傳統的解釋是指不莊重、不認真。所以我們今天有「苟且」一詞。另一個解釋見於剛才提到的王引之的著作《經義述聞》，他說這個「苟」字，解作「但、只不過」。「苟錯」的「錯」是安置、放置，整句是說，只不過隨意將祭品放在地上。「諸」就是「之於」；「之」指祭品，「於」指某地方。將祭品放在地面上，「而」即「已」，已經可以達成祭祀的目的。

「藉之用茅」，祭品利用了白茅來作憑藉，放在它的上面。「何咎之有？」，有甚麼過錯？即沒有不合理的地方。「慎之至也」，反而是是慎重到極點的表現。表現出這個人處理任何事情，都是非常認真、慎重的。

「夫茅之為物薄，而用可重也。慎斯術也以往，其無所失矣。」

「夫茅之為物薄，而用可重也」，「夫」是發語詞、議論的開始。白茅這種物件，「薄」字指單薄，引申為不貴重、不厚不貴的意思，它並不是重要的貴重物件。「為物薄，而用可重也」，茅這種物件雖然不貴重，但它在應用時，因為用得其所，就變得非常重要了。

「慎斯術也以往」，未來做事，都能謹慎地利用這種小心認真的方法。

「其無所失矣」，「其」就是大概，大概就不會有過錯罷。這裡同樣又是另一個「擬議」的方法。剛才已經一再強調，「藉用白茅」是一個很特殊、很不常見的祭祀的事，與我們日常生活的關係非常小。但是孔子看了這件特殊事件後，就發覺它起碼有兩點值得我們學習：第一，「白茅」本來不是值錢的物件，但在祭品下加上它為墊，祭神的莊重氣氛、虔誠的心態都表現出來了。由此可以推知：任何物品在適當的時機，發揮它最適當的用途和才能，便變得重要和有用了。孔子就從「藉用白茅」這個個別、特殊的事例推衍成了這個普遍的道理。宇宙之間的事物，甚麼叫「珍貴」？甚麼叫「有用」？往往只是我們人類的價值標準。對我們人類有用的就是貴重、值錢的。例如世人喜愛黃金，但黃金有甚麼大用途，我們還不知道。唯一可知的是，它能抵受酸性和鹼性物質的侵蝕，其物質不變；導電性能特別良好。另外，如果將來在離子層飛行的話，黃金可作催化劑。但這些古人又何從得知？黃金到今天變得這樣珍貴，可能大半出自人類的主觀喜愛。因此，任何物件的貴賤都是人定的。有用和無用，是我們知道它有用，才叫「有用」；你不知道它有用，它就是無用。可能最無用的事物，將來或會發展成為最有用的事物。

因此，孔子從白茅得出：任何人、任何的物件都不要看輕自己，當你能夠找出你的才能最好的地方去發展，你就能有成就。例如你只是跟著潮流走，潮流以當醫生為貴，而你根本不是當醫生的材料，卻去讀醫科，你就是最可憐的醫生。或者今天潮流講財經，而你根本不適合從事財經，卻勉強去做，會有成就嗎？相反人人從事財經，你卻去做一樣別人不做的行業，並成為專家。由於物以罕為貴，結果人人都有求於你，可能你賺的錢反而比做醫師更多。所以人須明白，即使你最無用，如果能找到一樣才能你是有用的，你就變成了最有用。這就是孔子通過白茅，得出任何事物的貴賤都是相對的道理。人最重要的是找出自已的用處，那你就有用；找不到的話，就真的是無用了。

第二，就是處理任何事情，我們都應該具備以白茅為墊那種虔誠、謹慎、小心的心態，即是說，嚴肅認真地處理事情的心態是永遠都不會錯的。但讀《易經》的人都知道，任何事物發展到極限，就會變向相反一面去。因此，現在你說慎重好，沒有其他條件，這是對的，但這違背了《易經》的原理，所以它所得到的判斷辭只是「无咎」。因此，孔子在稱讚這種慎重態度的時候，仍然掌握了更高的《易經》原理，即任何事物過了份就不好，但過慎在待人處事上是好的，不過這只是例外，本來應有過咎，人為努力改善，故得「无咎」而已，並不是吉。所以，「无咎」兩字用得很嚴謹、很精密。看到這些地方，就知道我們學習《易經》，細心分析文字的言外之意是非常重要的。

小結：白茅承祭品極度謹慎之象

如果從象數的觀點來分析，請先看《大過卦》的卦圖。

各位一看卦圖，就會看到《大過卦》是由四個陽爻、兩個陰爻組成的，因此是陽多陰少。在易學中，陽叫作「大」，陰叫作「小」。既然陽過多，所以這個卦就叫作《大過》。「過」，即是過多。這個「過」字，本身除了過多之外，亦蘊含了不好的意

《兌卦》
《巽卦》
《大過卦》

初六爻

《大過卦》

思。因此，《大過》卦名已經暗中說出一些需要注意的事項。如果我們直接從卦爻來看，陽代表「實」，陰代表「虛」，所以中間的四個陽爻代表堅實的事物；而上下兩個陰爻或柔爻，則代表柔弱的事物。由此可以想像這是一根棟樑，這棟樑的上下都柔弱，因而未必能夠支撐房屋。如果我們從《易》學的類象來說，「下卦」是《巽卦》。《巽》除了是風之外，它還有木的象徵意義。學中醫的人便能體會：肝屬木，與風有一定的關係，從這裡可以推想而知，所以從《巽卦》，我們體會到這是象徵木，引申即是棟樑。如果各位再運用聯想，初六的兩個短爻，象徵樹木在地下的眾多樹根；而最上的陰爻，好像樹梢分支的樹枝樹葉等。

《大過卦》雖然是事情過了份，可能有不妥當的情況，但是由於第二和第五爻都是陽爻，且在正中之位，代表陽剛有為，事情的做法是適當的。另外，「下卦」《巽卦》代表順從，「上卦」《兌卦》代表喜悅。「外卦」展現於外面的是喜悅；「內卦」蘊含於人心之內是順從、遵守正道的德性。因此，《大過卦》如果有大過人之才，實行大過人之事，反而能化禍為福。但如果沒有大過人之才，便不能夠做大過人之事，則在政治上，有較多不正常、不合理的情況出現，意味著社會和國家可能有動亂。

明白這個卦的各種象徵意義之後，我們現在只是解說初六這一爻。初六本身的爻位是陽位，但它是陰爻。因此，它就不是處身在最適當的環境和位置。凡是人處身於不適合自己的環境，才幹及其他的一切都會受到壓抑。另外，它本身是柔爻，代表才幹、道德比較差一點。雖然它和第四爻是陰陽相應，屬於「正應」，但第四爻同樣是陽爻在陰位，也是失位，所以能夠給予的支持和幫助，也是有限的。正是初、四兩爻都在不適當的位置和環境中，所以雖然有一定的助力，但這助力只能說是很少；尤其是在「大過」這一情況下，助力就更少了。因此，《大過》之「時」要謹慎；本身才弱失正，更要謹慎，所以這個爻就特別強調了要加倍謹慎。孔子、或者孔子的後學，體會到這爻在整個卦中的特殊情形，和整個卦的整體精神，就根據這個看法，特別強調了本來我們將事物放在地上，已經很妥當，如果再加上白茅來承藉的話，就更安全了。這種做法是代表做事的極端謹慎。

為何用白茅來做比喻？因為《巽》就是木，由樹木再引申，於是一切植物都勉強能比附。另外，《巽》有白色的意思，有茅草的意思，因此，這個柔爻就有白茅的象徵。這就是這爻的象徵，和象徵背後要表達的意思的來源。

原文「慎斯術也」一句，這個「謹慎」的「慎」字，有些古本認為可作「順從」的「順」字。順從這方法去做，那就不會有所缺失。意義也是對的，只不過如果我們從整體意義來看，由於它說出了謹慎又謹慎，所以用「謹慎」的「慎」字，就更容易令人明白。但如果用「順從」的意思，意義就比較廣闊一點，說出了我們順從這種極度謹慎的處事方法去做，處理任何事物，都不會有所失。

我們已經說過，《易》理是不容許事物發展到極限的，認為發展到極限就會向相反的方向發展。因此，《乾》、《坤》兩卦到了上爻，都說陰陽發展到「窮」，因此都不好。謹慎已經差不多到極限，再過度謹慎，就到了極限，應該是不好的。但在這裡過度謹慎到了極限，仍然是好，就違背了易學的原理，所以它得不到「吉」的判斷詞，只能說是「无咎」，即無所失。這個「失」字，就是「咎」字的解釋。「无所失」就是「无咎」。「无失」，其實即是有失，這是人類的一般心理。所以孔子用字是非常嚴謹的，他讚揚謹慎，雖然這不是最合乎易學的原理。這些地方我們要細心體會，古人用字其實很精當。

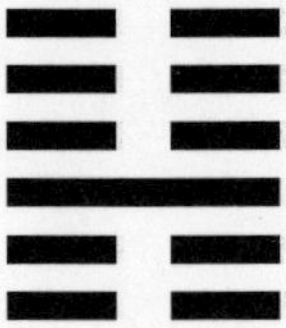
《謙卦》

勞謙，君子有終，吉。

「勞謙，君子有終，吉」，這個「勞」字，如果根據古籍《周禮》，它說「事功」叫作「勞」；「國功」叫作「功」。一般事情，你能夠有成績，我們就叫作「勞」；對國家的事務有功勞的話，我們就叫作「功」。因此傳統上，一用到「功」字，例如說你立了功，就一定是對國家而言，而不是指私人。功名一定不是私人授受的，是由國家授予的。當然今天用到「功」字，就將它的意義擴展到與國家無關的也可用了。

另有一說法，明代來知德《周易集註》的看法是，凡是進行工作而尚未成功之前，叫作「勞」。待我們完成這項工作，有了成績後，就叫作「功」。這個解釋，也是勉強可以的。

九三爻

《謙卦》

這是《謙卦》的九三爻辭。我們根據常識，先作字面解釋。能夠勤勞而又能夠謙遜，「君子有終」，這個君子就會「有終」。這個「終」字應如何解釋？這就比較複雜了。高亨教授說古代的用語，凡是事情到最後是好的、是吉利的話，就叫作「終」。但是，如果我們根據古代的看法，很多時候，這個「終」字的別字，例如馬王堆的《繫辭傳》抄本，它就直接用「冬天」的「冬」字代替「終」字。於是各位就可以知道，春夏秋冬，到了最後的冬天，就叫作「終」。所以這個「終」字，是由冬天的意義引申發展的。「有終」，就是說我們人類持久勤勞工作，而態度是謙遜的。「勞謙」，任何一個人短暫時間都可能做得到，難得的是長達一、二、三十年之後，他仍能持續勞碌地工作而又保持謙遜，不以為自已有功勞，這就難能可貴了。因此，我們根據後來象數學的觀點來說，「終」字是指長期保持「勞」和「謙」才能吉；偶然一次「勞謙」，就未必一定是吉。這就是《謙卦》九三爻辭的意義。

子曰：「勞而不伐，有功而不德，厚之至也。語以其功下人者也。」

「子曰」，孔子體會這爻辭的意義後，就說：「勞而不伐」，這個「伐」字，指誇耀自己的功勞。辛勞於國家的事務，勞苦到極點，但是卻不誇耀自己的功勞。「有功而不德」，對國家立了大功（真正的貢獻），但不認為是自己應該得到別人的感激、讚揚。這個「德」字，就是恩德，要別人不認為你對他有恩德，即是不要別人承認他的功勞。「厚之至也」，「厚」是厚重、溫厚、敦厚的意思，或者忠厚到極點。

「語以其功下人者也」，「語」作動詞用，即是說，爻辭就是說出雖然他有極大的功勞，但是他還甘居別人之下。「下」作動詞用，自己對別人謙下。

「德言盛，禮言恭；謙也者，致恭以存其位者也。」

「德言盛，禮言恭」，這兩個「言」字，都等如「則」字、或者文言文的「焉」字。「德言盛」，就是說我們本身的德行，最重要的是能夠愈盛大愈好。或者說，這個人的德行能夠做到「勞謙」，可以說是盛大到極點。「禮言恭」，至於他在外面所表現出來對人的態度（禮儀），就達到最恭順的程度。謙遜就代表恭順。

「謙也者」，因此能夠謙虛。「致恭以存其位者也」，「致」就是盡力，盡力表現它的「恭」。內心的「恭」，就是嚴肅認真地處理一切事物，努力盡忠職守，跟「恭謹而負責」的意思差不多。對外的「恭」，表現為不誇耀自己的功勞，而不以此伐人，「伐」即向別人誇耀。「存其位者也」，因此能存，即是「存而又存」的「存」，即念念不忘，維持、保持自己的做法。「位」即是職位，保持他自己職位應該要盡的職責。我們當然可以用世俗的說法來解釋，這做法就令到他的職位永遠保持，永不會被撤職，這是最粗淺的解釋。但如果進一步來解釋，當我們接受了這一職位，我們盡力完成這職位要做的事，這就是我的責任。當我完成了我的責任，這只不過是我應該做的事，既然是我應該做的，如果誇耀自己有功勞，是否超越了你的職位應份之事呢？因為你在這職位，做不到你現在的水準，你就是失職。你現在只是做好你的職責，怎能因此而誇耀？教師教好學生是應該的，你能不能夠誇耀自己怎樣偉大、了不起呢？難道教師要教得學生一塌糊塗才算正常？因此，教好學生就亂吹自己偉大，應該嗎？在謙遜的人心目中，無論他站在哪一個身份地位，他認為自己的所作所為，都是理所當為的，他只是勉力達成自己應做的事而已，慚愧都來不及，怎能誇耀自己有甚麼成就？這就是真正的謙遜，不是虛偽的謙遜，所以這句說得很好。

爻辭本身說：「勞謙，君子有終，吉」，這是統計、綜合了很多人類生活行事的經驗所得出來的人生教訓。正是因為這個爻辭本身已經是一個人生的教訓，因此，孔子就站在人道的立場、儒家崇尚道德的立場，詳細地說明了這爻辭的人生教訓的意義，於是把爻辭本身說得不很清楚的人生經驗、或者人生的行事規律，詳細分析、發揮，使它變成了人類道德的一個重要規律。從這爻辭去推衍，我們知道可以應用這個方法，把《易經》三百八十四條爻辭，變成人類三百八十四條人生行事的道德規範。因此，《易經》就由占筮之書變成人類道德的寶典。當你明白了每一爻引申發揮的方法，它們便都成了指導你立身行事的正確原則。因此，通過孔子照著原文發揮的簡單例子，後人便可以依著這個方法，去體會三百八十四爻對人生的各種教導，於是這本書就提升成為人類的道德寶典。單是這一點，就令到《周易》這本書，變成了中國最偉大的古籍之一。

小結：山在地中勞謙之象

這一爻，從象數來說，又怎樣解釋呢？首先看看《謙卦》的卦圖。

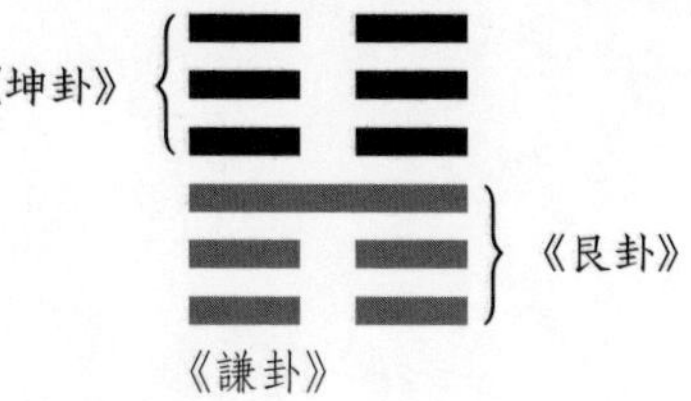

「下卦」是《艮卦》，是山的象徵；「上卦」是《坤卦》，是地的象徵。各位一看，這個卦是象徵山在地之中，我們叫「中」，常識則說山在地之下。山本來是在地之上，現在這個卦象顛倒了，說原本的高山現在反而處於比它低的地之下，豈不就是比喻自己本來高高在上，卻自願降到低於自己的人之下？即對低於自己之下的人都謙遜到極點。如果再從較高的一個層次來說，為甚麼叫做「山在地中」？意思是眼中看見的山，表面上是在地之上，但事實上，這座山是深入地下到極點的。它本來應該是高出地面的，卻又深入地下，表示它雖是高，但它卻是自地之下（中）升起的，所以是真正的謙遜。相反如果地在山之上，只是形勢上你不能不謙遜，那就是假謙遜。現在你既是高高在上，又是自己願意降低至地下，那才是你自動自發的謙遜，是內心真正的謙遜。所以是山在地中，不說山在地下。而在下面的《艮卦》，其實象徵著陽爻從原本最下的初爻一直上升到二爻、三爻。升至九三，已經是「下卦」最高之位，不能再升了。當一事物由最低升到最高，不能再升，它就會自動停止下來，而且是心甘情願的停止。

許多年前，有人說今生能夠喝一瓶「可口可樂」，已經非常滿足，死無憾矣。但當他喝了一瓶「可樂」後，不過如是。那他還會不會說「死無憾矣」？未喝之前，一生念念不忘，喝了之後，覺得沒有甚麼。例如貧窮的人，有很多事物總希望要嘗試一下，嘗試後就感覺不外如是。因此，當它升到最高，就心甘情願安份地停在那裡，安於所止，心甘情願，理所當然地停在這一位置。這就像高山一樣，矗立在地面，心甘情願停在那裡不動，不會有甚麼非份之想，屈已攀附其他事物，以求達到非份的目的，因此它是安於所止。人類受到名、利、情的引誘，結果我們的內心就向外追求，循正當途徑得不到，很多人就會往邪道發展，造成人類道德行為的墮落。假使人類安於所止，我們就明白甚麼叫「正義」。能夠遵守正義而行，所想、所做的都會符合最高的道德。因此「山」，如果我們體會到它蘊涵的性質，變成了人類德性的話，山就象徵道德；所以孔子在《論語》中已經說過：「知者樂水，仁者樂山」，將儒家所最推崇的最高仁德，和山比附，認為山具備了儒家最推崇的仁德。明白了這點，我們就知道《謙卦》的「下卦」《艮卦》，象徵著這個人止於道義、止於仁德，因此具備了最高的德性。

從卦來說，「下卦」即「內卦」，象徵事物的內在本質。「上卦」即「外卦」，象徵顯露於外的事物和行動。因此，這個「內卦」，即象徵著人心之內、人的肉體之內，具備了最高的道德。所以孔子就稱他「德言盛」，意義是說到道德，這個人的道德極為盛大。道德是內在的，然後再表現於外。因為在「內卦」，就指身內有最高的道德；而上面的《坤卦》，《坤卦》的德性是順。所謂「順」，即是柔順，恭順。因此，「外卦」的《坤卦》，就是象徵這個人表現於外的一切言語行動，處處表現出「恭順」這一特質。我們知道在中國文化中，「禮」的意思是崇人、抑己，也就是「尊人卑己」，別人是受我尊敬的，自己則要降低身份，向別人致敬。這是出自恭順之心，然後發之於外，表現出禮的真正精神，所以叫作「禮言恭」，要從外表表現出來對別人一切的禮儀，達成禮背後恭敬別人的德性。因此說，勞謙君子，他內心具備最崇高的道德，外表表現出最謙遜的態度，爻辭的文義就是從這個卦本身的意義得出來的。

不單如此，大家再看看這個卦，六爻中，只有第三爻是陽爻，其他五爻都是陰爻。凡遇到這類卦，這唯一的陽爻（或陰爻）就是最尊貴的，受到其他爻的擁護、愛戴和支持。在這裡，就說出了整個卦的五個陰爻都嚮往、追隨九三這個陽爻。至於第五爻本來是象徵君主之位，但六五是陰爻，由於陰爻代表道德差、才幹弱；陽爻則代表道德好、才幹強。因此，第一點是，在上柔弱的君主信賴九三這一大臣，讓他執行各種政治措施。而在九三之下的兩個陰爻（初六、六二），象徵在下的民眾，在下的民眾也是全心全意、心悅誠服地追隨九三，樂意接受他的命令。再進一步，請各位看看二爻、三爻、四爻組成的「互體」《坎卦》。

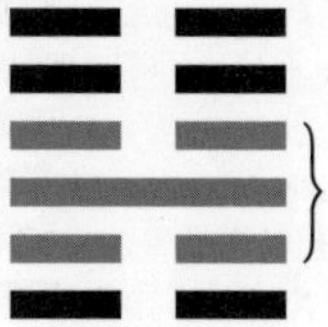
《坎卦》（象徵水）
《謙卦》

《易》學認為事物的外表固然重要，但事物內在的結構、內容，同樣反映出這個卦更重

《謙卦》

《謙卦》

要的精神和特質。所以我們不獨要了解這六畫卦的外表，還應該深入了解卦中的結構、內容。例如單看這堵牆外表的油漆是不足的，我們還要看它是水泥三合土做的、還是紙做的，那就是要看它的結構問題。因此，二、三、四這三爻，就組成第一個「互體」，這個「互體」是《坎卦》。各位體會一下，《坎卦》就是流水，有沒有人見過河流的水停止不流動？如果停止了，就有大問題了。所以河流的水不停地流動，你說是否很忙碌？因此《坎》為勞，即「辛勞」的「勞」，所以《坎卦》是「勞卦」。而九三剛好在「勞卦」中間，象徵它極之勞苦。究竟它如何勞苦？我們可以細心體會卦象。我們看看另一個「互體」，即是三、四、五爻組成的三畫「經卦」，這個我們可叫作「互體」，嚴格來說，我們叫作「約象」，這是《震卦》。《震卦》就是馬匹，馬上身不動，只有四條腿在動，因《震卦》六四、六五兩爻為陰爻，陰象徵靜止不動，而在下的九三陽爻，陽象徵動。由此引申，《震卦》甚至可以代表我們兩條腿，因為我們上身不動、下身動。如果就馬匹來說，這是馬腿，所以《震》是馬的象徵。上面的「外卦」是《坤卦》，《坤卦》的象徵是車。接著，各位看看「下卦」，初、二、三爻是《艮卦》，象徵山。剛才所說的第一個「互體」，《坎卦》代表水。這樣各位可否運用聯想力，將這四個象徵組成和人類有關的情事嗎？

這是象徵九三這個大臣，上為國君，下為平民，坐著用馬來拉動的車，驅馳於整個國家最難於行走的山水之間，處理國家的事務，可說是非常勞碌。我們今天旅遊非常舒服，但古人旅行是最辛苦的。特別是古人的道路不是今天平坦的道路，而是在山水之間。水是危險的，山是崎嶇的。坐著馬車來往山水崎嶇、危險之處，都是為了國家。難道這還不算勞苦？因此，這個圖象將卦內這個人的艱苦，和他的不居功，「德言盛，禮言恭」，全部表現出來。所以就說「君子有終」。

為何「有終」？為甚麼叫「君子」？首先我們知道第三、四爻在三才屬人也，第三爻還特別稱為「人位」。陽爻代表德性，陽爻在人位，當然是君子。陰爻則相反，陰爻是小人。大家還記得《乾卦》的九三嗎？它由象徵龍忽然變成象徵人，爻辭是「君子終日乾乾」；所有的陽爻，雖然在不同的卦，但在同一爻位，性質可能和《乾卦》的六爻是息息相關的。因此，這個九三，其實就是類似《乾卦》的九三。而他所謂「勞」，不是勞於吃喝玩樂或為非作歹的事，而是進德修業，他遵從「君子終日乾乾」之義，「乾乾」進德修業。他不單止修業，還要進德；內心謙遜是進德，表現於外的行動就是修業。

為何《乾卦》九三「君子終日」用「終」字形容？因為它已經到達了「下卦」的最上一爻，第三爻就是處於「下卦」的最上。從整個卦來說，它是第三爻；從「下卦」來說，它是最上的爻，等如「下卦」到此終結。而乾為天為日，下卦《乾卦》升到三爻結束，因此，它是「終日」。而《謙卦》這裡就說是「君子有終」，即結束，這是第一個「終」的意思。第二個「終」的意思，可能今天搞生物遺傳學的人最有興趣。下面的卦是《艮卦》，《艮卦》的性質是「成始成終」，即開始是它，結束也是它。《艮卦》在六十四卦中，有一最大的特色，就是事情的開始是由它發動，事情的結束是由它終結。我們現在說的類象，超過百分之九十是出自《十翼》的《說卦傳》，有一些我來不及解釋，只能夠把根據它所說而得出的結論說出來，各位可翻查原文。如果你真要懂得象數學，就要用笨法子，像小學生一樣，將《說卦傳》背熟，而且能夠靈活運用，一看就知是甚麼象徵，一看便能夠解釋，這需要把它背到爛熟，然後你再讀二三十次也無妨。最好不要一天讀熟，而是每日讀一次，直至能夠背誦為止，這才能真正消化、觸類旁通。這以前已說過了，這裡再提醒各位而已。

為何《艮卦》如此重要？我們立即想到傳說中，三種不同系統的古《易》之一的《連山易》。「連山」是首卦，亦是整個系統的結束。學問是繼承的，因此後來的《周易》也繼承了這意思，例如「先天八卦圖」和「後天八卦圖」。（見下圖）

在「後天八卦圖」中，《艮卦》剛好位於「成始成終」的位置，因為它剛好處於冬天到春天的中間位置上，於是它既是冬天的結束，又是推動春天的開始，這就是「成始成終」。因此，《艮卦》本身有「終」的意思，所以是「君子有終」。而艮為山，泥土升到最高不得不停下來，便形成了山，是造山運動的終結，所以也是「終」。還可以多說一個原因，因為愈多相同的例證，判斷就愈準確。各位還記得《坤卦．象傳》：「『用六永貞』，以大終也」嗎？這是《小象傳》的文字。陰本來是小，但它到最後一變，就變成陽，而陽是大。正是它開始是陰，而結束是陽，因此說是「以大終」。現在將這「大終」的意義（《坤》為臣，能盡最大的臣節，即能大終）用於這裡，所以就說是「君子有終」。我們用了後世的象數來解釋，所以不接受高亨教授的說法，說有好結果是「終」；而是說他自己努力到最後，才叫「終」，和好壞無關，堅持到最後就叫「終」，原因就在這裡。

通過詳細地解說這個卦後，各位便知道象數就是如此。而爻辭說「勞謙，君子有終，吉」，原因也就在於此。

《易經》的六十四卦，包括最高的《乾》、《坤》兩卦都不是全吉的。唯一的例外是《謙卦》，只有它在六十四卦中，六爻判斷都是吉的。為甚麼？可能是我們中國的古人，一直以來對「謙遜」的「謙」德特別重視。有一句今天仍常在人口的諺語：「滿招損，謙受益」，它出自《書經》，可知遠古的中國人已經特別強調謙遜的重要性了。另外，《書經．大禹謨》（撰作時代略後）還有幾句說話：「汝惟不矜，天下莫與汝爭能；汝惟不伐，天下莫與汝爭功。」你因為能夠不誇耀自己，所以整個天下，沒有一人可與你爭能，即沒有人能勝過你的才能；你因為不誇耀自己的成就，所以天下沒有人能與你爭奪你應該得到的功勞。這可能就是《謙卦》九三爻辭要表達的意義。這番說話，

先天八卦圖

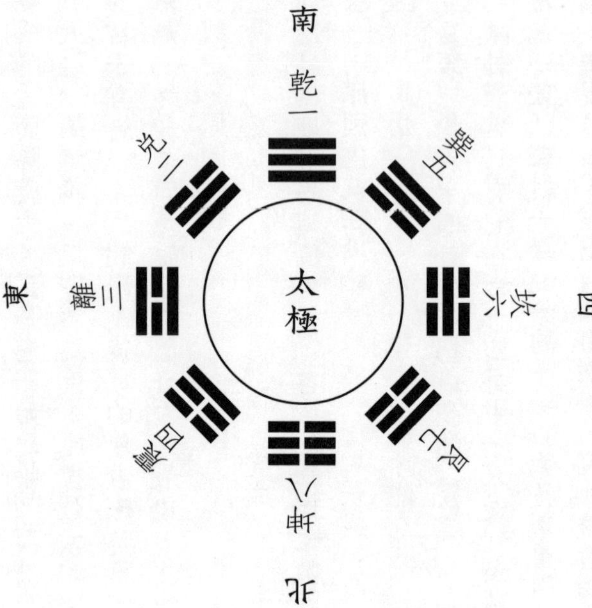

後天八卦圖

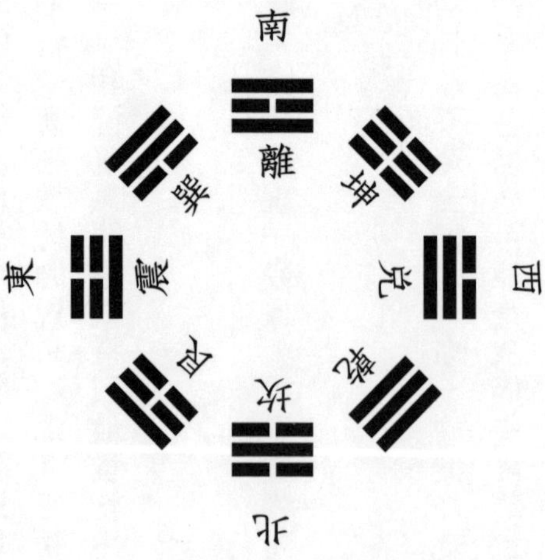

不止儒家認為合理，道家的老子也同樣接受了《書經》的影響，《老子》：「夫為不爭，故天下莫能與之爭」，正是由這幾句引申出來的。但是我們知道孔子教學生，最注重就是承繼中國古代的文化遺產（《詩》、《書》、《禮》）。因此，《書經》的思想對儒家學者來說，感受比道家的學者深，所以孔子就從《書經》的古代教訓中，藉著《謙卦》發揮謙遜的道理。

這個道理變成了中國人的美德，也變成了中國人最吃虧的事實。中國人有十成本領，也謙虛地說自己只有五、六成，總是壓低了自己，因此在今天會吃虧。而西方人會如實說自己有十成，美國人則會說有十五、六成，當他自己說十五、六成，而你說五、六成，他打個折扣，你就變成只有三成的才能。他不知道中國人這樣謙遜，只想到美國的文化是有五成也會說有十成本領，因此你說有五成，他就當作只有二成半。中國人這樣很吃虧，但這其實是我們的美德。現在香港人大多學了美國的作風，誇大自己的才能，這種美德今天已經消失了。其實這樣誇大是否可行？「汝惟不伐，天下莫與汝爭功」，你愈誇大，別人就愈反感；你愈吹噓，別人就愈把你降級，所以不一定是對自己有利的。中國人謙虛的美德，經過事實的考驗，別人最終發現你說五成，其實有十五成，於是會把你捧高，因為你不吹牛；你愈吹牛，別人，便會對你提高寄望而失望，因而把你降級，這就自己吃虧了。這種精神很重要，所以浪費一些時間來說明。

亢龍有悔

「亢龍有悔」，這是《周易》第一個卦《乾卦》的上九爻辭，「亢龍有悔」，簡單來說，就是升得過高的龍，會有後悔的事情發生。

子曰：「貴而无位，高而无民，賢人在下位而无輔，是以動而有悔也。」

「子曰」，孔子體會了這爻的意義後就說：「貴而无位」，雖然上九這個爻位從「貴賤之位」來說，它是最貴的，因為初爻最低賤，上爻最高貴，但實際上是「无位」。在中國易學史上，這句話成為相當具爭議性的問題。因為究竟是否六爻都有位？部分易學家，根據這一句說話就說，六爻只有二、三、四、五這四爻是有位的。初爻和上爻是不應說有「貴賤之位」的。何以見得？因為這裡就已經說出了「貴而无位」了，說明「无位」，即無「貴賤之位」。

不過仍有大部分易學家認為，初、上是有位的；起碼有「陰陽之位」。即是說初、三、五是陽位；二、四、上是陰位。你不能否認沒有「陰陽之位」，有「陰陽之位」即有位。另外，亦應有「貴賤之位」。

為何作者說「貴而无位」？第一，陽爻在陽位，陰爻在陰位才說是「得位」。現在上爻是陰位，陽爻在陰位，即不得位，因此我們就說它「无位」。如果我們撇開易學的規例，這個「位」，就是指我們的權位來說的。他雖然高貴之極，但已經沒有權位了。象徵著這位置是高於天子之位，即可能是天子的老師、可能是天子祭拜的祖宗宗廟，位置是高貴的，但沒有實權；又甚至是沒有權力的太上皇，例如「安史之亂」後的唐玄宗，他便是沒有權位的。因此，這是說得通的。因為在當時，或者他已經讓位予兒子，或者是帝王的老師，清貴到極點，受到人極度的尊敬，但沒有實際的權位。

「高而无民」，高高在上，遠離民眾，所以就沒有民眾的擁護。你要與民眾在一起，才能夠得到民眾的擁戴和支持。所以我們今天的選舉要「拋頭露面」，與民眾打交道，爭取他們的選票，才有民眾支持。如果你高高在上，從來不與民眾接觸，你被民眾選出才是大奇蹟。可能高級知識份子會投你一票，普通人就不會了。

「賢人在下位而无輔」，在下所有的陽爻都是有賢德之人，陽為才能道德，所以是賢人。《乾卦》六爻都是陽，所以都應是賢人（九五既是聖人，又是君主）。但為何在下面有大量賢人，竟然沒有人輔助他？原因是他們都輔助兼備德和位的九五，不會越過九五輔助上六！

「是以動而有悔也」，因此，上六如果有任何措施行動，一定會做錯事，帶來後悔這個不良的後果。

小結：亢龍有悔貴而无位之象

以前在《易經講堂二》已說過這裡的意思，不再浪費時間去詳細解釋了。在這裡，我們看到它所說的意思，與剛才《謙卦》的九三是相反的。朱熹的《周易本義》說：「釋乾上九爻義，當屬文言，此蓋重出」，意思是既然它是討論《乾卦》的，如果放在《乾文言》是最合理的。況且在《乾文言》中，已經有了這段文字，它再次出現在這裡，是不應該的。因此，他認為這是不用解釋的，應該是後人增加的，或者是原文沒有的。

但是馬王堆帛書《繫辭傳》有這句句子。可見得早至漢初，甚至戰國時的抄本，已有這句。其實朱子這個看法可能是未經深思的。比他早數百年的唐初孔穎達，在《周易正義》中，已經特別告訴我們，在這裡引用《乾文言》這段說話，是特別要和上文《謙卦》九三的意義互相比對的。

所以南宋王宗傳，在他的《童溪易傳》中，就沒有接受朱子的意見。他更認為讀者因此須細心分析比較《乾卦》上九和《謙卦》九三兩爻，藉此便可得到更深刻的訓示。他認為《乾卦》：「上九，亢龍有悔」，孔子說：「貴而无位」，而《謙卦》九三，孔子說：「致恭以存其位者也」。一個因為懂得謙遜之道，就能有位；另一個因為是與謙遜相反的驕亢，所以就无位」。另外，上九孔子說：「高而无民」，而《謙卦．小象傳》九三：「勞謙君子，萬民服也。」因為懂得「勞謙」的這個君子，通過「勞謙」謙居下位的美德，上下的陰爻（即萬民）都信服他，因此有民眾擁載。「賢人在下位而无輔」，就是說《乾卦》上九的無輔。而《謙卦》「勞謙君子」是「以其功下人」，因此得到在下的人、即賢人的輔助。在這裡，孔子是通過《謙卦》的九三和《乾卦》的上九來作出比較。當孔子推崇《謙卦》九三的「謙德」，就是相反地對《乾卦》上九的驕亢行為深致不滿。通過對比，說出兩者之同異。然後到最後，就說出為何「勞謙，君子有終，吉」，而上九最後「亢龍有悔」的原因。

如果細心研讀《繫辭傳》，我們也能明顯地發覺《繫辭傳》喜歡通過兩個相反相成的事物來作比較，例如死生、幽明、陰陽、動靜、上下等。通過這個相互比較，更能反映、說明易道。這裡同樣是作者運用了最常用的邏輯思維和寫作手法。通過驕亢和謙抑的比較，來說明兩者的得失，於是通過這個得失，又建立了人生一個道德教訓。所以《乾卦》上九的「亢龍有悔」，只不過是一個象。孔子就通過這個象，說出了人類行事驕亢，會造成「无位」、「无民」、「无輔」這三個不幸情況。換言之，運用這個比較，說明了「謙抑」這個人生教訓應該要認真地遵守，所以「亢龍有悔」是拱托，加強說明謙遜德行的必須實踐。

不出戶庭，无咎。

「不出戶庭，无咎」，這是《節卦》的初九爻辭。依照字面的解釋，我們不離開自己的

初九爻

《節卦》

戶庭，就不會有過咎。「戶」是自己出入房屋的門戶。「庭」是在自己屋外的庭院，是最接近自己房屋的地方。香港少有庭院，但古代的房屋，外面都會有庭院。庭院是連接著房屋的私人地方，外人已經不易覺察你在那裡的言語行動。如果你在房屋之內，你的言語行動更不為外人所知。因此，「不出戶庭」這四個字，蘊含了你的言語行動，外人是不知道的意思。再推廣高一層次，如果你要令到你的言語行動能夠守密，就千萬別在大庭廣眾之中說話做事。你在自己家中關了門，保密這個可能性就加強了，但是保密的加強是消極的，如果你要積極進一步加強保密，你就要在言語行動中不洩漏，那無論在家中、還是在外面，都不會有問題，更不需要藉著房屋來保密。因此，我們要逐步地將這個意思推展。

子曰：「亂之所生也，則言語以為階。」

「子曰：亂之所生也」，根據《節卦》爻辭的原來意義，它只是說節制行動，要求我們做到的只是行動謹慎，有所節制。但是，孔子就由這裡引申類推，節制行動其實已經遲了，因為思想、言語比較行動更早。人是先有了想法，再議論，然後才去實行。因此，到了行動時才謹慎、保密，其實已經是太遲了。如果你真是要節制行動，應先節制你的言語不會洩漏，議論計劃時也不洩漏，事才萬全，於是就推出言語應該比行動更須謹慎這結論。孔子由這裡引申，從「不出戶庭」這簡單、意義抽象、不具體的四個字，擬議為「亂之所生也」，這是說國家的動亂。但是各位請注意，這裡所說的事情，大至國家、小至個人都包括在內。例如剛才所說的「勞謙，君子有終」，你可以說是國家大事，亦可降至任何一個學習《易經》的人、或者任何人都應該有「勞謙」這種美德。例如《乾卦》的上九，明顯是說出君主，因為剛愎自用、驕亢，失去了民眾的支持，失去了群臣的擁戴，結果他所作所為都必遭致失敗。這是說國家政治，但是可同樣代表個人也可以造成「亢龍有悔」。同理，這個《節卦》既可以代表天地，亦可以代表人。它既可以代表重要的政治事務，亦可代表個人的私事，即使細微的事也可以。但它原來的意思是從大者來立論的，小事各位自己可以類推。

它是說一切國家的動亂、沒有秩序的情況之所以產生的原因，是「則言語以為階」，這是說由我們最初的言語造成的。甚麼叫「言語」？國家施政一定要預先經過群臣、甚至和君主共同會議，分析探討，然後決定這件事情如何做才算合理。遠古的時候，大概都是君主和重要的臣子會議，大家互相探討、辯論分析每種措施的利害得失。由君主聽取群臣意見後，決定國家的政策如何推行。但到了秦漢時代，凡是國家有重大的事，就由宰相召集三公九卿和博士官，共同商議；博士官的地位雖然低下，但每位博士官都掌握一門學問，基於其學養，因此可以參議政事。秦朝有七十二個博士官，代表了不同的學問的專家，甚至占卜也有博士官，這些人都是有資格列席的。

會議由宰相主持，商議新政策，君主有興趣可以旁聽列席。人人都有發言權，人人都有投票權，但決定權在宰相。例如有些意見有十人贊成，另外一意見只有兩人贊成，但宰相可以採用兩個人的意見而不採用多數的意見，與西方民主制度要服從多數不同，宰相有最後決定權。帝王可以提出意見，宰相可給他面子而接受，但亦可以不接受；當然帝王可以貶、撤宰相之職，但是會議的決策權在宰相。宰相將這個決策寫下來，蓋印發出文書通行全國，它不是聖旨，只是蓋有宰相的印信，就可以通行全國，反之君主的所謂「聖旨」，不一定有效。當聖旨沒有附加宰相印信之時，那些只有皇帝玉璽蓋印的聖旨，你可以聽從，可以不聽從；這就是秦漢時宰相的權力，甚至到了唐代仍是如此。例如有一次，唐代君主希望封一個人為官，宰相不贊成，說他沒有功勞不能封官。君主數次要求之後，宰相就叫君主用聖旨封他為官，但不蓋上宰相印信。結果這道聖旨是斜封的，表示不是正規的聖旨，因此，那個官別人就叫他「斜封官」。

那我們還可以說中國古代專制嗎？專制是由元朝的外族開始的，明朝繼續，清朝是中國專制最厲害的時代。古代其實是相當開明的。所以漢武帝最討厭宰相，經常更換宰相，甚至盡量任用外戚來打擊宰相，即是提高外戚的權力來抑制宰相。他故意將宰相的權力三分，本來以前軍政、民政、財政都由宰相管理，結果宰相不再管軍政、財政，只管民政，這就將宰相的大權削減了。皇帝當然可以殺他，或將他撤職，但他在宰相之位的時候，他的命令全國的官吏都要依從。

回到剛才說的會議，這樣的討論容不容易洩漏？不獨是宰相、而是任何一個參與討論的人都知道結果，很容易洩漏機密。洩漏國家任何政策的後果，都會是很嚴重的事。例如香港政府要賣某塊土地，三年之後會發展這個地方，我們知道後，叫親戚趁低價買入土地，這就引起混亂了。這就叫做言語洩漏。所以凡是任職高官，最重要的就是慎言。這句是說，國家一切不合理的事、甚至動亂的產生，往往是由於言語不審慎，洩漏了重要的機密引致的，這就是「言語以為階」。「階」是甚麼？階是石級，或者樓梯的階級。如果我們從低地走上高地，用石階或梯的話，是否要逐級、逐級走上去？因此，這種進展是緩慢地逐步造成的。一件事情，最初就是由於言語的洩漏開始，逐步形成。

「君不密則失臣，臣不密則失身；幾事不密則害成，是以君子慎密而不出也。」

「君不密則失臣」，身為君主的人，如果言語不能慎密，將國家的機密事件洩漏，往往就會「失臣」。「失臣」實際是甚麼意思？這不容易知道。第一，我們只能夠說失去臣子對君主的信任。本來大家都要守密，你卻隨便說出來，那臣子一定不會再信任君主。失去了臣子的信任，這是第一個「失臣」。第二個是臣子之失。因為君主的洩漏，臣子因此而遭殃，被免職，甚至失去生命。

「臣不密則失身」，身為臣子，處理國家的重大機要事件，如果言語不守密，恐怕就會失去自己的身體，被貶職，甚至賠上性命。

「幾事不密則害成」，「幾」簡單說就是機要之事、國家重要之事。但在《易經》中，用到「幾」字，往往指事情最初的開始，就叫作「幾」。其實所謂事情最初的開始，不是我們所說的事情的開始，而是人人都未曾注意的那個開始，那才叫作真正的開始，待世人發覺，已不知開始了多久。因此，這個「幾」是事情微細之極的開始，它不為普通人發覺，這才是易學所說的開始。知道它的開始，就知道任何一件事情，總依著一定的規律向前發展，它未來的好壞，就可以從這個細微的開始知道；即如有「履霜」，就會有「堅冰至」的後果（《坤卦》初六爻辭），那麼我們就應預先購買暖氣機。或者我們早點知道香港的食水不足，事前多建築幾個水塘，就不會因為突然沒有食水供應，令全香港市民不便。因此，「幾事」是我們學習《易經》最重要的事。「幾事」是好的，我們促使它盡早來臨，爭取別人不知道的機會，就可以有成就。如果是壞的，我們預先制止它、消弭它，因為它微弱，我們可以輕易地解決它。如果讓它繼續發展，全人類都不能制止它，就可能造成災難。例如水壩最初滲漏，用一隻手指堵著滲水的小孔，就可以輕易地讓它不再滲漏；但如果讓它一直汩汩地流，小孔就會愈來愈大，可能令堤壩崩塌。因此，問題初產生很容易解決，有災禍我們預先防範、消弭，就化禍為福，至少減少災禍，知「幾」是我們學習《易經》的關鍵。現在說「幾事」，是指當事情剛剛計劃、在最初開始的時候，「不密」，如果你不守秘密，將來就會有災禍了。

「是以君子慎密而不出也」，所以君子的言語行動，尤其是言語要謹慎守密，不可以從口中吐露出來。這就是孔子對爻辭意義的發揮。

小結：不出戶庭謹慎言行之象

我們現在從象數看爻義。這是《節卦》的卦圖。

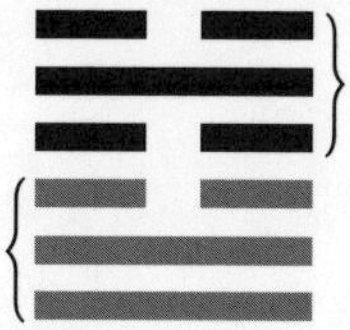

上面《坎卦》象徵水；下面《兌卦》象徵沼澤。所謂沼澤，就是指比較淺的水，四面被陸地包圍，令淺水不會流走。現在就說沼澤上面的水，因為受到沼澤地勢的限制，結果水流就受到節制，不會泛濫流走。因此，這個卦就根據上下兩個「經卦」形成其卦義，名為《節卦》。《節卦》所說的節制，是天地人都應該遵守的規律。因為天地有一定的規律節制，所以形成日月的交替，春夏秋冬的循環迭運。國家建立了合理的典章制度，身為君主，一切政治措施，都應受到禮制法度的節制，因此做出來的事情，就不會令國家不合理地損失金錢、不會令民眾受到損害。再下降至個人，每一個人也不是絕對自由的，我們生活在任何一個社會，都必須受到一定的社會制度、甚至國家的法規所節制，然後人人才能夠安居樂業，人身、財產才有保障。如果人類沒有這些節制，我們就沒有安定合理的生活。《節卦》根據自然現象，引申到天文和人文亦應如此。「不出戶庭」，是《節卦》初九最下的一爻，是卦中時間、空間、人事的開始。它說「不出戶庭」，我們看看三、四、五這三爻組成的「約象」，這是《艮卦》。

各位運用西方抽象派的藝術眼光來看看這個卦形，可以想像到它是甚麼？它是古代的門，有兩門板的是「門」，一門板則叫作「戶」。篆文的「門」、「戶」兩字正象其形。

門

戶

所以門是雙的，戶是單的。各位將「門」的象形字高度抽象化，可以勉強地說和《艮卦》的卦形相似。所以這個《艮卦》通過抽象的象形，就是等如「門戶」的意思，另外艮為止，有止而不前之意。因此，爻所說的不出門戶或門庭，就是指被制止不能夠出來說的。本來初九和六四兩爻是相應的。當它們相應，初九就可以到六四去。六四的位置是門戶，應該可以出門才對。但為何不可出門？或者為何這個人要出門？

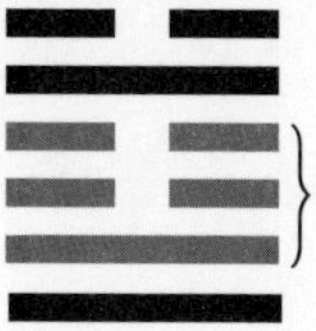

《震卦》

《節卦》

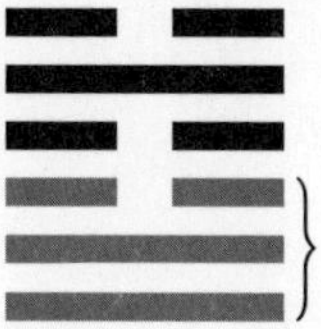

《兌卦》

《節卦》

因為二、三、四這三爻組成的「互體」是《震卦》。《震卦》象徵動，動就象徵它有所行動。結合兩象的意義，它本來受到《震卦》的影響，而有所行動，準備出門。但這道門的另一意義是停止，所以就有不能出這道門的判斷辭了。

另外，「下卦」是《兌卦》。《兌卦》在《說卦傳》中是口的象徵。從我們人類來說，口就是我們的門戶，由此得出「不出戶庭」就是要求人類緘口不言。從這些類象，孔子便由行動引導到口（言語）才是人的門戶，所以他的引申不是胡亂作出的，是合情合理的。言語在行動之先，謹慎行動應先謹慎言語。因為說話謹慎的人，行動也必然謹慎；而說話口沫橫飛的人，這個人的行動未必可以信賴，這是人類的共同想法。因此，通過各種類象，就得出了「不出戶庭，无咎」的意思，和孔子這番引申說話的來源。這是比較複雜的象數解釋。

如果我們採用簡單的說法，可以忘記這些，說初九本來打算與六四相會，但相會之前，要經過九二，凡是前進碰到陽爻，就指遇上阻力，這是清末吳汝綸的新得出的易例。還記得《同人卦》嗎？九五要與六二相會，不幸中間的九四、九三都是陽爻，結果它受到陽爻的阻攔而不能下降，以致號咷痛哭。記著，這也是《易》學後來很重要的規例，凡碰到陽爻，便可能有阻力，要越過阻力，就需要有一定的條件和一定的作為。因此，初九要上升到六四，卻受到九二的阻攔，制止它不能前進，所以初九出不了門庭，於是爻辭便據此立說。

而孔子也是據此逐步推衍、引申原來爻義而立說，即是由爻義慎於行動，推衍到慎於言語；由慎於言語，推衍至國家的機密，往往亦因言語的洩漏，帶來無窮的災害；甚至對臣下也有無窮的災害，這些例子在歷史上並不乏見。例如唐高宗時，武則天的權力愈來愈大，愈來愈跋扈，唐高宗幾乎成為傀儡，於是當時的大臣上官儀，就勸諫唐高宗廢武則天，免得國家受到災害。這本來是上官儀對唐高宗的秘密勸諫，但唐高宗回到後宮後，竟然對武則天說：「上官儀教我廢了你」。武則天當然用了很多手段，貶了上官儀的官職，甚至他的孫女兒上官婉兒亦因此變成罪奴。後來，上官婉兒成為武則天的親信，其後作亂，是唐朝女禍之一。這一事件就是因為「君不密則失臣」。又例如東漢宦官為禍時，大臣陳蕃上奏竇太后，勸她盡量抑制宦官的權力，還說請你將我的奏章傳給其他臣子閱讀，看看他們是否贊同我的建議。就是因為這樣而洩漏了機密，結果陳蕃受到宦官的迫害。這就是「臣不密則失身」。古往今來，這種例子多的是。所以說慎於言語，不單和國家大事有關，甚至是地位低微的普通人，也應該謹慎小心。

但是注意，慎密是為了國家，是為了光明正大的事，而不是陰私邪惡的事。所以宋朝的大臣，曾經短期當過宰相的司馬光，即是小孩掉進水缸、打破水缸救人的司馬溫公，他就說：「我雖然辦理國事慎守秘密，但我個人一生沒有甚麼事是不能對人說的。」「事無不可對人言」這句話就是司馬光的名言，表示我的慎密不是邪惡之事。以君主來說，宋太祖和宋太宗，他們說慎密的事，事後都是可以讓人知道的，是光明正大的事，並不是甚麼見不得人的事，這才是孔子和《易經》這裡所說的「慎密而不出」的意思。所以請各位不要誤會，誤解這裡所說的就嚴重了。

子曰：「作《易》者其知盜乎？」《易》曰：「負且乘，致寇至。」

「子曰：『作《易》者其知盜乎？』」孔子說，創作《易經》的聖人，「其」字是大概，大概知道盜賊產生的最關鍵原因在哪裡罷？這裡表面是疑問句式，但實際是用疑問句式來表達肯定的意思。這種修辭學的手法，就是通過疑問，表達肯定的說法，可以抵銷別人的心理抗拒，令人容易接受。所以如果你說話多用疑問表示肯定的句式，就比較容易說服別人。只用主觀、絕對的說話命令人，即使是真理，別人也會反感，覺得難以接受，因此他只說，創作《易經》的人，大概知道被盜賊劫奪的原因罷？

「《易》曰：『負且乘』」，這是《解卦》六三的爻辭：「負」，就是指人的後背負著一些東西。「且」，而且；「乘」，在古代，指坐在車上面。凡是「乘」，都是在上面的意思。這是說背負物件，卻坐在高貴的車子之上。「致寇至」，引致盜賊來搶奪。

子曰：「負也者，小人之事也；乘也者，君子之器也。」

「負也者」，（因為要）背負重物、做這些工作的人。「小人之事也」，這裡的「小人」，是指庶民、平民、一般的百姓。（古代的看法）是卑賤的平民所從事的工作。「乘也者」，坐在馬車上的人。

「君子之器也」，「器」是工具，馬車是君子出入的工具。這裡的「君子」，是指貴族。一直到春秋孔子的時代，凡是做官的人，出入一定要乘車，不可以步行。所以孔子最得意的門生顏淵死了，顏淵的父親顏路因為家貧，無法買好的外椁（即槨，內層是棺，外層是槨）埋葬自己的兒子，請孔子賣掉自己的馬車，把得來的金錢為顏淵購買外椁。孔子一方面，認為人的葬禮要根據他的身份財富作為標準，所以不應厚葬；另一方面，認為自己曾做大夫，禮制出入需要馬車，因此婉轉地說，我不可以賣馬車，因為出入要用它。最關鍵的就是不應該厚葬，這是最重要的；所以通過《論語．先進》孔子的這一番說話（顏淵死，顏路請子之車以為之椁。子曰：「才不才，亦各言其子也。鯉也死，有棺而無椁。吾不徒行以為之椁。以吾從大夫之後，不可徒行也。」）要知道在春秋後期，大夫或以上的官吏出入仍要坐馬車。因此在這裡，「君子」代表大夫、貴族。

「小人而乘君子之器，盜思奪之矣；上慢下暴，盜思伐之矣。」

「小人而乘君子之器」，一個身份卑微的普通老百姓，竟然坐上不符合他身份、只有貴族才能乘坐的車。這是不合理的。「盜思奪之矣」，所以盜賊就想到你既然不合乎義，我就可以用不合乎義的手段去奪取你的財富。

「上慢下暴」，一般的解釋是說在上的統治者怠慢於政治事務；在下的普通人暴虐、不守秩序。這個解釋，雖然百分之七、八十的注解家都採用了，但可能是不對的。

偉大的北宋易學大師程頤在《易程傳》解釋這一爻時，已經說「上」不是真正指君主，是指大臣。這個大臣不忠，侵凌其上，身為大臣不忠於國家、不忠於君主，還去欺負、蒙蔽在上的君主；而這個大臣又不具備仁德，對在下的民眾暴虐苛刻到極點。這個解釋，如果用卦象來說，就更合適了。有關這一點，我們留待說到爻象時再說。程頤這個解釋，指大臣不忠於君上，蒙蔽欺騙君上，對下不仁，暴虐民眾。明朝官方所定的《易經》教科書《易經大全》採用了程頤之說；甚至清高宗乾隆御定的《易經》教科書《周易述義》，也採用了這一說法，它們是少數。但這少數卻是更合理的說法，所以我們就不接受佔多數的傳統解釋，而接受程頤的解釋：「上慢下暴」，是指身為臣子，上不忠於君主，下不仁於百姓。

「盜思伐之矣」，盜賊就想攻擊討伐他。這個「伐」字，與上面誇耀自己的意思不同，是討伐的意思，正是用了「伐」字，可知不是指君主而言，因為古代是不容許伐君的！

子曰：「慢藏誨盜，冶容誨淫。《易》曰：『負且乘，致寇至。』盜之招也。」

「慢藏誨盜」，「慢」就是輕慢，不在乎。當一個人對於自己珍貴的物件輕視、疏忽、怠慢，不將這些珍貴的物件好好地收藏，反而輕慢地將這最珍貴的事物顯示於人，引起他們貪婪之念；再加上很容易就能盜取，這麼大的誘惑，連正常人也會忍不住去盜取，更不用說盜賊了。整句是說，怠慢於收藏珍貴的事物，是教導人去盜取這一寶物。

「冶容誨淫」，「冶」就是妖冶；「容」就是容貌。對於自己的容貌，打扮得過份漂亮，甚至穿著奇裝異服，過份的追求美麗。「誨淫」，就是說出這個女子希望通過這樣的打扮，來招惹人的注意、羨慕，豈不是教導（引誘）別人去對她行淫（作不合理的性侵犯）？

「《易》曰：『負且乘，致寇至，盜之招也。』」這裡重複《解卦》六三爻辭所說的話，背負重物而坐在貴族的車上，招致盜賊來奪取你的東西。「盜之招也」的「招」字，傳統解作「招惹」，招惹來盜賊。近代很有名的易學家尚秉和，他的著作《周易尚氏學》，可說是近現代一本比較好的《易經》注解。這本書以象數為主，輔以義理之學。國內中華書局以繁體字出版，曾經翻印了很多次，相信是很容易購買得到的。在尚秉和的《周易尚氏學》中，就提出這個「招」字，是指射箭的紅心，因此就是人最集中注視的地方。「盜之招也」的意義就變成了這是盜賊集中注意力之所在。盜賊集中注意力，和要奪取的意思差不多。傳統解釋說招惹來盜賊，尚秉和說是盜賊要奪取的目標物，這當然也是可以解得通的。

小結：小人負且乘致寇之象

「負且乘，致寇至」是《易經．解卦》的六三爻辭。各位可以看看《解卦》的卦圖。它和《易經》的第三個卦《屯卦》相參，則意義更明確。各位看看《屯卦》的卦圖。

《屯卦》與《解卦》有甚麼不同？它們上下兩卦的位置恰巧是顛倒了，《屯卦》的「下卦」變成了《解卦》的「上卦」，《屯卦》的「上卦」變成了《解卦》的「下卦」。《屯卦》為何有災難？是因為「雲在天上」，雨水在天上就是雲，雲不下降就沒有雨

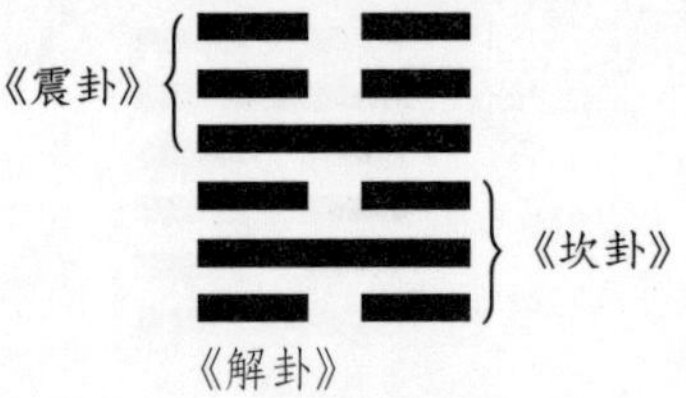

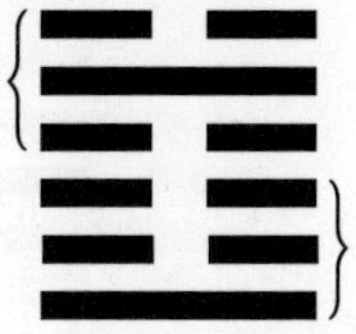

水，春天的植物沒有雨水的滋潤，就沒有機會發芽滋長。因此，在初春這段時間，植物不敢從地下冒出頭來，害怕受到突如其來的寒流的侵襲，隨時有生命危險。所以《屯卦》在這個時候，是最艱難的階段，正像一個懷孕的婦女，嬰兒在出生之前那一刻，也是最危險和困難的時候。《屯卦》在這個時候是最艱難的，原因是天上的雨水未曾降落到地上。既然是如此，《解卦》是指天上的雨水降落到地上，植物有了所需的水份，有了雨水之後，大地兩三天之內綠草處處，樹木本是光禿禿的，忽然長滿了樹葉，春來大地，整個宇宙都充滿了生機，以後就蓬勃地、無限順利地生長。因此，這個《解卦》就等如解除災難，一切都順利了，剛好與《屯卦》相反相成。原來《屯卦》是等待雨水，才能解除屯難，《解卦》則即時解決了屯難。

現在我們分析《解卦》的六三爻。簡單說，陽爻在陽位就是「得位」，陰爻在陽位就是「不得位」。六三現在處身在不是它應該或適合的位置，再加上陰爻又代表了沒有才能道德，暗寓本身所作所為不合正道。但是它在「下卦」的最上一爻，爻位的高低象徵地位的高低，因此，它（他）處身在大臣的高位。注意，它本身欺凌九二，還記得我們說「乘承比應」嗎？凡是陰爻位於陽爻之上，就是不正常。現在陰爻在陽爻之上，就欺凌被它乘著的第二爻陽爻；而它又攀附在其上的第四爻陽爻，憑藉著不正當的、不合理的柔順態度，取悅於九四、攀附九四來得到它的權力，因為它本身的才幹是不應該在這一位置的。陽爻在陽位則是理所當然的在這個高位；陰爻在陽位，就是不合法地在此位置。即是說它（他）本是卑賤的，現在卻在高位，非法地得到高位；而他本身行為不正當，思想邪僻。因此，一看這個爻，就知道怪不得爻辭說「負且乘」了。因為一個揹夫是否貴族？不是。坐高貴車子的人是有身份地位的人，卑賤的人竟然這樣做就是不合理。因此，由爻辭和爻象，起碼可以推衍出很多不同的想法。

第一個想法今天已很少採用，這是由董仲舒提出的。董仲舒是漢武帝時的大儒，為了研究學問，住在書房十年，連花園一眼也不看，只是鑽研學問，因此成為儒學的大師，他向漢武帝提出著名的「天人三策」，確定以儒學為國家最根本教化的學術，這就是「獨尊儒術」的由來。於是中國從他開始，兩千年來都是以儒學為主導，就是他的貢獻。他是功臣、還是罪人，各位自己評價好了。他說，本來這個卦象象徵身坐高貴馬車上的人是貴族，但他竟然做低賤的工作。象徵身為高高在上的大臣，他的思想作為，卻是普通平民的低賤作為。每人應按自己的身份地位做自己應該做的工作，如你是管理國家的大臣，就應該做管理國家的工作。你現在身在高位，卻實行卑賤的人的作為，對國家會造成多大的災害！對自己是多麼的不應該！這是他的解釋。

有人從另外的角度推想：為何坐著馬車還要背負物件？一定是那物件太貴重了，放在車子上怕打碎，因此坐馬車時，還要背著那件東西。如此一來，別人一看，便知一定是貴重的東西。例如你有一枚價值連城的戒指，很多人都會有盜取之心，因此你寫個標籤說

「此地無銀三百兩」，這豈不是叫別人去偷盜？這句話即是說，因為物件太貴重，坐在馬車上都要背負它，因此招來盜賊劫奪，這是高亨教授具豐富想像力的解釋。古代有沒有這種想像？只有天知道。可能有人會接受他的解釋也說不定。

一般的解釋，也是比較合理的解釋：一個地位低賤的人，竟然坐在高貴的馬車上，是否代表一個才能、地位低賤的人高踞在政府的高位？我覺得這解釋即使錯了，聽起來也較為合情合理。正因為非法得到高位，間接鼓勵人人也可用不正當的手段去奪取高位。進一步，當你顛倒是非、混淆黑白，奪得政權之後，你的做法就會鼓勵所有民眾都依樣畫葫蘆，結果整個社會將會是一片奪取之風，社會就混亂到極點，秩序蕩然無存。正是因為這樣，任何人也會和你爭取不合法的權益。

跟著所說的兩個例子，即是「慢藏誨盜」和「冶容誨淫」，可以是比喻，也可以是實事。如果作為比喻來說，就是竊取高位的人不合法的做法，好像「慢藏誨盜」，別人會來奪取。或如「冶容誨淫」，人們就會討伐你、侵害你。這是因為你本身的作為帶來被奪、被伐的後果。聖人因此就說，歸根究柢，盜賊之所以產生，是你自己的作為帶來的。雖然不知道盜賊成為盜賊的原因，但我知道你為何被盜賊奪取或侵害的緣故，這是由於你本身不正當的行為所致。這是儒家的主張，儒家從來不說別人，只說自己；只談我的作為會帶來甚麼後果，而少說別人的作為如何影響到我。各位體會了這兩個推衍、引申的例子，不知你們有甚麼感想？孔子教人，最喜歡用這種方法。

例如我們隨便舉個兩個例子，《論語·八佾》應是記載孔子言行最可信的一本書，《論語》記載了孔子有一個研究《詩經》有成就的學生叫子夏（卜商），他問孔子：「『巧笑倩兮，美目盼兮，素以為絢兮。』何謂也？」（這個女子輕輕一笑，更增加她面頰的美麗。眼睛朝人一望，使她的眼睛更加黑白分明。在白色的布帛或絲綢上，增添彩色的描繪。究竟《詩經》這三句詩是甚麼意思？）孔子回答：「繪事後素」（當我們畫畫，加上五種美麗的彩色，一定是要畫在白色的布匹上。有了美麗本質的白色布匹（當時未發明紙，畫都是畫在布上的），畫上不同的彩色，這幅畫才特別漂亮）。子夏聽後，得到啟發，就說：「禮後乎？」（這樣說起來，老師所提倡的「禮」，應該是後於（仁義？忠信？）才產生的罷？」於是孔子說：「起予者商也！」（「商」就是子夏的名字，商呀！你說這番話，給了我很大的啟發）。孔子又說：「始可與言詩已矣」（這樣才可以與你討論《詩經》，即這樣才是研究《詩經》的正確方法）。兩師徒的對答，是指人需要先有忠信、美好的本質，然後通過這美好的本質，表現出來的禮才是真正的禮。正好比這個女子本身很漂亮，微笑就更漂亮，眼睛一轉，令人的魂魄都不存在，正是因為她有美好的本質，才令她更美麗。好比畫畫，沒有好的白布作為襯托，你怎能夠塗出美麗的彩色？西施因為心不舒服，按著胸口，更惹人憐愛。「東施效顰」，就嚇怕所有人。因此，沒有美好的本質去做事，是不可能做得好的。這番說話說出了孔子認為

「禮文」、即禮外表的形式不重要，背後的「禮意」，即仁義或忠信（美好）的本質更重要。

這樣解詩，今人可能認為是牽強附會，但這就是舉一隅而以三隅反，要求你能夠觸類旁通，通過具體的事件，引申了解其他同類、甚至不相關的事件，這樣你的知識才豐富、你的靈感才源源而來。這是文學藝術的方法，科學不應該用這方法，用這方法會有問題。這就是孔子的教學法，其實不只這一宗。《論語》一開始的《學而》中，另一個天才學生子貢詢問孔子：「貧而無諂，富而無驕，何如！」孔子說：「可也，未若貧而樂，富而好禮者也。」子貢大悟，就引述《詩經》的句子說明他的觸類旁通：「詩云：『如切如磋，如琢如磨』，其斯之謂與？」，這是子貢根據《詩經》這兩句，說出學習的過程。精心要求更精心，細密要求更細密。好像我們雕琢玉器，切之、磋之、琢之、磨之，這才行。明白這是孔子教學的特色，你就知道用這學習方法是如假包換的儒家學者。道家學者不用這種教學方法和學習方法的。第八章到此完結。

象數是從漢代發展的。漢代的學者認為《易經》是偉大聖人所撰的書，書中每個字背後都有象數的根據，所以用盡多種不同的象數理論體系，來解通所有的卦爻象都和《易經》原文的文字密切相關。結果他們為了要文字意義和象數吻合，把全副精神都放在發展不同家派的象數學，來解通所有文字。到最後，由漢末三國東吳的虞翻集大成，幾乎書中任何一個字都是與象數有關。甚至《繫辭傳》的文字也用象數解釋，只著重解象數而不是解釋義理，結果解釋往往就變得支離破碎。王弼反對這種學風，廢除漢朝的象數而說義理。但我們不能否認《易經》是絕對與象數有關的，只不過是不能接受漢人那種繁瑣的解釋而已。所以後來漸漸就改良了漢代複雜的象數學，簡化了它，盡量用《說卦傳》來作標準，盡量通過陰陽爻畫的變化來解釋象數。到了宋代之後，雖然義理解釋《易經》變成主流，但仍有很多易學家認為不識象數，無法真正了解義理，所以仍用較簡單的、不複雜的象數來解釋。於是象數理論就由漢代的各家各派，以至《說卦傳》，以至後來發展的爻畫陰陽理論等，組成新的象數學，它們是較為簡單的。這些象數學，凡是解得通的，才應用來解釋經文，解不通就不解釋，不牽強附會，結果形成了很多不同的家派。我現在所用到的，只是一兩個家派之說。其實條條大道通羅馬，抽象的符號是令到你通過這些符號來想像。由於人人解釋不同、想像不同，就得出不同的象數，但如果大家都是學有根柢的，雖方法不同、解法不同，但結論應該很接近或者一致。這證明大家可從不同的方法，得出共同合理的答案，這在易學上是正常合理的。

總結

本章第一部分通過象和爻闡釋易道

《繫辭上傳》第一至第七章，主要是說易道，次要才是說學易和用易的方法。但是到了第八章，易道變成次要，主要是說學易和用易的各種原則。因此，第八章的內容可以分為兩部分。第一部分是說易道，它所說的易道是象和爻。所謂「象」，是以卦象為主，其實爻象亦隱寓於其中。它說到象時，非常扼要精簡地說出象的兩個最重要的德性、或者關鍵的內容。第一就是「擬諸形容」，說出了象是對具體事物形狀的摹寫，例如《乾卦》的象，就是對天的形象的摹寫；《坤卦》的象，就是對地的形象的摹寫等。第二就是「象其物宜」。各位要特別注意「物宜」這兩個字。任何事物都有很多不同性質，如果從科學立場和西方的觀點來說，各種性質都不能夠遺漏，要全部清楚地羅列出來；但易學的觀點則剛好相反，要將次要的忽略了，只將最能代表這個物件的關鍵性質說出來。另外，這個性質不單是這事物最關鍵的性質，甚至也是它全部同類事物的關鍵性質，這才叫作「物宜」，即是事物最適當的內容。因此，它反映了最關鍵、而且是同類中共有的性質，所以就變成了一種理，或者用今天的觀點說，變成了同類事物共有的規律。這就是象中的無形之理。因此，象分為兩個關鍵的部分，一就是形象的摹寫；另一則更為重要，是事物背後的原理和規律。

而所謂「爻」，最關鍵的性質，第一點就是任何一爻，本身就是具體的事實或者物件，你要將它提升變成一個類別，從同類事物中找尋出相同之處，而忽略其不同。當找尋到同類事物中的「同」，這個「同」，就可以會通所有同類事物的性質。好比我們居住在東南西北，大家都在某餐廳會合，這就是共同之處，但是能夠會合只是低層次。接著，第二點更重要的就是，要使這個共同的規律能夠通用於同類的各個事件中，於是進一步就要說到「通」。「通」也者，就是這個所謂「規律」也罷、「原理」也罷，它要在同類的各個事件中都能夠實行，這樣就變成了一種規律。這個規律叫作「典禮」，即永恆不變的常法。然後根據這個爻所表現出來的典禮、常法，來衡估在這個爻位的情況下，所做的事情是否合乎這個規律，或是違背這個規律，然後吉凶、好壞、得失就從這裡衡估，寫成爻的判斷文字。因此，《繫辭上傳》在這裡雖然主要說三百八十四爻的爻辭，實際上六十四卦的卦辭暗中也包括在內。創作《易經》、寫作卦爻辭的聖人，就是根據這種擬議的方法，細心衡估、檢討、分析，才寫成這些卦爻辭。這就是第八章的第一部分要說的內容。

本章第二部分通過擬議之道學習和應用《易經》。

學習《易經》、應用《易經》的人，如果真要能夠將《易經》變成對自己、對人類有用的實典的話，我們在了解卦爻辭和卦爻象的時候，一定要體會創作《易經》的人是用了甚麼方法、甚麼的原則來寫成這些卦爻象、卦爻辭的。因為只有我們真正明白創作的人的寫作動機、寫作體例和寫作的原則方法，根據這些原則方法解讀，然後才能夠既明白卦象爻象、卦辭爻辭的意思，又能夠超越卦爻象、卦爻辭，得到更深刻的體悟。因此，第二部分是第八章的精華，亦是我們學習《易經》的人要神而明之的部分。

在第二部分，作者就在六十四卦、三百八十四爻中，選擇了七爻作為具體的實例，教導我們如何掌握「擬議之道」。由於儒家注重人道，因此，在擬議的時候，就站在人道的立場來講解說明。當然如果進一步，我們也可以從天道、地道來解釋。例如漢代的易學家，就從「卦氣之學」來擬議，說明天文、曆法、音律等各種科學；而宋代的儒家，就利用《易經》的擬議，來建立他們的「宇宙本體論」。這些我們暫時不說，現在只從文字上來解說。孔子怎樣擬議？人道變化非常多，非常複雜，但將它提升簡化，其實可以簡化為言、行（或動）兩方面。所以這七爻不論它們說甚麼，無論是正面說言行也罷，不說言行也罷，實際上它暗中所說的，都是和我們人類的言行有關，可從這些最簡單的言行事例引申到非常複雜的道理。

例如孔子就藉著《謙卦》的九三爻辭：「勞謙，君子有終，吉」，來論述人類一個非常珍貴的生活經驗，而這個生活經驗，本身就可變成人類一個最好的道德教訓。因此，站在孔子儒家崇尚德行的立場，他就全力正面根據「勞謙，君子有終，吉」的文字意思，解釋「謙」對人類的重要性，它是人類最重要的德行之一。這是正面的解釋，學易者神而明之，就能根據這一擬議之道，使到每一爻辭都變成了人類的道德教訓。

進一步引申，「勞謙君子」是具體的事實；而《乾卦》上九的「亢龍有悔」，說龍飛得過高了，它是一個形象、一個比喻；而這個象，一看就知道它是「貴而无位，高而无民，賢人在下位而无輔」的象。因此，這個象同樣可變成人類行事的指導。反面的教訓往往比正面的教訓更有意義；而這個教訓說出驕亢就會有悔。原來是指身在高位的領袖，高高在上，遠離民眾、遠離輔助的大臣，以致政治上有後悔的事情產生。遠離民眾的原因，就是因為高高在上，和謙以下民剛好相反。這教訓可以將它擴展到不止是君主貴族，甚至是普通人，小小成功可令我們充滿自信，可以鼓勵我們繼續努力；但成功次數多了，對自己過於自信，就會變為剛愎自用，自以為是，遠離親戚、朋友、下屬，結果沒有人敢勸諫他，他說的話就是「聖旨」，他自己只懂得一加一等如二就是數學天才，別人懂得微積分反而是白癡，這樣便再沒有人願意和他說話，結果遠離民眾，遠離輔助他的下屬，最後導致失敗。同樣通過這反面教訓，形成了人生的行事標準。這個可說是通過占和象來說明人生的教訓，占就是直接說出得失吉凶；象就是通過形象，來暗示得失吉凶，有關「象」和「占」在《易經講堂二》中已經說過了，現在就不再細說了。孔子在這裡以相反相成的手法來說明儒家所重視的道德教訓。接著，再推進一步，不單要說出卦爻辭蘊含的意義，還要由卦爻辭引申出更多的意義，才能把簡單的文字變得包含豐富的意義。

例如《大過卦》的初六，任何事物小心地放在地上，已經不會是不安全的做法，但是還要再加上柔軟的白茅來承藉它，令它不會損壞，便較謹慎更進一步。通過「藉用白茅」這一個象，來說明了謹慎是非常重要的。它同樣是一個人生教訓，但孔子再由此引申出來為人生道理，就是任何微薄、不足道的事物，只要應用在適當的地方，也會變得重要的。

正好比他說到《節卦》，「不出戶庭」，沒有行動就安全了，但他就由「不出戶庭」，提升到謹慎小心、不洩漏秘密才是事情成功的關鍵。再由這個守密提升到行動之前的言語，言語守密比行動守密更重要。因此，他一步一步的擴展，原來爻辭沒有的意思，變成了要言語謹慎、守密。

再進一步，任何具體的爻辭，無論是象也罷，是占也罷，其實都是一個特殊的事件。特殊的事件只能夠應用於特殊的人，特殊的事，不能夠成為普遍的原理。因此，要將這個特殊、個別的事件，找出它同類的事物，然後通過同類事物來提升到「普遍」，這樣同類的人，同類的事件便都可以應用此理了，於是就通過「鶴鳴子和」，說出了具備至誠之心，則無論在如何幽隱的地方，空間有多遠的距離，彼此都能感應，推出了感應是一個普遍的原理，甚至推廣到可和天地萬事萬物互相感應。而這一普遍原理，即使降低到人生來說，人的善言善行會得到人的響應；人的惡言惡行則會受到人的反對。說出了人要慎言慎行，不單是被人看到的言行，即使在家中，在鶴所處的陰暗地方，也都一樣。於是進一步，就將儒家道德上須「慎獨」的原因說出來。「慎」就是小心；「獨」就是自己一個人。人在大庭廣眾中，總會檢點自己的行為。但如果在自己家中，或者在無人的時候，他是否能夠遵守道德行為，這就只有天知道了。儒家主張，不單在多人的地方要小心謹慎，最重要反而不是在大庭廣眾之中，而是在私下的行動中也要小心謹慎。各位記著，你在家中的習慣，在緊張的時候，自然會在大庭廣眾中表現出來。因此，你要在單獨的時候，具備一切良好的修養，才會在大庭廣眾中從容自然地表現出來。偽善是不能騙人的，真面目總會顯露，這個就是「慎獨」的意思。這個例子是將個別的事件，提升到普遍的真理。

又例如說到「先號咷而後笑」，是說出「先異後同」的道理。孔子由它想到「出、處、默、語」，再想到「跡同心異」、「心同跡異」之不同，最後說出了何謂「同人」。大家形跡相同而心異，這叫作「貌合神離」，這種「同」是沒有任何意義的；「心同跡異」的「同」，才是真正的「同」。於是通過「同人」，分析「同人」起碼分為兩種的「同」，而你要選擇「心同跡異」之「同」，然後提升到更高的層次，得出「二人同心，其利斷金」這個寶貴的人生教訓。

孔子最後用了是否知道盜賊的這一個擬議，它的意義最豐厚，說出了任何好壞吉凶，都是你自己所作所為招致的。即是說你做好人，就會和好人在一起，最後好運就會降臨。你為非作歹，與歹徒在一起，最後會招來惡運。你不需要知道盜賊如何產生，怎樣去搶奪；只需知道你的行為不當會招惹盜賊的奪伐。因此，儒家不講別人，不怨天、不尤人，不怨社會，不說是社會的罪過、政府的罪過，只是不停地檢討、責備自己。香港人最懂得將責任賴在政府頭上，儒者就不應如此，他認為自己不讀書就該做窮鬼，自己不努力就不應有飯吃。這裡最重要說出了一切得失吉凶都是自招的，盜賊劫奪不過是個例子而已。於是我們就可以知道，如要懂得擬議之道，第一點就是要認真了解《易經》所蘊含的易學原理，用這個原理作為我們思維、應用、推演卦爻辭的理論。在這一點上，《繫辭傳》應該是一篇最好的文章，將它神而明之是第一個關鍵。

第二點就是，卦爻辭的意思，我們要徹底認真地了解。因為只有我們真正了解卦爻辭的意思，我們愈明白它的意義，我們就愈能從這個意義觸類旁通，引申發揮，如果我們連原文意義也不懂，就無法由原文意義引申到和它有關的情事。這是第一個原因。第二個原因是我們的擬議，都是根據原文的意思作為基礎。假使我們誤解原文，或者不深入了解原文的話。我們從這個小小的錯誤開始引申，到了後來，就變成《易傳》所說的「差以毫厘」，最初只有毫厘的差誤，但經過擴展到最後，便「謬以千里」，變成錯到千里之遠。所以對整本《易經》的文字，一定要嚴謹認真地徹底了解，才可以擬議。進行第一步擬議時，只是逐步小心地依照文字解釋，它說甚麼，我們就從這裡發揮。因為三百八十四爻都是解釋人事的事或者象的，多是指導我們如何立身處世才是適當的。《易經》的卦爻辭永遠不會指導你怎樣做賊、怎樣為非作歹可以成功，它只說成功是循正道才能得到的。三百八十四爻辭，就是三百八十四條指導我們人生行事的合理規則。由這裡再提升，就好像是《謙卦》的提升，就變成了很關鍵的道德修養的格言。

另外，是我們要在卦爻辭的本文意思外，引申到其他和它有關而需要知道的道理。例如以白茅草為墊，引申到不貴重的事物也有其重要之處等。一步一步引申下去，由於每個人的文化修養、興趣、年齡、經歷不同，去看同一段爻辭，便有不同的解讀，對他亦會有不同的好處。

但這些還不夠。因為無論六十四卦的卦辭也罷，三百八十四爻辭也罷，其實都是特殊的事件。即使你全部記得清楚，加起來也沒有五百個應付世事的方法。世間事物如此多，你不會剛好就遇上那事件，遇不上，你就無法處理了。因此，再進一步，就需要將《易經》的卦辭爻辭，由特殊、具體、個別的事件，提升到普遍。或者將實際的事件，變成虛擬抽象的理。循著這樣的方法令到這特殊事件變成普遍原則的話，就可將爻所說的特殊事件的同類眾多事物，都可根據這一原則來處理了。

於是六十四卦的卦辭就變成了六十四條高級的原理和規律。三百八十四爻的爻辭，就變成了三百八十四條次要的原理。這樣多的原理，縱使我們今天生活如此複雜，也能應付有餘了。因此，《易經》就能夠只用五千多字，包羅了天下的事物，能夠「彌綸天下之理」。這句話各位應該是記憶猶新的，原文在前面已經解釋過了。因為能夠包羅天下之理，然後《易經》這本書才能夠做到「以簡馭繁」，「以少總多」。這樣學習《易經》，才會得到最大的好處。所以希望各位學習第八章，最初要運用笨法子，熟讀它、再熟讀它。待各位的大腦熟記後，你的大腦的神奇功能，在數天、數月，或者是數年之後，會幫助你把整本《易經》的理論融會貫通，使你的聰明才智自動提升到神而明之的境界。到底是五年、十年、二十年？那就要看你是用功、還是懶惰，聰明、還是笨拙了。但只要你用功，刻苦學習，遲早能夠得到這個好處的。第八章講到這裡結束。

第十講

《繫辭上傳》第九章

天一、地二，天三、地四，天五、地六，天七、地八，天九、地十。天數五，地數五，五位相得而各有合。天數二十有五，地數三十，凡天地之數五十有五，此所以成變化而行鬼神也。大衍之數五十，其用四十有九。分而為二以象兩，掛一以象三，揲之以四以象四時，歸奇於扐以象閏；五歲再閏，故再扐而後掛。《乾》之策二百一十有六，《坤》之策百四十有四。凡三百有六十，當期之日。二篇之策，萬有一千五百二十，當萬物之數也。是故四營而成《易》，十有八變而成卦，八卦而小成。引而伸之，觸類而長之，天下之能事畢矣。顯道神德行，是故可與酬酢，可與祐神矣。子曰：「知變化之道者，其知神之所為乎？」

版本問題

第八章和第九章可以說是《繫辭上傳》中重要的兩章。第八章說出了怎樣體會象、怎樣利用象、怎樣學習象。第九章就說出了怎樣了解數、怎樣應用數。《易經》最重要的兩項，一是象，一是數，就分別在第八、第九章中加以講述。遺憾第九章的文字本身有很多問題，例如可能有錯簡，導致這些文字分散在第九、第十章中，讀起來零碎不全。雖然《漢書·律曆志第一上》引述時是有條理的，甚至後來衛元嵩的《元包·運蓍篇》，引用的文字也是合理的，但我們所見到的《繫辭上傳》，古今的版本都有問題。更遺憾的是，馬王堆的帛書《繫辭傳》剛好缺少這一章，結果我們沒法利用它以校訂今本。另外這一章所說的占筮法，在古籍中，唯一只記載於此，別無參證。再由於它的文字簡略，後世的解釋又各有不同，造成了爭論最激烈、問題最多，或者可以說是很多問題無法解決的一章。例如章中開始的二十個字，本來不是放在這裡的，而是放在第十章的開首。甚至接著「天數五，地數五」這一段，它原來是放在「大衍之數五十」那段之後。由於《漢書·律曆志》和衛元嵩的《元包》的排列和通行本的文字不同，所以北宋的易學大師程頤首先提出應該修正，和他同時的易學大師張載亦有同樣的主張。後來南宋的朱熹就根據程張二氏之說重新編排，改定的文字見《周易本義》。後世凡是屬於義理學派的注解，多數都跟隨朱子的版本。但凡是漢易，即清學那一派，文字就用古代的版本，所以各位要注意。我現在是據朱熹的《周易本義》。

天一、地二，天三、地四，天五、地六，天七、地八，天九、地十。天數五，地數五。

「天一、地二，天三、地四，天五、地六，天七、地八，天九、地十。」原文說出了，天本來是實質的天，但實質的天抽象化之後，天就代表陽、就代表了數字中的奇數，因此在「十」之內屬陽、屬奇的數，就是一、三、五、七、九，分別用天一、天三、天五、天七、天九來稱呼它。實質的地抽象化之後，就變成了屬陰、屬偶的數。在「十」之內的偶數，就是二、四、六、八、十這五個數。

「天數五，地數五」，因此在「十」之內，屬於天的奇數有五個，即剛才所說的一、三、五、七、九。屬於地的偶數有五個，即是二、四、六、八、十。為何它只就「十」之內立說？因為原始人類最初根本不懂數目字，從完全不懂數目字發展到認識「五」，已經是人類知識非常大的飛躍。因此，人類最初的數字單位是「五」，「五」是一個最大的基本單位。原因可能是因為我們的手有五隻手指，但這只是推測而已。左、右手各五指，然後形成了十進制。人類發展為十進制並不是順利的，可能在十進制之前有各種不同的進制，例如「八卦」，就是八進制的代表。明白這個道理後，可了解古人認為「十」已經是最基本的單位，叫作「小盈」，「萬」就是「大盈」。「盈」即是「盈滿」的「盈」，所以在這裡，用「十」來作為數的基準，今天的人可能不了解，但原始古人就認為是對的。

五位相得而各有合

「五位相得而各有合」，因為一、三、五、七、九順著次序排列，就好像有位置的不同。因此「五位」的第一個意思就是指奇的五個數和偶的五個數；再由這個「位」引申，凡是任何事物在某一個位置上，一定會有方位，由此再引申出「東、南、西、北、中」的「五位」，這是略為後起的意思。現在我們先說原來的意思。這奇的五個數和偶的五個數，它們具備了「相得而各有合」的性質。這是令人頭痛的一句。甚麼叫「得」？「得」就是得到，我得到別人的欣賞，就表示我和那個人有共同的思想感情。例如說我與某人很相得，即我與他很投契、很有感情。因此，這個「相得」，是指相當他喜歡我，我喜歡他，大家變成朋友，非常親近。一直以來，古文中「相得」的意思，親近。例如朋友之間，甚至更進一步，夫妻關係也勉強可以用「相得」來形容。但最好不要用於夫妻，在這裡解作朋友或兄弟的「相得」，則更合理。「合」指融合為一體，比剛才說的親近、親切，關係更為密切。例如夫妻二人來自不同的家庭、不同的文化修養，擁有不同的思想感情，但一結合，就變成人生中共同奮鬥的伴侶，一生共同發展同一的理想，組織共同的家庭，這就是「合」。但如果像高亨教授所說，「相得」是相加，五個數位相加；「合」就是和數，即是「積」。五位相加，指陽的五數相加、陰的五數相加，就叫「相得」。「各有合」，天地數各有不同的「積」，例如天數的和數、即「積」是二十五；地數的和數、即「積」是三十。這樣解釋，簡單易明。但我們傳統沒有人這樣解釋的。

我們還是照傳統的解釋：甚麼叫「相得」？例如我們簡單地說，一、二、三、四、五、六、七、八、九、十，這十個數據中，一和二、三和四、五和六、七和八、九和十，兩者之間就叫作「相得」。為何相得？因為凡是奇數就是陽；凡是偶數就是陰。陰與陽表面是對立的，但在對立中，其實就是彼此最容易相合為一。男和男，女和女是「敵應」，帶著敵人的眼光心態來對待對方。男和女、女和男之間這種「敵應」就少，因此容易投契。這種「相得」是陰陽屬性所致，於是再進一步，「陰陽對待」就是「相得」。而從「相得」，我們再引申看看，這些數據究竟原來代表甚麼意思？或者後來加上甚麼意思？依數字次序它的象徵是：水、火、木、金、土、水、火、木、金、土。（見下圖）

這些數據是根據甚麼得出來的呢？是根據《尚書．洪範篇》，「洪」是大；「範」是法。治理國家最重要的法，就叫作「洪範」。它由大禹傳下來，傳到商朝。後來商朝遺臣箕子告訴周武王，說商朝這些天地大法傳自大禹，其中說到五行，五行的次序就是水、火、木、金、土。這個排列次序可能是無意的，但更有可能是有意的。唐初的孔穎

土	金	木	火	水	土	金	木	火	水
十	九	八	七	六	五	四	三	二	一

達已經認為這個五行的次序是有意義的。它說出了宇宙最先產生最基本的物質的時候，過程是由無形到有形、由抽象到具體、由柔軟到堅硬。水放在甚麼地方就變成甚麼形狀，如果變成雲氣的話，就更加無形質。所以在古人的心目中，宇宙最先產生最柔軟、最無形狀的是水。然後產生火，形狀同樣是不穩定的。但火的形狀不可以像水一樣，要它方就方、要它圓就圓，所以它在抽象、不具體中，形狀是比較固定的，因此排在第二。接著是柔軟的木，然後是堅硬的金屬，然後把四樣事物混合，就變成了瀰漫於地球的泥土。因為地球上的泥土是由水、火、木、金這四種物質混合而成的，因此泥土中本身便蘊含著這四種物質，所以宇宙最先生成這五行之氣，而大地則由土凝成。可見宇宙之先，五行首先生出水，由水生出火，由火生出木，由木生出金，由金生出土，由土再生出水。現在從一到十，就用了這五行次序，這次序，後來叫作「先天五行」的次序。它是宇宙最初產生時，五行的發展次序。但等到大地應用這五行時，因為大地是土，而土是水火木金混合而成的，所以其他四行便都從土再生出來，結果五行之氣運行的順行次序是：木、火、土、金、水。春天植物的生長是木氣旺盛帶來的，所以春天充滿木氣。夏天非常炎熱，是因為火氣最多。接著到了夏天的季月（夏天第三個月份），火氣收斂變成土，好像火災之後，火全部成為灰燼泥土一樣。然後由土產生金，金屬像刀一樣，可將植物和樹木斬伐，所以秋天樹木、植物凋零，由於金氣盛。年終冰雪充滿大地，是水多的結果。這就是大地的順行五行，叫作「後天五行」的次序。從奇數看，奇的五數是冬天一、春天三、土五旺盛於四時（任何時候都有），接著是夏天七，最後是秋天九。季節的順行次序合乎後天五行的運行，但它本身是先天五行的次序。可見在先天的五行次序裡蘊含著後天的五行次序。

偶數又如何呢？夏天二、秋天四、冬天六、春天八，土十任何時候都有，所以放在任何位置都對，我們叫作「土旺四時」。這也是順著後天五行的次序運行的。可見在偶數中，原本的先天五行次序中亦蘊含了後天的五行次序。（見下圖）

因此，就在這十個數據中，除了一、二、三、四、五、六、七、八、九、十之間是「對待」之外，在「對待」中蘊含著「流行」。即是說五行一直在變，天數不斷在變、地數也不斷在變。於是就在這裡，已經蘊含了「一陰一陽之謂道」所說的「對待、流行」這兩個最基本的原理。

接著，甚麼叫「合」？它說一和六就合而成「水」；二和七就合而成「火」；三和八就合而成「木」；四和九就合而成「金」；五和十就合而成「土」。

將天地之數和五行配合，最早見於西漢前期的《尚書大傳．五行傳》：「天一生水，地二生火，天三生木，地四生金。地六成水，天七成火，地八成木，天九成金，天五生土。」西漢末年劉向、劉歆父子的《洪範五行傳》加以闡發（雖然《洪範五行傳》已

土	金	木	火	水	土	金	木	火	水
十	九	八	七	六	五	四	三	二	一
	秋		夏		季夏		春		冬
季夏		春		冬		秋		夏	

佚，但《漢書．五行志上》徵引其說）。和劉歆同時的大文豪、大哲學家揚雄，在其《太玄經》中更進一步發展此義。在《太玄．太玄圖》說：「一與六共宗，二與七為朋，三與八成友，四與九同道，五與五相守。」「生」指一至五這五數；「成」指六至十這五數。「生數」是事物的開始，好像《乾卦》誘發生機；成數是事物的完成，好像《坤卦》將生機完成。因此，由一到五，古人就叫作「生數」；六至十就叫作「成數」。後來東漢末大儒鄭玄綜合前此各家之說：「天一生水於北，地二生火於南，天三生木於東，地四生金於西，天五生土於中。陽無耦，陰無配，未得相成。地六成水於北，與天一並。天七成火於南，與地二並。地八成木於東，與天三並，天九成金於西，與地四並。地十成土於中，與天五並也。」（《禮記．月令注》）、鄭玄注所說的天地生成之數，如果按照他所說的方位排列，一生一成。一、二、三、四、五排在內；六、七、八、九、十排在外。即同一個位置，「生數」排在內裡，「成數」排在外面，便是劉牧（名為「洛書」）、朱熹、蔡元定所說的「河圖」原型，只不過沒有配上「八卦」，和將數目字變成黑（陰，偶數）白（陽，奇數）點來表示而已。

宋代「河圖」（劉牧稱之為「洛書」）將數目字以黑白點表示，便如左圖。

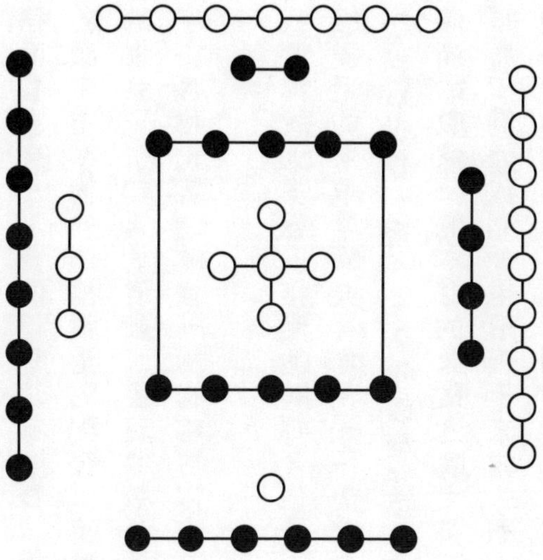

據朱熹《周易本義》，南宋咸淳吳革刻本，福建人民出版社，二零零八年影印本。

另外，它們是一陽一陰（一個是陽，一個是陰）、一動一靜（陽是動，陰是靜）、一外一內（陽是外，陰是內）、一主一賓（陽為主，陰為賓）。結果在「合」時，便將一主一賓、一內一外、一生一成、一動一靜、一陰一陽都包涵在內了。前此說到「一陰一陽之謂道」時，已說出了陰陽「互根互藏」之妙，在這裡同樣也反映出來。所以這句句子「五位相得而各有合」，我們傳統這樣解釋，說出了這些神秘數據（今天的科學家很難接受）是象徵宇宙事物的一種數量的配合。這種數量的配合，推動了整個宇宙事物的變動。由量的變動，引起質的變動，由這些數量的改變，推動了宇宙的改變。由宇宙的改變，推動宇宙事物物質的改變，過程都可以在這個最簡單的數據中反映出來。

這應該是我們傳統大多數人接受的解釋，但是有關「得」和「合」，有不同的說法。例如我們曾經提過的象數學經典著作之一、南宋朱震的《漢上易傳》，他就把一和二叫作「合」，一和六叫作「得」。名稱改變了，實質亦有不同。因為這些數據，是一種複雜、令人頭痛的數據。它本身的象徵意義太多，甚至本身也是有矛盾的，所以我們看的時候真的頭痛。例如我們如果用天干來說，順次序是這樣，各位如果不明白，先忍耐看下去，同時聽我的講解。（見下圖）

如果我們用這個次序，木先生，甲乙是木；木生火，丙丁是火；火生土，戊己是土；土生金，庚辛是金；金生水，壬癸是水。奇數的陽：甲丙戊庚壬，順次序是陽木、陽火、

十	九	八	七	六	五	四	三	二	一
癸	壬	辛	庚	己	戊	丁	丙	乙	甲

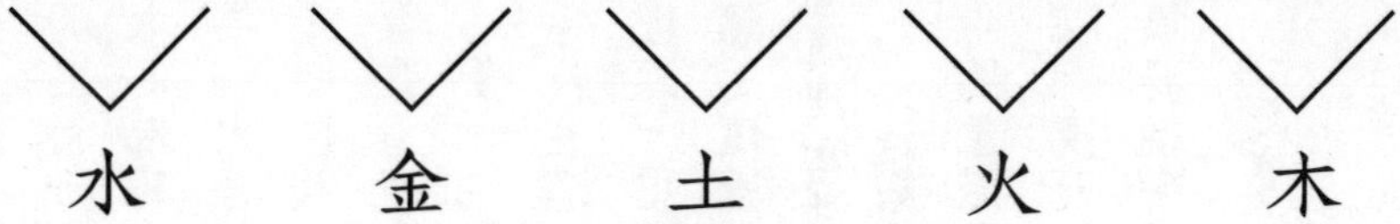

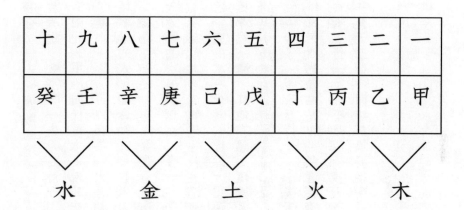

陽土、陽金、陽水。偶數的陰：乙丁己辛癸，順次序是陰木、陰火、陰土、陰金、陰水。同前所說，數字順「先天五行」次序排列，而用了天干代號時，則是「後天五行」的次序。因此，甲乙同樣是木，朱震就說陽木（甲）、陰木（乙）可以合為一木；陽火（丙）、陰火（丁）可以合為一火，如此類推。但如果是這樣，就出問題了。因為略懂陰陽五行之學的人，都會知道一和六、即甲己合是土；乙庚合是金；丙辛合是水；丁壬合是木；戊癸合是火。各位看看，結合之後，土生金，金生水，水生木，木生火，也是順著後天運行的次序。這些「合」，是徹底的結合。當它結合後，甲木已經化成為土，全是土，沒有了木。這就是一六、二七、三八、四九、五十的合。所以丁壬合的木是不是比甲乙合成的木（朱震的理論）更渾然合為一體？戊癸混合而成的火，是否較丙丁合成的火更渾然一體？其他亦然！這就是雖然《漢上易傳》是象數學經典之一，卻沒有人採用他的說法的原因。因為這裡牽涉到「先天五行」和「後天五行」。當然「先天五行」中間蘊含了「後天五行」；「後天五行」亦蘊含了「先天五行」。但你不能說兩者同時並列，它們是有主賓的。在這樣的天數地數中間，是以「先天五行」為主，暗中反映出「後天五行」；而不是以「後天五行」為主，反映出「先天五行」。如果「先天五行」跟「後天五行」同時都重要就變成矛盾，不能成立了。

天數二十有五，地數三十，凡天地之數五十有五，此所以成變化而行鬼神也。

「天數二十有五，地數三十」，古代的文字，凡是數目字中間，多數加上「有」字，讀如「又」，即「加減」的「加」。今天的白話文沒有人這樣使用的，只說「二十五」、「三十」。但注意，地球上原始的語言大多數如此。就我所知，德文和法文今天說到數目字仍是用這形式。所以初學德、法兩語的人都覺得特別辛苦，不像英文般簡單。英文是進步的語言，在外國語文中，英文是特別先進的。所以「天數二十有五」，是說天數一、三、五、七、九，加起來就是二十五。地數二、四、六、八、十，加起來就是三十。

「凡天地之數五十有五」。「凡」字在古文，意義是總計、總其凡的意思。總共加起來就叫作「凡」。因此天數加地數，總其凡，總共的數目就是五十五。

「此所以成變化而行鬼神也」。這裡的「變」字，用《易經》術語來說，就是陰向前發展，變為陽的過程，就叫作「變」。陽向前發展，一直到最後變為陰的過程，就叫作

「化」。因此，變化就象徵陰陽的多少、交替運行變化的結果。這裡就由陰陽的變化，降低層次到奇偶數的變化，來回應上文內的數目字。這就是說奇偶數字本身的奇數變偶數，偶數變奇數。這些神秘數字的變化，就能夠「行鬼神也」。這個「行」字，有「通」和「宣」兩意。「通」是溝通，就是人類通過這個方法，得以和鬼神溝通。意即通過奇偶數的演變，得出了六、七、八、九，組成了《易經》的卦爻。《易經》的卦爻所附的卦辭爻辭，它指示人類未來應該怎樣做，就是溝通鬼神，將鬼神意思告訴我們。或利用了這些奇偶之數組成了易卦，就是人能夠和鬼神溝通的原因。因此，這句子原來低層次的意義，鬼神就是指實際的鬼神。如果說到「宣」，即是宣佈，鬼神無法直接說一些事給我們聽，即沒法宣告一些事讓我們知道。但通過數字的演變，成為卦爻辭，它就通過這些文字，將祂的意思宣告給問卦的人知道，問甚麼便答甚麼。這就簡單了，通過這方法，鬼神藉著卦爻辭，指示你未來的禍福吉凶，這是它最原始的意思。但後來提升到鬼神只不過是陰陽造化所展現出來的形跡，便是「陰陽不測之謂神」、「知變化之道者，其知神之所為乎」中的「神」，就提升為宇宙人生的任何變化，都叫作「神」。它是規律性的，指宇宙人生的規律所展現出來的變化，這是高級的規律，而鬼神是低級的規律。這句從高層次是指通過神秘的數據的演算，就將整個宇宙萬事萬物的變化反映出來了。

這裡也說出了古人解釋宇宙變化，究竟是物質、還是數理更重要呢？即是宇宙第一本源是物質性還是數理性的問題。對於這個問題，古希臘的畢達哥拉斯認為數是解釋說明整個宇宙運動變化的根據；而中國、特別是後來北宋的邵康節，也以數解釋整個宇宙萬事萬物的變化，認為數先於氣。這說法不知是對是錯，但站在今天的科學水準來說，認為是錯的，它認為數不可控制宇宙。但是我們今天的科學真正發展只有四百年，剛入了門，宇宙的真正秘奧我們其實知道得很少。因此我們要繼續努力探究，不要狂妄無知，以為四百年科學的成就已可窮盡宇宙的秘奧。所以這個問題我們不評論，只照字面解釋。

大衍之數五十，其用四十有九。

「大衍之數五十」，「大」就是廣大、廣泛、巨大的意思。「衍」就是推衍、衍算的意思。廣大地、複雜地推衍天地的陰陽奇偶之數。為了求出一爻的六、或七、或八、或九的數字，需要利用五十這個數據作為基礎。我們已經知道天地之數是五十五，現在說用蓍草求出爻的數據是五十。為何「大衍之數是五十」而不是「五十五」？古代的說法極多，台灣的鄭吉雄教授曾羅列了古今的各家各派之說，還進行了嚴謹的分析。各位如果想深入了解，可以看看鄭吉雄教授的論文。我現在只是約略講解比較重要、有影響力的說法。

為何我們要用五十作為數據？西漢時的京房認為十日、十二辰、二十八宿加起來就是五十。太陽有十個，月亮有十二個，還有二十八宿（二十八宿是日月運行於天上的天文軌道上的定點），天上最關鍵的日月星辰，加起來就是五十。因此「大衍之數」，就是利用了實際的天文數據作為根據。傳說神話中有十個太陽，因為大地太熱了，神射手后羿射掉九個，只餘下一個；至於月亮，則每一個月都是不同的，因而一年共有十二個月亮。因此，這裡說的雖然是古代的天文學，卻帶有濃厚的神話色彩。

二十八宿的「宿」字，其實今天讀作「秀」是值得質疑的。「宿」是宿舍，是日月、尤其是月亮經過時休息的宿舍。月亮在天上運行，要有二十八個休息的位置，然後運行了一週。真正月亮運行的時間是二十八日多一點，因為被地球本身運行所拉長，結果人間看到的月亮週期是二十九點五四日，所以二十八宿就是二十八個月亮寄宿的宿舍而已。但傳統讀作「秀」音，六朝時已是如此，習非成是，直到現在。如果讀作「宿舍」的「宿」，別人反而說你讀錯了。二十八宿的說法究竟是中國原有還是從印度傳入？這有很大的爭議，特別是「崇洋派」學者一定說是從印度傳入，中國本來沒有的。但我們今天考古發掘的結果，可證二十八宿是中國古已有之。這是京房的說法。

第二個說法來自東漢末年的古文經學大師馬融。馬融說太極就是北辰，北辰就是北極星。天空中所有的星辰都在運動，而那顆在北方頭頂不動的星就是北極星。他所說的計算方法是這樣的：

太極（一）生兩儀（二），兩儀生日月（二），日月生四時（四），四時生五行（五），五行生十二月（十二），十二月生二十四節氣（二十四）。

（一）、（二）、（二）、（四）、（五）、（十二）、（二十四）加起來就是五十，他同樣用了天文曆法來說明「五十」的來源。雖然京房、馬融有這樣的說法，但周初有沒有這樣的想法我們不知道。不過至少這兩位經學家，是從科學和哲學的層次來說明「大衍」的神秘數據「五十」是來源於天文曆法。換言之，就是將原來的迷信提升，認為這種預測未來的方法背後的根據，就是宇宙自然的規律。有這樣的因，就有這樣的果。至於說法是否牽強附會，我們可以不理會，因為他們代表了古人用實理改變迷信的思想，背後的精神非常偉大。

「其用四十有九」，另有說法指大衍之數，實際上是由天地之數而來的。例如鄭康成，他是東漢末年的大經學家，就說天地之數是五十五。當我們減去五行之數的「五」，就得出了大衍之數。如果大衍之數再減一，那就是四十九（原文見後）。說出了天地之數和大衍之數是有密切關係的。

為何大衍之數要減一？京房說大衍之數實際用的是四十九，原因是「以虛來實」。意指宇宙之間如果已經塞滿了，便不能再接受生氣的進入，所以一定要有空虛的空間才可以接受生氣。所以如果要接受天地生長萬物之氣，就一定要虛其一，令原本滿盈的五十打開一個裂口，然後宇宙變化的生氣才可以進入推動運化。因此，京房就說，要產生生氣，就要「以虛來實」，令到它空虛，才能令到生物之氣進入產生作用。而馬融的說法是北斗星不動而其他四十九星辰運轉，所以要減去這個不動的北斗星（當然北斗星也動，只是古人沒有精密的儀器，不覺得它動罷了），因此「大衍之數五十，其用只是四十九」而已。而鄭康成繼承京房、馬融的說法，認為天地之數和大衍之數兩個數是有密切關係的。受到鄭康成這一說法的影響，他的後學姚信、董遇更大膽，他們說天地之數是五十五，大衍之數也是五十五，當我們利用這個數來揲蓍求卦，蓍草有五十五根，卦本身有六爻，我們如果要求卦爻，首先要從中抽出六支蓍草，插在地下六個方位，然後再慢慢求出這六爻的陰陽爻。五十五減去六就是四十九。所以大衍之數只用四十九。

這個說法最簡單、聽起來最合理，卻又是最不合理的。雖然鄭康成能夠解釋，但何故早於他的易學家所看到的版本全都作五十，只有他看的是五十五？他的根據是甚麼？他說：「大衍之數五十有五，五行各氣並，氣並而減五，惟有五十。以五十之數不可以為七八九六卜筮之占以用之，故更減其一，故四十有九也。」（《禮記．月令注》），唐孔穎達《禮記．月令疏》引）這是從五十五減去五行之數五、再減一。那倒不如乾脆說從五十五減去六畫之數反而更為合理。但古往今來對姚信、董遇這個最簡單，最合理的說法最不接受。到了今天的金景芳教授，在他所寫的論文《易論下》則強調這個說法最為合理。人生最幸福的事就是有很多得意和出色的弟子，金景芳教授就是如此，他的徒子徒孫替他發揚其說，結果在今天，似乎姚信、董遇這最冷落的說法反而成為最摩登、最為學人接受的說法。有這麼多學者都支持金說，是否相信就隨你們喜歡了。

這些是古代比較有名的說法。另外，還有一說是直接從卦爻本身立論的。同樣是漢代的易學大家荀爽，他說《易經》的組成最重要的是「八卦」，如果「八卦」由「經卦」變成六畫的「重卦」時，「八卦」每卦有六爻，六八即四十八爻，而《乾卦》特別有一爻叫「用九」，《坤卦》特別有一爻叫「用六」，加起來正是五十！由於《乾卦》的初九爻辭說「潛龍勿用」，因此，大衍之數不用此一爻，所以用的是四十九。這是從卦爻本身來立論的，是否有道理就留待各位自已判斷了。

後世的易學家亦各自有不同的說法。我們可以簡單羅列其中影響力較大的說法。《說卦傳》中有一句說話是「參天兩地而倚數」。甚麼叫作「參天兩地」？這又是古代的數理哲學，由一到五之間，首先「一」是數目字的開始，而下面跟隨的所有數字都是由「一」作為基礎才能建立的。例如我們說一加一，利用「一」作為工具加一，於是得出二。二利用「一」為工具，二加一得出三。因此，如果將這個「一」只局限於「一」作為數目字來說，就無法產生下面無窮的數字了，所以「一」雖然是數字，但是「一」如果真的要變得可以靈活運用，就不能固定是「一」，而要變成虛數，才能靈活地運用。一加一等於二；二加一等如三；二減一就是一，於是這個靈活運用的東西就使數變得無窮無盡。所以如果說到奇偶數，本來「一」是開始，但因為它要變成有更偉大的各種用途，於是到了「三」，才是天數或陽數的開始。相反「二」是陰數的開始。這是「參天兩地」的第一種解釋。即是天的數據是「三」，地的數據是「二」。天地兩數加起來是「五」，因此「五」這數是天地兩數之和，代表天地，所以是數中最基本、最關鍵的。由這個最基本的數字推衍，五加五就變成十。這就叫作「小衍」，即數字最小的推衍。如果再由這個小衍「五」，十倍「五」就是「五十」，這就是「大衍之數」。我們的手，每隻手有五隻手指，兩隻手有十隻手指。如果將我們十隻手指乘以五倍，豈不是五十？因此，數目到了這個數是極限。數目到了極限就會停止不動，所以五十減一，令到它有活動的餘地。這個說法來自北宋易學大師程頤的《經說》。我看見各位同學搜購《二程集》，當中就有《經說》八卷，各位可以看看卷一《繫辭》部分，就會明白他的說法。

這句除了這樣簡單的解釋外，我們還可將程伊川（程頤）的說法引申發揮的。例如甚麼是「參天」？將天數乘以三倍，三三得九，「九」就是陽爻老陽的數據。「兩地」，地為二，兩個地數就是二乘三是六。另外，在一至五中，天數是一、三、五，其和是九，地數二、四，其和是六，這就是陽爻稱「九」，陰爻稱「六」的來源。另外說到「陰陽之位」，一、三、五是陽位，陽位有三，即「參天」；二、四為陰位，陰位有二，即「兩地」。因此，數目也是到了「五」，才能象徵陰陽各種意義，所以「五」就是數目中最基本的神秘數據的關鍵，「參天兩地而倚數」，在「河圖、洛書」之學中，這是極重要的一個數據。這是第一種說法，它純粹用數理哲學來說明大衍之數的來源，是與天地之數密切相關的。

第二種說法則是根據「河圖」立說的。請看「河圖」（見頁四四一）。

中央「五」和「十」，為土，即土在中央。土是產生木、火、金、水的關鍵，因此，土特別重要。木沒有土，就無法生長；火沒有土，就沒有歸宿（一直燃燒沒有休止）；金沒有土，就無法在土中生出；水沒有土，就泛濫無所歸（因為土可以制約它成為河流和湖泊沼澤）。因此，土之作用大矣哉。另外金、木、水、火都是由土生出，到最後又回歸到土，因此土重要極了。「河圖」的中宮是「五」和「十」。用五乘十就是「五十」，而這「五十」，便是大衍之數五十。這就是用「河圖」、「洛書」的理論來解釋大衍之數的來源。最初提出來的是北宋初年的劉牧，見他所撰的《易數鈎隱圖》，這本書最初只有《道藏》收錄，後來清初《經志堂經解》也收錄了，《四庫全書》再從那裡抄寫過來。這是解說「河圖」、「洛書」之學最早的一本書。除了陳希夷的《龍圖

庫全書》本影印出版。

劉牧的《易數鈎隱圖》必須要讀，這只是薄薄的一本書，以前上海古藉出版社曾據《四

序》之外，這是「河圖」、「洛書」之學最早的論述。凡是對「河洛之學」有興趣的，

另外，還有很多不同的說法，其中有個較後期，是接受了邵康節的理論引申的一種說法。提出者是宋咸，他說太極是一；接著，兩儀（陰和陽）是一和二，一加二就是三；四象是一、二、三、四，加起來是十；「八卦」，根據邵康節的「先天八卦圖」，《乾》、《兑》、《離》、《震》、《巽》、《坎》、《艮》、《坤》的次序是《乾》一、《兑》二、《離》三、《震》四、《巽》五、《坎》六、《艮》七、《坤》八，加起來就是三十六。因此，一、三、十、三十六加起來就是五十。（見下圖）

他全用了邵康節對「八卦」所定的數據來作標準。當然這說法一定不是大衍之數的來源，但由於後世很多易學家用了宋咸的說法，所以各位也應知道太極是一，兩儀是三，四象是十，八卦是三十六，加起來的數據就是五十。至於邵康節本人在《皇極經世書》中亦提出一種說法，他的說法後世也常受注家採用，故各位知道也無妨。因為以大衍之數求出來的四個數據就是六、七、八、九。其中的「六」，就是「老陰」的數據，即我們叫作初六、六二、六三、六四、一直到上六的「六」，象徵陰爻。而初九到上九的「九」，這個「九」象徵陽爻，是「老陽」的數據。至於七、八兩個數據如何運用呢？

卦八	象四	儀兩	極太
、四、三、二、一 八、七、六、五	四、三、二、一	二、一	一
三十六	十	三	一

各位很快會讀到《繫辭上傳》的文字「蓍之德圓而神」，說蓍草的性質是「圓」的。這句有很多不同的解釋，我們將來再說。因為天圓地方，因此「圓」是象徵乾天的德性。陽的兩個數據是七和九，九作為陽爻的代號；「七」這陽數，可作蓍草（天）的象徵，重複「七」這個陽數，七七四十九，所以蓍草的數據仿效天的運轉，以四十九策作為運算的基礎。接著這句下面一句是「卦之德方以知」，說卦的德性是「方以知」。「方」象徵大地，地屬陰，六和八兩陰數中，六是陰爻的代號；「八」這陰數，則作為卦（地）的象徵，重複「八」這陰數，八八六十四，就是整部《易經》共有六十四卦的原因。於是邵康節就將六、七、八、九這四個數據，巧妙地比附為九和六是陰陽爻的代號；七是象徵蓍草運算要有四十九策；八則象徵卦有六十四個。不過這可能是巧合，出自邵雍的想像而已。

在這麼多的說法中，我們只能夠說這是古人對「五十」這神秘數據的各種解釋。其實這些解釋，你可以說它有道理，亦可以說沒有道理。它最重要是通過神秘數據，找出四十九。因為只有利用四十九這數據來演算，才能得出或者是六、或者是七、或者是八、或者是九的結果。其他任何數據的運算都無法做到。因此任何解釋，都是最後要找出以四十九策為運算的理論數據。所以「五十」這數據並不是理論的結束。最關鍵的是怎樣運用理論說明可以減少一根，變成四十九，這就更令人頭痛。上面所說的理論，各位接受與否，由你們自已判斷。

五十策為何要減一？影響力最大的理論，應該是曹魏時王弼的說法。

王弼對「大衍」的說法，第一點，他說「一」就是太極。「一」是太極的說法，剛才各位已聽過了。馬融認為「北辰」為太極，而他就說「一」為太極。其實馬融和王弼的「一為太極」的說法，都是來源於班固。班固認為五十只用四十九，原因是「道據其一」（《漢書．律曆志上》），「道」佔有其中的一畫，因此只能用四十九。換言之，在五十數之中，其中之一是道的象徵。「一」作為道的象徵，可說是春秋末年到戰國時候已有的說法，例如老子曾說過：「道生一」，道產生一。至於儒家，許慎《說文解字》說：「道立於一」，一即是道，我們以前說過了。老子說由道產生一，而儒家認為一就是道，道就是太極。班固在《律曆志上》所引用的是比他略早的大學者劉歆的說法：「太極元氣，函三為一」。太極表面上是渾然的整體，但整體中已經蘊含三種事物。只不過這三種事物在太極的時候，是混合成為一體的。劉歆所說的三件事物混合為一體，其實與老子所說的「道生一，一生二，二生三，三生萬物」中的「三」，可能只是同一事物的不同說法。老子所說的「三」是陰氣、陽氣和沖氣。而劉歆所說的「函三為一」，根據的是儒家的「尚中」思想，「中」是最好的，「中國」一名就是由此而來。「三」就是陰、陽、中和之氣（即陰陽混合的太和之氣）。但三件事物未曾分開之前，它們仍然是完整的整體，叫作「太極」，一分開就是陰、陽、中三氣。下面所說的「三」與這有關，所以先在這裡解說。因此，班固所說的道是「一」，五十減一就是四十九。王弼接受了班固和馬融的說法，將道或北辰（太極）變成一，於是「一」就是太極。一並不是數，即我剛才所說的表面具體、實質的數，如果當它是實質的數，它就只能是具體的「一」，不能改變。將它當作虛數，它就是能夠靈活變成所有的數產生的關鍵。因此這個數，就是太極，甚至它即老子所說的「無」。「非數」、「太極」、「無」，就是「一」。「非數」我們說了，「太極」說了，為何說「無」？因為任何我們看到的具體實物，追遡到它的來源，都是來自虛無的。有不能產生有，只有無才能產生有。因此，老子的宇宙哲學，認為由虛無產生實有。宇宙是一個虛無的實體，甚至可能只是一種概念，概念就是說沒有實質的宇宙。由虛無產生實際的宇宙，這說法古人很多都不同意，易學家也不同意，攻擊得非常厲害，今天迷信科學的人更認為是荒謬絕倫。虛無怎能產生宇宙的萬有？尤其是二十世紀的科學更加不信；雖然英國有三個宇宙天文學家弗雷德．霍伊爾（Fred Hoyle）、湯米．戈爾德（Thomas Gold）和赫爾曼．邦迪（Hermann Bondi）曾提出宇宙所有物質都是由虛無產生，但大爆炸學說打倒了這個說法。到了二十一世紀，可能科學較前進步，覺得從宇宙的發展來說，未必沒有道理。我用一個詭辯來解釋，各位就會明白。例如零的兩邊有正一和負一，正一和負一合起來就等如零。可能原始的宇宙就等如零，因為有正物質，所以有負物質；或者因為有負物質，所以有正物質。例如你本來是窮光蛋，你向銀行借了一百萬，你就有一百萬，但你卻欠銀行一百萬；表面上你是大富翁，實際上你卻是欠債纍纍的窮光蛋。我們宇宙中間的正物質和反物質就是這樣產生的。因為借了錢，就有財，卻負債。當然這是一種概念，我們今天仍在爭論當中。這種虛無產生宇宙的說法是不可思議的，但邏輯上來說，卻未必沒有道理。最近西方的宇宙學者已有人提出萬物在宇宙真空中產生的假說，所以老子的哲學現在受到外國科學家的青賞，未必無因。

回到原文，宇宙是「無」，正是因為如此，王弼就提出一個說法：這個「無」是不能用無來說明的，一定要通過「有」，然後才能了解「無」。這說法不論是否科學真理，但至少是人生重要的真理，尤其是研究文學藝術的人更要懂得。我們中國的水墨畫怎樣畫月亮？是不是笨拙地畫一個圓圈來表示？通常是塗上一片淡淡的墨，中間有一個空白不塗的圓圈，這是否虛無？因為有了這些實有的淡墨在四周，然後反映出虛無的月亮，這就是虛無的月亮，藉著四周實有的淡黑表現出來了。文學作品表面上說了不少廢話，但作者暗中要表達的主題，他明文不會說出。讀者要從所有的「有」中間，去明白作者的「無」。讀書的人只據文字表面意義閱讀，不探求言外的深義，非常用功，當然也有所得；但如果能夠在讀書時，在文字之中找出作者隱喻的部分，那他的成就一定非常高。所以你不用理會這個理論到底是否屬實，王弼的說法實在有極高的哲學意義。回到正題，他認為「一」就是太極，它推動整個宇宙發展，本身卻是看不到的，但整個宇宙的發展都是來自它暗中推動的力量。因此，四十九數據的運用，就是不用之「一」所產生的作用，在哲學上，意義是非常偉大的。至於是否宇宙真理，將來再探討，但在人生上，卻是偉大的哲理。

這個說法贊同的固然多，反對的亦不少。尤其道是虛無的說法，儒家學者難以接受，今天迷信科學的人更難接受。古人雖然無可奈何地認為這是最好的說法，但將它改頭換面，取消了「無」的觀念。北宋了不起的學者沈括，他雖然曾陷害大文豪蘇軾，卻是一個極有學問的人。他所著的《夢溪筆談》，可說是研究很多門學問、甚至是醫卜星相都有用的書，但更重要的是對科學的貢獻很大，例如有關指南針的種種，在這本書中談到了；又如中國的印刷術是很了不起的，畢昇的活字印刷術在這本書便有記載。甚至天文上所說的雷楔，西方研究中國科技史，一說到雷楔，來源就出自這本書。這本書，包含的知識、特別是科學知識非常豐富，是研究科學史的人必備的參考書。沈括接受了王弼的說法後，將一的意義改變為「合一」。「合一」是說當四十九根蓍草混合時，四十九根蓍草就變成一。當把四十九根蓍草分散運算時，一就隱藏於四十九之中。最初「合一」是「一」，一散開，「一」表面不見，卻隱藏在四十九之中，推動蓍草的變化。這說法即使是詭辯，也較為合理，揚棄了虛無的說法。因此沈括「合一」說法廣為注解家接受。比沈括稍後的、剛才說的朱震的《漢上易傳》，也是根據這個說法作出解釋。所以在暫時無法了解古人神秘數據的真正意義之前，我們只好無可奈何地接受這一說法。將來如有新的考古發現，我們才另作考慮。

所以「大衍之數五十，其用四十有九」，這個廣泛演算、通過天地之數推衍求取的揲著求卦之數，是五十，但是實際用的數據是四十九。

分而為二以象兩，掛一以象三，揲之以四以象四時，歸奇於扐以象閏；五歲再閏，故再扐而後掛。

「分而為二以象兩」，將它分成兩份，象徵「兩」。這個「兩」字，象徵兩種對立的事物。在易學來說，即象徵陰陽對待的兩樣事物。所有宇宙的事物，將它提升概括，最後可變成兩種相反相成的力量、物質，甚至物件。如人類的男和女，就是「兩」；提升到陰陽，也是「兩」。因此用「兩」字，是象徵廣泛地將天地萬物分開、劃分為二的意思，猶如太極變成兩儀，只不過在這裡它沒有明文說是兩儀，一直到了後文「揲之以四以象四時」的時候，用了春夏秋冬代表「四」，我們通過互文見義的寫作手法，知道可以將「兩」代入比較具體的事物。而在《繫辭上傳》下文，有「太極生兩儀，兩儀生四象，四象生八卦」一段，因此我們把它代入這裡，這個「兩」，就是後文所說的「兩儀」。「儀」字是匹配的意思。「匹」不是指兩樣相同的事物，而是兩樣相反相成的事物才叫作「匹」。好像說一男一女，剛好大家的條件、興趣、年齡等類似，因此我們說他們是最好的匹配。兩個女或兩個男不是匹配，一男一女才是匹配。「儀」就是「匹」，指兩件相對的事物，陰和陽的互相匹配，這就是「兩儀」。運算的方法是，隨手將四十九根蓍草一分，分成兩堆。唐初的孔穎達說左右手各執一堆，左手一堆象徵陽、是天，右手一堆象徵陰、是地。前此四十九根蓍草混合未分時，等如太極渾然一體，現在變成陰陽兩氣，即兩儀。但高亨教授就說將一堆橫放在上面，上面代表陽、代表天；另一堆則橫放在下面，下面代表陰、代表地。這亦合理，因為從理論說這是對的，所以你可以橫分置於左右，或者縱分置於上下，都可以。但兩手各執著一堆則太麻煩了，計算時放下它、再去計算似乎很笨，倒不如分開兩堆，放在左右或者放在上下，比較方便，也合理一點。但原來孔穎達是指用兩手各執一堆的。

「掛一以象三」，「掛」指懸掛。孔穎達的說法是在右手這一堆中，隨手取出一根蓍草，放在左手小指和無名指中間，用小指掛著它。這就是「掛一」。高亨教授則說，倒不如豎直放在中間，橫放不順，不如直放，「以象人立於天地之間」，於是將蓍草豎直放在橫放的上、下兩部分中間，這就是「掛一」（《周易大傳今注》，齊魯書社，一九九八年版，頁三九五）。原來是從右手象徵大地的那一堆中拿出一根，放在屬於左面的陽處，象徵大地生出人（萬物）後，繼續由天的陽氣激發它、供給它生命力。因此，人是在天地之間。但高教授認為在上面一堆取出一根放在中間，意指天始生人（萬物）。其實天生人，或地養人都有道理。只要你自已相信便可以了。但記著取自右手一堆的，以後就取自右手那一堆，不要這次取自右手那一堆，下次卻取自左手那一堆，要知取自左或右都有理論根據，但不要違背自己一貫的主張。「以象三」，象徵三。「三」是象徵三種不同的性質或不同的事物。例如我們剛才說，老子叫作「陽氣」、「陰氣」、「沖氣」；儒家就叫作「陰氣」、「陽氣」、「中和之氣」。如果我們擴展其義，將宇宙事物分為三類，就更簡單了。說到時間，有過去、現在、未來；說到顏色，就有三原色。或者再引申，說到物質，有固態、氣態、液態，任何事物都可以將它分成三態，意思是將事物籠統地分成三種不同的類屬。古人就簡單地分成天、地、人，象徵三種不同的事物、不同的基本屬性，《繫辭上傳》稱為「三極之道」，《繫辭下傳》叫作「三材」，後來則稱「三才」。拿出一根著草放在天地中間，象徵宇宙是天、地、人共同組成的。如宇宙沒有人類讚美宇宙的偉大，沒有人參與宇宙的運作，宇宙也未免太寂寞和可憐了。因此，最渺小的人類其實是最偉大的。可能整個宇宙的生物，只有我們人類是高級智慧生物而已。雖然「綠岸公式」（根據太空公署的推算結果得出），說宇宙中有無限數目的智慧生物。如科幻小說中，常有外星人降臨地球的故事。但一直到今天，我們的科技還沒有探測到哪裡有高等智慧生物。整個宇宙可能要靠人類去讚揚，所以古人說天、地、人是「三才」，是有道理的。

「揲之以四以象四時」，「揲」是閱持，這是《說文解字》的解釋。「閱」即細心閱讀；「持」即用手拿著。細心地觀察這些蓍草，逐四策、四策的拿著和分開；「之以四」，以四為單位來分開蓍草。首先是數左面的一堆，即天的一堆。如果兩手執著，就先放下右手的一堆，用右手去數左手的一堆。如果今天或高教授的做法就簡單了，兩隻手一起數，上面或者左面的一堆，逐四、逐四地數。數到最後一堆，我們就叫「餘數」。以今天的常識來說，如它是四，我們不當是餘數。但在《繫辭上傳》來說，無論它是一、二、三、四，都叫作「餘數」。用「四」來分，將宇宙分成四，於是象徵著一年劃分為四，即「四時」，「四時」即春夏秋冬四季，將它劃分為四，是說出了這種方法是根據宇宙的曆法規律，作為演算卦爻的規律。為甚麼要根據天地的規律？因為天地的規律有循環重演的特性，通過規律，將來的結果，是可以預先推測的。規律顯示有這樣的因，就會有這樣的果。正好比看見冬天，你知道春天快要來臨。到了秋天，跟著便會是冬天的降臨，窮人就慘了，快會受到寒冷的威脅。所謂預知未來，根本就是規律自然發展的結果。你明白規律，就知道未來，而不是神靈告訴你，亦不是神靈懲戒你或者獎賞你，你拜神與否都是有福，甚至罵神仍是有福，而你求神可能一樣有禍，因為規律就是如此。於是通過這種方法得出的結果，就是另一種宇宙人生的規律，並且可以用這一規律來預知未來。所以太極是宇宙的原始本體，分為二，就是宇宙必然發生的結果，變成三、變成四同樣是宇宙必然的規律。「四」，因此實指四時。

「歸奇於扐以象閏，五歲再閏」，這個「奇」字，三國時候的虞翻說是指「掛一」那根著草就是「奇」。但是孔穎達和後世的注解家，多將這個「奇」字解作餘數。結果形成了最少有兩個不同的最關鍵解釋。

北宋大哲學家張載的《橫渠易說》，是研究《易經》的一本經典著作，他繼承了虞翻的說法，提出了「奇」就是「奇」、「扐」就是「扐」。「奇」是指掛在手中的那一根。「扐」是指逐四、逐四數到最後的餘數。「奇」是一樣事物，「扐」是另一樣事物。兩者都可以說是餘數：一是一根的餘數，另外一是一、二、三、四根的餘數。這些餘數就叫作「歸奇於扐」，是說將這最初拿出的一根，放在數到最後的一堆餘數之中。「以象閏」，說明這是根據中國曆法治閏月的方法來運算著草的。

中國的曆法，有一個重要的觀念叫作「氣盈朔推」。甚麼叫「氣」？氣指二十四節氣，二十四節氣是真實反映了一年氣候變化的曆法。將一年三百六十五又四分之一的日數，平均分為二十四節氣。它真正反映了地球的寒溫和植物生長的情況。這種二十四節氣是我們中國特有的一種曆法，它和真正的太陽年是一致的，甚至比儒略曆（Julian Calendar）更為準確。因為它真正反映了一年四季十二月實際氣候的變化。而所謂「朔」，就是「朔望」。「朔」是初一，月亮沒有光芒的時候；「望」是說月亮與人類互相對望，即是十五或十六日，是月亮最圓和亮的一夜。因為一說到「朔望」，就不是以太陽為標準，而是以月亮作為標準。月亮的每一個循環，是二十九點五四天左右。

因此，我們的大月是三十天，小月是二十九天，一年的數據是三百五十四天多一點。實際一年有三百六十五點二四二二天。在中國就是所謂四分日之一，即四分之一天。各位請留意這兩個數據，「氣盈」是過多，「朔虛」則是少了一點。各位看看氣盈和朔虛之間，是否相差十一天？另外為何中國說一年三百六十天？將兩個數據加起來平均，就是等如三百六十天。超過的減少，不足的增加，這就是我們曆法的來源。正是因為陰曆每年實際少了十一二天，三年就少了三十多天，要置一個閏月；五年差不多有五十多日，要置兩個閏月；十九年就要置七個閏月，而日、月就剛好回復到原點。各位都知道西曆和農曆的生日不是年年符合的，但每隔十九年之後，就會很高興，因為發現自己的西曆生日和農曆生日回到同一天，但如果你碰到儒略曆加一天或減一天，你的生日就可能有一天的差距，就是這個原因。

「歸奇於扐以象閏」，這句說話其實有很多問題。張橫渠（張載）的說法是「奇」、「扐」是兩回事，但是朱子承孔穎達之說，認為「奇」也是餘數。與他同時的了不起的易學家，叫郭雍，他的父親郭忠孝同樣是有成就的易學家，則接受了張載的說法。郭雍繼承了父親的說法，寫成《郭氏傳家易說》，寫得非常好；尤其是《繫辭傳》寫得特別好。各位如果研究《繫辭傳》，參考這本《郭氏傳家易說》，一定會得到很多的啟發，他堅持張載的說法。結果朱熹與他展開了一場學術辯論。平心而論，既然叫做「奇」、叫做「扐」，應該當作兩件事來處理，至少從文字上來說是合理的。因此，虞翻和張載的說法較合理一些。但是如果跟隨張載的說法，由於奇是「掛一」，就出問題了。因為下面的文字說是「故再扐而後掛」，意思是要經過再次置閏、再掛一，所以朱熹認為計算法，一變、二變、三變都要掛一，但張載認為只需要第一次掛一，第二、三次就不用掛一了。結果有人做過統計，不掛一得出的數據太麻煩了，不知如何處理。所以通過實際的統計，令人知道跟隨文字表面意義解釋，張載所說的方法，第二、第三變不掛一，直接從分二開始，很難得出六、七、八、九的數據；或者得出六、七、八、九的數據比例非常不平均，令人難以處理。因此說到實際，朱熹的說法是更合理的。所以南宋之後，大都跟隨朱熹的說法，不接受張載的說法。故我現在依照朱熹的說法，免得各位混亂。

「歸奇於扐以象閏，五歲再閏」，我們知道閏月是五年兩閏。究竟在筮法上以甚麼象徵五年？我們說掛一，就象徵一年；接著揲左，象徵一年；扐左，象徵一年；揲右，象徵一年；然後扐右，象徵一年。五個步驟加起來就象徵五年。然後將掛一的餘數，扐左、扐右的餘數當作一堆，就象徵兩個閏月。

「以象閏」是指甚麼？原本太陽年是三百六十五天，你現在勉強說三百五十五或三百五十六天分為十二月，是一個太陰年，是否少了十一天？把兩年各十一日的餘數留到第三年，第三年亦有餘數十一日，加起來才變成閏月，五年便有兩個閏月。每年剩餘的十一日就是太陰年的餘數。筮法中兩個數據，一個是掛一的數，一個是兩次揲四之後的餘數，便象徵兩個閏月的餘數。這其實可說只是勉強地解釋而已，不過是說明這個計算法是利用五年兩閏來象徵筮法的分二、掛一、揲四、歸奇的演算過程是以曆法為依據的。

「五歲再閏」，因為五歲兩閏月。

「故再扐而後掛」。剛才是第三步，只是完成左面的揲、扐而已。因為五歲再閏，因此，要將右面的那一堆數過了後，將右面的餘數也要拿走，才算是完成曆法的過程。可以說，這是將整個過程與天文曆法配合。說明它是科學，不是迷信，得出的數據也就是科學的。當然我們看來不是，但《繫辭傳》的作者希望用理性來說明筮法是根據天地日月運行變化的規律，而不是神靈的恩賜和懲罰。起碼古人有這樣的想法，是偉大的，是將鬼神的賞罰變成了自己做了甚麼事，就有甚麼後果，於是將《易經》占筮從原來的迷信提升為自然規律的摹寫了。

「歸奇於扐以象閏；五歲再閏」，指「掛一」、「揲左」、「扐左」、「揲右」、「扐右」，當作五年，所以叫作「五歲」。再將兩個餘數拿出來，就象徵兩次閏月；「再」即是兩次，有兩個閏月。

「故再扐而後掛」，「再扐」指需要將揲右的餘數再次扐在手上，即揲右後，將右面的餘數扐在左手的第二、第三隻手指之間。我們後世感到麻煩，就隨手放在不要的那一堆中。然後第二次演算時，又從「掛一」開始。因此，這個「掛」字，就是指第二次運算的再「掛一」。另外，有人認為這個「掛」字其實和「卦」字相同，意思是再次演算這個卦。換言之，經過這個四度運算的過程，才產生一變；要經過三變，然後求出一爻。所以它並不是演算的完成；再要經過兩度的演算，才得出一爻。這點留待下面才解說。

《乾》之策二百一十有六，《坤》之策百四十有四。凡三百有六十，當期之日。

「《乾》之策二百一十有六」，「策」是蓍草特殊的名稱，凡是一根蓍草，就叫作一策。乾、奇、陽的策數，是二百一十有六。根據占筮方法運算到最後，得出四個可能的數。其中一個可能性就是合共三十六策，三十六策用四來除得九，那就叫作「老陽之數」。但這個老陽之數「九」，在揲蓍求卦的過程中，實際它是三十六策。因此，陽爻的老陽策數就是三十六。每一爻是三十六，六畫的《乾卦》是六爻，六爻乘三十六，就是二百一十六策。

「《坤》之策，百四十有四。凡三百有六十，當期之日。」而老陰的策數，運算得出來的數據是二十四。如果二十四乘六，那就是一百四十四策。各位看看，《乾》代表天，《坤》代表地；天地之數的混合，就是二一六加一四四，正是三百六十！因此，他說「凡」，這個「凡」就是總計，總計天地之數是「三百有六十」，即三百六十日。我們已經說過，如果用真正的一年，即二十四節氣來計算，它應是三百六十六日不足，只是三百六十五點二四二二，古代稱為三百六十五又四分之一。「三百六十六」這個數據，是《尚書．堯典》上說的。《書經》是記載中國遠古至周初歷史的五經之一，它的第一篇是《堯典》，記載了帝堯治理國家的法則。有關古天文曆法，《堯典》說：「朞（期）三百有六旬有六日」，「旬」是十天，意思是一周年就是三百六十六日。可能最初的計算數據不準確，所以得出三百六十六日。如果我們用月亮即朔閏曆來計算，一周年就是三百五十四日不足。一個是有餘，一個是不足。將這兩個數據平均，就是三百六十。這就是中國說一年是三百六十日的原因之所在。甚至後來最嚴謹的天文曆法的運算，也是以三百六十作為周天的。這裡說天地的策數，就等如一年的日子。由此可見，這裡所說的天地的策數，背後是以天文曆法為根據的。

「當期之日」，「當」就是正當、相當於。「期」字，或者寫作「朞」，都可以。這個「期」字，就是指真正的一年，一周天，就叫作一個「期」，指當作一年的日期。

二篇之策，萬有一千五百二十，當萬物之數也。

「二篇之策，萬有一千五百二十」，為甚麼說是「二篇」呢？原因是《周易古經》雖然只有五千多字，但古代抄在布帛、木簡或竹簡之上的字體是相當大的。一條竹簡如果用於記載法律長度是一尺八寸。如果記載經典，可能長達二十四至三十寸。一條竹簡差不多一寸寬，大概只寫二十到三十個字左右，因此，字數是很少的。將竹簡連成一卷的話，表面上面積很大，實際記錄的字只有兩千字左右，最大極限去到三千字，已經是一卷很大的書卷。所以五千字的《周易古經》無法不分成兩卷來處理，所以叫作「二篇」，我們稱之為《周易上經》和《周易下經》兩篇。

兩篇的《周易》包含了六十四卦。每一卦是六爻，於是六乘六十四，就是三百八十四爻。在這三百八十四爻中，陽爻佔一半，陰爻佔一半。因此，陽爻是一百九十二，陰爻也是一百九十二。陽爻每一策數是三十六，因此是三十六乘一九二；陰爻是二十四，即二十四乘一九二。於是得出的策數就是，三十六乘一九二是六千九百一十二，二十四乘一九二是四千六百零八，這兩個數據加起來就是一萬一千五百二十。因此，這裡說《周易上下經》六十四卦的爻的策數加起來，是一萬一千五百二十，籠統說等如一萬。今天說一萬，數目並不算大，但對古人來說，一萬已是極大的數目。各位讀古書，很少見到「萬」字，十萬就更少了。後來數目才愈變愈大，今天叫作天文數字，數目大至不能計算是後來的發展。因此，中國最初只說萬物，已經包含了天地所有的事物。

「當萬物之數也」，這個策數，象徵《周易》蘊含天地所有的事物在內。即是說每一策就象徵一件事物，天下事物只有一萬件，而《周易》已經全部包羅於其中。因此，它包羅了天地人萬事萬物的情況、變化和規律。

各位不要小看一萬一千五百二十這個奇怪的數據。西漢時有一種曆法叫做「三統曆」（和太初曆異名而同實），劉歆在他的《三統曆譜》中，竟然說眼中所見到的天上星辰總數就是一萬一千五百二十。今天當然是笑話，但在當時，肉眼所見，已是驚人的大數據。因為較之戰國的《甘石星經》和漢武帝時的《史記．天官書》的記載，已不知多了多少倍。所以，不要小看這數據，雖然不是事實。

是故四營而成《易》，十有八變而成卦，八卦而小成。

「是故四營而成易」，「是故」，凡是「是故」都是回應前文。根據前文來說，是揲蓍求卦的方法。因此，上面說到利用蓍草求出爻和卦的程序方法，是要經過「四營」才成「易」的。這個「易」就是變易。甚麼叫「四營」？古今起碼有兩種比較有力的說法。第一種是漢朝時荀爽的說法。荀爽認為所謂「四營」，就是指六、七、八、九。即是說最後求得的二十四、二十八、三十二、三十六根蓍草，我們分別用四來除它們，二十四除四是六，二十八除四是七，三十二除四是八，三十六除四是九，於是得出六、七、八、九這四個數據。這四個數據，六叫作「老陰」，七叫作「少陽」，八叫作「少陰」，九叫作「老陽」。陰、陽、老、少，是四種不同的狀態，荀爽說「四營」就是指這四個不同的狀態。因此，「營」字就是「軍營」的「營」；「營」就是房屋或者是臨時的房屋的範圍。「四營」即等如四個不同的區、四個不同性質的事物。他說「四營」可得出「六」、「七」、「八」、「九」四個不同的陰陽狀態的事物。這個解釋後人大多不跟從，原因是最初的一易並未得到這些數據，第一易只得出四十四、或者四十。然後再重複運算，就會得出四十、三十六、三十二這三個數據任何一個。第三次用同樣方法運算，才得出三十六、或者三十二、或者二十八、或者二十四。要三易，然後才形成這些數據，如果它現在用了這個「易」字，並不是代表三次變易演算，那怎可以得出「四營」？除了清朝的漢學家解釋《易經》還用這個說法外，以前的易學家可能已經想到它不妥，所以不用。由於漢學在清朝的影響力很大，民國時代，研究中國學問的人，包括我在內，都受到漢學的規限，嚴謹地根據那套方法來研究學問。所以梁啟超的得意門生高亨在《周易大傳今注》中，同樣採取了荀爽的說法。我們一旦接受了某種思想，先入為主，很多時候就不會深究它是對是錯。只有拋開原有的想法，改用別的方法去想，才會找到不同的答案。

由古到今，多數相信三國東吳易學大師陸績的說法。東吳起碼有兩三個易學大師，第一個是我們經常提到的虞翻，第二個就是陸績。陸績說所謂「四營」，就是指「分二」、「掛一」、「揲四」、「歸奇」。各位看看這段文字，「分而為二以象兩」，是一營；「掛一以象三」，是二營；「揲之以四以象四時」，是三營；「歸奇於扐以象閏」，是四營；所以我們後世念念有詞：「分二、掛一、揲四、歸奇」。當你熟記這八個字，以後你占筮，揲蓍演算就不會錯。所以請用數分鐘好好記著「分二、掛一、揲四、歸奇」這四度經營，「營」就是經營的意思。在「揲蓍求卦」中，就是說經過四度的經營，便可以求到第一變，要經過這個方法的三度演變求出一爻，十八次的演變就求出了六爻。「十有八變而成卦」，這個「變」就是「易」字，要經過十八次的演算變化，然後成為一個六畫卦。

「八卦而小成」，一般說「八卦」指三畫卦；而六十四卦則是指六畫卦。這裡的「八卦」是指只有三畫的「經卦」，相當於六畫卦的「上卦」或者「下卦」。但在這裡是指「下卦」。當經過九次的演算之後，就形成了三畫的「經卦」。當形成了三畫的「經卦」時，只不過是小成功，是卦的初步形成，因為再需要經過九次的演算，得出另外一個三畫卦。兩個三畫卦的重疊，才是真正的六十四卦。因此三畫卦就是「小成卦」，這裡雖然沒有明文說出六畫卦是「大成卦」，但可以類推它就是「大成卦」，因它完滿地達到可作為占筮根據的卦了。

引而伸之，觸類而長之，天下之能事畢矣。

「引而伸之」，「引」就是引長、拉長；「伸」就是伸展。將這個三畫的「經卦」引長、伸展。甚麼叫引長、伸展？即是再增加它的爻數。也就是說由三畫卦擴展，增長成為六畫卦，就叫作「引而伸之」。這個「伸」字，高亨教授解得很好。他認為這個

「伸」字，和「申」相通。「申」在文言文中，有「重」的意思。因此，我們古代有所謂「申命」，凡是宣佈命令，一定要重複說給人聽，因為只說一次，別人或者聽不清楚，或者記憶不深。你要重複將命令說給人聽，人們才會知道。因此，凡是身為教師，教授的內容比較重要，一定囉唆重複，這是不得不如此的。因此，「引而伸之」，指引申它、重疊它，即是重卦。

「觸類而長之」，這句話令人頭痛。「觸」就是接觸，指兩樣事物在一起，互相連繫、接觸。「類」字可解釋為同類。第一，同類就是指卦爻或卦象，或者卦辭所說的事物，都只是個別、特殊的事物；但我們由個別、特殊的事物，將它引申推及同類的事物。即將個別、特殊的事物，例如人，是男性，於是由這個別特殊的男子，推廣到所有男性都包括在這個類別之內。其他如貓類、狗類、動物、植物等，都可歸為同一類屬。於是由個別、特殊的一個人變成廣泛的人類，由特殊一塊石頭推廣為石類。因此，卦爻「觸類」的時候，就由特殊的事類，將它引申到講述同類事物。而「長之」，「長」就是增加它、擴展它。這就是說有了卦之後，卦裡有象，由這個象推廣為類象，便可引申出更豐富的內涵和意思，就叫作「觸類而長之」，古人這樣解釋，是有道理的。

第二個解釋就是說，既然說到「類」，即是同類、共同性質、共同做法。上面的一句是說將三畫卦引申變成六畫卦，這一句就應該用同樣的引申方法，來令到這個卦爻增加。

怎樣增加呢？例如朱熹就說依此類屬增長擴展，一卦可以變成六十四卦。怎樣一卦變成六十四卦？各位想想，例如《乾卦》每一個爻都可以變。它的初爻變陰，就是《姤卦》；第二爻變陰，就是《同人卦》；第三爻變陰，就是《履卦》；第四爻變陰，就是《小畜卦》；第五爻變陰，就是《大有卦》；當上爻變陰，就是《夬卦》。（見圖）

一爻變，你已可以得出了另外五個卦。兩爻變又何如？三爻變又何如？四爻變又何如？五爻變又何如？六爻全變，就變成《坤卦》。於是，一個卦由於每爻都可以變，結果得出共計六十四個不同的卦。由於這六十三個卦都是從《乾卦》變出來的，因此《乾卦》的性質，就分賦於這六十三卦中，所以這六十三卦和正常的六十三卦的性質內容，是不盡相同的。《乾卦》既可分成六十四卦，其他六十三卦每卦亦可以分為六十四卦。六十四卦乘六十四卦是四千零九十六卦。如果將《易經》的六十四卦變成四千零九十六卦，便可以解釋四千多個不同的事例。其實我們人類的事例有沒有這麼多？我看古代一定沒有。我們今天相信也不一定有，因此是足夠有餘的。

「天下之能事畢矣」，「天下」就是天下的人；「能」就是能夠；「事」就是事情，指天下的人能夠「做」的事情和能夠「有」的事情。這句是說我們人類能夠有的事情、人類能夠做的事情「畢矣」，「畢」就是全部包括在卦爻之內了。

由於「觸類而長之」是一句令人頭痛、很難確定其意義。朱子這樣的解釋雖然有根據，但是否符合原來《繫辭傳》的意思，這點我們不敢說。朱子的解釋是根據漢朝一本叫《焦氏易林》的書，傳為焦延壽所著。這本書是否真是焦延壽所撰我們不知道，但題名的作者是焦延壽是漢朝有一個易學大師，但也可能只是後人托名所撰。這本書就將《易經》的六十四卦擴展為四千零九十六卦，每一卦、每一爻的文字都寫得非常美妙，文學上很有價值。它以很精要的文字來說明每一卦、每一爻的吉凶，比起《易經》的文字，清楚多了。因此，這是一本《易經》的重要副產品。如果研究《易經》有暇，可再讀讀這本書。由於這本書說的易象特別多、特別精彩，我上次提到的尚秉和先生，他研究《焦氏易林》時，從中找到很多對研究《易經》有幫助的「象」。因此，尚秉和替《焦氏易林》做了注解，叫作《焦氏易詁》。以前這本書很難找，很多搞高級術數的人士念念不忘想購買它。現在內地和台灣的中華書局都有影印本，錢世明先生甚至將《焦氏易林》全部翻譯為白話文，並加以解釋、詮說，分作幾冊出版（《易林通說》）。各位有心學習術數，可買國內華夏出版社附有白話翻譯的這一本。

朱熹認為《焦氏易林》受到《繫辭傳》這句話的影響，將一卦變為六十四卦，六十四卦就變為四千零九十六卦。但是如果我們照文字表面意義解釋，能否說其意是指三畫卦重疊成六畫卦，再根據這個方法重疊，六畫卦重疊六畫卦，就變成了十二畫卦呢？有一本研究《易經》非常重要而且是必讀的參考書《周易折中》，李光地在按語中，就有勇氣大膽地首先提出：「六十四卦變為四千九十六卦之法，即如八卦變為六十四卦之法。畫上加畫，至於四千九十六卦，則六畫者積十二畫矣。（中有節文）如此則足以該事變而周民用，故曰：『天下之能事畢。』」因此這句句子應該是說重疊成為十二畫卦，這樣「天下之能事畢矣」。三畫卦說得不清楚，六畫卦就能夠說得清楚，再重疊為十二畫卦就非常清楚。尤其是我們今天了解電腦的位元（bit），知道位元數愈多，電腦就愈精密。六位元不夠用，就十二位元、一百位元、一千位元、一萬位元，於是宇宙萬事萬物都能夠包羅在電腦中。所以這種說法起碼是發展原義，即使他歪曲原義，也是偉大的歪曲。不過，雖然《周易折中》是權威注解，但嚴謹的學者都不敢跟從李光地的說法。

清朝民間的秘密宗教所發展的《易經》則是九爻而不是十二爻。注意，凡是秘密宗教都與儒釋道都有密切關係，《易經》是他們最崇拜遵從的經典之一，所以他們一定懂《易經》，於是將之擴展到九爻。可惜因為他們的學問較差，九爻的《易經》不偉大。今天如果找到偉大的學者共同創造十二爻的《新易經》，更能「彌綸天下之理」！但需不需要呢？不需要！六十四卦已經足夠，因為《易經》說的是以簡馭繁，事情愈繁複之時，《易經》就愈簡單。如果是你繁複，我跟著繁複，那是只懂得跟著別人走，而不懂得《易經》的最高精神就是「易」和「簡」。所以一般學者不跟從，是有合理的看法的！

顯道神德行，是故可與酬酢，可與祐神矣。子曰：「知變化之道者，其知神之所為乎？」

「顯道神德行」，「顯」就是明顯，當動詞用，是說令到幽隱深奧之道明顯了。當我們說令到道明顯，表示在此之前道不明顯。因此，「顯」字的背後意思是說將幽暗、不明顯的事物道理，令到它變得明顯，人人明白，才叫做「顯」。

「道」字，最簡單的解釋就是指占筮之道，即剛才所說用蓍草運算求卦得出來的卦，找出那個卦中的變動之爻，那爻說甚麼，是吉是凶，我們就據此知道未來是吉是凶。在此之前，前路茫茫，不知未來如何。現在通過揲蓍求卦，令到我知道未來如何，未來的好壞得失變得明顯了，就是「顯道」。再引申到高層次來說，《易經》之道，就是宇宙人生最精微的道理。現在的「顯道」，就能夠將人人不懂、深奧至極的易道，普及、淺化地告訴人。這是進一步的意義。

「神德行」，「神」就是神化，令到它變神。這個「神」字，最初可能是指神靈。但再引申，神靈主宰和推動萬事萬物的變化。因此，如果提升迷信的神的意義，凡是推動宇宙萬事萬物變化的那個事物就叫作「神」，於是由具體的神變成陰陽的變化就是「神」，因為陰陽變化就是整個宇宙人生萬事萬物變化的最基本、最關鍵的道理。現在這兩個意義都用到了。「德」就是性質；「行」就是行為。所謂易的德行是甚麼？我們在《繫辭上傳》第一章已經知道《乾》的德是健，表現的功能是易，《坤》的德是順，顯現的功能是簡。因此，至易至簡就是《易》的德行的顯現。如果從高層次就是這樣解釋。如果從低層次來說，德行就是它的性質，它的性質是告訴一般人未來的禍福吉凶。這樣它的德行是否像神靈一樣偉大？即是說《易經》的占筮，它具備如神靈一樣偉大的功能和作用。這是最原始的意義。但隱喻「乾易坤簡」就是易的德行，因為「易則易知，簡則易行」，由《易經》所展示出來立身處事之道極之易簡，一點也不複雜。人類有一個最壞的心理作用，凡是簡單的都認為是低級、差勁、不值錢的。但他們不知道，凡是最偉大的真理反而最簡單，不完善的學問才最複雜。所以這裡就說通過易道，將《易》中至簡至易的思想行為，神化到人人都不知它是如此了不起。它的意思其實很簡單，只是各位自己不留心而已。我們小孩時候學到的最基礎學問，如果你能夠神而明之，最高的學問，可能便由此建立。因此愈是簡單的定律，如果能夠神而明之地運行，你就能提升到超教授級的水準。相反，你不懂得這個道理，你表面上說得愈複雜，別人一聽就知道有問題。因此，「神德行」就是指將最簡單的事，通過易學去運用，巧妙地組織，就變成人類最偉大的思想和行為。

這一句我們傳統都是將「顯」字和「神」字作為動詞來處理。但高亨教授認為只有「顯」字是動詞，「神」字當名詞用，是和德行並列的易中之神，「顯神」指將易中變化的規律顯露出來，因為神就是陰陽變化之道。它既將陰陽變化之道顯露出來，又將易的德行顯露出來。這個解法對不對？不敢說。不過照文意來說，似乎高教授的說法不太合理，所以我們仍然跟從兩千年來傳統的說法。

「是故可與酬酢」，「酬酢」就是主人與客人之間的一種應酬禮節。古代叫作「酬酢之禮」。當主人接待客人時，主人首先酌酒給客人，就叫作「獻禮」；客人酌酒回敬主人，叫作「酢禮」；主人再度答敬客人，則叫作「酬禮」。因此，「酬酢」就是主人和客人之間互相來往，象徵感情言語的互相交流和回應就叫作「酬酢」。現在由這個賓客之禮引申，就是當我們向蓍草詢問我是某某現在有某事，想向蓍草之神請示，請你明白地告訴我未來的禍福吉凶時，蓍草之神聽到這番話後，通過卦爻將你未來的禍福吉凶告訴你，等如主人講話、客人回答互相回應，因此說「是故可與酬酢」。本來你和蓍神是不能溝通的，如你很想認識某人，沒有人介紹就無法結交，但通過別人介紹，在酒席上交談，就可以來往了。我們和蓍草之神是沒有辦法打交道的，因此，你想和神靈打交道，也要通過中間媒介，這中間媒介就是蓍草了。因此，憑藉蓍草的運算，我們就可和神靈酬酢，它就可以告訴我所希望知道的事，指示未來如何。

「可與祐神矣」，「祐」就是幫助，可以幫助神靈。低層次的意義是蓍草幫助神靈，將神靈要說的意思，藉著卦爻的文辭，把祂要說的告訴人，這是否等如幫了神一個忙？「祐神」就是幫助神靈。但如果提升其義，「祐神」的「神」說的是宇宙變化之道，「祐神」就是幫助宇宙變化。令到宇宙的變化更正常、更合理。例如今年太寒冷，如果預先知道氣候寒冷，用一些科學方法令到它不至於那樣寒冷；又例如某些地方太熱，將熱移到冷的地方、將冷移到熱的地方，就可令到太冷和太熱的兩地中和，寒的不會太寒，熱的不會太熱，地球就一片祥和且合理。這是否幫助宇宙令到它的變化更中和、更合理？這就是《中庸》所說的「參贊天地之化育」。人類可幫助天地，令天地的規律發展得更正常和更合理，這就是「祐神」的最高境界。於是這句話有兩重的意義，有表面和內寓的意思。表面的意思是低級的迷信占筮；內寓的是高級的哲學和科學。各位要從這裡好好地體會，這樣才知道作者其實用了當時戰國進步的哲學和科學作為理論根據來解釋筮法，令到迷信的筮法變成了似乎有了科學根據、是遵從天地規律的，因此，預測未來不是神靈的作用，而是宇宙事物必然發展的結果。所謂預測也者，只不過是我們掌握了科學規律而不是神靈的指示。換言之，人類的吉凶都是自己招致的，與神靈無關，好好地進德修業你就能得吉；而一切災禍亦是你自已造成的。你禮神、佞神也沒用，倒不如好好地做人。

子曰：「知變化之道者，其知神之所為乎？」變化之道，低層次是指占筮時數字演算時的變化之道；高層次是指天地陰陽變化之道。「神」字之義，同樣有兩義，低層次神就是鬼神，高層次指天地變化的規律。所以這幾句表面意義是，孔子說：「懂得蓍草數字演算，求得九、六、七、八數據成爻成卦的人，大概知道神靈對人事的作為吧？」而文字背後的意義則是：「精通陰陽變化之道的人，大概知道神妙的天地規律如何作為吧？」

總結：天地之數

第九章論說「數」和占筮的方法。上面的第八章則主要是論說「象」。易學中最關鍵的兩件事物：象和數，就在這連接的兩章中說明了。這一章所說的數，最主要的有三個。第一叫作「天地之數」，這個「天地之數」，就是天地自然之數。在天地自然之數中，陰和陽的對立就是一和二、三和四、五和六。因此，這個「相得」是象徵著「對待」。而一、二、三、四、五、六、七、八、九、十這一個順次序，就是象徵著天地陰陽兩氣或五行之氣的交替迭運，象徵著「流行」。因此，就在天地之數中，已經蘊含著陰陽的「對待」和「流行」。宇宙一切的變化，神化莫測，但簡單地說，不過是「對待」和

「流行」，是由這些數據數量的變化所引致的。另外，一和六，二和七，三和八，四和九，五和十，則是相合，象徵「陰陽合德」，陰陽相合，產生萬物，今天的觀念就稱為「統一」。一二、三四等為對立，一六、二七等為統一，結果陰陽的對立和統一都包含在天地之數中了。

在這裡各位要特別注意，一、三、五、七、九是奇數，二、四、六、八、十是偶數。另外，如果從後世來說，這個數據順次序一到五是水、火、木、金、土；六到十順次序同樣是水、火、木、金、土。這是「洪範五行」的次序，叫作「先天五行」的次序。為何六和一同樣屬水？因為土蘊含著五行，後天五行一定要由土生出。當五行生出水，五行中土的數據是五，水的數據是一，五加一，所以六是水數。火的數是二，由五行的土生出，五加二就是七，所以七是火數。因此，一和六、十一和十六、二十一和二十六、三十一和三十六，凡是這樣的數據我們都可說是屬於水的數據，一步步由最初的一到十百千萬億都可以作這樣的引申。同樣二和七、十二和十七、二十二和二十七、三十二和三十七一直到無限數，都是火數的引申。這種數據應用於神秘學，變得很重要。例如有一座很有名的藏書樓，是明朝嘉靖的范欽所建的，收藏了極多珍本書籍，它名為「天一閣」。為何用這一個名字？因為由古到今，書籍最怕的就是火災，人類文化的損失往往就是由於火災，如秦始皇焚書坑儒，如項羽入關火燒咸陽三月，將秦朝保留的古籍幾乎全部燒毀。又例如西方古代歷史中，希臘的凱撒大帝率軍入侵埃及，結果火燒亞力山大圖書館，西方文化損失慘重。因此，書籍最怕的不是水而是火。由於天一生水，所以天一閣從明朝到民國一直沒有火災。清高宗（乾隆皇帝）將天下書籍收羅整理，抄寫七套，建了七個閣來收藏，這就是著名的《四庫全書》，各位有沒有留心這七個閣的閣名？文淵閣、文瀾閣、文津閣、文源閣、文溯閣等全都帶有「水」字偏旁，便是希望用水來鎮壓火災。

大衍之數

接著，第二是大衍的數據。大衍之數是五十，這是揲蓍求卦之數，是應用之數。第三個就是《周易上下經》二篇六十四卦的策數一萬一千五百二十，象徵萬物之數。這三個數據古人認為是有密切關係的。至於如何解釋，怎樣說明它的關係，每一家說法都有各自認為對的道理。這些道理在今天的想法中，一般都是比較難於理解和接受的。我們最聰明的是不必再深究，因為古今人類的文化不同，大家的思維方式不同。另外，揲蓍求卦得出的二十四、二十八、三十二、三十六，乃至六、七、八、九，或由這些數據引申的各種倍數等，可以說都是非常重要的神秘數據。這些神秘的數據今人或者不懂，但如果研究中國古代文化、尤其是天文曆法和醫卜星相的學者，一定要神而明之。不要說剛才所說的西漢末年的《三統曆譜》，大量利用了這些神秘的數據。甚至到了唐朝高宗時的僧一行（一行禪師，俗家名字張遂，謚大慧禪師），他主持改訂的唐朝新曆法，就叫作「大衍曆」。各位一看，便知它和《易經》的「大衍」有關。張遂《曆本議》中實測的天文數據，大都和這些神秘數據拉上關係，說得頭頭是道，但當然是不合今天的科學了。不過他測得的實際天文數據，通過各種不同的加減乘除，令這些數據與這些神秘的數據相吻合。各位有興趣的話，《新唐書．志第十七．曆三上》收錄了《曆本議》，是對曆法根本的討論，你們看了就會知道。這篇文章不獨討論天文曆法，甚至說到《易經》的術數之學。我們今天對漢代的卦氣之學有所了解，也是由於這篇文章。因此，我們可以知道，說到天文曆法，這一章也是重要的。不單這樣，任何中國各門各派的學問，很多時都明顯或暗中地應用了這些數據，只不過不知道的人就不知道，知道的人就發覺這些數據陰魂不散，永遠跟隨一切事物，所以如果各位要了解中國古文化各方面的文物知識乃至城市規劃、房屋建築，這一章還要詳細引申講解，須有三、五堂才可將它的內容說明。限於課程，在此不能詳解。這裡說的是數的問題。

接著，由於《繫辭上傳》的第十一章說「河出圖，洛出書，聖人則之」，宋朝的人就認為「河圖」、「洛書」與數字有關。他們自己創造的「河圖」、「洛書」，就是應用了這些數據。還把「河圖」、「洛書」說是《易經》的來源，而不是從《易經》發展的。

結果由宋到清，變成了百分之六十以上研讀《易經》的人都相信這說法，好像不用「河圖」、「洛書」解釋《易經》，就不夠深度。但事實上，「河圖」、「洛書」是根據這裡的數理引申發展的。雖然「河圖」、「洛書」是宋朝才開始興起、逐漸發展的一門學問，但是這門學問撇開它很多神秘和不合理之處之外，亦能用它解釋很多的事理，可以說到了今天，它仍有應用的價值。今天的中醫學仍然用「河圖」、「洛書」之數。甚至有一派最新的搞科學《易經》的人，例如徐道一等人提出的「天地生」理論，也大量用了「河洛之數」來說明今天最摩登的科學，但亦說得頭頭是道，所以有好有壞。「河圖」、「洛書」儘管有很多不合理之處，但亦有不少非常合理、可以用來解釋很多事物的地方。我們需要再提升、分析研究，才可說它到底應存在還是不應存在。

占筮法與數字卦

第二點是說蓍草運算的方法。在傳說中，古代有「三易九筮」，意思是說古代有九種不同流派的占筮方法。可惜這九種筮法都已經失傳，現在《繫辭上傳》的占筮法是唯一幸運地保存下來的。這種占筮方法是否《易經》最初的占筮方法？我們不知道，唯一可參考的是《左傳》魯僖公十五年所記載韓簡子的說話：「龜，象也；筮，數也」。意思是說商朝的龜卜是利用龜甲裂紋的形象來判斷禍福吉凶的；而《周易》的占筮則是利用數來形成卦爻，以說明吉凶的；而《繫辭上傳》所說的筮術，明顯地用了大衍五十之數一步步地演算，和春秋時韓簡子所說的《易經》的占筮的關鍵是數之說是符合的。因此，即使它不是原始的筮法，也是後來經過改良的一種《周易》占筮之法。我們的旁證就是近二三十年來的考古成果，在周朝的銅器、甚至商周的甲骨文中，往往在最後有一些奇怪的符號。這些奇怪符號最初難以識別是甚麼字，後來把它當作數目字來解讀。結果，發覺這都是數目字，多數有六個數目字，少數有四個數目字。後來的考古發掘，顯示這些數目字四千多年前的菘澤文化已經存在。這些數目字最初常見的是一到八。中間沒有二、三、四。原因是二、三、四這三字字體很容易混淆，橫排時沒有問題，但中文是直排的。因此，直排一行時，究竟它是一、三，二、二，還是四，就難以知道了。所以學者推測，為了避免混淆，於是將二和四歸於六，將三歸於一。因此，一和八中間就缺少了二、三、四，只有五個數據。後來發現還有少數九的數據，即一到九，但仍沒有二、三、四。其中的一和六（它或者是「八」字，最初譯讀為六，今天則認為可能是「八」字），這兩個數據最多，原因是二、四變八，三變一，於是相對比例較多了，不過這是猜測，很可能是不對的。因此得出這種占筮法其源可上推至遠古四千多年前的一種原始的占法，是用數目字來表示的。由於菘澤文化已經運用了六個數據，因此有些學者認為一開始就是六畫卦，傳統說六畫卦是由兩個三畫卦重疊而成的說法是不對的。其實他們的看法有問題，為何他們不說五、六千年前已有「單卦」，發展至四千年前進步了，便有「重卦」？這樣豈不是更為合理？因為這樣更合乎人類思想發展的規律。人沒理由一開始就懂得用六畫成卦，一定是從一畫開始，兩畫、三畫，一直加上去，最後發展到六畫才合理。這是常識。你不能說四千年之前沒有文化，然後到了四千年前，突然出現了六畫卦，這是不合理的。因此，我們認為一開始是先有「單卦」，然後有「重卦」。至少馬王堆出土《易經》的編排絕對是用「重卦」的規律排出來的；而馬王堆起碼是戰國到漢初時的抄本，已是相當的古老，所以我還是相信古人重卦的說法。

回到正文，各位看看最初的數字卦，一、五、六、七、八、九，看不出它們有甚麼規律。但到了蓍草占筮，就變成六、七、八、九，這四個數字是經過很嚴謹的數理設計得出的。由此可見，我們今天的占筮法，一定是由原始的數字卦占筮法改良成為這種進步的形式。由於《繫辭上傳》這段文字太過簡略，文字本身有很多歧義，所以後來的注解家有很多不同的解釋。例如唐初孔穎達《周易正義》的說法，就和南宋朱熹《周易本義》或者另一本由他和蔡元定所寫的《易學啟蒙》的說法不同。簡單來說，孔穎達同樣用這個方法去揲蓍求卦，但在數蓍草時，孔穎達並不是去數得出的三十六、三十二、二十八、二十四這些策數，而只數放在一旁的餘數。只去數這些餘數，數目一定是較少的，方法也較簡單。如果數的是演算剩下的三十六策以至二十四策，那一定會數得非常辛苦，太花時間。更何況這些餘數有一個更簡單的計算方法。我在《易經講堂一．周易概論》中已經說過，這裡不重複了。或者我現在只簡單地說說，就是當揲蓍求卦時，先在五十根蓍草中抽出一根，餘下四十九根，然後我們用四十九根蓍草來計算。隨手將四十九根蓍草分成左右兩堆，左手執著一堆，右手執著一堆。我們今天隨手放在桌上，左右各一堆，或者上下各一堆，象徵左手為天，右手為地，或者上面為天，下面為地。隨手在右邊、即地的那一堆拿出一根，放在兩堆的中間，象徵人在天地中間，叫作「三才」，這根將來也要拿走的。之後陽先陰後，先數左邊的一堆，逐四策來數，數到最後的餘數，就是要拿走的。當我們第一次數的時候，拿走餘數後留下的全部策數，一定只有兩個可能性，不是四十四策就是四十策。不要的餘數，不是五策（四加「掛一」、即象徵人的那一策）就是九策（八加「掛一」、即象徵人的那一策），我們記著，凡是四策就叫作「奇數」（四除以四得一，所以是奇數）；凡是八或九策，就叫作「偶數」（除以四得二，所以是偶數）。於是第一次運算得到的餘數是奇數或者偶數，奇數是五，偶數是九。第二次再將這一堆，即是四十四或者四十策蓍草混合，再隨手分兩堆，拿走一策，再逐四策地數，結果這兩堆總計的餘數就只有兩個可能性，就是三和七，加上「掛一」的一策，拿走不要的餘數有兩個可能，可能是四，可能是八；四就是奇，八就是偶；而剩下的數目，只有三個可能，一是四十，一是三十六，一是三十二。然後我們再將之混合為一堆，再「分二」、「掛一」、「揲四」、「歸奇」。第三次的餘數亦同樣只可能是三或七，加上「掛一」的一策，得出來的餘數同樣可能是四或者八。四就是奇數，八就是偶數。如果三次都是偶數，即是九、八、八，原來是四十九策，減去二十五是二十四，二十四除以四是六，就是「老陰」之數。三偶得出「老陰」之數。三奇又如何？例如五、四、四即十三，四十九減十三除以四是九，即「老陽」之數。如果一奇二偶又如何？五、八、八是二十一，四十九減二十一是二十八，除以四是七，這是「少陽」之數。其實一奇二偶，即一陽二陰，物以罕為貴，所以陽為主，即是「少陽」。相反又如何？一陰二陽，九、四、四，是十七，四十九減十七是三十二，除以四得出八，就是「少陰」的數據，因為偶奇奇以偶為主，偶屬於陰數。只要小心地將每次餘數分開，不要合在一起，不用數，立刻便知道它是「老陰」、「老陽」、「少陰」、「少陽」了。

六朝時的人從這裡得到靈感，就更可以偷工減料了，用三個銅錢，任自己喜歡，把有肖像或圖案那面當作陽、只有文字那面當作陰，但亦可以以文字那面為陽，肖像或圖案那面為陰。於是隨手把三個銅錢一拋，假使以肖像或圖案為陰，三個都是陰陰陰，即是「老陰」；三個都是陽陽陽，即是「老陽」；一陰二陽就是「少陰」；一陽二陰就是「少陽」，這就簡單容易極了。如果要四十四、四十、三十六、三十二、二十八、二十四逐步地演算就一定非常辛苦，由於六爻十有八變，半個小時都未必能夠完成。但用銅錢三分鐘就可以完成，所以後人應用孔穎達只數餘數不數本數的方法，快捷而妥當，一直到今天，一般或失明的術士都是用這方法來占筮的。

朱熹的方法就比較笨，他不數餘數而直接數大堆的本數。不知道各位認為哪種方法更合理、更正統？各位不要從你的想法、而要從占筮的人的想法來評估。是否愈嚴肅、愈莊重、愈認真、一絲不苟才是對神靈的尊重，祂才會將真正的答案告訴你？你愈兒戲，神靈也兒戲。例如扶乩，你暗中恐怕扶乩弄虛作假，不開口明問，只用白紙將要問的事寫下並在乩壇前燒掉，結果乩神的回答也是模稜兩可的。你直接開口問，答案就比較明確了，這是你認真、我也認真，你不相信我、我便可以和你開玩笑，是同一的道理。因此，朱熹這個方法站在占筮的立場看，是更嚴謹、更認真。何況朱熹的方法是否他自己想出的？不是。中唐有位非常有名的文學家劉禹錫，他同時是哲學家。他和柳宗元是老朋友，他們各有文章談到天，他的著作《天論》，在宇宙學是一篇很重要的文章，所以他不是單純只懂吟詩作對的著名詩人而已，也是一位大學者。他有一篇文章叫《辨易九六論》，當中說到揲著求卦的方法。他說這個方法來自畢中和，而畢中和則是一行禪師傳授的，然後劉禹錫記錄了這個和唐初孔穎達不同的方法，一行精於易學，因此是有根據的。朱子的方法就是源出於此，不是他的憑空想像的。

各位，一行禪師不獨是中國天文史上唐朝的偉大天文學家，甚至他對道家的學術、尤其是佛家的學術貢獻極大。各位翻開《大藏經》看看（現在有很多人信奉密宗），唐朝時候，金剛智、善無是來到中國傳播密宗，那批密家經典大部分是一行禪師所翻譯的。所以他雖然只活了四十五歲，但儒釋道的學問都達到極高水平。科學上，更是中國天文學上的大人物，是很了不起的，因此他的占筮方法是有道理的。後人亦有一些不同的的看法，如果各位想知道古代各家各派的說法，南宋趙汝楳（「梅」字另一種寫法）所著的《筮宗》，羅列各家各派的說法很多。朱熹《周易本義》內最後一篇文章《筮儀》和他另一本書《易學啟蒙》，亦有論述（《易學啟蒙》是研究「河圖、洛書」之學的人必讀的書。《周易折中》後面附有注解的《易學啟蒙》，有很多有用的資料）。後世來說，比較容易找而又好的書應該是清代江永的《河洛精蘊》。一切研究中國神秘學、陰陽五行、「河圖、洛書」之學的人，《河洛精蘊》是一本應讀的書。江永解釋「大衍之數」，羅列了古今九種不同的說法。另外，有關占筮如何占驗、即方法準確與否，也提供了大量的資料。但如果各位要嚴謹地了解占筮之法，明末清初的大學者黃宗羲的《易學象數論》是一本經典的名著。其中有討論蓍法的三篇，對古代各種蓍草運算法的錯誤大力抨擊。通過他所說，可更進一步了解揲蓍求卦的方法是如何進行的。

至於怎樣判斷吉凶？雖然這些書都有說，但大家都是根據記載春秋時候的歷史書《左傳》和《國語》中的二十二個例子來引申發揮的。有關《左傳》、《國語》這些例子，可能清初毛奇齡的《春秋占筮書》說得相當不錯。它只是一本很薄的小書，替部分《左傳》和《國語》的占筮例子作出解說。另外，它還附加了後世若干例子，可以作為初步參考。但是對今天的讀者來說，可能高亨教授的一篇文章〈《左傳》、《國語》的《周易》說通解〉（收於《周易雜論》）較易閱讀，他用了白話文來解釋這二十二個例子，令人易於明白。如果簡單一點，劉大鈞早年的一本名著《周易概論》、甚至朱伯崑偉大的著作《易學哲學史》第一卷，也就若干例子作出解說。但是單靠這些例子幫助你判斷易卦的得失、吉凶並不容易。因此，我們前面提到的尚秉和有《周易古筮考》，線裝共兩冊，收羅了古今很多占筮之說和占筮的例子。各位看後，可能令你了解到《周易》的占筮是甚麼一回事。國內曾將這本線裝書影印出版，但也有排印版，所以不算太難找。對占筮有興趣的人，這本書值得你咬緊牙關地讀一讀。當中包括了很多例子，能予人很多啟發。另外，《周易》的揲蓍求卦法，我們今天有人提出兩個新的方法。高亨教授在他的名著《周易古經今注》最前面的部分《周易古經通說》提出一個新的求卦方法。另外，台灣程石泉教授，撰《周易》成卦及春秋筮法，也有不同的新方法，見其《易學新探》（上海古籍出版社，二零零三年版，頁二十六至四十八）。程石泉有專門解釋《繫辭傳》的文字，頗為繁複。他本身當年從清代的焦循入手，現在國內很推崇他的書，有很多不同的簡體字版本。至於他的說法是對是錯，我不能肯定；但高教授就非常有學問，雖然我經常不同意他的說法，但我絕對不敢說他沒有道理。各位應該看看他的文章，參考他所說的方法。我們解說這一章至此結束。

第十一講

《繫辭上傳》第十章

《易》有聖人之道四焉：以言者尚其辭，以動者尚其變，以制器者尚其象，以卜筮者尚其占。是以君子將有為也，將有行也，問焉而以言，其受命也如嚮，无有遠近幽深，遂知來物。非天下之至精，其孰能與於此？參伍以變，錯綜其數；通其變，遂成天地之文；極其數，遂定天下之象。非天下之至變，其孰能與於此？易无思也，无為也，寂然不動，感而遂通天下之故。非天下之至神，其孰能與於此？夫《易》，聖人之所以極深而研幾也。唯深也，故能通天下之志；唯幾也，故能成天下之務；唯神也，故不疾而速，不行而至。子曰：「《易》有聖人之道四焉」者，此之謂也。

《易》有聖人之道四焉：以言者尚其辭，以動者尚其變，以制器者尚其象，以卜筮者尚其占。

「《易》有聖人之道四焉」，這裡的「易」字，指只有五千多字最原始的《周易古經》；「聖人」指最偉大的人。在《周易古經》這本書中，蘊含了聖人最常用的四種的「道」，即四種高級的行事哲理。

九三爻
《恆卦》

「以言者尚其辭，以動者尚其變，以制器者尚其象，以卜筮者尚其占」，這四項我們簡稱為「辭、變、象、占」。這四個字請各位熟記。

「以言者尚其辭」，「以」就是利用，或者根據。根據《周易古經》作為發表言論、建立理論的人，「尚其辭」，「尚」就是崇尚，採用，根據；「辭」就是文辭。這裡的文辭，指《周易古經》的卦辭，尤其是爻辭。所以朱熹直接把這個「辭」字解作「爻辭」；解作「卦辭」亦勉強可以。明朝有一本今天非常流行的《易經》注解，就是來知德的《周易集注》，他認為「辭」字只指卦辭來說。這個說法應該是有問題的。因為它是最流行的《易經》讀本，所以請各位不要採用他的說法。這句是說要採用《易經》的言辭作為言論、理論根據的人，特別崇尚《易經》的卦辭和爻辭。這是有道理的，例如最明顯的是，《繫辭下傳》第一章就說到「聖人之情見乎辭」，聖人內心的思想感情，就表現在《易經》的卦爻辭當中。甚至我們快要讀到《上傳》的第十二章，亦說到《易經》能夠「盡言」，即能夠通過《易經》的文字盡量將聖人的意思表達出來。既然《易經》的文字表達了聖人的思想，當然就能夠作為言論、理論的根據。這是否《繫辭傳》作者一人的私言？肯定不是。例如孔子在《論語．子路》曾提到人要有恆心。他說：「南人有言曰：『人而無恆，不可以作巫醫。』」意思是儘管要當一個巫醫（以禳禱之術替人治病的人），沒有恆心去學習也做不了。接著，他引用《易經．恆卦》九三的爻辭：「不恆其德，或承之羞」，最後說：「不占而已矣」。這裡證明了當孔子說到恆心時，就引用了《恆卦》的九三爻辭，藉爻辭說明恆心之重要。另外，孔子也強調了《易經》是不應該注重占筮的，所以到了他的後學荀子，特別強調「善為易者不占」，善於學習《易經》的人不需要占筮。真正明白了道理，你就知道未來事情的後果，何必要占筮？於是就發展了《易經》的義理，慢慢排除了迷信的部分。

那麼引用《易經》作為事理的根據，是否從孔子才開始？不是。起碼到了春秋時代，《易經》雖然仍然用來作占算禍福吉凶，但有識之士已經將《易經》的辭句變成了道德教訓、人生行事的格言。記載春秋史事的《左傳》已經有所講述。我們隨便舉一例，各位體會一下，自然就會明白。例如魯昭公三十二年，那一年魯昭公客死於外地，它記載了晉國對這歷史事件的看法。這件事的緣由是甚麼呢？魯國除了國君有權外，執政大夫季氏同樣有大權。可能魯昭公所作所為有問題，結果季氏驅逐魯昭公出國，另立新國君。就在這一年，魯昭公死於國外。這當然是大事。晉國當時是霸主，為了這件事，執政的大夫趙簡子就請教史墨，問他對這件事的看法。史墨認為宇宙間的事物永恆在變動之中。君主變成臣子，臣子變成君主是常態，正好比夏商周三代君主的後代，現在都變成了普通老百姓。他引用了《詩經．小雅．十月之交》的一句：「高岸為谷」（高高的陸地陷落變成山谷），「深谷為陵」（「陵」即丘陵，深谷又會上升變成一座小山）。大地的地貌會由高變低，由低變高。地是如此，天也一樣。他說《易經》有一卦叫作「雷乘《乾》曰《大壯》」（「在《易》卦，雷乘《乾》曰《大壯》，天之道也。」

《大壯卦》

（《左傳》魯昭公三十二年）」。這個卦即是《雷天大壯卦》。這個卦反映了天道亦是如此。為甚麼？天高還是雷高？肯定天高於雷。但現在雷在天之上，可見得宇宙的事物永恆在變化之中。尊貴的變成卑賤，卑賤的變成尊貴，這是「天之道也」。

孔子所說的是「人之道也」。其實到了春秋時候，已經從只注重天道，開始注重「人道」。通過上述一例，可知到了春秋時代，《易經》不單止變成了人生的規律、道德的教訓，甚至已經進一步變成用「天道」來解釋人道的規律。所以《繫辭傳》繼承了春秋學術思想的傳統，將《易經》解釋天道、人道、地道，這是人類思想的發展，並不是《繫辭傳》的作者胡亂想出來的。各位，史墨在這裡不是預測未來的禍福吉凶，而是討論一宗事情，根據這個理論來說明魯昭公為甚麼有此下場。世世代代的魯國君主不關心民眾，而季氏世世代代關心民眾，所以魯國民眾只知有季氏，早就忘記了國君，雖然他們的國君被驅逐出境，另立新君，人民都認為是正常合理的。因此，這件事本身來說是正常合理。它亦說出了在中國、尤其是儒家，並不是統治者的幫兇，統治者做得對，可以繼續做；如做得不好，在下的人推翻他，乃「天之道也」，是合理的。所以各位不要誤會中國儒家沒有良心，而是極有良心。只是我們現代人自已沒有良心，以己比人，也以為古人沒有良心，其實是我們自身品格有問題。這個例子就是「以言者尚其辭」，指《易經》的語句，變成了我們言論、理論的根據。

「以動者尚其變」，「動」就是行動。根據《易經》的道理，有所行動或者希望有所行動的人，「尚其變」，崇尚《易經》所指示的變動之道。「變」字的低層次，是指卦爻。《易經》占筮數據有四個可能性：六、七、八、九。「六」就是「老陰」；「九」是「老陽」；「七」是「少陽」；「八」是「少陰」。由少陽開始變，是變向老陽，變化少。好比由少年變向老年，變化不太多，因此《易經》不以少陽少陰為變，認為它不變。但老陰變少陽，陰變為陽；或者老陽變少陰，陽變為陰，變向相反的事物或性質，變化就大了。因此，當我們利用《易經》求到的爻，知道不變爻暫時不變動，是指事情暫時不變。見到九或者六，即老陽和老陰，就是變爻。例如以這個《雷天大壯卦》來說，如果初爻變，登時就不同了，變成另一個卦，那就是《恆卦》。初九陽爻變為初六陰爻，是即時變化了。現在這「變」字就指爻的變動。由爻的變動，指出我們由目前的狀況轉向另一狀況。因為是轉向另一狀況，就有不同，不同代表了變動。所以通過這個爻的變，就可以知道未來怎樣變。最初只好像查表一樣，哪一個爻變，就查那一爻的爻辭怎樣說，就知道怎樣變。但是進一步，到了《十翼》的時代，就由於爻變是陽變陰，陰變陽；或者陽繼續是陽，陰繼續是陰；或者陰要很長久才變陽，陽要很長久才變陰。因此事情的變化，就是陰陽的變化。循著這種想法，再推前一步，宇宙萬事的變化，都可簡化為陰陽變化。如果我們明白陰陽變化的規律，細心分析任何一卦，卦中六爻陰陽的性質、陰陽變動的可能性，將來會變至甚麼情況，那種情況用陰陽學來解釋是好是壞？會是甚麼一回事？那我們就可知道未來可能會有怎樣的變化。因此，初級的就是查意只是指低級的占筮而已。

《易經》中所說的變爻、或者陰陽變易的道理，就可憑藉它作為行動的根據。但最初文和他人的變化都能夠明白，這是易學後來的發展。這句是說如果注重行動的人，就崇尚一步知道陰陽變化，掌握這個規律，你就能預知未來的行動變化，由天地萬物以至自己變爻爻辭；《大壯》初爻變，就查初九爻辭，看爻辭怎麼說，藉此知道未來。但如果進

「以制器者尚其象」。「制」就是創製，「器」就是工具，對人類有用的各種工具，具體的器具就叫作「器」。如果注重創製對人類有利用價值器具的人，就崇尚體會《易經》的象。所謂《易經》的象，最簡單就是指《易經》兩種不同的符號：陰和陽的符號。當陰陽符號組成三畫卦的時候，這些符號就分別代表天、地、雷、風、水、火、山、澤等事物。當它組成六畫卦時，它就根據三畫卦的類象，再產生複雜的類象。這些象就變成了那個卦最重要的精神和性質。換言之，六畫卦的卦象，我們已經說過，最初可能只是對具體事物形象的摹寫。再進一步我們探求同類事物背後共有的最基本、最關鍵的道理，這就叫作「道」，即規律。因此，這個象既有表面具體形象的象徵摹寫，更重要的是「象其物宜」，將這件物件最重要、最有特色、最關鍵的性質和背後的規律，通過這個抽象的符號反映出來，這就是象。創製器物，最崇尚這些象。因此，《繫辭下傳》第二章整章都是說「觀象製器」。觀察《易經》六十四卦卦象，體會它的原理，就可以創造出新的、有用的器物，其中還羅列了十三個具體的例子。這些具體的例子有些

說得有道理，有些說得比較勉強。有很多古注已指出不要執著看死。

到了民國時代，疑古派的學者如顧頡剛、甚至胡適等在內，則過火地認為「觀象製器」的說法是沒有道理的。他們提出的理由很簡單，《易經》的卦象都是摹寫實際已經存在的事物，然後將事物抽象化變成象而已。因此，物件創製發明在先，《易經》的象應該是後出的。現在顛倒了，將先發明了的事物說是根據《易經》的象來發明；相反你應該說《易經》的卦象是根據已有物件的形象摹寫的。因此，他們把「觀象製器說」看得一錢不值，認為是沒有道理的。其實這可說有道理，亦可說沒有道理。為甚麼？《易經》六十四卦的卦象最初是否都是摹寫實際的物象？相信不是。因為《易經》有些象是真實存在的，有些象則根本沒有可能存在的，例如《謙卦》，地中有山。實際大地上，有沒有地中有山？似乎很難找到，有也可能是特例。因此，《易經》的六十四卦卦象，其中一部分的確摹寫真正的物象，但大多數卦象是沒有物象可以比附的，只是藉卦象說抽象之理。所以唐初的孔穎達老早已經說得明白，《易經》的卦象其實分為兩類；一類叫作「實象」，一類叫作「假象」。「實象」就是《易經》六畫卦所反映出來的物象是天地人間所有的；而「假象」就是天地人間沒有的，或者是現在沒有的。但為何《易經》的六十四卦要用這些「假象」？因為要「假象以顯理」。這句話不是孔穎達說的，而是後人補充的。意思是假借這些象來將深奧難明的道理表達出來。例如地中有山的《謙卦》，雖然沒有這個象，但通過這個不存在的虛象，顯出高大的高山降到地下，以象徵謙遜，這就是「假象以顯理」。明白《易經》實象不多，多數是「假象顯理」的話，又假設這些象在三四千年前已經有了，當時可能還沒有這些發明，因此，當有人看見一個卦，例如這個《渙卦》（見圖）。

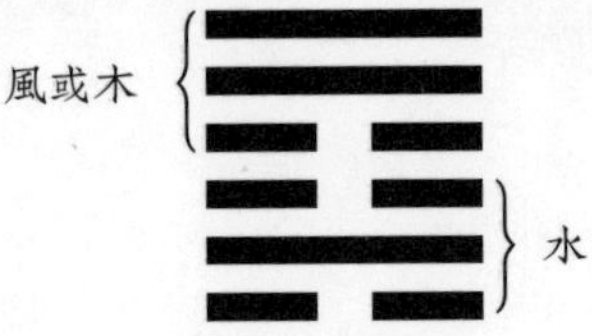

《渙卦》

「下卦」是水，「上卦」是風，風吹水可能沒有意義。但這個「上卦」本身也代表木，卦象是木浮在水上被風吹動，於是可能從此「假象」得到靈感，創製出船隻。例如中國第一次得到諾貝爾獎的物理學得獎人李政道、楊振寧教授，他們當時看了西方拉波特（Otto La Porte）的「選擇定則」，說當中鐵的分子本身比例是恆定的，即比例不變的。《易經》的原理總是說任何事物是由多到少，或由少到多，永遠在變動之中。《易經》的卦，是否每一卦都是平均的三陰三陽？不是的！有一陰五陽、有五陰一陽、有二陰四陽、有三陰三陽、有四陰二陽等，比例是經常變的；沒有理由鐵的分子的比例是不變的，用《易經》的理論來看就不對了。西方沒有人這樣想，但李政道、楊振寧妙想天開，運用《繫辭下傳》「為道也屢遷，變動不居，不可為典要」的理論，於是兩個「傻子」勇氣十足，用中國的《易經》的哲理來指導科學研究，結果令拉波特的理論出現問題，他們因而拿到諾貝爾物理獎，你能說《易經》的哲理後於李楊二氏嗎？你能否認《易經》沒有給人創製事物的意念或靈感嗎？高級事物是理論，低級事物就是具體的事物。李楊二氏的科學創見是否可作為「觀象制器」的高級事例呢？

各位循著這例子，很多《易經》的卦所象徵的理論，神而明之就可能給你靈感或想法。任何學問、任何發明，最先可能是心中有一個信念或想法，它指導你去發現真理或發明事物，你跟著它一直去做，可能發現科學的真理或者發明新的事物。如果一個人沒有任何哲學思想的指導，他很難有所發現或發明。那些我們可說是文化。任何的文化變成你思維的一部分，你了解宇宙人生都是用了它；另外，你的科技發明也是用了它。所以任何民族的科學發明都是有主觀成份的。這個民族發明這一類發明，那個民族則發明另一類發明。甚至以前牛津大學和劍橋大學的科學教授也有不同的發明、發現各有不同的側重點，各自有不同的體系。原因是你的思維決定你注意甚麼事物和用甚麼方法和觀點解釋問題。這些就是高級的「觀象制器」。

另外，當我們將這個卦象由具體的物件變成抽象的原理，很多時候對那件事物的性質規律的描寫，可能較原來的事物更完整、更合理，這就是所謂「象其物宜」。因此，如果我們的聰明智慧真是能夠掌握這個較原來物件更完善的規律，起碼可以改良該物件；甚至利用那件物件來推陳出新。這是今天科學家都認識的道理，只不過他們帶有偏見，以為《易經》是迷信、是垃圾，所以才吹毛求疵，認為「觀象制器說」有問題。如果你一定要這樣說，那《易經》當然是垃圾。但如果虛心從不同角度去看，認真地去了解《繫辭傳》，可能就不會說出這些話。因此，這裡所說有道理，但不是全部有道理，而是不無道理。

「以卜筮者尚其占」，這個「卜筮」的「卜」字，嚴格來說用得不好。因為龜才叫「卜」，筮應叫作「占」。但古人不嚴格分開。今天學術嚴謹了，新派嚴謹的學者都避用「卜卦」兩字，只說「占筮」而不作「卜筮」，用「占」字不用「卜」字。「卜筮」雖然是傳統兩千年的用法，但各位留心看看，後來嚴謹的易學家，即由宋朝到清朝的學者，其實已只用「占」字。但在這裡就可能是「龜卜」、「筮占」並舉，尊重傳統的龜卜，所以叫「卜筮」。這句是說利用古老的龜卜，和周朝新興起的占筮的人，「尚其占」，就特別崇尚占和卜的後果。「占」就是指卦辭和爻辭。

各位注意，這裡已經將原本《易經》只預測未來的功能擴展到多種功能，例如「以言者尚其辭」，這是以《易經》作為理論的根據，和預測未來無關；「動者尚其變」，勉強可說與預測未來有關；「制器者尚其象」，和預測未來無關。因此，起碼已經將《易經》原本只是占筮的功能減弱了。如果我們再從後世說「動」，就是指陰陽變動規律來說，《易經》原來占筮的功能現在只佔四分之一了。這是儒家的《易經》或《十翼》作者將原來的《周易古經》提升成為偉大的寶典了。

是以君子將有為也，將有行也，問焉而以言，其受命也如嚮，无有遠近幽深，遂知來物。

「是以君子將有為也，將有行也」，在《繫辭傳》中，聖人和君子分別代表不同的人。聖人往往是指創製《易經》的人；君子往往是指學習《易經》的人，這是它特殊的用法。「有為」和「有行」，如果分開使用，似乎意思分別不大。但是連接在一起用，意思就有很大的不同。所謂「有為」，就是為於內，以個人進德修業為主；所謂「有行」，就是行於外，甚至行於天下，這是指對外行動，自己身體之外，對別人、甚至整個國家的行動都叫作「行」。這種分別，起碼從後漢三國時代的虞翻開始，已有這一看法。虞翻認為，所謂「有為」，是代表國家的封侯，是國內之事；而所謂「有行」，是指行軍，是國外戰爭攻伐之事。這可能是從遠古時候的文化思想習慣來解說的。所以後來注家就認為，「有為」為於內，是個人的事；「有行」行於外，是國家之事，這一意義今天還沿用。例如說某人是有為的青年，甚麼是「有為」？他有行動了沒有？相信當我們說他有為，並不以為他已有成就、或者有作為。通過這兩句，應當明白中國文字的意義很多時候很精密，只不過我們沒有細心分析，就好像差不多。只要我們嚴謹分析，就發現其意義原來是分得很清楚的。所以君子，無論他利用《易經》作為個人對自己進德修業也罷，或者作為對外有所行動也罷，要「問焉而以言」。「問焉而以言」，「問」就是詢問。他會向蓍草詢問。我的行事方法是否合理？未來吉凶何如？「而以言」，當中「以言」兩字令人頭痛。照字面解釋，應該是我們向蓍草詢問，用我們的言語說出我們要做甚麼事，請神靈指示我們未來的吉凶。這樣解釋應該是很合理的。但是朱子認為「以言」兩字，應該是上面所說的「以言者尚其辭」的「以言」。向它詢問，請它選擇出我所希望得到的理論，即是合理的理論、辭句來指導我怎樣立言、怎樣建立理論。這樣就將「以言」的意義豐廣了。後世的注解家大多同意朱子的說法，但仍有一部分的注解家不同意，例如清初的陳夢雷，他主編的類書叫作《古今圖書集成》，是今天，特別是研究科學、學習術數的人都欣賞的大叢書。他還著了一本書叫《周易淺述》，很受到國內學者的稱讚，原因是當時國內出版注解《易經》的好書很少，他又說得扼要清楚，結果就成為一本極為有名、極為暢銷、極多人閱讀的一本《易經》注解；甚至陳鼓應教授也對它推崇備至，周振甫教授譯注的《周易譯注》（中華書局，一九九一年版）亦採用其說極多，不過這本書並非如此偉大。當時陳夢雷被貶謫到中國西北，手上的參考書不多，他只憑他的學問、閱歷來補充，因此難免孤陋寡聞，說得雖然通達，但是不夠深入、準確。因此，清人對他的讚揚不多。但是經過最近國內的吹噓，結果如你研究《易經》而沒有讀過這本書，會被人說你學識不足。雖然我說它不是最高級，但相比今天的《易經》白話注解，卻是極高級，而且印刷精美、字大悅目易讀，因此推薦各位閱讀。他反對朱子的說法，他說「以言」是從口中說出，向神靈詢問要做的事未來如何。這兩個說法，各位可自行考慮哪個正確。

「其受命也如嚮」，「嚮」和「響」相通。它原來是「向」字的古寫。注意，「音」和「響」的意義是不同的。「音」是聲音的來源，「響」是聲音的回聲，所以「應聲回答」就是「響」。「其受命」，「受」是接受；「命」是人類的命令，即向著草求卦的人，詢問著神他的未來情況，著神接受了人的詢問、命令，就好像聽了聲音之後，自動產生回響、回應。

「无有遠近幽深」，「无有」即是無論、不論。「遠」可從空間和時間來說，空間就是指遠方、整個天下；時間就是指未來的事情。「近」同樣可以從時間和空間來說，如果從空間來說，就是指附近、甚至身邊；如果從時間來說，就是指目前、或者是很接近的時間。「幽」是幽暗不明，指任何事情尚在微不可見的狀態，就叫作「幽」，即事情最初的階段。「深」，正如水深時，我們看不見水底的事物，在這裡是指事情的真假，或人心的真偽，無論它是在遠方或者是在身邊，它是現在或者是未來；無論它的事幾（機）多幽隱、或者它的是非真偽，或者人心的真偽。

「遂知來物」，這個「遂」字，傳統解釋為「於是」；「來」是未來，將要來的；

「物」就是事物、事情或者物件；整句是指都能夠知道未來事物發展的情況如何。近人說這個「遂」字在古代有特殊的用法，等如「遍」、「普及」的意思；「遂知來物」，就是普遍地、完全地知道未來任何事情發展的情況。但是由於下面還有幾個「遂」字，例如「遂成天地之物」、「遂定天下之象」，那是否可同樣用「遍」、「普及」來解釋下面這兩個「遂」字？似乎未必可以；所以我們仍然採用傳統的解釋為「於是」，似乎合理一點。

非天下之至精，其孰能與於此？參伍以變，錯綜其數；通其變，遂成天地之文；極其數，遂定天下之象。

「非天下之至精，其孰能與於此」，如果《易》書，不是具備了最（天下有最之義）精妙的內容和道理的話，「其孰能與於此」。「精」字不是指多，而是指很少的文字或類象卻蘊含著極為眾多、深入、精妙的內涵，尤其是指道理而言。這是指卦象、爻象、卦辭、爻辭。《周易古經》的文字、卦象雖然少，但卻都是最精粹、最具普遍性的，所以能夠通過少數文字事類解釋說明無限多的事物，所以就叫作「精」。「至精」就不單只是精，而且是精中之精。因此，五千多字和有限的卦爻象，就能夠反映一切事物。「孰」本指誰人，現在引申既可以指人，亦可以指任何書籍。「與」字，孔穎達解釋為參與，後世解釋為及、比得上、達到。有哪一本書或者哪一種道理能夠與《易經》相比呢？這個「此」字，就是指《周易古經》一書。這裡說出了《周易古經》本身有「至精」的德性。

「參伍以變」，「參伍」是先秦常用的一個詞語。但在先秦的古書用到「參伍」的時候，意義比較不穩定，需要我們自己通過聯想去解釋。因此，朱熹綜合了先秦古書眾多「參伍」的意義，認為「參伍」在《繫辭傳》中，是指用「三」來「相參」，用「五」來「相伍」。用更簡單的語言來說，是指揲蓍求卦的過程中，我們需要通過三變，然後求出一爻。這一個「參」字，就是指揲蓍求卦的一變、二變、三變，三變求出一爻的操作過程。「伍」字就是指在每一次一變的過程中，其中第一個步驟叫「掛一」，接著，將數目逐四來分開時，左面的一堆是「揲左」，然後「扐左」，右面的一堆是「揲右」，然後「扐右」，經過這五個步驟；這「五」個步驟，是由「五歲再閏」（五年有兩個閏月）的「五」而來。因此，這個「伍」是指每一變的過程中，有五個不同的處理方法。再進一步，要求得一爻，要經過三次「伍」的手段。因為每一個「伍」只有一變，三次的「伍」才是三變，然後求出或者是三十六、或者是三十二、或者是二十八、或者是二十四策蓍草的數目，然後定出老陽，老陰，少陽，少陰的陰陽爻數。這個解釋大概是這一千年來大多數注家認為是合理的，因為這段文字和揲蓍求卦相關。上面一段，「是以君子將有為也」至「非天下之至精」，是說明蓍草的性質和功能的。而現在是說怎樣通過揲蓍求卦得到卦爻，則是從卦爻來說的，經過「參伍」的演變運算的過程，再「錯綜其數」。

「錯綜其數」，「錯」字，在《繫辭傳》中有特殊的意義。凡是陽和陰相對比，就叫「錯」。例如老陽和老陰的九和六，互相對比，就是「錯」，或者少陰少陽七和八之間的對比，也是「錯」。所以後來明朝的易學大師來知德，他發展了所謂「錯綜」的說法，將卦體分為「錯卦」和「綜卦」，就是從這裡引申發展的。所謂「綜」，就是指「上下」。所謂「上下」，例如當九往下降，就變成八；六向上升，就變成七。陰、陽、老、少在卦中上下升降的過程，叫作「綜」，也就是縱向的發展。而「錯」則是橫向的對比。「錯綜其數」的「數」，指四十九策數，通過對數字或錯或綜的演算，最後，得到六、七、八、九這四個數據之一。在演算之初，雖然最初是四十九策蓍草，但隨著演算過程的進展，一直在減少中。但在演算這大堆的蓍草背後，其實是要求得到六、七、八、九這四個數據之一。所以現在他說通過蓍草的「分二」、「掛一」、「揲四」、「歸奇」等的運算過程，終於得出了六、七、八、九之數。

「通其變」，各位要注意，所謂「變」，指陽變陰，或者陰變陽。如果陽變為陰後，陰長久不變仍是陰；或者相反，陰變為陽後，陽長久仍不變為陰，這雖然勉強仍可以叫作「變」，但如果是這樣，事物就停滯在那裡，不再發展，在易學中，這是最差的「窮」的階段。如果陽變成陰，陰發展到最後，不是停滯終止，而是再次變回陽，陰陽的變動交替永無止息，我們就叫作「通」。所以變很重要，但在易學中更重要的是「通」。所以現在要「通其變」，令到無論陰變陽，或者陽變陰，都能夠持續不停地發展下去。這樣就叫「通其變」，它說出了蓍草運算的陰陽變換是永無止息的。這就是撰寫《繫辭傳》或者《十翼》的作者，通過天地變動的永無止息，賦予筮法亦是永無止息地變動著的。

「遂成天地之文」，「成」是「定」的意思。這句說於是在變化不停之中，最終有短暫的穩定，成為「天地之文」。甚麼叫「天地之文」？所謂「天文」，就是指一、三、五、七、九這些奇數，在這裡，是指「七」或者「九」這兩個數據中的任何一個。而所謂「地數」，就是指二、四、六、八、十這些偶數。在這裡是指「六」和「八」兩個數據中的任何一個。剛爻就是「天文」，柔爻就是「地文」。而所謂「文」，原本指織布機上線的縱橫交錯，織成美麗的布帛。引申凡是相同的事物，就不可叫作「文」，只有不同而相反相成的事物組合，才叫作「文」。換言之，在易學中，陰和陽互相交錯，就叫「文」。這種互相交錯有三種基本的方式，第一就是陽爻在陰位、陰爻在陽位。即陽爻處身陰位，陰陽於是互相結合，這是第一種的「文」。另一種就是上下、互相間隔之間形成的「文」。例如初爻是陽，二爻是陰，兩爻因為貼近，互相形成一種「文」。第三種是通過「應」的關係形成的，例如在初和四、二和五、三和上的位置的兩爻，分別是一陰一陽，由於它們互相感應，互相往來，因此，陰陽互相感應，亦組成了所謂「文」。明白這個之後，就知道通過這樣的運算，求出六、七、八、九的數據，終於得出最基本三爻的卦，即我們所謂「八卦」、「經卦」或「單卦」。而這個三爻的卦，它們本身的爻位和上下之間，就會形成了陰陽爻的交錯相合，這就叫做「天地之文」。「單卦」中，陰陽爻混雜，跟《乾》、《坤》兩卦的純陰純陽不同；但即使是純陽純陰的《乾》、《坤》兩卦，由於爻位有陰陽的不同，同樣可以形成「文」，這就叫作「成文」。用最簡單的術語來說，就是終於運算求出三畫的「八卦」，即《乾》、《坤》、《坎》、《離》等「八卦」。

「極其數」，注意，「成文」在這裡變成一個專門名詞。一說到「成文」，就知道指通過蓍草運算，得出基本三畫的「八卦」。「極其數」，因為九變得出三爻還沒有完成一個六畫卦，還需要再九變，重疊另一個三畫卦，因此要「極」。窮極這種蓍草運算，求出六、七、八、九的數據，經過十有八變，完成六畫的卦，便是「遂定天下之象」，於是形成或者確定天下之象。這裡的「象」是指卦來說。各位如果還記得文章的開始，馬上就知道在《繫辭傳》中，說到「象」時，百分之九十都是指六畫卦來說的，於是說通過數的極度運用，最後求出六畫卦。有了六畫卦，然後象的意義才能夠完整地表現出來。注意，三畫卦的《乾卦》為天之象，《坤卦》為地之象，《震卦》為雷之象，《巽卦》為風之象，《坎卦》為水之象，《離卦》為火之象等，已經有了象。而且我們還可以根據這基本之象，例如三畫卦的《乾卦》，可以引申為象徵寒冷、金、玉、君主等象。《坤卦》可以象徵輿（車）等其他很多的象。但這些象只是自己本身的象，任何事物，如果不和其他事物比較，本身是無意義的、是沒有變化的。例如我們說這個女子漂亮，你憑甚麼說她漂亮？原來她與醜的比較，她就很漂亮。或者較極端的例子，她和幼稚園學生比較，她便非常有學問；但如果不通過比較，說她有才能，她的才能究竟高到甚麼程度？她和甚麼學歷的人比較？所以比較是確定事物真正意義的關鍵。另外，《易》學重「對待」、「流行」，「對待」、「流行」是要兩件或者多件事物互相你推我、我推你，你影響我、我影響你，然後才產生變化的。因此，只是一個三畫卦的變化是很少的，或者沒有，很難確定它真正的意義，最低限度要通過第二個卦和它重疊，兩個卦互相比對，才真正有意義，而且意義才會穩定。例如他和這位天才比較，他還優勝一籌，便真是天才中的天才了，這才能定出客觀較有意義的標準。因此，《易經》所說的象，蘊含著宇宙人生變化的規律和行事的準則，一定要通過比較才能定位，即它在甚麼情況、甚麼環境，和甚麼事物比較，才知道是甚麼，所以一定要到這階段才能成為象，因此真正的象是六畫卦。後來再引申，因為有了六畫卦，所以六畫卦中任何一爻，因為有了卦大的定位（時），然後細小的爻同樣有特定的意思，所以是先有了卦象，然後才有爻象。現在文中說的是卦象。

「遂定天下之象」，最終確定了天下之象。各位要特別注意，在未曾成卦成象之前，是運算的過程，沒有人知道會得到甚麼卦，沒有人知道會有甚麼象。只有等到運算有了結果之後，才由變動不定變成確定，所以用「成」字和「定」字，而「成」、「定」兩字都有確定之義。故特別在文字中，一句是「遂成天下之文」；另一句是「遂定天下之象」。其實就是通過互文，兩句意義互相補充，既是成立、又是確定。其中「成立」是第一義；「確定」則是更重要之義。這裡是說終於有了確定的卦、確定的象給預知未來作參考。

非天下之至變，其孰能與於此？易无思也，无為也，寂然不動，感而遂通天下之故也。

「非天下之至變」，卦本身和卦中所顯現出來的象，最初只是特殊個別的事物或道理，但我們上文已經說過，通過它，將特殊個別的事件提升到普遍的時候，就變成了一類事物的共同做法和共同規律。當它變成同類事物遵守的規律時，在應用之際，還須按照不同的人、不同的環境、不同的時間，斟酌情況去行事，由於應變情況各自不同，表現出無限多樣的變化。尤其是再發展到天地人都可以兼用的話，那麼在對待天、地、人時，同一個規律因對象不同，它的應付方法表現出來亦有不同。但它卻能用最簡單的規律，對天地人、對不同的對象，按照特殊的時間、特殊的空間、特殊的個人條件，或者特殊的天地條件，有各自不同、千變萬化的應付方法，而且綽有餘裕，為甚麼《易經》有這種作用？因為它具備了應付萬變的「至變」能力！這句是說《周易》具備了處理、應付天下事物無限變化的德性。

「其孰能與於此」，還有哪一本書、哪一個人能及得上它？《易經》這種至變的德性，還有哪一本書能夠達到這麼偉大的水準呢？這裡說出《周易古經》本身的德性的第二點，是具備了至變，才有以至變應付萬變的功能。

「《易》无思也，无為也」，這一個「易」字，我們要特別注意。凡是《十翼》，尤其是《繫辭傳》，很多時文字背後都蘊含著兩種不同的意義，即有表面和內寓的兩層意義在內，有時甚至有三層的意義。第一層次，最基本、最粗淺的意義是，《繫辭傳》的文字是解釋占筮，講述占筮各種規則的。第二層次就是為何占筮有這種原理？原因就是《繫辭傳》的作者，綜合他那時代各家的哲學思想，和當時所達到的最高的科學知識，將這些提升變成解釋迷信的占筮的理論。因此，從高層次來看，表面上它解釋占筮原理；其實就是因為先有了自然哲學的原理，才能轉而用此哲理來解釋、提升占筮的原理；或者由占筮的原理得到啟發，將它擴展提升為宇宙或者人生的高級哲理。當我們讀《繫辭傳》時，只知道它解釋占筮原理是不足的；同樣認為它只是講述宇宙人生的哲學亦是有問題的，應該「一石二鳥」，同時了解兩方面的道理。現在這段文章尤其是如此，文字表面上，似乎是解釋占筮。所以第一節解釋蓍草，第二節解釋卦爻，文字表面意義是說占筮的原理，但言外之義則是進一步，說出宇宙人生的哲理。利用這種宇宙人生的哲理，通過《周易古經》的啟發，作為具體實例，掌握後，你就不需要依賴占筮，只須根據《周易古經》所蘊含的「至精至變」的道理來衡估未來事情情勢的發展，你自已就是蓍草、卦爻，但並不需要占筮，就能夠利用這一原理預測未來、指導未來如何行事。

「易」，低級指蓍草和揲蓍過程，高級就是說《周易古經》的哲學思想。「无思也，无為也」，作為人類，人人都有所思，當我們有所思時，縱使對事情能夠從眾多方面去考慮，一定仍會有所遺漏，因此所思是不全面的。另外，正因為我們有所思，我們就有了主觀的立場和理論的根據。無論你是根據中國理論還是西方理論，由於這些知識都不是絕對真理，因此你就等如戴上有色眼鏡去看事物；所以，所思的結果未必達到真實或者合理的程度。《易》的「无思」，因為它不去思想，反而可以對各種事物都同時照顧。由於它不是有意去思想，便不是根據儒家、道家或者佛家的理論去思想，結果它所想出來的事理，便較沒有主觀的成份，所以較接近真理。

「无為也」，人類如果有所作為，無論你日日夜夜、不眠不休去做，你的作為能全面嗎？當盡全部人力、財力建築高速鐵路時，可能香港其他的工程就疏忽了。但這條鐵路對香港是最有利的。正好比隋煬帝修築運河，秦始皇修築長城，都是「莫言無後利，千古壯京華」（《隋煬帝海山記》）。即使今天香港人很辛苦，但未來卻有無窮的利益，後世子孫受惠至多，因此是應該建築的。這是從歷史的觀點來看，每一次中國的大工程如大運河、長城，都可以帶來幾乎長達千年的利益。長城令每一個入侵的外族與他的本族隔離，結果入侵的外族同化於中國文化，變成中國人，使中國文化，薪火相傳，至今尚存！可見長城的偉大貢獻。運河溝通南北，對經濟文化的貢獻非常深遠，這是不能不讚揚的，我們不應如此短視。這是題外的感想。

「无為也」，另外的意義是，如果身為領袖，由清晨不停工作，勞碌到深夜，以為這就是盡了責任。但這是錯的，因為你只是自己做自己的事，沒有想到全盤的計劃，也沒有想到手下的才能如何得以發揮。你愈勤勞，愈無暇總攬全局，國家或公司愈危險。所以身為宰相或者領袖，應該優遊自在，袖手無為，才能有時間全盤規劃整個國家的政務。所以當你有所為，無論你多努力，實際上你不為的更多。所以「无為」才能夠無不為（老子文義別解）。

「易」既是「无思也，无為也」，因此，它就「寂然不動」。

「寂然不動」，「寂」是靜寂。當它在靜寂、靜止時，它的思想行動也是不動的。表示《易經》的卦、爻辭仍然只是保存在《易經》這一本古書中；《易經》的卦、爻象，仍然只是停留在《易經》卦爻的符號階段。求出卦爻的蓍草，現在只是安安靜靜，仍然放在儲存蓍草的木盒中。這木盒古代有一個專有名詞，叫作「櫝」。蓍草仍然放在櫝中，任何事物都仍是靜止不動。

「感而遂通天下之故」，但是當它受到感應而動，這「感動」不同於今天所說的「感動」，而是「感通」，是指易學上的「陰陽交感」。如果以揲蓍求卦來說，就是指我們的精誠專一之心，感動了蓍草，它隨著我們想問的問題的性質與內容，和我要做的這件事情的未來發展作出感應，隨感隨應，「遂通天下之故」。「故」就是事故，即事情。當它一遇到人的至誠之心去求卦，它就受到感應。我所問的事情是天下事情的一種，因為《易》具備解答天下任何問題的能力，它感應到我所問的事，就按照我的問題，選擇出適合我的答案。「通」是交通，互相往來之義，即將《易》中蘊藏合乎我所詢問的事相感而接通，於是顯現出來。

非天下之至神，其孰能與於此？夫《易》，聖人之所以極深而研幾也。

「非天下之至神」，即如果它不是具備了天下最神妙不測的性質。凡是文言文用到「天下」這兩個字，是代表最高比較之詞，意思是整個天下間它最好，整個天下間它最差。凡是用「天下」，等如英文中比較最高級的級次。「神」字在《易經》中，當然最初是指神靈來說。但進一步是指陰陽不測，即是陰陽變化的奧妙無窮，一般人不容易看透的，就叫「陰陽不測」。陰陽不測的背後，其實就是說陰陽兩氣變化的規律。因此，「神主宰世界的變化」，那是宗教的說法，而宇宙自已按照一定的規律發展，那個神卻是科學性的。《易經》這個「神」字，就是指宇宙萬事萬物依循著自然規律發展就叫「神」。因為這個規律太高深了，不要說古人，甚至今天，我們是否真正了解到宇宙奧秘？宇宙有黑暗物質和黑暗能力（dark matter and dark energy），相信二十年前還只是推測而已，現在才慢慢知道真的有黑暗物質。這些黑暗物質和能力比我們所能看到的明顯物質多，是九十五和五之比。以前我們提過張橫渠（張載）的說法：「太虛皆氣」，在整個宇宙空間，最空虛的地方都瀰漫著「氣」。二十世紀的人只知道有明物質而不知道有暗物質，就覺得未必是對。但一到了現在，我們想到看不見的太虛其實可能是黑暗物質。因此，它瀰漫整個宇宙，無處不在。這個「氣」就是最基本、最微小的物質。所以這個「神」，如果不是掌握了天下間最關鍵的變化規律（這是後來的引申，最初的解釋指偉大神靈的神奇力量），「其孰能與於此？」

「其孰能與於此」，還有誰能達到這麼高的成就和水準呢？這一段話，我們或者需要略為發揮。「无思无為」，如果走到極端的話，往往過於側重於無，那就會變成空寂，甚至是消極。他對外面任何事物的感覺就會麻木，麻木了就不會有感應。例如佛、道兩家有些養性修心的功法，進入靜定的境界後，自我、甚至外界的事物都淡忘，結果可能對外界所發生的一切也麻木了，或者沒有感應。這樣又怎能夠「感而遂通」呢？相反，「感而遂通」的「通」，則是近於有作有為。但任何作為都要在具體實質的事物上去想、去做，往往會沉迷於物質和個人，那就無法達到「無」的境界，結果執於「有」。因此，「有」到極限和「無」到極限都是有問題的。但現在卻說蓍草或《易》既能無，又能有，產生無限的感應，這是甚麼意思呢？周濂溪（周敦頤）在《通書》中說的，可以移用於此作為解釋。他說「動而無靜，靜而無動，物也」。正在運動的物體不靜止，靜止的物體則不會動，這就是萬物的動靜。跟著他說：「靜而無靜，動而無動，神也」。各位是否聽清楚？它是靜的，但實際它是不靜的；它是動的，但實際它是不動的，這就是神。用最低級的解釋來說，表面靜止的事物，它無時無刻都蘊含著動。因此一有感應，這個所謂靜，即時就變成動。而動的物件蘊含著靜，一受到感應，就隨時靜下來，這是神的作為。其實，周敦頤所說的「神」，就是宇宙的運動，而不是人間物件的運動。例如地球動嗎？你能否感到它在動呢？這便是「動而無動，靜而無靜」。甚至我們的眉毛、面貌，你覺得它在變動嗎？但十年後，你的面貌就改變了。短暫的時候不覺得它在動，但實際上，它無時無刻都是靜中含動，動中含靜。因此，易學上所說的蓍草「无思无為」而又「有思有為」，兩個互相對比，就不是低層次「物」的境界，而是「神」的境界。

再者，在神的境界中，它是最高的，所以它就叫作「至神」。各位再從這裡引申，其實蓍草之所以能夠感應人類的詢問，回應詢問的人的要求，選擇合理的回答，表面上是迷信的，但是根據很多古今嚴肅研究《易經》占筮的人（不是術士）的體會，任何人用《易經》來占筮，理論上，科學的或然率只是二分一機會，即準確的或然率最大極限值是二分一而已。但奇怪的就是，根據他們的實驗，或然率絕對大於二分之一。很多時候隨著占筮的人的修養和具備精誠專一之心，可以達到七成以上。這好像在宣傳迷信，但可能它是一種我們今天還未曾認識的「科學」。就是這一種「科學」，可能令到我們的思想，和某些東西接觸之後，影響蓍草得出結果的過程。可能是迷信，也可能是科學。結果這一過程令到它有超過二分一的準確性。這點在今天二十一世紀開始重視研究人的科學時代，或者這個問題會得到否定或者肯定的答案。但在這裡，它說蓍草就是說聖人、就是說我們。如果我們能夠掌握這種「无思无為」而感應萬物、了解萬物發展變化的過程，能夠隨感而應去解答問題的話，可能人類的聰明智慧會較今天高很多。

但是「无思无為」是如何來的？如果從佛、道兩家的觀點來說，就要排除人類所建立的學問，因為這些學問都不是絕對真理，把它們全部忘記順乎自然而行更好。這樣的話，禽獸就應該最具備「聰明智慧」，地球應該被牠們統治才對。否則，這種理論就是不對的。《易經》認為怎樣才能達到「无思无為」？下一章它就說到「洗心」。甚麼是「洗心」？就是本來你的思想充滿主觀意識，你通過後天努力逐步將自己的主觀意識清洗，清洗到最後變成無思無慮。換言之，你一定要學習人類長期辛苦累積所建立的學問，有了最大的主觀和最大的學問，然後清洗「主觀」，變成最客觀、最無個人的想法。然後看事物，就能夠看得更全面。當你看得更全面、更冷靜時，你就更無個人的自私想法。如果懷著個人的利害得失之心，看事物一定不客觀，一定會傾向對自己有利的一邊。你不是有心這樣做，而是無心地會保護自己，為自己的利益著想。受到那種潛意識的影響，判斷就有問題。但當你做到「洗心」，然後無思無慮，你就能夠公正，看見一些平時看不到、被有色眼鏡擋著的事物，你就會看得更清楚。因此，這句說話低級說的是占筮，高級就是說學習《易經》的人要學習這洗心的過程。首先充滿學問，有為到極點時，就好比放射人造衛星環繞地球，待它進入軌道後，人類就無為，衛星自動能夠圍繞地球轉動。但在送上太空前，人類要作有為的科技計算，控制速度達到宇宙第一速度才行，那就是有為。有為到極點也就是「洗心」的過程，有關這個問題我們他日再說。這就是「至神」之義。

「夫《易》」，「夫」是發語詞。「《易》」字指占筮，低級是指蓍草；中級是說《易經》這本書，高級便是事物變化的規律。

「聖人之所以極深而研幾也」，偉大的聖人利用《易經》之學，極度深入探討事物的本質和研討「幾兆」之理！「極深」和「研幾」是兩回事。聖人利用《易經》「至精」的德性，作為他學習的內容，去窮究事物最深層的德性和道理。「幾」是事情剛開始發生的時候，「幾」微的時候，人人都不注意它，不知道它已開始。但未來的吉凶變化都是由這微不可覺的細小事物開始的，因此要「研」，要細心探討任何事物最初不為人所知的開始，那麼任何未來的至變，你就可以預先掌握得到。聖人根據《周易》「至變」這種德性，掌握這一規律，逆轉方向，從事物發展到最後追遡最初的開始，它微小到極點時，就是「幾」。「極深研幾」，就是通過「極深」去研究「至精」；通過「研幾」去掌握「至變」之學。

唯深也，故能通天下之志；唯幾也，故能成天下之務；唯神也，故不疾而速，不行而至。子曰：「《易》有聖人之道四焉」者，此之謂也。

「唯深也，故能通天下之志」，因為他真正深入了解《易經》所蘊含的宇宙人生的一切規律和道理，結果由天地之道推展到人道。人生最重要的道理就是「性」和「命」。了解天地和人類性命的一致性，推究到最後，明白人類原來有共同的想法、共同的願望、共同的作為。於是從無限的個別的人的性中，找出人類的共性。掌握人類的共性後，當然就能夠通達了解天下所有人的心志和想法。因為你已經掌握了人類共有的願望、作為、想法，那你當然了解天下人的心志。

「唯幾也，故能成天下之務」，因為任何事物最微小的開始都能掌握，尤其是知道這微小的開始將來會發展成甚麼情況，因此你能夠輕易地完成人類中任何的事務。「初歸新婦，落地孩兒」，都是很容易教導的。小孩之所以壞，多半是因為母親的縱容、不以人生的真正道理教導他，因此他不明白甚麼叫責任和人生的理想，待到中學和大學時再糾正的話就困難了。水壩最初的滲漏，一塊石頭便可輕易修補。但待到水漏變得嚴重，引致堤壩崩潰，洪水為災，那時出動千軍也無法解救了。因此，事情要在微小之時處理，從小處著力，便能夠輕易地成就天下之務。

「唯神也」，指因為《易》具備至神的功能。

「故不疾而速」，這裡描寫得好！任何事情它都不用匆匆忙忙、急促地去做，但自然快速到極點地完成。

「不行而至」，不需要有任何看得出的行動，它自然就達到目的。甚麼意思？其實「神」字是「易」字的代名詞。還記得「神无方而易无體」一句嗎？神是沒有方向性的；易是沒有具體的形體的。正是因為「无方无體」，所以毋須快就自然速，不需要有所行動而自然來到。因為如果你有方向，你自會跟著方向行，遠行才到達目的地，時間也需要長到極點。但由於它存在於宇宙任何空間之中，故它不用行即至。因此，這裡的「神」，其實就是指宇宙的規律，大至宇宙，小至任何物件它都既在其外，又在其中。或者說宇宙本身就是一個太極，而物物也是一太極。宇宙是大太極，人體就是小太極，任何事物都是太極。既然是如此，它根本沒有空間和時間的問題，所以它不需要快，自然是迅速就到；不需要行，自會即時到達，這裡說出了「神」的作用。這個「神」，就是宇宙的規律，而這一規律存在於宇宙任何時空中，大到宇宙，小至微粒都受到這一規律的控制。它的控制是無須用力而自然達成的。

「子曰」，這裡當然是指孔子，我們最多只能說是假托孔子之言而已。

「『易有聖人之道四焉』者，此之謂也」，《易經》擁有聖人一定需要、利用、掌握、學習的四種「道」；「此之謂也」，指的就是上面所說的四項。

總結

這是第十章，各位如果希望能夠觸類旁通，提升了解《易經》的水準，請你細心研讀「觀象玩辭，觀變玩占」在《繫辭上傳》第二章是如何說的；然後體會「辭、變、象、占」這四事，在第十章中如何靈活變化，多方應用。如果各位能夠將這兩章的內容的同與異之處，細心分析比較，就會對《易經》「辭、變、象、占」這四個最重要關鍵的易學內容有所認識，或深入的了解。這一章首先說出易的最大功用就是「尚其辭」、「尚其變」、「尚其象」、「尚其占」四事，說出了原本的《周易》只有占筮的功用，但隨著這門學術的發展，就有四個偉大的功用。為甚麼《易經》有這四個偉大的功用？原因是《周易》這本書和占筮的方法中，具備了「至精」、「至變」、「至神」這三項重要的德性。表面上，它解釋「至精」時，說蓍草蘊含著極高深的道理和規律；「至變」是說卦爻，但我們一再強調，《繫辭傳》的句子是互文見義的，在對比中，蓍草「至精」的性質多一些，「至變」的性質少一些；卦爻象「至變」的性質多一些，「至精」少一些，只不過大概如此而已。至於說到「至神」，其實「至神」本身存在於「至精」、「至變」之中。所謂「至精」、「至變」，當它應用、顯露出它的形跡的時候，它就非常有思有為。但說到「至精」、「至變」之道，卻是「无思无為」。「无思无為」是「體」；「有思有為」是「用」。但是為甚麼「至精」、「至變」能夠有為又能夠無為呢？關鍵就是「至神」的作用。「至神」既令到它「有思有為」，也令到它「无思无為」。當「至神」的作用在靜止階段時，上面所說的「至精」、「至變」的蓍草也罷，卦象爻象也罷，根本和萬物中任何事物沒有關連。好像你手拿著《易經》是否等如你懂得應用《易經》之理？《易經》是書，和任何事物毫無分別，但是當它一發展，由「无思无為」變成「有思有為」的過程中，由於「至神」的作用，就令到《易經》和蓍草在了解或預測萬事萬物中可以得到最適當的答案。因為「神」的作用就是「妙萬物而為言者也」（《說卦傳》）。所謂「神」，就是令到萬物產生神妙的作用，是推動變化背後的力量。因為「神」的作用，令到無知的蓍草，與及沒有任何內容意義的卦、爻、辭、象等，變成能用來應付天地萬事萬物，對天地萬事萬物具有最大的的控制力。因此，這個「至神」是「至精」、「至變」背後最重要的關鍵之所在；也是《易經》最關鍵之所在。這個「神」不是神靈，而是令天地萬事萬物變化的規律。因此《易經》具備「至精」、「至變」、「至神」這三種德性，就令到它具備了四個偉大的功用。但如果我們要真正掌握《易經》「至精」、「至變」、「至神」之道，那我們就須要學習「極深」和「研幾」。這兩項是學習《易經》「至精」、「至變」、「至神」的方法；也是掌握了「至精」、「至變」、「至神」之後如何應用它，令到《易經》的「至精」、「至變」、「至神」真正產生神奇效果的關鍵。因此，這一章表面上內容好像不連貫，沒有條理，但如果我們將它隱藏的線索看清楚的話，就知道要達成「四尚」、「三至」時，「極深研幾」是何等重要了。「極深研幾」雖然是兩事，但「極深」和「至精」，「研幾」和「至變」密切相關，亦可分為四事，但最後則合為一事。「極深」才能得《易》之「至精」，「研幾」才能掌握《易》之「至變」，既得《易》之「至精」、「至變」，則「至神」便寓其中。有了「三至」，自然便有了「辭變象占」的功用了。用這個方法細心去體會這一章的內容，或者各位就會比較明白了。這一章我們就說到這裡。

第十二講

《繫辭上傳》第十一章

子曰：「夫《易》何為者也？夫《易》開物成務，冒天下之道，如斯而已者也。」是故聖人以通天下之志，以定天下之業，以斷天下之疑。是故蓍之德圓而神，卦之德方以知，六爻之義易以貢。聖人以此洗心，退藏於密，吉凶與民同患；神以知來，知以藏往，其孰能與此哉？古之聰明睿知，神武而不殺者夫。是以明於天之道，而察於民之故，是興神物以前民用。聖人以此齊戒，以神明其德夫。是故闔戶謂之坤，闢戶謂之乾，一闔一闢謂之變，往來不窮謂之通；見乃謂之象，形乃謂之器，制而用之謂之法；利用出入，民咸用之謂之神。是故《易》有太極，是生兩儀，兩儀生四象，四象生八卦，八卦定吉凶，吉凶生大業。是故法象莫大乎天地；變通莫大乎四時；縣象著明莫大乎日月；崇高莫大乎富貴；備物致用，立成器以為天下利，莫大乎聖人；探賾索隱，鉤深致遠，以定天下之吉凶，成天下之亹亹者，莫大乎蓍龜。是故天生神物，聖人則之；天地變化，聖人效之；天垂象，見吉凶，聖人象之；河出圖，洛出書，聖人則之。《易》有四象，所以示也；繫辭焉，所以告也；定之以吉凶，所以斷也。

子曰：「夫《易》何為者也？夫《易》開物成務，冒天下之道，如斯而已者也。」

「子曰」，孔子說。

「夫《易》何為者也」，「何為」意義比較含糊一點。實際上是說，究竟這本《易》書有甚麼功能、有甚麼作用呢？

「夫《易》開物成務，冒天下之道，如斯而已者也」，孔子認為《易》有三個重要的功用。第一個功用是「開物」，第二個是「成務」，第三個是「冒天下之道」。甚麼叫「開物」？「開」就是打開、揭開；「物」就是事物。揭開事物表面和內涵的性質、作用等，就叫做「開物」，即是說將事物的知識告訴我們。「成務」的「成」字，在這裡作為確定的意義較完成的意義多一點，這是說它可以確定任何事務應該如何做。換言之，《易經》說出了事情的變化規律，和我們應該怎樣做才合乎規律。我們掌握了這種知識，就可以確定我們要做的事務，如何去做才是最理想、最合理的。

「冒天下之道」的「冒」字，是包圍、籠罩、包括的意思。「天下之道」，就是所有的規律和道理。《易》書包含了天下所有的道理和規律於其中。即上文「彌綸天地之道」，為免辭費，不再講解了。

「如斯而已者也」。「斯」同此，「如斯」即如此；所說的就是這三種功能。這是文章的開始，接著就說出這三種功能怎樣應用。

是故聖人以通天下之志，以定天下之業，以斷天下之疑。

「是故聖人以通天下之志」，所以創作《易經》的聖人，甚至後來學習《易經》的君子，明白了《易經》「開物」這種功能之後，就用這種知識來開通天下人的心志。「通」就是溝通、開通。第一是指明白；第二是指能夠與人互相聯繫；「天下」指天下所有的人；「志」就是心志、思想、希望、人生的願望等。因為如果能夠對所有事物的知識都了解，掌握了表面和內涵的道理的話，聰明才智便會增加，自然能夠開通天下人的心志。其次是明白了事物的道理後，也就明白了人類的共同想法，便可根據人類共同的愛惡，共同的期望，去處理人生各種事務，當然是較合理的。這裡首先說「開物」，能夠明白天下人的心志。

「以定天下之業，以斷天下之疑」，掌握了《易經》怎樣確定處理事務的適當方法後，就可以用這方法來確定天下一切事業應如何做，才是最妥當、最合理的。掌握了《易經》所包涵的天下至深至奧的各種道理規律之後，利用它，就能夠判斷天下人的所有疑惑。所謂疑惑，就是無法確定對與錯、是和非、吉和凶，好和壞。當自己不能夠分辨好壞、對錯，乃至如何行動、抉擇時，便有疑惑。假使你已有更高的知識道理來作判斷的根據，當然就可以解決猶豫不決，模稜兩可，是非、吉凶混淆不能分別等的問題。各位首先需要注意，這個「易」字，原來是指占筮之「易」，然後才提升為高級哲學之「易」。所以從解釋占筮來說，指《易經》的占筮究竟有甚麼作用？它就是告訴我們那件事物是甚麼，更可以指導我們怎樣確定做事的方法，這樣便可以解除我們心中的疑惑。例如投考大學，哈佛大學還是耶魯大學好呢？因為這兩間名校都錄取了我，於是要作出選擇。凡是差不多的事物，就難於取捨，於是求諸占筮。占筮或者會說哈佛大學好一些，於是占筮解決了我心中的疑惑，這是《易經》原來的功能。但是到了戰國《十翼》的時代，《易經》不再純用於占筮，已提升為哲學之書，指示我們如何利用《易經》的哲理，解決上面所說的三件事。

是故蓍之德圓而神，卦之德方以知，六爻之義易以貢。

「是故蓍之德圓而神」，這個「圓」字，勉強可以解釋為蓍草是圓柱形的，像小棒一樣。蓍草外表的形狀是圓，而它內蘊的性質是神。所謂「神」，最初是指神靈，即蓍草附有神靈神奇的力量，這一神奇的力量就會指導你未來應怎樣做。但《繫辭上傳》提升「神」為陰陽不測，即天地萬物和人事變化的規律。由於這一句用了「德」字，「德」是指性質，因此不是指具體的事物。連帶而及，這個「圓」字的意義，便由蓍草具體的圓形引申為圓的德性。凡是圓形的事物，例如球體，放在地上，它會滾動，因此不穩定，是變動的，而且這種變動可能是持續地變動。所以，就由「圓」字引申為變動不休。再進一步，就成為「天圓地方」的「圓」。所謂「天圓」，最初是指我們眼中所看到的天，好像是圓圓地籠罩著大地，但接著發展指天的永恆運動不休，所有的星體在天空的運動模式都是圓形或橢圓形的。因此，「圓」字象徵天體有規律地運動，是圓形或是橢圓形，再進一步是指天運動變化的規律。因此，這句是說蓍草雖然只是植物，但它的德性象徵天、象徵天的變化規律。所以「圓」就是「神」顯現於外的作用，而「神」則是圓的德性或來源。這是指蓍草而言。

「卦之德方以知」，至於形成六爻的六畫卦時，它所表現出來的性質是「方」，而且具備智慧。甚麼叫「方」？是「天圓地方」的方，「方」指六爻排列的卦體形成一個四方或者長方形的「方」。但更重要的意義是，凡是四方形的事物放在地上，就穩定不變動，尤其是相對於「圓」來說，它是穩定的。再從穩定的意義，引申到四方形事物的形狀也是穩定的，再引申到大地產生萬物，萬物都各有它固定的形狀，子子孫孫都繼承這種形狀，不會今天是貓的樣子，明天是狗的樣子。你是貓，就永遠是貓的樣子；你是狗，就永遠是狗的樣子；你是人，就永遠是人的樣子，即是說萬物都擁有相對穩定的形狀和性質，這就是「賦形有定」（天地賦予萬物一定的形體和性質），而「知」代表智慧。卦辭爻辭，甚至卦象爻象，當它在指示人未來要怎樣行動的時候，往往是利用了人類以前類似事件的經驗，指示占問的人依著這樣做便會成功，不這樣做就會失敗。因此，卦辭爻辭的內容，其實蘊含了遠古以來人類的生活、行事最寶貴的經驗和智慧。當然後世再進一步發展，卦象和爻象提升為更高深、更抽象的無形之理，那就更有智慧了。至於卦，它的性質屬陰，好比大地，和象天的蓍草比較，它的性質是穩定的。各位注意，蓍草在運算之前，你無法預先知道它最後會得出是六、七、八還是九，或者是陰還是陽，它一直都在變動中。但通過蓍草求出爻後，尤其是組成了六爻的「重卦」後，那就是你希望得到的卦，它是甚麼性質就只能夠根據這個卦的內容性質來判斷、來發揮，因此相對來說是穩定的，故叫作「方」，而且它蘊含著智慧。這是指卦而言。

「六爻之義易以貢」，至於卦中的每一爻，它和整個卦的精神性質亦有不同。卦只是綜合六爻之義組成卦後的精神和性質（德性），是整體的。例如我們說香港這五十年來很繁榮。但怎樣繁榮？中間怎樣起伏浮沉？是因為甚麼而繁榮？甚麼原因引致起伏破敗？它沒有說。它不說其中變化，只說繁榮，不說發展、不說過程。但一說到六爻，第一爻或會說香港在六十年代的階段怎樣艱苦、地產和金融經濟怎樣發展等，每個階段的發展都不同，都在變化的盛衰過程中。因此，這六爻就代表香港五十年來的六個發展階段。每一個發展階段就是不停的發展過程，所以爻就象徵變化，象徵事物不停地變化。相對於卦，爻是變化的。但卦是否也有變化？當然，卦是更大的變化，六十四卦就是六十四個巨大的變化階段。爻在卦中明顯地變化；而卦對本卦中的六爻則是變化不明顯。不過卦其實是靜中含動，動中含靜，是神動。「六爻之義」是說卦中由初爻到上爻每一爻的意義。上文是「蓍之德」、「卦之德」，跟著為何不作「六爻之德」？豈不是更整齊劃一？是抄寫、刊印錯了？不是！因為天道、地道不是人力可以控制的，從天地之道的觀點看，沒有吉凶、好壞、得失。但六爻是就人道吉凶說的，人道行事適當與否，便有得失、吉凶，而適當就是「義」。「義」，儒家的解釋義是宜也（「義」的意思就是適宜），「宜」便是適當。孔子已經開始說「義」，到孟子時更強調「義」，因此，

「義」是儒家很重要的觀念。「義」也者，就是指事情適當的做法。說得更清楚一點，即使未來是凶，如果是合乎義的也要做，後果雖凶仍是吉；相反，事情做了對自己有利，但違背了義，就是凶。因此，當一說到「義」，就不是說個人的成敗得失，而是道德上是否合乎正義的問題。其實《易經古經》卦爻辭中已以德定吉凶，到了春秋時代，《易經》更將重德的思想發展為「《易》不可以占險」（《左傳》昭公十二年，《易經》不可用來占問不合正義之事）。這段歷史是說費邑宰南蒯準備作反，占到《坤卦·六五》：「黃裳，元吉」，認為很吉利。但子服惠伯卻說他的所作所為，完全違背了這個卦的意思，是凶。因為「《易》不可以占險」，你不能因此而為非作歹，一定沒有好收場。子服惠伯已從德的觀點判斷未來的吉凶，儒家繼承並發展了春秋時代這一傳統，成為儒家易學的關鍵思想。這句是說卦中的「六爻」，通過爻的變動，指示人生正確的做人道理，這是從哲學高度加以解釋。

「易以貢」，「易」是變易、變化。「貢」，各位都知道「貢獻」這詞。在古代，「貢獻」是指將一件事物送給在上的君主和長輩，是呈現在人面前的，所以「貢」字有讓人看到、清楚其內涵的意思；「貢」字再引申發揮，就是告也。《易經》通過卦爻文字告訴你，即是「貢」。意思是六爻的性質，就是將未來人事怎樣變化的情況，通過蓍草、卦爻辭，特別是通過爻辭告訴你未來的吉凶，這是從占筮的層次加以解釋。蓍草在占筮時，變化多端，不能預測它是陰是陽。但卦的性質相對於蓍草則較穩定，它告訴你很多你需要知道的知識。而爻更清楚明白指示你未來變化的動向，這是最初的意義。至於高級意思，引申就如上面所說。這是指爻而言。

蓍和天，卦和地，爻和人相關。所以天、地、人「三才之道」都蘊含在蓍草、卦、爻之中。綜合來說，任何事物都同時和天、地、人相關；分開來說，蓍草有蓍草的天、地、人，卦有卦的天、地、人，爻有爻的天、地、人，人有人的天、地、人，只是側重點不同而已。

「易以貢」，馬王堆帛書本作「易以工」。傳統的古本中，有別本的文字作「易以功」。所以馬王堆寫作「工」字是有道理的。陳鼓應教授就認為應該這樣解釋：六爻組成一個卦，只是簡簡單單的六個爻，簡易到極點；但是從它所表達的無窮複雜巧妙的意義中，展現出極大的工巧，即巧妙的能力。「功」字與「巧」字，或者「功」字與「能」字，在古代是相通的。「功」代表了能力知識、是巧妙的，即是說爻的性質表面上是簡單之極的陰陽爻符號，但內裡蘊含的意思複雜到極點，因此它的內容性質是極其巧妙的。這樣也可以解得通。

聖人以此洗心，退藏於密，吉凶與民同患；神以知來，知以藏往，其孰能與此哉。

「聖人以此洗心」，聖人利用易的占筮，「此」指上面所說的「開物成務，冒天下之道」。如果更加準確，是指「通志」、「定業」、「斷疑」。占筮有三個最大功能和優點：「通志」，通天下之志；「定業」，定天下之業；「斷疑」，斷天下之疑。利用它們來「洗心」。

「洗」字是一個令人頭痛的字。因為漢魏很多古本，例如漢代京房、荀爽、東吳時的虞翻等，他們的《易經》版本都作「先」字，「聖人以此先心」，只有通行本作「洗」字。正由於古本有六七種權威的版本都作「先」字，後來用「洗」字，要有很大的勇氣，因為不接受真理在於多數這一常識。但到了清朝，漢學復興，高郵王氏父子王念孫、王引之是漢學權威。在《經義述聞》一書中，王引之便說「洗」字應作「先」字。「先」就是在先，當我們心中想做一件事，《易經》的占筮比我們的思想更先，指導我們怎樣去做，這就是「先」字的意思。因此，「先」字是先導的意思，意思就是聖人利用《易經》來指導自己，令到自己知道怎樣去做。高亨跟隨王氏父子，也把「先」字解作「先導」。《易經》的占筮可以啟導我們內心，使我們知道怎樣去做事，解得非常好。但下一句「退藏於密」又怎樣解釋？怎樣連接上文？剛叫我們啟導內心去做事，向外發展，不只是心中想，而是由內心指導我們向外面發展，為何忽然「退藏於密」？中間是否遺漏了一些句子？你一開始做事就即時停止不做？一有想法就即時不想？因此，下一句就難解得通了。

三國時候東吳的另一位易學大師陸績，他說「退藏於密」，「密」是指內心。我們的心是最密的，心中的事沒有人知道，這是說一直退藏隱縮到我們內心中。但用甚麼辦法將這兩句文意連接？雖然照字面解釋的話，意思是對的。但如何使我們明白其涵意，就不容易了。

相反，傳統根據韓康伯的解釋，「洗心」是「洗濯萬物之心」，將我們心中各種思慮全部洗掉。韓康伯在後面解釋「齋戒」時，他說「洗心」就叫「齋」。配合韓康伯前後所說，朱熹在《周易本義》中以「而无一塵之累」暗釋「洗心」，擴展其意，大概是所謂「洗心」，就是洗去我們內心中的自私，洗去我們心中只是想著瑣碎而不重要的事情和想法。南宋王宗傳是個相當了不起的易學家，他的《童溪易傳》，我們前面已曾提及，他繼承韓康伯和朱子的解釋，說所謂「洗心」，就是洗除個人主觀的、自私的、以自己為中心的心態，令到自己變得廓然大公，沒有自我私心。結果就能夠站在全人類甚至萬物一體的大公至正的立場來看事物、來處理事物，這就叫作「洗心」。如果照這樣解釋，「洗心」就是將個人主觀的想法和做法，盡量洗除，這豈不是達到了第十章所說的「无思也」的境界？因此「洗心」是達到真正的無思，即沒有個人思慮的境界。不過將眾多古本都作「先」字改為「洗」字，並依「洗」字之義解釋，是否勉強一些呢？幸運地馬王堆帛書《繫辭傳》抄本作「佚」字。由馬王堆本作「佚」字，我們大膽地說，這個字首先它不是「先」字，可能就是否它本是「洗」字，是抄寫的人抄錯了？因為馬王堆抄本有很多錯別字，這個字首先它不是「先」字，否則不會寫成這個樣子。因此馬王堆的底本不是「先」字，可能就是「洗」字，抄寫的人不小心寫成「佚」字，這是第一個可能性。第二個可能性是古代「先」、「洗」兩字相通，幾乎相等而可以互相代用，這樣古本雖寫作「先」字，但「先」字其實是「洗」字，所以韓康伯就依本字「洗」作解，令到它更清楚。即使不是，我們從學術發展的觀點來說，兩千年來解釋這句文義，都是繼承韓康伯和朱熹的解釋。特別是宋代以後，更是朱熹這一說佔了優勢，因為這樣解釋具備更豐富、更合理的哲學內涵。所以即使韓、朱二氏歪曲原意，我們也要說它是可接受的，因為這解釋更富哲理，影響古代思想極為深遠，即使到今天，仍對提升人類德性有極大的貢獻。何況有馬王堆帛書本的反面證據，證明它是「洗」字亦是有可能的。因此，我們就以今本作為解說的根據，說這句指聖人以此洗滌自我的思想、行為和偏見之心。

「退藏於密」，常人總是因為名、利、情而努力向前、向外發展。當洗去個人自私的心態，洗去個人偏見和錯誤的知識，愈洗就愈向後退，不再向前向外。沒有私心的人一定不會拼命向前向外爭名奪利的。於是我們愈洗就愈向後退，愈退就愈收藏。結果將我們的心洗到最崇高最偉大的時候，我們的心其實就隱藏得最深最密。到了沒有自己（沒有自己即是收藏了自己）。等到我的心和天地之心一樣，便達到「天何言哉？」的境界。像天一樣表面沒有做任何事，沒有表示任何意見，只是默默推動天地萬物的生育變化而已，這就是「退藏於密」。通過「洗心」，最終思想行動一直退藏，豈不是就是愈來愈無為？「洗心」最初要「无思」，「洗心」最後就達到「无為」。所以，聖人因洗心而具備了《易經》的偉大功能！

「吉凶與民同患」，當人民有所行事，求教於聖人時，就等如向著草誠心詢問，聖人就會指導他們。通過聖人所具備的聰明智慧，教導人民如何做事情，那樣就成功多而失敗少，豈不是和《易經》的占筮達到同等功效？因此，這是「感而遂通天下之故」的具體實例！它是說，無論事情是吉，或者是凶，聖人都和人民在一起，指導人民，共同去解救人民的災患。這裡隱藏了很多言外文意，《易經》的占筮是無心的，它不參與人類的吉凶，你問甚麼，它就答甚麼而已，沒有愛惡的感情，和天地一樣。但聖人則不同，聖人關心人類的命運，憂慮我們會犯錯。因此，吉，固然和民眾一同喜悅；凶，即民眾的不幸更是聖人之所憂。因此，「患」字，就是指災難，他不說吉則如何，只說如果人間有凶險不幸的事，聖人帶著以天下為己任和偉大同情憐憫之心，要和所有人民一同受苦，一同去解決災難。這句話就是孟子所說的「樂以天下，憂以天下」（《孟子．梁惠王下》）；或者北宋范仲淹將它的意義說得更明顯一點：「先天下之憂而憂，後天下之樂而樂」（《岳陽樓記》）。因此，他說聖人具備了《易經》一切的德性，但聖人與《易經》最大的不同是聖人「吉凶與民同患」，而《易經》則像天地，不是不關懷人類，它有更大的仁心，對萬物都同樣關心。既對萬物同樣關懷，自然吉凶不只是與民同患了。但聖人是人，就對同類特別關心，所以就「與民同患」了。因為聖人如果尚未能關懷同類，便奢言關懷天地萬物，便是虛偽，便只是空言而已。

「退藏於密」，除了韓康伯的解釋，還記得我們讀過「顯仁藏用」嗎？藏於用是指天地的真正的性質看不到，我們只能看到它表現於外的功能作用而已。在這裡說易就是天地，天地就是易。因此，「退藏於密」，就是說出易的藏用是別人看不到的。另外，高亨教授有個說法，考古發現商朝的甲骨文，每有所卜，就將卜辭刻在龜甲或者獸骨上，事後靈驗與否也記錄於其上，然後把龜甲好好地、有條理地收藏入檔，作為未來龜卜判斷參考之用，否則今天便沒有辦法找到如此多的龜甲有系統地留下真實的龜卜記錄了。「退藏於密」，就是說當他通過這樣的「先心」，用了占筮啟導人如何行事，事後把這些卜辭，收藏於國家的檔案室中，密密地儲存。這樣，句子就解得很通順。即「先心，退藏於密」，周代的易占仿效商朝的制度，凡有占筮必留下檔案記錄，作為國家的重要參考，這說法似乎也通。但是周朝是否有如此的制度，史無明文記載，只能說推理是這樣的，至於可靠性如何，不易知道。所以我們倒不如用後世的解釋，更有哲學味道，更有指導我們做人的好處。

「神以知來」，「神」就是指「蓍之德圓而神」的「神」。揲蓍求卦指示未來變化，就是用來指導我們，讓我們知道事情未來是如何發展的。

「知以藏往」，這是承接「卦之德方以知」來說的。由於卦辭和爻辭，甚至卦象和爻象，都是人類累積的寶貴人生經驗和行事成敗的記錄。「藏」就是指收藏，即蘊含於卦爻象、卦爻辭之中。「往」，往事，以往人類所留下的最寶貴的生活智慧和行事成敗的經驗。所以，蓍草求卦告訴我們未來情事的變化，是神的作用；卦爻從它所儲藏的人類生活智慧和行事成敗經驗中，找出能應付解救未來變故的知識，指導求筮的人如何行事。因此，蓍能知來，卦可藏往，備人應用。

「其孰能與此哉」，有甚麼人能夠達到這樣高的水準？

古之聰明睿知，神武而不殺者夫。是以明於天之道，而察於民之故，是興神物以前民用。

「古之聰明睿知神武而不殺者夫？」「聰」是說任何細微的聲音，耳朵都聽得清楚；「明」是說任何細微的事物，眼睛都看得明白。換言之，眼耳都不蔽於外物，不受到外物的蒙蔽，就容易看到聽到事物的真實情況，就叫作「聰明」。辭費地說：眼耳是人類學習了解外界最關鍵的兩個器官，如果我們這兩個器官都良好，我們就看到別人看不到的，聽到別人聽不到的，這樣我們的聰明才智見識一定高於普通人，所以「聰明」一辭到今天仍是代表智力高超。「睿」，最高的智慧就叫作「睿」；「知」就是知識，知識通過努力認真的學習，人人都應該可以得到的。但是從知識提升到智慧，則不是人人都能得到的。所以同是人類，或者學生讀同一本教科書，但最後大家的聰明才智有雲泥之別，分別在於他們的智慧的不同。擁有睿智的人就能不惑，所以具備聰明就能夠「開物」，具備睿智就能夠「成務」。

「神武而不殺者夫」，「神」指神奇到極點，不是指鬼神，而是讚揚他武功的偉大到了神的級次。「武」就是武力，凡是利用武力的，第一是一定要殺戮人，世上沒有軍隊打仗時不殺戮人的。「不戰而屈人之兵」是最高之武，便近乎神武了。神武而不殺，第一點是能夠用武不殺人而達到用武的目的，這叫「神武」，即是「武」到達「神化」的境界。第二點，學「文」的人通常要長時間考慮、商量，所以學文的人對事情多數考慮太多，以致遲疑不決，差一點的人就會變為沒有主見。但戰爭隨時變化，你要馬上決定而不能遲疑不決。因此，凡是「武」就要有決斷，這是關鍵之所在。所以「神武」暗中指「斷疑」，能夠判斷、解決一切疑惑；因為不能決斷就是因為有疑惑，你如果沒有疑惑，就能即時下命令。因此「神武」者，就具備「斷疑」的能力。這樣文章就說明了「聰明」能「開物」，「睿知」能「成務」，「神武」能「斷疑」。文章密切呼應，只是古人寫文章不像今人那麼囉唆，所以你要細心閱讀才會知道它們是互相呼應的。「而不殺」，不需要殺戮就能治理國家，令人人守規矩、不犯法。這是說《易經》具備了治理國家和人民的功能，它能像「聰明睿知神武而不殺」的偉大君主那般不用殺戮就能達成治理國家的目的。這是對占筮最大的肯定、最大的讚揚。

現在是如此，古代更甚，將來可能也未必能例外，人類不會個個幸福，任何一個人也不會一生永遠幸福。人在得意時，意氣風發；失意時，就會怨天尤人；極端的甚至仇恨世人，蓄意傷害無辜；本性純良的則認為自己沒有聰明才智，因而自暴自棄。當我們和別人比較時不如人，卻又不檢討是自己不努力，或者是自己決定錯誤，將責任賴在命運不公正，社會不合理等上，這個社會就很容易動亂了。但凡是預測未來的星相占筮（現在不只是說《易經》，但《易經》尤其具備這種功能），當你走頭無路去占問時，即使現在運氣很差，連衣食也沒有著落，星相家一般都會說你將來可能有轉機，只要忍耐，捱過這一階段，就會有意想不到的發展機會。凡是相士都會說別人過去的運氣差，因為人不會永遠好的，即使你確實在好運當中，但人心不足，你仍覺得應該更好才是，所以相士說你以前運氣差，一定不會大錯。反而說你以前運氣好，你會覺得說得不大對。當你覺得相士把你以前的事說得很準確，然後他告訴你「現在不好，但不要緊，只要忍耐，努力進德修業，改善知識才能，你將來一定會好的」，你一定聽得入耳，變成最大鼓舞的力量，推動你自動自發地鞭策自已進德修業，結果德業改進了，社會國家便多了有德有才的人，而他本人未來的發展也脫穎而出了；縱使不然，也會接受命運的安排，做個好人。所以相士不論是否出於職業道德，總是說人好中有壞，壞中有好，最後對將來多是說進德修業就會有好運了，令人在絕望中得到最大的鼓舞，而不會去為非作歹，只守著本份努力去做人。尤其是人的運氣最差的時候，相士說他只要進德修業將來就會有成就，他相信相士的說話後，就會充滿希望而自愛自重，於是人人都能忍受現在一切的折磨和痛苦，不需要刑法也能守法，社會的治安就自然上軌道，這正是「神武而不殺」。因為古代聖人懂得利用占筮，作為鼓舞人的最重要和最有力量的工具。因此人人都能夠自愛自重，人人都在最艱難困苦中努力進德修業，國家就不必用嚴刑峻法而能夠上軌道了。首先，對他來說得到心靈的安慰；另外，在空閒時間進德修業，未來的成就就可能因為這番鼓勵改變了他的道德修養、才能和做事方式。這樣當然對社會、國家和對他個人的好處都非常大了。或者可以說，迷信的預測未來之學，在任何時代都是對社會有一定貢獻的（這是社會心理，不是提倡星相之學，幸勿誤會為盼）。相士如果把你過去經歷的事情都說得準確，他預測你將來有轉機，你會不相信嗎？由於他不認識你，卻把你以前的事都說準了，他說你未來的情況，從類推亦應可信的，當然就有鼓勵你的神奇力量了。

「神武而不殺者夫」，說出古代的聖王因為能夠利用《易經》占筮之道，所以不需要通過殺戮懲戒，就能令人民奉公守法，樂意做好人，使國家政教上軌道。更重要的是藉此說明《易經》對治理國家和人民的偉大功用。這就是《易經》能夠「開物成務，冒天下之道」及「通志」、「定業」、「斷疑」背後的支持力量。

「是以明於天之道」，「天之道」就是天地的規律。因此，創作《周易》的聖人由於明瞭了天地的一切變化規律。

「而察於民之故」，細心體會到人類做事的合理的原則。「故」就是事故、事情。明白人類的事情怎樣做才合理，怎樣做才是成功的原因。這裡用字用得很仔細。「明」字和「察」字，其實都是明白的意思，但是「明」和「察」就有程度的不同。「察」字其實也是明，但它除了「明」字的意思外，還有細心分析研究的意思在內，是更認真的

「明」。古代藉肉眼仰望天空，看到的事物當然不清楚，因此，只能夠用「明」字。但在人間所發生的事情，與我們距離很近，所以能夠細心觀看，因此，我們就要求高一些，要細「察」。對於天，我們的要求低一些，能夠看明便行了。因此，兩個字背後的寓意反映了儒家重人輕天。這兩句說，所以創作《易經》的聖人，他既了解天地的自然規律，又能更深入體會人類行事的合理規則和人類道德的合理做法，即他的思考和行事，同時參酌於自然規律和人類的社會規律。

「是興神物」，「是」字是連接上文，最主要是承接「明於天之道，而察於民之故」之意。如果再遠一點，就是指前此所說的「蓍之德圓而神，卦之德方以知，六爻之義易以貢」，或者是更前一些的「通志」、「定業」、「斷疑」等，這些都是《易經》所包涵的內容和功能。因此，「是」字包涵了文章之前所說《易》的重點。「興神物」，「興」就是興起，從前沒有而現在開始創作。「神物」指具有神奇力量的器物。這裡說的「神物」，指能夠預測未來的器物，商朝用的是龜甲，《易經》用的是蓍草。因此，這裡的神物就是蓍草。《易經》包含了上述的內容和功能，藉著蓍草這神物作為工具（載體）表現出來。

「以前民用」，「以前」，「以」，用；「前」，先於。在民眾想到怎樣做事，知道怎樣做事之前，指導民眾依著這一方法去做事，「用」是應用；以為人民應用之前導。

聖人以此齊戒，以神明其德夫。

「聖人以此齊戒」，「齋」字寫作「齊」字並沒有錯。「齊」與「齋」在古代是相通的。現在讀「齋」字。「齋」是甚麼？即是齊。齊一其心，整齊其心。我們的心總是三心兩意，想東想西而不能夠專心一意。古代在祭祀或者重大事件之前，君主就需要齋三天，戒七天。所謂「齋三天」，是心齋而不是口齋。今天所說的「齋」是口齋，即不吃肉而只吃蔬菜等；而古人注重心齋。心齋就是內心達到整齊一致、專心一致，純一其心來表達敬意。專心就是敬意的表現，因此可用「齊」字代表「齋」。「戒」就是抗拒外來的誘惑，不被外來誘惑影響自己的心志，就是「戒」。警戒我們不要受到外來邪惡、不合理的事物的影響，以致思想行動受害。聖人利用《易經》所蘊含的最高的人生或者宇宙哲理，令到內心精誠專一、令到不合理的行為受到警戒而不為。因此，「齋」也者，無思也；「戒」也者，無為也。就是「易无思也，无為也」！所以表面上是說祭神這重大事情之前，齋三天，戒七天。實際上是說要忘記自己個人一切的私心和不合理的作為。

「以神明其德夫」，「神明」兩字之義，需要分析。這一辭，先秦諸子中，莊子用得最多，有時指人的精神作用，如《齊物論》所說：「勞神明為一」；有時指天地之神，如《天道》：「天尊地卑，神明之位也」，《知北游》：「今彼神明至精」，《天下》：「配神明，醇天地，育萬物」。但在這裡，「神明」作動詞用，令到聖人之德到達最高的智慧水平。「德」是性質內涵，這裡指聖人的知識或智慧。「其」是他，「他」指聖人。「以」，以是憑藉或利用《易經》上述的功能和德性。這句是說聖人憑藉《易經》提升他的智慧到神明的境界。神明，在這裡的意義就是神而明之。「夫」字是疑問詞，但用疑問詞表達肯定，是最大的肯定。

通過上面所說《易經》的內容性質，肯定它是偉大的，但讀懂《易經》的人有多少？沒有人知道。因此，要讀通《易經》，就要通過「齋戒」，對《易經》的內涵和性質能夠神而明之。所謂神而明之，就是提升自己的聰明才智，達到普通人不能企及的境界，常人就以為他與神一樣聰明偉大，這就是神而明之。不僅是熟悉《易經》的內涵而已，而是在熟悉之後，提升到更高的境界，各人一聽便信服。為何我讀這本書想不到這點，而別人卻說得頭頭是道？就是因為別人能夠神而明之。通過齋戒，無思無為，精誠專一。將《易經》中關鍵重要的內容性質，不單學到，還要神而明之達到最高的境界！

是故闔戶謂之坤，闢戶謂之乾，一闔一闢謂之變，往來不窮謂之通；見乃謂之象，形乃謂之器，制而用之謂之法；利用出入，民咸用之謂之神。

「是故闔戶謂之坤，闢戶謂之乾，一闔一闢謂之變」。這幾句是用了人間門戶，解釋陽爻、陰爻的性質和作用。這裡所說的「乾」和「坤」，各位不要全當它們是《乾卦》和《坤卦》來看，而應該擴展其義。「乾」，就是純陽，因此它其實就是奇爻或陽爻的代表，其內涵則包括乾天之德性。同理，所謂「坤」，是純陰，可以當它是陰爻或柔爻的代表，其內涵則包括坤地的德性。因此，「乾」、「坤」在這裡，就是象徵反映出《易經》最重要、最基本的兩個奇偶、剛柔，或者今天所說的陰陽符號的內涵意義。究竟這兩個陰陽符號內含甚麼性質和作用？現在就用最粗淺、人人都認識的門戶來作比喻：「闔戶謂之坤」，「闔」是關閉，把門戶關閉就叫作「坤」，象徵屋中的人休息、靜止、收斂、含藏，屬陰的性質。「闢戶謂之乾」，打開門戶，人離家外出辦事，象徵向外活動，因此是陽的性質。「一闔一闢謂之變」，指門戶關閉後、又再打開，象徵著陰陽交替，事物的變動。

「往來不窮謂之通」，人類能夠由門口出去，再由門口進入，門戶開了之後關閉，關閉了之後又打開，永無止息持續地開關，這就叫作「通」。

「見乃謂之象」，「見」就是顯現，門戶的開關顯現在我們眼前，體會到門戶開關的功用，叫作「象」。也可指卦爻之象。

「形乃謂之器」，當它形成具體的事物，有實質的門戶時，我們就稱呼它為具體的器具、對人類有實質作用的器物，也可指具體的卦和爻。

「制而用之謂之法」，「制」就是由內創製。體會到門戶開關的原理，根據這一原理斟酌創製出門戶，利用門戶讓人出入房屋，這就叫作「法」。指卦爻辭根據天地陰陽變化之理作為指導人事之法。

「利用出入」，「出」就是由內外出；「入」就是由外入內。利用門戶作為我們出入之用。

「民咸用之謂之神」，「民」指所有的普通人，在古代凡是用「民」字，一般都是指庶民。這個「民」字原本的寫法是這樣的：

民

（據姜寶昌《文字學教程》山東教育出版社，一九八七年版，頁七三七）

各位看象形的「目」字，就知道是眼睛：

目

而眼睛有一條刺，就是盲了。因此，「民」字的意義就是盲。民，盲也。「盲」是說一般的人沒有知識，看不清楚事物的真偽，所以叫作「盲」，要由在上者去指導他如何做人和做事。實際上，今天的人何嘗不盲？包括我在內，也是盲的。一般無知的普通人雖然每天從門口出入，卻永遠不會知道門口帶給他們如此眾多的方便。他們不明白「門」的道理，因此就認為能夠出入是神奇莫測、偉大到極點的事。這是字面的解釋。可指卦爻或《易經》的神奇功能。因此「神」，一般人不明白，反而不注意了。

進一步，這一小節文字可以再從兩方面解釋。從整個宇宙原理來說，中國認為宇宙的變化就是元氣的變化，宇宙同樣有門戶供元氣作出入之用，當宇宙的元氣收斂進入門戶之內，萬物就收藏、靜止。當宇宙的門戶打開，元氣就吐露瀰漫於天地之間，促進萬物的發生，宇宙一切事物的運動變化就呈現了。因此，「闔戶」象徵陰氣的收斂含藏；「闢戶」象徵陽氣的開闢、產生萬物。「一闔一闢謂之變」，象徵陽氣發展到極限就變陰氣；陰氣發展到極限就變陽氣。陰氣陽氣的交替，就是陰陽的變化、宇宙的變化。「往來不窮謂之通」，就是當陽氣發展到極限，它不再發展仍然是陽，那宇宙就停止運動。只有當陽和陰發展到極限時轉向對方，然後這種陰陽的變化，才會永無止息地運行，這就是《易經》所最著重的「通」。當天上的日月星辰因元氣的展現而得以形成之後，我們只能夠看到或感受到而不能捉摸得到，我們就叫它們為「象」，象屬氣、屬天。當元氣繼續發展、收斂形成具體的萬物時，它就變成我們能夠體會的實質萬物，我們就叫作「器」，器屬形。因此，「見乃謂之象」是說天文的變化，「形乃謂之器」是說地理的變化，陰陽兩氣混合形成大地萬物的「流形」，即《乾卦．彖傳》所說的「品物流形」。「制而用之謂之法」，就是指當我們體會到「陰陽闔闢之理」，我們仿效它、體會它，就會製成各種對人類有用的「法」，法屬地、屬陰、為理，「尚象制器說」的理論便來自於此。至於「利用出入，民咸用之謂之神」，就是我們掌握了這種「法」，無論人民的「出」或「入」，用到這種「法」都有利。但是雖然人人用這種「法」都得到利益，卻是知其然而不知其所以然，不明白這個宇宙的最高原理。因此，對這些功用，就認為它是「神」奇莫測了。

如果我們再進一步去分析，這一小節就說出了「闔」、「闢」、「變」、「通」、「象」、「器」六事，其實就是反映上一節「明於天之道」所說的天地自然規律。至於「制而用之謂之法」、「民咸用之謂之神」中的「法」和「神」，就是上一節所說的「察於民之故」，體會到人民所需要的事物，為人民建立一切人類行事的規範。而「明於天之道，而察於民之故」，就是建立《易經》占筮最重要、背後最高的理論根據。如果降低它的層次，從占筮的立場觀點來說，這一小節的意思是說當門戶關閉了，就形成偶數的偶爻、柔爻或陰爻，象徵這一陰爻的性質是收斂；當我們打開門戶時，就象徵著最基本的奇爻、剛爻或陽爻，象徵它是運動、是向前發展的。當這個一奇一偶，或者一動一靜，或者一剛一柔，或者一陰一陽兩爻的來往，就會形成占筮的變化，使到占筮出現了最初的奇、偶爻。換言之，即是我們在第九章所說的通過蓍草的運算，三變得出或者是三十六，或者是三十二，或者是二十八，或者是二十四的奇、偶爻。「往來不窮謂之通」，是指陰、陽爻通過運算，往來於卦中六爻的六個位置。換言之，在原本六個沒有陰、陽爻的虛位中，有陰、陽爻的來往，佔滿六個位置，就變成實質的六爻，這樣就變成了卦。這是第一種解釋。

第二種解釋說「一闔一闢謂之變」，是說陰陽爻，通過變化運動，形成了基本的六畫卦。接著的「往來不窮謂之通」，是說原本求得的六畫卦，其中可能有老陽、或者老陰的爻。當求得的卦有老陽、或者老陰的爻，那老陽就會變向陰，老陰就會變向陽。於是求得的卦，是本卦，它變為另一個卦，我們叫這個變卦為「之卦」、「悔卦」，或者稱為「變卦」也可以。於是我們就可通過求得的卦，和它變向的另一新卦，從這兩個卦的禍福吉凶和內含性質，就可知道事情未來如何變化。「往來不窮謂之通」是說原本這個卦的陽爻發展到極限，它不停頓於陽爻，而變為陰，就叫作「通」，變成「之卦」。「見乃謂之象」，當它最初占筮演算之時，只不過是蓍草的演算，未曾形成實際的爻，要到求得六爻，確定成為一卦時，才是「形乃謂之器」，即等它具體形成了穩定不變的六爻時，我們就叫作「器」。注意，在《易經》中，「器」字的特殊解釋，就是指形成的具體的卦或爻。「制而用之謂之法」，指將上面蓍草運算的過程，系統地、巧妙地提升，制定成為合理的運算方法，就是我們所說的占筮之法，利用它來指導人民如何趨吉避凶。為甚麼它能夠有這樣的作為？一般人都不知道是根據易學原理，以為是神靈的力量。但知道它以「明於天之道，而察於民之故」作為揲蓍求卦和卦爻占筮判斷的理論根據，利用這理論作為行事的根據，便從原來的迷信占筮提升到哲學的層次了。

是故《易》有太極，是生兩儀，兩儀生四象，四象生八卦，八卦定吉凶，吉凶生大業。

「是故《易》有太極」，「易」就是變化。整個宇宙的變化運行，是從太極開始的。這個「太」即是「大」，等如「最大」。「極」字，本來是指古代房屋中最高處的棟樑。因為它在屋中是最高的棟樑，因此引申就有最高的意思。「太極」就是高中之高，高到極點之意。這一名詞在先秦時代最早見於《莊子．內篇》的《大宗師》。它說：「在太極之先而不為高」。這個「先」字似乎有問題，因為它下一句句子是「在六極之下而不為深」。因此，清朝經學大師俞樾，在他所著的《諸子平議》中，認為這句句子可能是「在太極之上而不為高」，「先」字應該作「上」字才合理。不過「先」字亦有上的意義，所以我們無須改動了。莊子在文章前面是說「道」，說「道」的神妙莫測，然後就說到「（道）在太極之先而不為高，在六極之下而不為深」。體會前後文，莊子所說的太極，是指空間的極限，是具體的空間，用來形容道體的廣大無礙，瀰漫於空間各處。在這裡，它沒有太極是宇宙本體的意思，要到了《繫辭傳》才有所改變。《繫辭傳》的太極雖然也是至高無上；只不過在至高無上、至大無上之外，還包含了宇宙本體，或宇宙最偉大、最重要的道理等的意思在內，然後太極才有兩千年來常識上一說到太極，就是宇宙實體之義。太極其實和《呂氏春秋．大樂篇》所說的「太一」很類似，《大樂篇》說音樂來源於「太一」，即來源於宇宙，太一即道，說：「道也者，至精也，不可為形，不可為名，強為之謂之太一。」它變成兩儀，兩儀分出陰陽。另外，儒家經典《禮記》的《禮運篇》說：「是故夫禮，必本於太一，分而為天地，轉而為陰陽，變而為四時，列而為鬼神」，這是說人類的「禮」，追溯到最高的來源，是從「太一」而來的。「太一」是甚麼？《莊子》的最後一篇第三十三篇《天下篇》，它專門評論先秦諸子各家學說，包括儒家，也包括老子、莊子在內。它說到老子的學說時，就提到老子的學說是「主之以太一」。「太」和「大」相通，各位如果讀過《老子》，會留意到其中幾句：「大曰逝，逝曰遠，遠曰反」。「大」其實是「道」的別名。因此，「大」字在《老子》，是「道」的眾多名稱之一。「太」即是「道」；而所謂「一」，就是「道生一」之「一」。為甚麼？因為老子所說的「道」有兩個層次，第一個層次叫「無」；第二個層次叫「有」。道雖然是一樣事物，當它靜止沒有運動的時候，就叫作「無」；當它運動發展時，就展現出宇宙萬物，就叫作「有」。因此，道同時兼「有」和「無」，為了分清兩個層次，一個叫「道」，一個叫「一」。其實「一」就是道「有」的表現，因此太一是說道的「有」、「無」，以道的「有」、「無」作為整個老子哲學的基礎。我們知道《呂氏春秋》是融合各家學說組成的一本雜家體系的著作。凡是融合各家學說，多以道家為主，所以《呂氏春秋》是這樣，漢武帝時的《淮南子》也同樣是以道家學說融合各家的。甚至中國的醫學，古代醫家各派異說紛紜，亦要到先秦漢初之際，用了道家的學說為中心，融會各家，寫成中醫經典的《黃帝內經》的《素問》和《靈樞》。只有道家才能融合百家。因此，《呂氏春秋》說音樂來源於道、來源於宇宙，這個說法是合理的。相當於古希臘的畢達哥拉斯，他也認為音樂與宇宙有關，所以西方發展的音樂理論是純粹的科學理論，頻率、和聲等都符合聲音科學。但儒家在禮樂之中更注重禮，於是《禮記》變成「禮必本於太一」。這個「太一」與太極類似，所以到了後來東吳虞翻注解「太極」時，就直接用「太一」來解釋太極。但其中也有不同之處，用「太一」是道家，用「太極」是儒家，所以後來儒家的學者用「太極」不用「太一」了。

那麼，這段文字究竟說甚麼？首先這一章的文字是論述占筮的，因此這一段文字應該是與占筮有密切關係才放在這裡，所以第一點可以肯定的是，這裡說的是占筮的方法。它是將第九章所說冗贅的筮法作出簡單的概括。因此，所謂「太極」，應該是指原來五十策的蓍草、或者參加運算的四十九策蓍草混合在一起，仍是整體的時候，就叫作「太極」。不過，王弼則認為不用的那一策才是真正的太極。「易有太極」有兩種解釋，一指易就是太極，一指易在太極之先，而易就是道。但應以第一解為是。另外，馬王堆帛書《繫辭傳》太極作「大恒」，現代學者有很多人認為太極應改為大桓，僅憑單文孤證便輕率定論，改變二千多年來承用，並將其義蘊發展到含義如此精深豐廣的重要哲學範疇，是不合理的。

「是生兩儀」，「是」字指太極，太極產生兩儀。「儀」是匹配的意思。所謂「匹」，就是對偶，中國雖然女性地位較低，但在地球上卻是古代最尊重女性的國家。因此說「夫妻敵體也」，夫妻是相等的，妻子最多是地位略低一點而已。在古代，凡是家中的事務都是妻子全權負責的，這就是敵體。所以兩儀是匹配，凡匹配即是相等的，指天和地，或陰和陽。在這裡指天和地，後世才進一步指陰和陽。筮法中指隨手將四十九策分成兩堆，這兩堆象徵對等的天和地。

「兩儀生四象」，甚麼叫作「四象」？或者是指「分二」、「掛一」、「揲四」、「歸奇」，整個運算過程的四種不同的經營程序。或者「揲之以四」來象徵四時，即四根、四根地數來象徵四時，「四象」指一年的春夏秋冬四季。或者就是指最後求到的六、七、八、九，分別象徵老陽、老陰、少陽、少陰，陰陽的四種不同狀態，就叫「四象」，這都可說得通。由最初對等的兩堆蓍草，分成了陰、陽、老、少，最後求得的不同性質的爻。後來「四象」更可指木火金水四行。

「四象生八卦」，經過「十有八變」、即十八次的演算過程，求到的就是六畫卦，如果是九變就求得三畫卦。這裡的「八卦」雖然是指三畫的「八經卦」，但其實暗中已經隱藏了「十有八變」，就求得六畫卦。現在是最初九變，產生八個三畫的「經卦」，即《乾》、《坤》、《震》、《巽》、《坎》、《離》、《艮》、《兑》八卦。

「八卦定吉凶」，當「八卦」重疊變成六畫卦時，綜合卦中的六爻爻位的陰陽、乘承比應的關係、產生整個卦的共同意象。再進一步分析卦中每一爻，根據「天道民故」的規律，即「明於天之道，而察於民之故」這一原則規律，就可判斷這些卦和爻未來發展的吉凶。所以有了「八卦」，尤其是六畫重卦，才能確定它所指示的是吉是凶。

「吉凶生大業」，假使我們去求卦，知道未來的吉凶，吉的我們盡快去完成，凶的我們盡量設法避免，於是通過這樣來指導人類去做事，便成功多，失敗少，最後就會產生偉大的功業。這是從蓍草占筮來解釋的。

到了南宋，朱熹覺得可以從邵雍所說的數理理論，來說明卦畫如何產生（見朱熹《周易本義》，南宋咸淳吳革刻本，福建人民出版社，二零零八年影印本）。因此，他就不採取傳統的、即我剛才所說的卦畫形成卦的方法，而採取了用陰陽理論來解說。他說太極是混然的一體，未曾分為陰和陽。當太極一分開時，就形成陽和陰。陽爻叫「太陽」；陰爻叫「太陰」，這就是「太極生兩儀」，即陰儀和陽儀，陽本身的發展再分為陽和陰，陰發展亦再生為陽和陰。看下圖，從右邊開始，是否一個是陽陽，一個是陽陰，一個是陰陽，一個是陰陰？因此，第一個叫「太陽」，接著的叫「少陰」，第三個叫「少陽」，最後的一個叫「太陰」，形成陰陽四個不同的象，我們就叫作「四象」。然後陽再產生陰陽，陰也再產生陰陽。於是得出八個不同的符號。組成八個卦，順次序就是

八	七	六	五	四	三	二	一
《坤》 ⚋	《艮》 ⚊	《坎》 ⚋	《巽》 ⚊	《震》 ⚋	《離》 ⚊	《兌》 ⚋	《乾》 ⚊
太陰 ⚋		少陽 ⚊		少陰 ⚋		太陽 ⚊	
陰 ⚋				陽 ⚊			
太極							

伏羲八卦次序

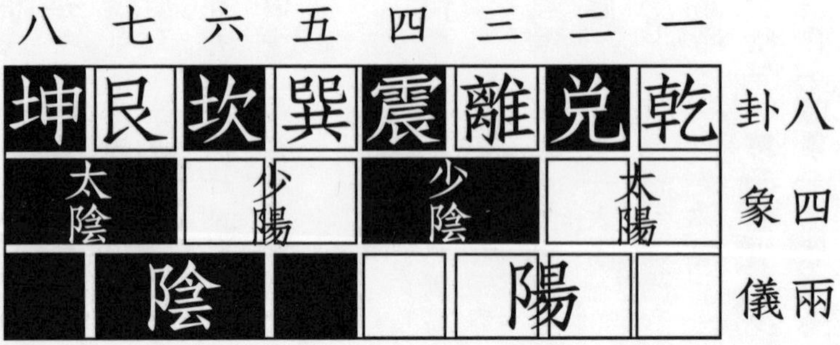

《乾》、《兌》、《離》、《震》、《巽》、《坎》、《艮》、《坤》。

這是「先天八卦」的次序，各位要念念有詞熟記：《乾》、《兌》、《離》、《震》、《巽》、《坎》、《艮》、《坤》，數碼就是由一到八。我們要記著這些數據。「先天八卦」的數據中，《乾》是一，《坤》就是八。這是一組數據。「後天八卦」另有一組數據。因此，每一個卦起碼有兩種不同的數據。現在請記著這個次序。這個次序如果用萊布尼茲（Leibniz）的二進位數去計算，會嚇人一跳，因為它是由零到七順次序地排列。

因為陽左陰右，古代的印刷文字由右而左，因此無可奈何，明知錯誤也只好如此印刷。這就是朱熹所說的畫卦次序。因為它不單可以展現為三畫卦，還可以如此類推，四畫、五畫、六畫，一直發展到六十四卦，都是依據這個方式，就形成先天六十四卦的卦圖了。用萊布尼茲的二進位數來顯示，由零到六十三，每個位置都符合陰陽發展的次序。從學術發展來說，直到邵雍的「先天八卦圖」、「先天六十四卦圖」的陰陽排列次序，才達到真正合理的地步。我們須明白這是學術的進步，所以改變了，而不是歪曲原意。宋朝以後，由於朱子的學術權威地位，大多數的注解家都採用朱熹的說法。為甚麼朱熹這樣解說這一段文字？因為他發現迷信的占筮演算過程和宇宙的生成演變過程是一致的。所以就根據他所了解的「宇宙發生論」、或者「宇宙生成論」的科學和哲學觀點來解說占筮過程。而「易有太極」這一段文字，如果撇開低級的占筮，從它背後根據的高級原理來說，其實是達到當時科學最高水平的「宇宙生成論」，說出了宇宙發生的過程。究竟古代中國所認為的宇宙是甚麼？儒家認為宇宙是物質性的，而最基本的物質就是「氣」或「元氣」，因此所謂宇宙也者，是混然、不分陰陽的元氣，瀰漫在整個宇宙之間。然後宇宙的混然一體之氣，分成陰陽兩氣，陰陽兩氣就形成了天地。接著，陰陽兩氣不同份量的配合，就形成了水、火、木、金、土五行之氣。五行之氣不同份量的配合就形成宇宙萬物，包括人類在內。這就是宇宙最簡單的發生模型或者說法。這段文字是說原始的宇宙，產生相反相成的兩種物質或者力量，在中國就叫作「陰陽兩氣」、即兩儀；然後「兩儀生四象」。各位注意，「土」最初由水、火、木、金的混合，就形成土，是先天的。後來大地上一切的水、火、木、金都是來源於土，因此我們每一個季節之前或者每一個季節之末，另一種季節的五行屬性之所以產生，是以土作為媒介的。中國的四季，月份依次名為「孟」、「仲」、「季」。即每一季的第一個月為「孟月」，第二個月叫「仲月」，第三個月叫「季月」。莎士比亞的名劇《仲夏夜之夢》中的「仲夏」就用這名稱。凡是季月，最後的十八天屬土，然後土才產生另一季節所屬的五行。因此文中所說的「四象」，可指春夏秋冬四季，也就是水、火、木、金。然後「四象生八卦」，就是指生出各種不同物質。注意，「八卦」可以用陰陽、也可以用金、木、水、火、土的五行來取象，例如《乾卦》屬金，《巽卦》屬木之類。這就是用「宇宙發生論」、「生成論」的理論作為根據，說明這段文字之義。

究竟以「宇宙發生論」解釋太極，最早說法來自誰人？來源可能很早，但我們現在能夠看到的應該來自劉歆。劉歆在西漢末年主持編定《三統曆》，改革國家曆法。他認為「太極元氣，函三為一」，即在原始的太極中，蘊含了天、地、人產生的要素。但是在太極時，它仍然蘊含在太極之中，混合為一，尚未分開。將來的發展，就會產生天、地、人。天是陽，地是陰，人是中和之氣，即是陰陽的混合體。他認為原始的太極是陰陽混合為一，但在混合為一之中，已經蘊含了未來製造天、製造地、製造人類萬物各種的氣的原素，它們都蘊含在這個未分的整體當中。這一說法其實可能是受到老子的影響。老子說：「道生一，一生二，二生三，三生萬物」。因此，太極一定要蘊含三件事物，向下發展，才產生萬物。

略後於劉歆而能同時把這段話既能解釋筮法、又能解釋宇宙發生的，就是《易緯．乾鑿度》這本書。《緯書》多數是胡說八道的，但《易緯》的八本書，尤其是《乾鑿度》，卻寫得非常精彩。由於唐朝之後，或者魏晉之後，《易經》的義理學派抬頭，漢易衰落，因此《乾鑿度》就比較為人所忽略。清代學者本來有心復興漢代的易學，但一般都認為《易緯》是妖妄之書，所以他們只是偶然用到這本書的資料，對它不太重視，沒有發掘到它真正的精義。其實今天的漢易，都是零篇斷簡，抱殘守缺。想依靠清人所輯錄的資料來了解漢易，是一件很痛苦和很難有大成就的事，原因就是沒有利用這批《緯書》。其實如果真正要研究漢易的話，《乾鑿度》是一本很重要的書。這本書可說是將整個漢代關鍵的易學義蘊都包含在內，它等如是漢代的《繫辭傳》。《繫辭傳》是《十翼》最偉大的概論；而《乾鑿度》則是漢易中了不起的易學概論。認真地讀它，神而明之，可能你對漢易的了解就不同了。今天學者開始重視它，但仍未足夠。各位如果能夠早於他人，利用了它可能就會成一家之言。你跟隨別人就只是第二手資料，能夠運用第一手資料是研究學問的關鍵，第二手資料則是抄襲而已，所以這本書很重要。在《易緯．乾鑿度》中，一方面就說到剛才所說的第一種占算方法。第二方面就說到宇宙論，它說其實在太極之前，宇宙是經過幾個階段的，分為「太易」、「太初」、「太始」、「太素」、「太極」，它叫作「五運」。第一個階段叫作「太易」，在這階段未曾見到氣，即沒有元氣，相當於老子道的「虛無」的境界。在「太初」、「太始」、「太素」這三個階段，「太初」才有氣，「太始」就剛有形的萌芽，「太素」就有質的萌芽。氣、形、質，三者都是剛萌芽，未曾形成，它們仍然是混合為一。「太初」、「太始」、「太素」其實是一個階段的三個層次。第一個層次有氣的萌芽；第二個層次有形的萌芽；第三個層次有質的萌芽。但在這三個階段，元氣仍然是混然合一不分的，這混然合一的元氣就叫作「太極」。因此，這五個階段其實可分成兩個階段，第一個是「太易」的階段；第二個是「太極」的階段。只不過在「太極」中蘊含著「太初」、「太始」、「太素」，蘊涵了氣、形、質。各位，這可能是受到劉歆「太極元氣，函三為一」之說的影響，只不過它不用天、地、人，而用物質的三態，即最初是氣，之後是形，最後是質。物質的氣看不見，形是有少許形狀，質就是能觸摸得到的，用這三個來形容，來源同樣是老子，只不過它說得更明白。「太易」是老子的「道」，而「太極」就是老子所說的「一」。

但是《乾鑿度》有一點說得較好，就是原始的太極體，從蓍法、即數據來說，它雖然是混然一體，在裡面已經由一變七，由七變九，九到盡頭又回到一，然後一發展為八，再發展為六。這段文字，東漢的大儒鄭康成說，「一」字可能是寫錯了，應該是「二」字才對，由二而八而六。如果鄭康成的看法是對，即是說太極之中，已經由陽的一開始到七、九，到極限後就變陰的二，然後由陰二到八、六發展到極限，再回到一。換言之，在原始的太極混然一體裡面，其實已經蘊含著陰陽兩氣交替循環地發展的過程，最主要是有陰陽在內。雖然是混合為一體，但其實已經在變化之中。文中的七、九、八、六，既可指元氣的變化，亦可指筮法中老陽九、老陰六、少陽七、少陰八。

太極的意義，發展到北宋周敦頤的《太極圖說》，他乾脆撇開筮法，用這段文字來解釋宇宙，「無極而太極」，然後太極產生陰陽，太極的動產生陽，太極的靜產生陰。陰陽的變化就產生五行。五行形成四季，因為土旺四時，已在四季之中，再由陰陽五行的混合產生萬物。他全部採取了「宇宙發生論」來解釋「太極生兩儀」這段，成為宋代儒家「宇宙發生論」的理論基礎。但朱子在解釋這篇文章時，就將周敦頤原本「宇宙發生論」的觀點，改為「宇宙本體論」，不再說發生。他說太極、陰陽、五行、萬物，其實都是同時出現而沒有先後的；而周敦頤則是無極在先，接著是太極，接著是陰陽，接著是五行，是一步步演變的。好像今天西方科學所說，宇宙的發展有趨近兩百億年（一百三十億年？）的歷史，地球也要四、五十億年，才從甚麼都沒有發展到今天，是逐步發生的。但從「宇宙本體論」來說，則不論發生的過程，而是說宇宙的本質是甚麼。朱子就是從「宇宙本體論」來說，認為這些事物全是同時發生的：當有了陰陽，太極就在陰陽之中；當有了五行，太極就在五行之中；當有了人和物，太極就在人和物之中，因此叫作「物物一太極」，宇宙是最高的太極，一顆植物種子，甚至細菌便是小的太極。

朱子還認為，整個宇宙的發展和完成，背後應該有一種規律來推動它，然後事物無限次都是遵從這規律去發展。如果沒有規律，今天是人，明天人產生的是貓，貓產生的是狗。但在這世界，人發展仍是人，貓發展仍是貓，任何事物都有規律。因此，在宇宙創生之前應該已有規律（今天的宇宙學家未必同意朱說），於是他就叫這規律為「理」。有了理，然後有氣，理、氣是合一而不分開的。

另外，早於朱子，北宋的張載，同樣用氣來解釋宇宙。他認為太極是一物兩體。在一個物件中，有兩種不同的事物。當一物兩體混合為一時，作用是神奇莫測的；當它分成兩件事物時，宇宙萬物才產生變化，這便是「一故神，兩故化」（《正蒙．參兩》）。甚麼意思呢？宇宙、太極本身就是陰和陽的混合體，當陰陽混合為一時，它的變化就神奇莫測，巧妙地形成宇宙萬物。當陰陽分開，陽之後為陰，陰之後為陽，你推動我，我推動你，你激發我，我激發你，於是整個宇宙的運動變化就產生了。各位，張載所說的太極中的陰陽兩氣，本身已經在運動變化，推動對方，跟《乾鑿度》所說的一、七、九，二、八、六的變化沒有不同，只不過張載說得更清楚和準確。但他的說法仍有缺點，例如他說：「太虛為清，清則無礙，無礙故神。反清為濁，濁則礙，礙則形。」（《正蒙．太和》）結果被同時的程頤所指斥，認為：「氣外無神，神外無氣，或者謂清者神，則濁者非神乎？」（《河南程氏遺書》卷十一）一直到了明末清初的王夫之，他是張載的信徒，發揮了張載的哲學，也發揮了張載「氣」的說法，認為太極是「太和絪縕之氣」，不說清濁，才把張載的理論發展得更完善。

上述太極理論是以宇宙為元氣解釋太極的，另有很多不同的說法，例如朱熹用「理」來解釋，認為太極是理。其他還有很多影響力不太大的說法，例如東漢的馬融認為太極就是北斗星，北斗星的轉動帶動元氣的轉動，推動春夏秋冬四季的產生，這是以北斗為太極的學說。或者王弼據此引申為極端的說法認為太極是無、太極是一。另外，邵康節有三個說法：「心」為太極；「道」為太極；「一」為太極，對後世的影響頗大。尤其是「心為太極」，經過宋代楊簡及其後學的發揮，認為我們的仁心、或者道心就是太極。到了王陽明的弟子王畿則更進一步，從心為太極的說法推展，說這個心豈不就是孟子所說的良知？於是良知為太極。另外尚有很多說法，對於這些，我們只好留待將來有機會詳解太極時再講述。簡單地說：第一，太極是指占算用的五十或者四十九策蓍草或最先取出不用的那一策，這段文字是解釋如何運算和求卦的過程。第二，從「宇宙論」來說，太極是元氣的說法，佔了整個中國太極理論百分之九十以上，只不過這個元氣的性質是甚麼還有些不同的意見。由於朱子學術地位的崇高，他的太極為理的說法，後來這七、八百年很多學者都接受了。今天的新科學則說不合理，還說朱子「理在氣先」的說法有很大問題。但是否一定錯誤？我不敢說。可能將來科學發展，證明「理在氣先」的說法是有道理的也說不定。至於其他各種不同的太極的說法，各位是否知道就隨便大家，遲一點才知道也可以，現在就無暇介紹了。只不過我們可以說，這裡的文字雖然只有幾行，不足數十個字，但解釋、發揮的文字超過數百甚至數千萬字，它成為中國重要的哲學思想，尤其是宋朝以後，直至今天，仍是中國哲學最關鍵的思想。

是故法象莫大乎天地；變通莫大乎四時；縣象著明莫大乎日月；崇高莫大乎富貴；備物致用，立成器以為天下利，莫大乎聖人，探賾索隱，鈎深致遠，以定天下之吉凶，成天下之亹亹者，莫大乎蓍龜。

「是故法象莫大乎天地」，「法」指地效法，「象」指天成象。前文所說的效法是指地的道理；「成象」是指天的道理。因此說天的象、地的法是宇宙人生各種規律中，最重要、最明顯而易為人知的規律。「法」和「象」的意思都是法，只不過「法」就比較後天，甚至人類根據天地之法所創立的都叫作「法」；而天之法我們就叫作「象」。象是高一級的法，法是低一級的象而已。天地的法象是宇宙規律中最大的；而易之中的變化，是模仿天地的規律，所以同樣是偉大的。

「變通莫大乎四時」，四時是春夏秋冬，陰陽的變化是有規律的，細密到極點。冬天之後，不會停在冬天，會繼續暢通順利地過渡到春天。這種「通」永恆地、無息地一次又一次交替迭運。反映事物變化不停，沒有比春夏秋冬的變化規律表現得更具體、更明白、更妥當的；而易之中所著重的變通，就是仿效四時的變通而形成，可以與它同等偉大。

「縣象著明莫大乎日月」，懸掛顯現在天上的規律（法象），指日月風雲等。「著」即是明，「明」也是明。「著明」是明而又明，明到極點。懸掛在天上的日月，它們不單只是光明，而且顯示出陰陽之道，令我們明白。「莫大乎日月」，懸掛在天上，示天地的規律，光明燭照，令到人類清楚明白這道理，沒有比日月更大的。日月的盈虛薄食、順行逆行，古代的占星術認為是象徵了禍福吉凶。今天香港的日曆也有用到「薄食」這字眼，說甚麼大事不宜。意思是日月的盈虛等，象徵了人間的禍福吉凶。因此，我們從易中間體會到日月四時所展現的自然規律的得失、吉凶，變成了《易經》卦爻辭所反映出來的內容，能夠指導人類的吉凶得失，偉大之處可和日月相比。這是說天地，四時，日月顯現；天地的規律，而易書便是摹寫天地的規律而形成的。

「崇高莫大乎富貴」，具備崇高偉大的地位，能指導人、令人信服的，沒有比富有天下、貴為天子的聖人君主更偉大的。《易經》如果需要推行，必須藉著富有天下、貴為天子的人物推行，然後力量才明顯而普及，才能產生最大的利益。

「備物致用」，「備物」，具備一切事物；「致用」，令到每件事物都得到它最偉大的應用價值。

「立成器以為天下利」，「立」就是創立。古人認為《繫辭傳》多是四字成句，這裡

「立成器」忽然是三字一句，非常不順，認為它漏了一個字。《漢書．翟方進傳》所引用的版本是「立功成器」，《漢書》是西漢末年寫成的古書，引用的古書文字有參考價值，故「立成器」應該加上「功」字才對。但是頭腦清楚的人會發覺，「立功」和「成器」之間，在這裡似乎不成配搭。因此，宋朝有人說不如改成「象」字，變作「立象成器」，因為有「設卦觀象」、「觀象制器」、「制器尚象」的說法，似乎改為「立象成器」更合理，即體會卦象所寓的規律、事物的性質和結構，據此創立、發明各種對人類有用的器物，「以為天下利」，使天下人得到最大的利益。因為立功對其他人有甚麼利，很難說。但如果創立、或者發明了一個新器物，則對人人都有利。但個人覺得還是不改動較妥當。

「立成器」，創立、制成天下各種有用的器具。

「莫大乎聖人」，沒有比聖人更偉大的。要令到《易經》的作用能夠發揮盡致，真正將《易經》所蘊含背後的偉大義蘊，創立制成各種有用的器具，令到人類得到大利的，只有通過聖人創立《易經》、發揮《易經》之義，然後我們人類才得到大利。因此，這裡就引出後面的「探賾索隱」。

「探賾索隱」，「賾」指深奧而複雜的思想或事物；「隱」是隱藏著不能看見。我們要探討研究深刻複雜到極點的事理，找尋隱藏在事物背後的德性或真相。

「鉤深致遠」，「鉤」指釣，由於它很深入，要像釣魚一樣釣它上來，「深」指有如看不清楚深水底下，象徵事物的真假現象我們看不清楚。股票升得高，究竟是繼續升高還是下跌的前奏？沒有人知道，需要深入地分判它的真偽，這就是卦爻辭的功用，將隱藏在深處的真偽、是非、吉凶的事物，好像釣魚一樣將它釣上來，便看得清楚了。「致遠」，眼前的事物我可看到，而遠方的事物我則看不清楚，要令到遠方的事物清楚，就需要一些準備的工作。「致遠」，引致遠方的事物來到身旁，本來看不見或不知道的事物便變得清楚了。

「以定天下之吉凶」，通過細探明「賾」，力索顯「隱」，藉鉤見「深」，招致知「遠」，以確定天下任何事情的吉和凶。

「成天下之亹亹者」，「亹亹」即是勉勵，令到天下人都自己能夠鼓勵、勉勵自己，就因為占筮說他只要努力，十年以後就會飛黃騰達。這十年他就樂意辛勞地工作或進德修業，而不埋怨天地、國家、任何人。能夠勉勵人人甘願努力進德修業，「莫大乎著龜」。

「莫大乎蓍龜」，沒有甚麼比能夠指示未來禍福吉凶的《易經》的蓍草和商朝的龜卜，對人有更大的鼓舞力量了。其實文中的「龜」字沒有實義，只是因蓍連帶而及的。下文就是說「探賾、索隱、鉤深、致遠」，「定天下之吉凶」，「成天下之亹亹」這三個用易之道。

為何將「莫大乎蓍龜」放在最後？可能是一種修辭的方法，藉此暗示前面的五「大」，都是用來烘托出蓍龜才是最偉大的。第二個說出了蓍龜是通過對天地人的規律的摹寫而完成。而將天地人的規律摹寫於易書中，是聖人的努力。因此，蓍龜應該放在最後。在這一小節中，說出了「六大」，這「六大」是指天地、四時、日月、富貴、聖人、蓍龜。其實天地、四時、日月和蓍龜之所以能夠「大」，是富貴和聖人令到它「大」的。有了這個富有天下、貴為天子的人的推行，易才能普及天下。沒有聖人將易的道理盡量發揚光大，易的作用就不能夠顯著。因此，「四大」就要由人類中「兩大」的努力，然後才能夠達成。正是因為「四大」是由於「兩大」的作用才能夠完成，所以接著「是故」這一小節的內容就說「天生神物」。

是故天生神物，聖人則之；天地變化，聖人效之；天垂象，見吉凶，聖人象之；河出圖，洛出書，聖人則之。

「是故天生神物，聖人則之」，上天產生神奇的蓍草，創製《易經》的聖人「則之」，就是效法它。究竟效法蓍草的甚麼？很難知道。最大的可能是效法蓍草的無心，即上面所說的「无思也，无為也，感而遂通天下之故」，體會到蓍草的無心，反而能夠反映出人間的吉凶。聖人掌握了無心感應之道，創製《易經》，通過蓍草感應萬事萬物、回答人的吉凶。

「天地變化，聖人效之」，天地的變化是甚麼？指天陽地陰，奇偶的變化。「效」就是效法。聖人根據天地陰陽變化之道，創立了奇爻、偶爻，或稱剛爻、柔爻，陽爻、陰爻。

「天垂象，見吉凶，聖人象之」，這是說日月。「垂」就是向下。上天通過日月星辰等，展現出各種的形象，反映或預告人間的吉凶。聖人從中得到啟發，在《易經》中，通過卦爻之象，尤其是爻辭之象，象徵未來的吉凶。

「河出圖，洛出書，聖人則之」，黃河出了圖，洛水出了書，聖人體會了圖書的道理，效法圖書，創立了卦爻辭。不過這個解釋只是我的推想，因為上面說過通過「兩大」，才展現出其他的「四大」，因此這「兩大」的聖人，通過蓍草來反映出無心感應萬物；根據天地日月的陰陽變化、禍福吉凶之道，設立了卦爻，但還少說了一樣事，就是文字，即卦爻辭的部分。通過「河圖」、「洛書」展現出來的數理、或者義理，通過文字表現出來。這裡是說出了創作《易經》之道。

這裡有一個大問題，就是「河圖」、「洛書」的問題。「河圖」這一個名稱最早見於《尚書．顧命篇》：「大玉、夷玉、天球、河圖在東序。」周成王過世，周康王繼位，《顧命》這篇文章就是在這情況下寫成的，它說出了在國家的大堂近著東面的牆壁，藏了「大玉、夷玉、天球、河圖」這類國家的寶器。這可說是「河圖」最早見諸文字的記載。鄭康成的注解說他看到的《尚書》版本，在「河圖」之下有「洛書」二字。因此，照他的說法，「河圖」、「洛書」都見於《尚書．顧命篇》，這樣在西周初年，最低限度已經有了「河圖」。第二次提及「河圖」的人是孔子。《論語．子罕篇》記載孔子曾說「鳳鳥不至，河不出圖，吾已矣夫！」究竟「河圖」是甚麼東西？如果根據鄭康成的解釋，就是帝王之所「受命」，即是帝王接受了上天、或者人類祖先傳下來的傳國寶器，他接受的寶器，象徵他繼承了具有控制天下權力的寶物。後人對「河圖」的解釋，例如南宋薛季宣就說大概是地圖一類的事物罷。清初的黃宗羲的《易學象數論》，甚至高亨教授的《周易大傳今注》都同意這個說法。認為「河圖」也罷，「洛書」也罷，都是古代地圖之類的東西，只不過是刻在玉器之上而已。宋末元初的俞琰，他的《俞氏易集說》是相當好的《易經》注解，不是代表他有特別超卓的見解，而是說他能夠為讀者著想，收羅各家的說法，而且解釋得頭頭是道，是一本非常好的書。俞琰對於「河圖」、「洛書」，認為既然和「大玉」、「夷玉」，甚至「天球」等玉器並列，「河圖」也應該是玉器，只不過是玉器刻上文字而已。所以後來劉寶楠所作的《論語正義》（這是清代研究《論語》經典的著作），就採用了俞琰的說法。這三種說法表面上不同，但實際上可以綜合在一起來說的。所謂「河圖」也罷，「洛書」也罷，只不過是古代的一種上天賜給君主的事物，或者是傳國的寶器，象徵著他神聖得國的合法性。這一寶器，可能就是國家的版圖，將國家的地圖賜給他，作為他是這一地圖中的君主的象徵；而這一地圖則是莊重地刻在玉器上的。所以它和後世所說的「河圖」、「洛書」，可能沒有甚麼關係。

真正令「河圖」、「洛書」有了今天的想法，應該是《繫辭傳》。這裡說的「河出圖，洛出書，聖人則之」，就變成了和《易經》有關。但即使是漢朝人的看法，也與後世的說法不同。漢朝的劉歆只不過說黃河出了圖，伏羲仿效它，創立了「八卦」；大禹時出了「洛書」，大禹根據它的原則，提出治理國家的九項原則，叫作「九疇」，就是今天《尚書·洪範》的內容。至於班固說《洪範篇》開始的六十五個字：「初一曰五行；

次二曰羞用五事；次三曰農用八政；次四曰叶用五紀；次五曰建用皇極；次六曰艾用三德，次七曰明用稽疑；次八曰念用庶徵；次九曰嚮用五福，畏用六極」（《漢書．五行志第七上》），就是「洛書」上的文字，可見「洛書」和《易經》無關。真正使「洛書」和《易經》拉上關係的，是與劉歆同時的另一學者揚雄，他有一篇文章叫作《核靈賦》，這篇文章已經失傳，我們只能看到其他古籍引述的零星句子。《核靈賦》說：「大易之始，河序龍馬，洛貢龜書」，承認《易經》同時來源於「河圖」和「洛書」，但內容說的是甚麼？則沒有說。

今天的「河圖」、「洛書」，可能源於五代末、宋初的陳希夷。他有《龍圖易》一書，「龍」即龍馬。據說黃河有一似龍的馬負有一圖，洛水有一靈龜，龜背上刻上了「洛書」。因此《龍圖》也者，也稱作「河圖」。這本書失傳了，南宋收集北宋文章的一本書，由呂祖謙編輯的《宋文鑑》，內有陳希夷的《龍圖序》，他所說的就是最原始的「河圖」、「洛書」。接著到了我們多次提過劉牧的《易數鉤隱圖》（各位一定要把這書名記牢），才建立「河圖」、「洛書」的理論。再到南宋時，蔡元定和朱熹《易學啟蒙》一書，將「河圖」、「洛書」的理論進一步發展。但是令「河圖」、「洛書」的理論完善，是蔡元定的兒子蔡沈，他撰著《洪範皇極內篇》，這本書令到「河圖、洛書」數的理論，到達哲學或者術數學的最高水準。後人再從《洪範皇極內篇》的理論發展，才令「河圖、洛書」之學成為中國很少人不知其名的一門重要學問，影響所及，後來很多門學問都有「河圖」、「洛書」的影子。

其實「河圖」是很簡單的，就是《易經》所說的「天地之數」的運用。例如我們說一和六、二和七、三和八、四和九、五和十這些數字，凡是奇數就用白圈，凡是偶數就用墨圈來組成的圖。一、二、三、四、五在內，六、七、八、九、十在外面（圖見於第九章）。五行之數的組合，最早數據的來源和應用，《禮記．月令》已提及，更早的就是剛才提到的《呂氏春秋》的〈十二紀〉，其實《十二紀》與《月令篇》的文字很類似，可能《月令篇》就是從這裡來的。更早的《管子》有三篇文章都與這有關，例如《四時篇》、《五行篇》，或者和明堂有關的《幼官篇》等。但真正組成這個圖式的人，可能最早的是漢初的伏生。伏生在《尚書大傳》的《洪範五行傳》中，首先提到這個配合，但真正將這組合講解完善的是鄭康成。因此，清朝的學者說「河圖」要到鄭康成才建立。宋朝的「河圖」，只是將鄭康成說的數字改為黑白點而已。

所謂「洛書」，是一到九十九個數字的運用。但「洛書」就要配九宮方位，然後才變成真正的「洛書」。最初可能九宮就是九宮，數目字就是數目字，是分開的。九宮的來源，如果根據趙國華教授觀察陝西西安的半坡遺址，他認為在五千多年前的「半坡文化」中，已有類似的最原始的九宮圖式。另一位研究《易經》的鄧球柏先生，在他的《帛書周易校釋》和《周易的智慧》兩本書中，則說「仰韶文化」可能已有類似九宮的圖式。從考古來說，只能「信者得救」。如果從文獻來說，我們剛才說到的《黃帝內經．靈樞經．九宮八風篇》，已有九宮圖的記載。如果再從考古遺物來說，阜陽雙古堆所發現的西漢「太乙九宮占盤」，已經將九宮和卦配搭在一起。因此，這種九宮的文化，發展到完成和應用，其實應是很古老的。估計九宮的文化，可能是戰國時候鄒衍發展的陰陽學理論之一。為甚麼只是估計？因為綜合漢朝今文經學各種學說在一起的《白虎通》（研究今文經學的人不能不讀這本書），其中有一篇叫《明堂》，專門講述「明堂」的制度。它說「九宮法九州」，九宮的理論是仿效「九州」的理論而設立的。而在學術上，我們知道「九州」的理論是鄒衍最重要的理論之一，因此「九宮」和鄒衍陰陽一派有關。

明堂是歷史悠久的，傳說中，帝王應該按照不同的月份，一年在明堂不同的地方施政。明堂有如一個「井」字圖，分為九個房間，故叫「九宮」（下文以數目一至九表示）。東面是春天。第一個月（孟春）三十日在「八」，第二個月（仲春）三十日在「三」，第三個月（季春）首十二日在「四」，其餘十八日在中央「五」。然後夏天第一個月（孟夏）三十日在「四」，第二個月（仲夏）三十日在「九」，第三個月（季夏）首十二日在「二」，其餘十八日在中央「五」。秋天第一個月（孟秋）三十日在「二」，第二個月（仲秋）三十日在「七」，第三個月（季秋）首十二日在「六」，其餘十八日在中央「五」。然後冬天第一個月（孟冬）三十日在「六」，第二個月（仲冬）三十

明堂九室圖

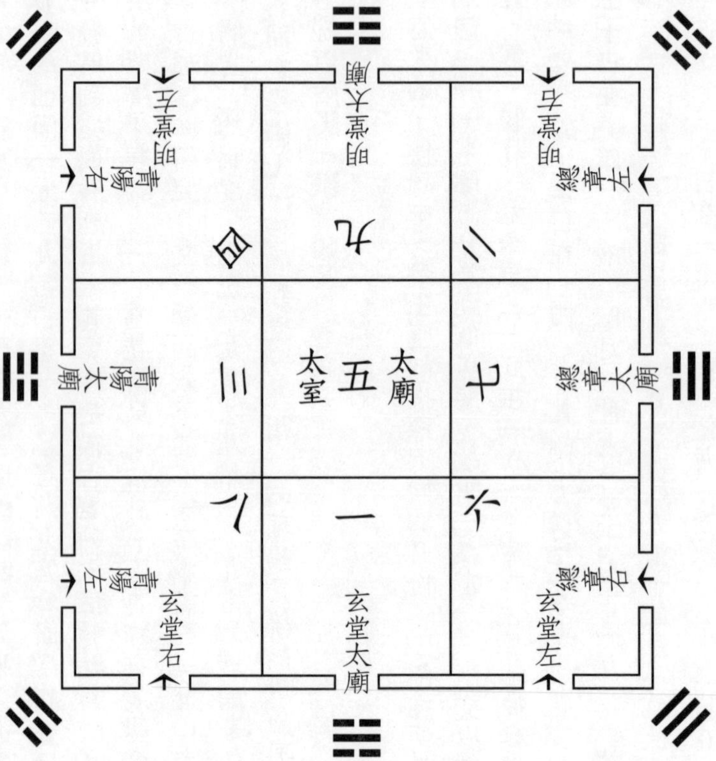
明堂左
明堂太廟
明堂右
青陽右
青陽太廟
青陽左
總章左
總章太廟
總章右
玄堂右
玄堂太廟
玄堂左
四
九
二
三
太廟
五
太室
七
八
一
六

日在「一」，第三個月（季冬）首十二日在「八」，其餘十八日在中央「五」。春叫「青陽」，「青陽」的「青」是「木」的顏色，春天屬木，陽氣再開始生物。夏叫「明堂」，是陽光最光明普照的時候，屬火。秋叫「總章」，「總」指萬物一起生長，「章」是明顯，到了秋天，萬物成熟，明顯地呈現於人間大地，金氣收斂鮮花結成果實、米麥。冬叫「玄堂」，玄，黑暗為水。中央的位置叫「太廟」、「太室」，屬土。另外，「三」、「九」、「七」、「一」這四個位置都叫「太廟」。（據清胡渭《易圖明辨．卷二》，中華書局，二零零八年版，頁四十四）

春天的時候要穿青色的服裝，乘青色的馬匹或馬車等；夏天就要用紅色，秋天是白色，冬天是黑色，中央是黃色，一年行事要配合五行金、木、水、火、土的顏色、方位等。一年三百六十日，其餘五日又四分一日則不計，所以每行只佔七十二日。例如春天第一、二個月各三十日，第三個月是十二日，加起來是七十二日。季月剩下的十八日屬土，土在中央，所以這十八天君主居於在中央的太廟、太室，於是形成一種巡行方式，上應天上的太乙（一），下行九宮。這個九宮最初是沒有配上數字的。我們現在發現最早記載九宮有數據的，是《大戴禮記》第六十七篇的《明堂篇》，它說這些數據和位置是這樣：從右到左，二、九、四一排，七、五、三一排，六、一、八一排。（見下圖）

可能這就是九宮配合數字的最早來源。偉大的中國科學史家李若瑟（Joseph

四	九	二
三	五	七
八	一	六

Needham），在《中國科技史》中說，很可能《大戴禮記》這篇文章的作者天才地將兩者混合為一，是他的發明。《明堂篇》寫作於何時很難估計，估計最低限度是西漢，甚至可能是先秦的著作。即使是撰寫於西漢也很不錯了罷。因為凡是記載，都是一件事情的最後階段，是時間的下限，不會是上限。因此，明堂思想當較西漢更早。

那「河圖」怎樣採用這些數據？《說卦傳》說「參天兩地而倚數」。第一，天數是三，地數是二，天地之數加起來是五，所以「五」這個數是天地之數的混合，是一個最偉大之數。因為天地陰陽混合，就回歸到太極，所以這個數，可以叫「太極之數」。在五行來說，這個數就是土之數。因為土生萬物，好像太極生萬物一樣。因此，這個數本身就具備神奇的作用。第二，「參天兩地而倚數」，是三個天數，一、三、五加起來就是九；兩個地數，二、四加起來就是六。因此，「九」和「六」就是《易經》最重要的九為老陽、六為老陰，九和六分別是剛和柔爻的代號。另外，一、二、三、四、五加起來就是十五。因此，「十五」亦是重要的數，是五加十之和，「五」是象徵著天數，「十」是象徵著地數。即奇數是陽，偶數是陰，五加十就是陰陽或天地兩數的混合，所以這個「十五」，也就是陰陽混合的太極、宇宙原始的太極。還有，六加九是十五，少陽、少陰，七加八亦是十五。六（老陰）加九（老陽）是陰陽混合，七（少陽）加八（少陰）亦是陰陽相合，陰陽混合便回歸到太極去。因此，「十五」這個數據也變成了一個神秘而非常有用的數，代表著天地的混合、太極的變化。還記得為甚麼六是水嗎？一是水，得到五的配合就變成六，同樣是水。二是火，得到五的配合，於是就變成七，同樣是火。因此，五是生成萬物的最重要的媒介，即等如宇宙中的太極，所以九宮圖二、九、四加起來是十五（上排）；七、五、三（中排）加起來是十五；六、一、八（下排）加起來亦是十五。直行的二、七、六加起來是十五；九、五、一加起來是十五；四、三、八加起來也是十五。另外對角線的四、五、六和二、五、八加起來都是十五，這實在太奇妙了！我們今天當然把它當作數字遊戲，但對古人來說是神妙極了。因此，由於明堂圖顯示天子一年施政巡行於不同居處，因此剛才提到的《乾鑿度》就說「太乙下行九宮」，一年巡遊這些宮位。有關這些宮位，後來有一本書叫《黃帝九宮經》（後人偽托），另外隋朝蕭吉著有《五行大義》一書（這本書《四庫全書》沒有收錄，幸好清嘉慶的學者阮元發現了這本書，將它複印，所以《五行大義》這本古書才有機會流行於世。這本書我記得台灣有好事之徒高價翻印了。另外，台灣有學者研究《五行大義》，日本有學者研究它；甚至國內學者殷南根，也研究它，並著有《五行新論》一書。各位有興趣研究術數而希望達到學院派水準的，請閱讀這本書），對九宮都有詳細說明。殷南根將「洛書」明堂圖配搭的星辰說得非常詳細，說出每一宮的天神是甚麼，甚麼一白九紫之類，唯一沒有配合貪狼，巨門等九星。那些要到唐朝的風水學大師楊筠松，在他的《疑龍經》、《撼龍經》中，才加上貪狼、破軍等九星。這些術數之學可能慢慢演進，在唐朝時融會貫通，共治一爐，但尚不是九宮的模式，即還不是「河圖」、「洛書」。「洛書」是撇開這些之後，全是數據的。這就不同了，它可組成各種數據，象徵各種事物，我們在第九章所引申出來的各種數據，都變成「河圖」、「洛書」的有關資料。由於資料太多了，如果各位有興趣，我以前所撰的《易學與氣功》（香港天地圖書公司，一九九六年；國內上海學林出版社，一九九九年版），請各位參考「太極」和「河圖、洛書」這兩章的前半，可給予各位一些資料。在這裡就不方便詳談了。總而言之，這一章要知道「河圖」、「洛書」是甚麼。因為不知道它是甚麼，就不能解釋「聖人則之」中的「之」字，到底是指甚麼，我只能夠說根據上面說到陰陽爻的符號、卦的成立，尚缺少的是文字，所以勉強地說通過「河圖」、「洛書」給予易書理論根據，使沒有文字只有卦爻符號的《易經》，發展到以文字說明卦爻的義蘊，就是通過河圖、洛書，創立《易經》的卦爻辭罷，這個解釋很勉強，是否對，就只有天知道了。

《易》有四象，所以示也；繫辭焉，所以告也；定之以吉凶，所以斷也。

「《易》有四象」，《易經》有四種象。哪四種象？我們傳統注解指六、七、八、九，或者老陽，少陰，少陽，老陰，這四種不同的陰陽狀態，象徵陰陽的不同份量，就叫作「四象」。有一位對易學雖然沒有特別大的創見，但解釋《易經》有很大影響力的學者侯果，他說這應該是回應前文「神物變化」、「吉凶」、「河圖」、「洛書」，「四象」應該是指這四項。這說法有沒有道理？古代注家一般都不採用。只有最近過世的學者徐志銳教授，他在專門解說《十翼》的著作《周易大傳新注》（齊魯書社，一九八六年版，四四一頁），就認為這個說法最有道理。但我覺得這個說法未必對，傳統說是陰、陽、老、少的說法更合理。另外，侯果的說法，和隋氏何妥所說相同。

《易經》有陰、陽、老、少四種象徵陰陽不同的狀態。「所以示也」，「示」是令人看到，顯示，就是顯示《易經》的爻的四種陰陽狀態。「繫辭焉」，在卦和爻的卦畫符號下面，連繫上卦辭和爻辭，辭即文字。「所以告也」，是用來告訴我們，讓我們知道未來的吉凶。「定之以吉凶，所以斷也」，當揲蓍求卦，求得一卦後，未來吉凶亦因此確定了，就可以用來判斷我們行事的對錯。令我們由疑惑不定，變成果斷地、勇敢地去做事。凡是求神問筮，一定是心中有疑惑，不知何去何從。「斷」就是判斷如何行事最合宜，所以「斷」可消除疑惑，使人果斷迅速行事。

總結

第十一章到此完結。《繫辭上傳》第九章說怎樣揲蓍求卦，跟著的第十和第十一章都是就揲蓍求卦去發揮的。尤其是這一章，整章的內容都是環繞與占筮有關的性質、功能、怎樣創作占筮去發揮的。所以這一章的文章一開始，就提出「夫《易》，何為者也？」令我們注意，究竟占筮是甚麼。然後通過大的、浮泛的問題，首先籠統地說出《易經》有「開物」、「成務」、「冒道」這三個偉大的功能。為甚麼這三個功能是偉大的呢？因為這三個功能分別能夠：開物，「通天下之志」；成務，「定天下之業」；冒道，「斷天下之疑」，對人類有無窮好處的緣故。接著就說出這三個功能分別和《易經》中蓍草、卦、爻相關的，是來源於蓍、卦、爻內含的德性。所以當它解釋蓍、卦、爻的德性時，就緊扣著上文所說的蓍草「通志」、卦「定業」、爻「斷疑」的內容發揮，然後再說出聖人掌握了易道便有這些功用，根據這些功用創設《易經》，變成了統治國家、教育人民、維護治安的最好工具。不需要用刑法、不需要用殺戮，就能達到治理天下的最理想的目的。傳統的解釋就認為「聰明睿知神武而不殺」的聖人，應該是指創設《易經》的聖人伏羲，只須明瞭善於用《易經》便可以對人類有無限的貢獻便足夠了。

那麼究竟創設《易經》背後最大的動機、原因和理論的根據是甚麼？於是它就承接說出「明於天之道，而察於民之故」。了解天地自然之道，和細心體會人民的需要，來配合建立人類生活的合理規範，作為創作《易經》最重要的理論根據和動機，提出《易經》的創作，就是以這二者作為原則。下面就說到創作《易經》的過程，蓍草是怎樣配合天地之理而產生卦爻，怎樣體會日月四時而形成卦爻的變化的過程，它比較仔細、具體地說明了《易經》創立的原理，然後說出了天地萬物產生的過程就是太極生兩儀的次序。用蓍法來說，就是一步一步推衍產生卦爻的過程，精簡地將第九章所說的揲蓍求卦的過程概括地說出來，然後就說出「六大」。「六大」簡單地說，就是通過它說明蓍草的功用偉大，這是第一個意思。第二個意思說出了蓍草是由於聖人利用這「四大」或「五大」，然後才能夠設立的。下面再一次簡單地說出《易經》是通過天生的神物、天地的變化、日月的垂象、「河圖」、「洛書」等的配合，然後才能完成的。於是整章就把高至宇宙的原理，低至求卦的過程，求卦的原因和卦的性質、功用、創立卦爻的動機，和創立卦爻背後的理論等，全部都說出來。因此，這章可說是研究《易經》特別重要的一章。

除了本身重要外，還有三點也是重要的。第一點，它說出了為甚麼蓍草能夠回答人類、指示人類未來的吉凶。它提出了蓍草「无思也，无為也，感而遂通天下之故」這一哲學的解釋。其實這一哲學的解釋是相當合理的。進一步，聖人、或者我們應用《易經》去預知未來，同樣可以利用這一方法。我們如果能夠本身達到無思無為，就好像蓍草一樣，能夠「感而遂通天下之故」，了解未來的吉凶。再進一步，我們分析《易經》所說的無思無為，和道家所說的無思無為、佛家所說的無為是很不相同的。儒家是注重教育的，因此，任何知識都要人類自已努力去追求，不是通過無為得到的。這一無思無為是要建築在最大的有思有為的學習之上，直至本身充滿各種知識，從而養成虛心容納各種不同甚至相反的知識，減少受到主觀知識的蒙蔽。再進一步能夠忘記這些知識，然後才能靈活運用這些知識達到最高的境地。正好比電腦一樣，儲存知識愈多，它解答人類問題的準確性就愈大。甚至我們可以說人類追求知識，同樣要經過這個境界，最初要努力學習，進一步，則要忘記自已的主觀偏見。當科學發明家念念不忘，日夜在實驗室或者圖書館埋首研究，以證明他發明的道理時，結果頭昏眼花而無所得，不得不暫時休息而去一趟旅行，途中遇到的人和事，可能給予他靈感，又或者在做夢時得到靈感等。這情況表面上很神秘，其實就是你愈想，愈有思有為，愈不能夠感應最高的真理。當你一時忘卻它，無思無為，結果就達到最高的有思有為。任何最高的學問、最高的創造都與這個有關。各位如果能夠累積學問後，最好是修煉氣功，達到無思無為的時候，你就具備了最高的智慧，那時你就會由知識跳到智慧的境界。這是我們讀這一章要注意的一點。

第二點，就是說到太極。注意，太極最初可能受到老子的影響。但最受老子影響的《乾鑿度》已經改從物質性的陰陽變化來解釋宇宙生成了。老子的創生是以「三」作為基礎的，所以他說：「道生一，一生二，二生三，三生萬物。」我們提了很多次的揚雄，他模仿《易經》作《太玄經》，就是用「三」來作基礎的。太極創生則是以二為基礎的，所以是二而四，四而八，八而十六，十六而三十二，三十二而六十四卦。揚雄則三三得九，九九八十一首，《太玄》叫「首」，《易經》叫「卦」。所以，宇宙理論在中國有兩大傳統，一是老子的傳統，以「三」作為基礎展開的；另一就是太極儒家的傳統，是以「二」展開的，二、四、八、十六，一直衍生下去，但是似乎因為儒學佔了優勢，所以宋代儒者所發展的生成論是以太極的「二」為基礎的，讀這章的人一定要注意這一點。

第三點不用說就是剛才提到的「河圖」、「洛書」和引申的理論，就是由這一章開始的。因此，我們讀到這章時，起碼除了正文所說外，要對無思無為產生智慧之道，是要自己去實踐。第二是對太極理論和「河圖」、「洛書」的理論，應該略為懂得。太極和「河圖」、「洛書」的理論，以前被貶得一文不值，今天成為全世界、甚至我們中國人最重視的學問，你要咬緊牙關在這裡下些功夫。這樣，學習這一章才是真正合格了。

第十三講

《繫辭上傳》第十二章

《易》曰：「自天祐之，吉无不利。」子曰：「祐者，助也。天之所助者，順也；人之所助者，信也。履信思乎順，又以尚賢也，是以『自天祐之，吉无不利』也。」子曰：「書不盡言，言不盡意。」然則聖人之意，其不可見乎？子曰：「聖人立象以盡意，設卦以盡情偽，繫辭焉以盡其言，變而通之以盡利，鼓之舞之以盡神。」乾坤，其易之緼邪？乾坤成列，而易立乎其中矣；乾坤毀，則无以見易；易不可見，則乾坤或幾乎息矣。是故形而上者謂之道；形而下者謂之器，化而裁之謂之變，推而行之謂之通，舉而錯之天下之民謂之事業。是故夫象，聖人有以見天下之賾，而擬諸其形容，象其物宜，是故謂之象。聖人有以見天下之動，而觀其會通，以行其典禮，繫辭焉以斷其吉凶，是故謂之爻。極天下之賾者存乎卦；鼓天下之動者存乎辭；化而裁之存乎變；推而行之存乎通；神而明之存乎其人；默而成之，不言而信，存乎德行。

上九爻

《大有卦》

《易》曰：「自天祐之，吉无不利。」子曰：「祐者，助也。天之所助者，順也。人之所助者，信也。履信思乎順，又以尚賢也，是以『自天祐之，吉无不利』也。」

「《易》曰：『自天祐之，吉无不利。』」這是《周易．大有》上九的爻辭。依照字面解釋，「自」是從，或者來自；「天」是上天；「祐」是保佑、幫助。「自天祐之」，指從上天而來的幫助或者庇佑。「吉无不利」、吉，是吉祥；「无不利」用了兩個否定詞「無」和「不」，就變成了強而有力的肯定詞，意思是任何事情都有利，亦即是說無條件地對任何事情都是有利的。

「子曰」，孔子體會了《大有卦》上九的爻辭，引申發揮，說明它的意義。

「祐者，助也」，「祐」字，是幫助。在這裡，孔子改變爻辭原義指神靈庇護的意義，將這個「祐」字解釋為幫助，便從原義迷信的神靈之助，提升到哲學的境界。

「天之所助者，順也」，上天所幫助的人，是「順也」。「順」是順從。這裡說的「順從」，指順從天道的規律，亦即是順從自然合理變化的規律。上天所幫助的人，就是因為這個人能夠遵從天道的規律，以從事任何的事情。

「人之所助者，信也」，原義是說天，現在孔子進一步推論說人，這是原文所無而是孔子引申發揮的意思。這句是說我們人類樂於幫助的人，「信也」，是由於那個人具備了誠懇、信實的德性。

「履信思乎順」，這個「履」字，本指穿的鞋子。當它由名詞變成動詞，意思就是指我們用腳走路，再引申就是指身體實行的事情。現在就是指切切實實、用自己的身體來實行「信」。「思乎順」，「思」本來是思想、心中所想，引申就是將心中所想的同樣表現在行動之中。他本身踐履「信」，而且心中念念不忘遵守、順從上天的規律。

「又以尚賢也」，再加上崇尚、尊重賢德的人。「又以尚賢也」這五個字，古代少數的注解家由於爻辭原文沒有提到，甚至整個《大有卦》也似乎沒有明文說到，因此認為這一句可能是後人加上的，可能是對爻辭的注解，後來錯誤地將它變成正文。但由於帛書《繫辭傳》作「以上賢」，因此以為這句是注解誤入的說法，未必合理，還是當作原文應該更為合理。「又以尚賢也」，意思是再加上崇尚、推尊賢德的人。

「是以『自天祐之，吉无不利』也」，「是以」就是說出了上面這個人能夠實行這三種美德，所以「自天祐之，吉无不利也」，於是爻辭就有「自天祐之，吉无不利」的判斷詞。

首先要特別注意，《繫辭上傳》有兩次引用《大有卦》上九的爻辭；《繫辭下傳》還有一次。因此，《繫辭傳》一共引用了三次《大有卦》上九的爻辭，可見作者特別重視它，要藉它表達某些言外之意，才一而再、再而三引用這爻辭。這爻辭在這裡究竟是甚麼意思？首先我們要體會一下，《大有卦》有五爻是剛爻或陽爻，只有第五爻是柔爻或陰爻，正是一柔五剛；而柔爻又位於「上卦」的中位，因此，這柔爻就變成了這個卦的卦主。或者我們說，它既是「成卦之主」，又是「主卦之主」。

所有五個陽爻都歸向六五這一陰爻。本來柔爻或者陰爻代表「虛」、代表力弱，但是由於這個卦的特殊情況，這個規例就不適用。反而因為六五是陰爻、柔爻，陰爻的「虛」能夠容納事物；假使它是陽爻是「實」的話，就不能容納任何事物。正因為六五陰虛，就能夠容納卦中的五個陽爻，使它們同時歸向於它。因此它本身的「虛」，反而使它具備可以成為更大的「實」（即充實）的原因。由於陽爻之「實」，是代表誠信，現在六五充滿了陽爻的誠信，所以它就相反地變成具備最大的誠信，所以得到上下五個陽爻的信服，和樂意去聽從它，它就成為君主。

明白了這一點後，就明白孔子解釋「履信」的「履」字的原因。因為它是最高一爻、即高於六五的上九一爻，它在六五之上，豈不是腳踏著六五？所以說「履信」。因為上九也歸服於六五，而六五以「信實」為它的特徵，因此上九亦遵從六五的「信德」，於是在其上而踐履著「信德」，所以就叫「履信」。說出了上九因為歸順六五，同樣是踐履「信德」，因此就具備「信德」，為所有人所信服，而樂意幫助它。

另外，正因為六五這爻位於整個《大有卦》的「上卦」之中，而《大有卦》的「上卦」是《離卦》，代表火、太陽、文明，「下卦」是《乾卦》，代表天道。因此，《大有》這個卦可說是明瞭於天道，實行天道。上九遵從六五，和六五一致，了解天道、明白天道、順從天道，所以就是「思乎順」。因此，它的思想既是明白天道，又順從踐履天道，因此得到上天之祐助。

再者，如果我們從整個卦來說，上九處於卦中最高位置，但它現在虛心地跟隨六五，共同進行國家事務，和它相應的九三，雖然大家都是陽爻，但這五個陽爻是同心同德，協助六五，因此它就和其他卦兩個陽爻是「敵應」的說法略有不同，可以出規說上九和九三是「同德相應」。而這個《大有卦》、尤其是九三一爻，得正，而且它剛好在人位，可以說是賢人。三、四是人位；五、上是天位。上九本身是在天的最高位，與人位相應，所以孔子可能就是根據這一規例，就由天想到人，引申說到人。上九和九三同德相應，上九尊重九三，是高高在上的賢者尊重地位較低的賢者，所以是崇尚賢人。「又以尚賢也」，就是說出這一點。正因為具備踐履的三種德性，所以天助他、人信服他，結果他做任何事情都沒有不利。在這裡，孔子的解釋已經不是從神靈賜福傳統的說法來立論，而是說人本身的作為合理到極點，因此得到「吉无不利」的後果。

這一小節的文字，放在第十二章的開始是否合理？古今的注解家有不同的意見。由於南宋的朱熹將它放在第十二章的開始，所以後世多數遵從朱子的說法，才放在第十二章的開始而已。其實，如果將它放在上一章、即第十一章的最後亦未嘗不可。因為如果放在上一章的最後，其實是說出了第十一章所說各種有關占筮的內容、性質、功用等，如果配合這一句「自天祐之，吉无不利」來說，就說出了如果根據第十一章所說的所作所為，然後從占筮的立場而言，能夠如此實行就應該得到最大的吉利，作為肯定第十一章所說的內容。而學《易》的人能夠如此，亦會得到這一好處。

另外，更多的注解家認為這一小段的文字可能是放錯了位置。朱子認為應該放在《繫辭上傳》第八章七則爻辭的例子中。但是另外的注解家，尤其是南宋的郭雍則認為根據這段文字以「易曰」開始，和《上傳》第八章的行文之例不相同，反而和《繫辭下傳》第五章所引用的十一個爻例多數以「易曰」開始更相似，如將它放在《繫辭下傳》第五章的開始，應該是更合適的。不過，馬王堆的帛書亦將這段文字放在這裡，因此我們只能夠說暫時無法明白它為何一定要放在這裡，只好說我們不知道，希望將來有人能夠解決這個問題。

子曰：「書不盡言，言不盡意。」然則聖人之意，其不可見乎？

「子曰：『書不盡言，言不盡意』」，這裡在很接近的文字中出現了兩次「子曰」，古人有多種不同的看法。第一種看法認為兩個「子曰」可取消其中之一，而不應兩個同時出現，朱子便是持此看法的。

宋末元初的俞琰，在他的《俞氏易集說》中，認為第一個「子曰」作為古人的說法應該較為合理；第二個「子曰」作為孔子作出解答較為合理。俞琰這一說法後來被陳鼓應教授所繼承，他認為第一個「子曰」應當作「傳曰」，表示古書是這樣說的；甚至他認為這句和老莊一派的說法很類似。陳教授這一說法是否正確？不得而知。但至少有一定的道理，因為「書不盡言，言不盡意」這種思想，由老子到莊子，在先秦哲學家中可說是比較堅持的。其他各家雖然也有提及，但卻沒有老子莊子說得這樣合理。我們首先照字面解釋。「子曰」，孔子說。「書不盡言」中的「書」，就是指文字，而用文字記錄便成為書籍，因此這裡的「書」字，其實就是指文字；「言」就是言語。文字不能夠完全記錄言語所說。「言不盡意」，而我們所講的言語也不能完全將我們心中的意思表達出來。這可說是合理的說法，首先從常識層面來說，我們的言語可能更容易、更精確地表現出我們要說的內容，但我們的文字往往未必這般精密、能夠完全記錄我們的言語。因此，在我們用文字記錄言語時，往往就會將言語的意思改變或遺漏。這種偏差或遺漏，通常是因為我們的言語特別多而複雜，而文字不能夠全部記錄。當然，更有可能是我們的文字功能，在當時是沒法可以全部表述言語。要到了後世，經過漫長的發展後，文字然後才能愈來愈精密地記錄我們的語言。但是到了後來，當文字能夠比較精密地記錄語言後，語言又進一步會變得更精密、更複雜。結果到了那個時候，仍然是沒有辦法全部記錄我們所說的說話。至於我們心中的思想或想法，人人都有這種經驗，未說之前非常豐富，但開口說的時候，往往就辭不達意，沒有辦法準確、精密、詳盡不遺漏地將我們的思想表達出來。所以《老子》一書開始便說：「道可道，非常道」，如果是能夠說出來的「道」，就不是永恆不變之「道」，亦即不是最高級的「道」。換言之，凡是我們能夠說出的「道」，表面上說出了「道」是甚麼，但實際上只說出了「道」一部分的性質和內容，結果遺漏的更多。一落在語言文字層面，「道」的真義反而有混淆、損失、不足、不準確等情況出現。莊子更嘲笑所謂「書籍」，只是古人的陳言，不能代表古人的意思，人們讀這些書去探求古人的意思是很有問題的。

所以「書不盡言，言不盡意」的主張，老莊早已提出，成為討論的問題。到魏晉時，更成為討論的熱門問題。

「然則聖人之意其不可見乎？」這樣說，創作《易經》的聖人，他想要表達的最高深、最複雜的想法，是不是我們沒法見到的呢？

「子曰」，於是孔子回答他。

第三個可能是古書有一種自問自答的特例。很多時候，問是自己問，答時再提自己的名字，或者學生再提他的名字一次。因此，這兩個先後「子曰」的重複，表面上是重複，實際上是說明了同一人自問自答的修辭特例。

這三種說法，恐怕第三種說法最合理。所以清高宗時傅恆主編的《周易述義》就採用了這一說法。原因是古書中這種修辭例子，也是到了乾隆時候，學者歸納古書才得出來的，成為當時的人比較懂得而古人比較疏忽的知識。因此，我們就採用第三種說法，說這是孔子的自問自答。「聖人」，當然是指伏羲、周文王、周公旦等，是創作《易經》的聖人。

「子曰」，孔子就針對這一問題來回答。

當然，另外還有一些人說「子曰：『書不盡言，言不盡意』」是孔子說的，「然則聖人之意其不可見乎」這一句則是孔子的學生聽了之後發問：「這樣，是否創作《易經》的聖人的深刻道理無法通過《易經》表達出來？」孔夫子聽了學生的問題後再回答，這樣似乎更合乎現代人的邏輯腦筋。如果各位認為這樣合理，可採取這種近代人的解釋，亦未嘗不可。

子曰：「聖人立象以盡意，設卦以盡情偽，繫辭焉以盡其言，變而通之以盡利，鼓之舞之以盡神。」

「聖人立象以盡意，設卦以盡情偽」，創作《易經》的聖人，他創立了「象」（形象），用來「盡」（即全部）表現他心中要表達的想法。「設卦以盡情偽」，設立卦，用來盡數將真情或虛偽表現出來。

各位要特別注意，「立」是創立、創設；而「象」字，如果從基本來說，就是指奇偶兩個不同的符號。進一步，就是指奇偶爻畫所組成三畫的「經卦」。這個「經卦」本身，如果從符號所反映出來的外表的形象來說，《乾卦》就是天的形象；如果從符號所表達的背後的性質內容、規律來說，《乾卦》就是健。《坤卦》的具體形象是地；而它內含的德性是順。因此「八卦」外表的形象就是天、地、雷、風、水、火、山、澤；而它暗中所蘊含的規律和意思就是《乾》健、《坤》順、《震》動、《巽》入、《坎》陷、《離》麗、《艮》止、《兑》說（悦）等。這些卦象表面上是具體的天（如《乾》），暗中是抽象的健的德性，但是由於背後的性質和表面的形象，表面是特殊的，例如天是特殊的，而背後的性質卻是一般的、即具有普遍的性質；而這個普遍的性質，凡是和天同樣剛健、運動不休的任何事物，都和天同類，可歸入乾類。所以《乾卦》有兩重義蘊，一是外在的形體、一是內裡的德性，所以它與語言或文字不同。語言、文字局限於一個意義上，不可改變。甚至修辭學上所運用的譬喻，亦只限於一定的意義，而不能夠引申到其他不同的幾個意義上。但是卦象，它卻可以無限地引申到無限多的形體和無限多的性質去。所以言語、文字不能夠表現、或者完整充足地表現的內容意思，通過

「象」來補充，就能將心中要講的意思表達出來，甚至可讓讀者觸類旁通，想出比作者更豐富、更多的意義亦未可知。所以它說，聖人創立了象，就可以「盡意」。

「設卦」的「卦」，是指六畫卦。一個三畫卦無法通過比較來見出真假、好壞、虛實、變化的。因為沒有比較，是沒有好壞、得失、真假、變化的。所謂真假，其實引申就是對錯、吉凶等都可包括在內。但通過兩個「單卦」的互相比較，一有了比較，事情的真假、好壞就可判定。甚麼叫真假？例如股票升至最高，是否真實的現象？還是假象？任何人的好壞、是非、得失，都可以歸入這個「誠偽」的範圍之內，或者我們叫作「情偽」。「情」即是誠實、真實的；「偽」即是虛偽、虛妄的。通過六畫卦，卦象的複雜性就能夠判斷天下事理的真假。

「設卦」的「卦」字，元朝的吳澄在他所著的《易纂言》中，認為「設卦」，是「謂文王設立重卦之名」，而卦名，可「以盡情偽」，例如《乾卦》的卦名叫《乾》，《坤卦》的卦名叫《坤》。他認為六十四卦的卦名有一定的意思，學習《易經》的人，從卦「名」去求卦「實」，即「名」、「實」要相符，便能盡「情偽」，這是根據孔子正名的理論而發揮的。他的解釋不是沒有道理，但單憑卦名仍是未必能夠將「卦」的全部意義表現出來的，所以我只用前面的解釋而不採用吳澄之說。不過《易纂言》是一本很好的書，值得細心閱讀。

「繫辭焉以盡其言」，「繫」就是連繫；「辭」就是文辭。在卦的符號、爻的符號下面連繫上文字，用言語來表達卦、爻的意思，這就是「盡言」。各位，上文寫的是「聖人立象以盡意，設卦以盡情偽」，接著這句的句式應是「繫辭以盡其言」才對，為何要加上「焉」字？是否衍文應該刪除？因為它與上文兩句句式不一致。我們可以說，這句加上「焉」字，達到「一字千金」的寫作技巧。這裡的「焉」字，解作「於是」，有強調通過繫辭在卦下、爻下，變成卦辭、爻辭之後，於是就能發揮言語的最大功能，令語言能夠盡意。

上面明文說「言不盡意」，現在為何又說言辭能夠盡意？關鍵就在於卦辭和爻辭不是我們普通常識中的文字、不是表達、記錄意義的文字。卦辭和爻辭，本身雖然都是特殊的事件、特殊的思想。但是卦辭、爻辭這些特殊的事件和特殊的思想，可由個別提升到普遍，變成普遍原理。這道理我們已經說過多次。因此，卦辭、爻辭的文字很少，但它的意思可以籠罩、解釋非常多的事物，所以它就說配合卦象、卦爻辭，言語、文字就能夠窮盡創作《周易》聖人之意了。

「立象」、「設卦」、「繫辭」，說出了創作《周易古經》的聖人利用這三種事物，使《周易古經》這一本書有別於其他所有書籍最不同之處，就是其他的書籍都是不盡言、不盡意的，但《周易古經》通過特殊的體例、特殊的符號、特殊的寫作方式、特殊的文字表達形式，結果它就能「盡言盡意」，因此它是一本與眾不同的偉大書籍，能夠將聖人的思想傳遞，這是從理論說的。但《易經》不單止說理論，更重要的是說應用。上面這三項是說易之「體」，「體」外還要有易之「用」。各位讀了《繫辭傳》這麼多章節應該早已知道，無論哪一處說到理論（易道），接著便是說如何應用這理論（易用）。

「變而通之以盡利」，「變」是說陽變陰、陰變陽。陽極而不變陰，或陰極而不變陽，就叫作「窮」或「不通」。陽變陰能夠順利地完成，我們就叫作「通」；陰再變陽而又能夠順利完成，我們也叫作「通」。因此，如果我們掌握了、明白了《易經》變化的道理、即陰陽變化的原則、理論的話，可利用這種理論，應用於世間的任何事情，包括我們在占筮時占到某一爻的爻辭。一占到這爻辭之後，它就會告訴占筮的人由現在的情況走向爻辭所指示的未來情況，或者由爻辭所說的現在的情況轉變向未來的情況。無論是由現在的情況變化到爻辭所說的未來的情況，或者由爻辭所說的情況變化到未來發展的情況，我們要令到它產生變化，但變化要有一定的條件。順著變化的規律去推動它，那它就能夠順利地跟著這一變通的道理，順著易理，向著指示的未來暢通發展。假使未來是不好的，我們預先知道了，不推動它向壞發展，自己就不會走向壞的後果，能夠及時避開。如果所說的未來發展是好的話，自己推動它，令到它順利地向著幸福、合理成功而發展，那樣就能夠令到我們所做的任何事業，都能夠得到最大的成功、得到最大的利益。這樣就叫「變而通之以盡利」。根據《易經》的變化的道理，順著變化的規律去推動事情的發展，結果人類所做的事情就成功多、失敗少，就能夠趨吉避凶，所以能夠得到理想的利益。

「鼓之舞之以盡神」，傳統的解釋，「鼓」是鼓勵；「舞」是推動；「鼓舞」就是推動的意思，是鼓勵、勸勉，令到人充滿信心，自動自發、樂意地去做。通過卦爻辭，指示未來做事的方法，就容易得到幸福、快樂，他心中沒有疑惑，知道依著這個途徑，努力去做就能夠成功。因此，任何人都受到鼓舞、受到勉勵，帶著最大的自信心，自動自發地努力完成功業。

「以盡神」，用這種方法便得到陰陽變化帶給宇宙人生最大的好處。這個「神」字我們已經說過，其中有很多意思。最重要的意思在《繫辭傳》中是指陰陽不測、是指宇宙人生的變化，我們就叫作「神」。或者我們說宇宙人生變化的規律，由於人類並不能夠全部了解，於是就叫它作「神」。「盡神」，盡了《周易古經》所提示、所指點我們行事的變化的規律，我們依著這一規律，就能夠得到最大的幸福和成就。

這兩句句子是學易的人怎樣利用《周易古經》去實踐，得到最大的利益。通過實踐和自己心中的體悟，結果能夠將《周易古經》所說的道理更深切地了解。因此，「變而通之以盡利，鼓之舞之以盡神」這兩件事，「盡利」、「盡神」，同樣是令我們徹底明白創作《周易古經》的聖人所說的道理的關鍵之所在。這一小節開始用了「書不盡言，言不盡意」兩個「不盡」，結果孔子用了五個「盡」字：「立象以盡意、盡情、盡言、盡利、盡神」來對上面的兩個「不盡」作出回答，說明了書可以盡言、言可以盡意。注意，這裡並不是孔子或者《繫辭傳》的作者跟老莊唱反調，只不過是《繫辭傳》的作者藉此說明《周易古經》的特殊和偉大之處，而且是站在儒家的觀點立論的。道家的立場則會說，凡是我們人力所不能做到的，就不應去做，因為要順從上天。但儒家的學者則認為，我們既要順從上天，又要改變上天。到了後來的荀子，甚至還強調「制天」，只是順天，意義還不夠，要進一步「制天」，人類才偉大。《繫辭傳》的作者屬於儒家，所以他雖然知道「書不盡言，言不盡意」有道理，但如果我們因此而不努力去改善文字、改善表達意思的方式，令到我們的思想文字更精密，肯定就無辦法做到「盡言」、「盡意」。但如果人類通過多方面的努力，多方面的配合，雖然仍然無法完全盡言、盡意，但是至少能達到趨近「盡言」、「盡意」。人類如果有了這種樂觀豪邁的心態，就能夠慢慢打破這一局限，達到真正能夠「盡言」、「盡意」的後果。

當然，用另一想法來說，我們又要注意，因為言語本身其實是一種概念、是一種抽象的事物。因此，任何的言語，只是令我們大腦中產生某個概念，然後我們大腦綜合這些概念，得出一個形式的結果。而我們現實生活一切作為和任何事物都在不停變動之中，因此，概念是概念，具體的世界、不停變動、生動的真正世界，跟觀念或概念是兩個不同的事物。所以言語和文字，尤其是文字，無法表達言語和思想的全部意思，從科學、哲學上來說，是真正很難解決的問題。但是現在，《易經》就通過「象」、即形象和多方面的表達、烘托、輔助，令到言語和思想的意思從多方面來表達；因此易的形象，就和現實世界中的形象、和這個變動不居、活潑的世界類似。再加上這種形象和文字，本身都不是概念式的，而是可以變化、靈活的，因此它就能夠表達出更豐富的意思。所以在這點來說，《周易古經》採用這種古怪的形式符號和表達方式，就能夠利用很少的文字來表達出最豐富的意思。

乾坤，其易之緼邪？乾坤成列，而易立乎其中矣；乾坤毀，則无以見易；易不可見，則乾坤或幾乎息矣。

「乾坤，其易之緼邪？」這個「緼」字的意思是比較難解的。馬王堆帛書作「經典」的「經」字。「乾坤，其易之經邪？」這個「經」字很可能是「緼」字的別字。但如果它不是錯別字，這個「經」字，就代表「經，常也」，或「經，門徑也」。這樣原文就可以解作「乾坤」是《易》的門徑，是了解《易》最重要的門徑，即和《繫辭下傳》第六章「乾、坤，其易之門邪」的意思一樣。

但如果我們說這個「縕」字沒有錯的話，那這個「縕」字傳統上，大概有兩種重要說法，一種是「蘊」就是包藏、含藏、包羅、含有的意思；「精蘊」就是包羅了最精、最深、最了不起的內容、道理、思想。「其」是大概，乾坤大概是《易》書最精深的內容之所在罷。

另一種是說這個「縕」字，就是古人填塞在衣服中間的棉絮胎。可能現在見不到了，從前的棉衣、棉被是上下兩層布，中間鋪放一些棉花。北方天氣比較冷，冬天的服裝都加上棉花，這就可以保溫。這個「縕」字，就是指衣服中間的棉絮胎，而棉絮胎則是藏於外衣之內的最重要的組成物質。所以這句是說「乾坤」是《易》書之中最重要、最關鍵的東西。甚麼叫「乾坤」？我們籠統地可以說，就是指《乾卦》和《坤卦》。而「易」，可以指《周易》這本書，亦可指「變易之道」。如果是指《周易》這本書，就是說《乾》、《坤》兩卦就是《周易》這本書中最重要、最基本的內容；如果說這個「易」字是指變化、規律的話，《周易》就是專門說變化之道的，這句就是說：天地變化之道中，最關鍵的就是《乾》、《坤》這兩卦。因此，「乾坤」便由原本只是兩卦之義提升為分別代表天地、陰陽之道。但是如果我們進一步來說，《乾卦》之所以是天，《坤卦》之所以是地，就因為《乾卦》是純陽，《坤卦》是純陰。因此，將它們簡化到最後，《乾卦》就是奇爻、陽爻，《坤卦》就是偶爻、陰爻。因此，我們可以說，在《周易》中，最基本的兩個符號就是陰爻和陽爻。因此，象徵《乾卦》的陽爻、象徵《坤卦》的陰爻的奇偶兩爻，就等如《周易》一書中的「棉絮胎」，是內含最關鍵、最基本的要素。

「乾坤成列」，「成列」是排成行列，所謂「排成行列」，就有對立的意思。因此，我們可以用常識來說，陽在上、陰在下，組成了天地，宇宙萬事萬物就在天地之間變化無窮。

「而易立乎其中矣」，「易」指變易之道、宇宙的變化之道，就在天地中間創立、自動發生。如果我們從更具哲學性的觀點來看，或者從原意、即卦爻來看，當「陽」和「陰」這兩個基本的爻互相成為對待，對待的後果就會產生流行變化。因此，對待是流行變化的前奏曲，或者是流行的終結、另一個的開始；所以我們可以說，當有了乾坤相反的奇偶兩爻互相對待，《易經》所反映的變易之道，就從這裡自動展開、發展下去了。

「乾坤毀，則无以見易」，當陽爻和陰爻毀棄不存在，沒有了說明這個變易道理的工具（符號），那就無法看見變易。注意，變易永遠都是存在的，不因為沒有陰陽爻而不存在。只不過，人類要認識宇宙的變易之道，就需要有憑藉、有工具、有譬喻，《乾》、《坤》兩卦就是工具、譬喻。如果沒有這些解說的符號、沒有這些公式，我們就不能夠掌握了解宇宙變化之道了。

「易不可見」，當變化之道不為我們人類所注意和了解。「則乾坤或幾乎息矣」，那麼乾坤的奇偶兩爻亦差不多停止了。這個「息」字是指它的功用停息。這樣，由於陰陽爻的功用停息，便不能反映宇宙的變化，人類就不能藉此懂得變化的知識，利用它來為人類做出各種有利的事業，那麼「乾坤或幾乎息矣」，那就幾乎停止了；但幾乎停息不等於真正的停息，只是差不多停息而已。

我們也可從另一個角度去解釋，就是說《乾》、《坤》兩卦是《易經》最重要的精蘊。乾坤、天地、陰陽對立形成對待、上下，那麼《易經》所說的天地變化的規律，就自動呈現出來。當《乾》、《坤》兩卦發展到最後，沒有了乾坤，就沒有辦法看見變化。甚麼叫乾坤發展到最後？因為既然說乾坤是「易卦」的基本，「易卦」並不是單指《乾》、《坤》兩卦，是由《乾》、《坤》兩卦一直發展成為六十四卦。我們通行本的《易經》第六十三卦叫《既濟》。《既濟卦》代表事情的成功，等於事情的結束。事情結束了，變化停止了，看不見變化之道，這就叫作「乾坤毀，則無以見易」；但這種「結束」，只不過是幾乎停止，因為最後一卦第六十四卦是《未濟卦》。六十三卦象徵事情成功了，六十四卦卻是任何事情都不成功，於是就由任何事情都不成功以為起點再努力。當然第六十四卦所謂不成功，其實是在六十三卦《既濟》的成功基礎上再向前發展的，象徵人類總是以前此的成功為再前進的基礎，努力向前發展，因此能夠百尺竿頭，更進一步。從後來的進步來說，現在自然是不成功了。可見易學雖重循環，但循環並不是一成不變，而是日新其德的。這一點，金景芳教授從《周易講座》、《周易全解》開始，以至《周易繫辭傳新編詳解》都在發揮。這裡採用其說，但亦有補充發揮。總而言之，原文是說乾坤和易是密切連繫在一起的，有乾坤才有易，乾坤毀便無以見易了。

是故形而上者謂之道；形而下者謂之器，化而裁之謂之變，推而行之謂之通，舉而錯之天下之民謂之事業。

「是故形而上者謂之道」，所以在具體形質事物之上的理，就叫作「道」。「形而下者謂之器」，在具體形質事物之下的物，就叫作「器」。這裡用了「形而上」、「形而下」來分別說明是「道」或者是「器」。我們要特別注意「形」字，說明「道」和「器」都和「形」有密切關係。所謂「形而上」，就是在具體形跡之上，是表示沒有形狀，這就是「道」，或者就是「規律」。而所謂「形而下」，就是指形成具體的那些事物就叫作「器」。因此，「道」和「器」這兩樣事物其實是不能夠分離的；有「道」就有「器」，有「器」就有「道」。或者我們說，所謂「器」，就是我們所見到的各種器物，而在器物背後，令到器物產生作用，或者產生變化的那種功能，就叫作「規律」、或者叫作「道」。因此，「道」的功用是要憑藉「器」才顯現；而「器」亦需要不違背「道」、不違背這規律，然後它的作用才能夠表現得沒有缺失、差錯。這兩樣事物，可以說得上是一樣事物的兩面。這裡「道」和「器」的觀念，或者我們就可以說是類似「體」和「用」的觀點。「道」就是「體」，「器」就是「用」。或者我們用另一角度來說，甚至可以說「器」就是「體」，而「道」就是「用」，這也說得通。而「道」和「器」的觀念，從宋代開始，就成為哲學家討論得非常激烈的兩個哲學範疇。宋明時「道」和「器」的觀念，雖然是由《繫辭上傳》這一章引申，但發展的結果，意思和這裡原始「道」和「器」的觀念有很多不同。因此，我們要分清這裡原來的意思和後來宋明哲學家引申的意思。

「化而裁之謂之變」，當「道」和「器」變化，即是說陽變陰、陰變陽自然變化的時候，「裁」就是制裁，通過人的力量去加以適當的調整、幫助、節制，令到陰變陽、陽變陰，不停地產生變化；而不是陽到盡頭窮而不變陰，或者陰到盡頭窮而不變陽，這就不合理。「裁」就是令到陰陽的變化受到制裁，能夠繼續變化下去。自然的變化通過人的參贊、推動和節制，令到這種變化能夠持續和合乎規律的發展，就叫作「變」。注意「變」這一專門名詞在這裡的用法和意義。

「推而行之謂之通」，甚麼叫「推」？我們前文已經說過了，推是陰陽的互相推動，剛推柔、柔推剛。剛推去柔，那麼剛就繼續由微小發展到極限。柔推去剛，柔就由無而開始發展至極限。因此，當剛柔、或者陰陽互相推動，結果形成了陽慢慢由微小到極限推去陰，令陰由極多變成最少，或者陰由最少，推動最多的陽，令到陽慢慢減少，陰慢慢增加，這就叫作「推」。「行」就是實行、實踐。如果通過陰陽相推而能夠繼續前行無阻，那就叫作「通」。

「舉而錯之天下之民謂之事業」，「舉」其實就是選擇的意思。用「舉」字是抬高它，表示尊敬地採用這一理論和方法。「錯」和「措」通，就是應用於天下的人民，採用《易經》陰陽變通的道理，推行於天下，令到天下的人民都根據這道理來做事，那麼人類就一天一天進步。由國家或聖人領導萬民，使到人類由不幸慢慢走向幸福的這種工作，就叫作「事業」。

這裡我們要注意，作者用了「謂之道、謂之器、謂之變、謂之通、謂之事業」，這裡用了五個「謂」，說出了五種不同的情況。這五種情況其實就是回應前文的內容。前文說到「聖人立象以盡意」、「變而通之以盡利」時所說的五個「盡」，最後的兩個「盡」，即「盡利」和「盡神」是說如何利用、應用《易》，和學《易》之人如何應用《易》去做對天下人有利的事。在這裡，其實是暗中說出怎樣利用《易》來對人類做出最偉大的事，但這裡是要和「乾坤，其易之縕邪？」至「舉而錯之天下之民謂之事業」一段內容相應。這一段文字其實要說的是：首先，聖人體會到天地有自然而然的變化規律，因此模仿天地之易、即自然的變化規律，創立了《周易古經》。《周易古經》一書寫成後，讀《周易古經》的人就可以從書中乾坤卦爻的變化，了解天地陰陽的變化。這就是《繫辭傳》作者提升原始《周易古經》，認為創作《周易古經》的聖人是為了這緣故而「畫卦立象」。假使乾坤的奇偶剛柔爻不存在，那麼我們就需要特別聰明的人，自己體會真正天地的變化，才能夠明白天地的變化。如果普通人，沒有這種才智，就沒法了解宇宙陰陽的變化。因此，乾坤卦爻的功用，既可使我們知道天地的規律，同時亦可利用這一規律，對自己和整個人類作出貢獻。如果沒有乾坤的卦畫，即剛、柔爻，那麼了解自然和利用自然這一功用就不容易表現出來。當《周易古經》這一功能不能夠表現出來，聖人創作《周易古經》，通過宇宙規律來指導人生的義蘊，又有甚麼辦法能讓人看見？由此可見，《周易古經》通過陰陽爻立「象」，是非常重要的。

因此，如果我們從《易經》的觀點來說，乾坤最基本的象徵就是兩個符號，一個是剛、一個是柔；或者一個是奇、一個是偶；一個是陰、一個是陽。這些爻畫本身就是「器」。而在這些爻畫中，所表達出來的功用和內容，就是「道」。因此，這些爻畫本身就具備各種形體、實質，人人都能看見和掌握得到的。但是，超乎這些具體形跡的陰陽爻之上，而制裁著、影響著這些陰陽爻的內容變化的，就是「道」。因此，「道」實際上就是乾坤最精華的部分，是「形而上」的。至於剛柔爻，有形象可以看到，這些就是「形而下」的，它是有體、有質的。但是，具體形質的陰陽爻，是包容、承載無形之「道」的一種工具。因此，這個「器」、即陰陽爻，就是乾坤所表露出來的具體形跡。於是創作《周易古經》的聖人，根據乾坤或者就是剛柔、奇偶、陰陽爻，在模仿、摹寫天地變化的時候，根據剛柔爻的自然變化，就創製和建立了六、七、八、九，這些數字通過蓍草揲蓍求卦而得出，反映了老陽、老陰、少陽、少陰四象。然後老陽、老陰，少陽、少陰的剛柔，可以互相推動，剛推去柔，柔推去剛。或者這些爻，陰會變陽，陽會變陰，它們的變化是多種多樣的，是順著它們應該要變化的適當方向而變化，這樣，我們在《易》學上就稱呼它為「變」。

《易經》講述陰陽爻的變化，和怎樣適當合理地來制裁、推動它們的變化，將這道理應用在我們人生日常動靜舉止中間，那樣，對於任何事情的未來變化是吉是凶，便很容易知道。既然知道是吉是凶，那便很容易決定我們這一事情，怎樣趨吉避凶。正因為如此，我們從事任何事情都不會有疑惑，因為知道正確做法的緣故。因此，我們在實行時，就會勇往直前而不會遲疑不決。這樣做的事情，一直能夠發展下去，豈不是最了不起的「通」？如果我們掌握了這種變通的方法，教導天下人民，或者領導天下人民，依著這一方法去做，令天下人民都知道如何掌握變通的道理，對他個人、對整個人類都有益，那人人都因為有了美好的前途和希望，自然精神就會得到鼓舞，即使工作做到身心非常疲勞，也不會覺得辛苦，那麼，前文所說的「通志」、「成務」、「斷疑」等《易經》的好處，就自然得到了。

因此，掌握了這種方法，所能夠建立的事業，相信是沒有其他方法可與它相比的，所以作者在文字中，說乾坤就是「易之緼」（原文是「乾坤，其易之緼邪？」），用疑問句式表達出最肯定的意思，是說乾坤就是《易》中的精蘊。我們又可以再大膽引申，就是象立了，就能夠將卦中的蘊含意義全部表達出來。

我們再引申發揮，綜合前文來說，「乾坤」這兩個字的涵義很豐富。最簡單就是指剛柔、奇偶、陰陽這兩個符號；最大就是指天地陰陽。如果我們從卦畫的剛柔爻來說，剛柔、奇偶兩爻就是「形下之器」。但是奇偶、剛柔、陰陽爻裡面所寄託的高深、精密的道理或規律就是「形上之道」。如果我們從天地來說，成象於天，成形於地而能看見的，都可以說是「形下之器」；而主宰著天地、萬物變動的變化規律，那就是「形上之道」。如果我們籠統來說，卦畫也罷，天地也罷，陰陽也罷，都是「一陰一陽之謂道」。注意，「一陰」只不過是偶爻，「一陽」只不過是奇爻，因此，單獨說到陰、說到陽時，其實都是「器」；但當我們說到「一陰一陽」，暗中喻意就是令到一陰一陽變動的那個規律，就叫作「道」。因此，一陰一陽流行不息、變化無窮、產生萬物背後的那個規律，就是「形上之道」；而卦爻的所謂「象」，就是摹寫這種宇宙規律；而卦爻的「爻」，實際上就是效法天地變化之道。這個「象」所形成的卦爻中間的奇偶符號，的確是人人都能看到的具體形跡，那就是「形下之器」。但是，我們剛才說過「道」和「器」是無法分離的，只不過「道」是隱藏於內，而「器」是顯現於外的，雖有「體」、「用」的分別，只是一件事物兩個不同面貌而已。通過這段文字，我們明白原來這段文字是暗中回應第十二章最初開始的「立象以盡意，設卦以盡情偽」，是認為《周易古經》利用了這種特殊的體制、形式，打破了「書不盡言，言不盡意」的局限。

是故夫象，聖人有以見天下之賾，而擬諸其形容，象其物宜，是故謂之象。聖人有以見天下之動，而觀其會通以行其典禮，繫辭焉以斷其吉凶，是故謂之爻。

「是故夫象」這四個字，古人有很多不同的看法。例如盛唐以後郭京的《周易舉正》，認為「夫象」兩字是衍文（多餘的），應該作「是故聖人」；南宋的呂祖謙則認為「是故夫象」四個字都是多餘的，一開始應該是「聖人有以見天下之賾」。另外，南宋的蔡節齋就認為「是故夫」的「夫」字，應該是「爻」字，應作「是故爻象」，因為下面既說爻，又說象，所以這個字作「夫」字就不能包括以下所說的兩樣事物，如果改為「爻」字，下面所說的象和爻都有了著落。這種說法被高亨教授的《周易大傳今注》暗中採用了，只不過他沒有說是出自蔡節齋而已。遺憾馬王堆帛書《繫辭傳》中，「是故夫象」這四個字，「故」字因帛書殘缺不見外，其他三字都在，因此古人這些推測雖然有道理，但和原文一比，都登時變得不合理，所以我們就不理會了。

這段文字從「是故夫象」一直到「是故謂之爻」十句，前面在第八章中已經解釋過了。它在這裡再出現，其實是為了要加強、甚至提升這一小節文字的意義，所以我們先解釋其後的文字。

極天下之賾者存乎卦；鼓天下之動者存乎辭；化而裁之

存乎變，推而行之存乎通；神而明之存乎其人；默而成之，不言而信，存乎德行。

「極天下之賾者存乎卦」，「極」是窮極；「賾」就是繁雜、深奧的道理。能夠將整個天下最深奧、最繁雜、最難懂的道理，變為最明白、最易了解，「存乎卦」，「存」即是在，在於卦象的神奇功用。

「鼓天下之動者存乎辭」，「鼓」就是前文「鼓之舞之以盡神」的「鼓」字。我們傳統都是作「鼓舞」解，但金景芳教授和呂紹綱教授根據《莊子．人間世》「鼓筴」的說法，認為「筴」就是蓍草之「策」，「鼓筴」就等於我們揲蓍求卦，推動、移動這些策數，最後求出六、七、八、九的數據，就叫作「鼓筴」。換言之，「鼓筴」即是揲蓍求卦的過程。如果根據金景芳教授和呂紹綱教授的說法，「鼓之舞之以盡神」，就是通過複雜的揲蓍求卦的方法，終於將陰陽不測的變化全部通過蓍草反映出來，令我們了解人事未來的變化，即是通過揲蓍求卦得到的結果來指導我們做事，令到我們充滿信心、勇氣，得到鼓勵。那麼鼓動天下人努力從事偉大事業，就在乎《周易》的卦辭和爻辭，是因為揲蓍求卦、是占筮的神奇功用。

這一說法不是不通，但有一點不太妥當的，就是因為上一句「鼓之舞之以盡神」是放在「立象以盡意，設卦以盡情偽，繫辭焉以盡其言，變而通之以盡利」之後，這是一步一步發展下去，是求得了卦爻之後，然後才這樣說的。最初只有意，沒有卦爻；有了意之後，建立象；有了象數後，就建立卦；建立了卦後，就在卦爻下附繫判斷的文字，然後再通過這些卦爻象和卦爻辭，來體會它未來的變化去行事，以得到最大的利益。下面一句應該是繼續發展，而不應該將它變成最初、最原始的揲蓍求卦。所以古人認為是事情一步一步向下發展，沒有理由這句句子走回前面，這是違背了人類的邏輯思維。所以「鼓舞」應是鼓動他、激發他的雄心壯志和信心等。所以我覺得，傳統的注解較合理，所以不採用金、呂兩位教授的說法；「鼓」就是「鼓舞」，鼓動、鼓舞天下的人，勇敢豪邁、不遲疑地行動去建立事業，就在乎卦辭和爻辭的神奇功能。

明白這兩句句子是提升上文的意義後，我們就可以回歸到這段的開始再來申說。這段首先是說出了卦的象，這是聖人看見天下的事物繁多而深奧，於是從事物的外表摹寫其形狀，內裡找尋事物背後的性質和規律，以及最適合表達這一事物的類似的形或象，這就變成了象。象表面反映了事物具體的形象，暗中說出事物背後最適當的規律和性質。象已經初步將事物的外在和內在兩方面的形體和性質表現出來了，然後通過象，摹寫成為卦。當這個卦的卦辭形成後，它不單止用文字說明了象中的意義，還可以繼續由寄託了這個象的卦爻，再引申發展，觸類旁通，擴展和這個象有關的其他各種的象，因此當有了卦之後，不單止將象複雜深奧的道理表現出來，甚至進一步，從象類推出更複雜和更多的意義，所以它才說「極天下之賾者存乎卦」。有象然後有卦。有卦之後，不單止反映出象的意思，更從這個象的意思引申出更多象的意思，豈不是就是「窮極」這個象的意思？

接著，聖人見到天地的事物都是變動不居的，好像萬花筒一樣，但他能夠找尋到多樣性、變化性的事物背後的規律；而且在這個規律中，找出真正能夠掌握、可以控制和了解眾多繁複的變化現象的那個規律。把那個規律變成常法，即是「典禮」。然後心中有了這一常法之後，凡是卦爻所展現出來的意義合乎這個常法的，就判斷為吉；違背這常法的，就判斷為凶。因此就可以通過常法典禮，作為判斷得失吉凶的標準，指導學習《易經》、應用《易經》的人，根據這一道理來判斷自己所做的事情的未來吉凶得失。

但是，卦爻辭寫成文字後，學習《易經》、利用《易經》的人，當他們根據卦爻辭來指導行事的時候，因為有了具體明確的指示，指出未來的吉凶得失，因此便如上文所說的受到鼓舞推動，就能夠好好地去行動、認真地行動、積極地行動。因此，「鼓天下之動者存乎辭」，推動天下人努力從事工作行事的動機和動力，就是卦爻辭的作用，所以我們可以說「繫辭焉以斷其吉凶」所指，進一步就是卦爻辭。而所謂「繫辭焉以斷其吉凶」，其實在此之前是說陰陽的變動，它只說陰陽變動的吉凶，當「變」

寫成辭之後，鼓勵的力量便大了，真正令到「動」的力量、指導的力量變得最大，因此它就說「鼓天下之動者存乎辭」。於是這兩句句子就是對前面幾行重複引用的文字再進一步的深化、再進一步的發揮。如果不再引用前面十句的文字，下面兩句文字究竟指的是甚麼意義便無人得知。但有了前文，加上這兩句句子，那麼，上文的意思就得到補充和擴展，能夠將上文的意思說得更清楚。因此，「聖人有以見天下之賾」至「是故謂之爻」十句，表面上和第八章文字重複，但卻是深化了這些文字的意義，不是衍文，而是不可缺少！

「化而裁之存乎變」，在陰陽變化時加以制裁，是在乎懂得《易經》變化之道的人適當地利用變化之理。所以如果要達成《易經》所說的「化而裁之」的良好效果，在乎學習《易經》、了解《易經》、利用《易經》的人，深切了解《易經》的變化之道才能夠做得到的。上文所說的「化而裁之」，是說《易經》或者聖人創作《周易古經》時的體會。現在「化而裁之存乎變」的「存」字，是說學習《易經》、應用《易經》的人，如果希望達到這個目的，就需要如此做。

「推而行之存乎通」，能夠推動陰陽變化而能夠實行於人間得到實際效果，就是在乎應用《易經》的人，真正懂得《易經》「通」的道理，利用「通」的道理去做，才能「推而行之」。

「神而明之存乎其人」，「神而明之」的「神」字和「陰陽不測之謂神」的「神」字意義是不同的。徐志鋭教授在《周易大傳新注》中用「陰陽變化」來解釋這個「神」字是不適當的。這裡的「神」字，是指我們的聰明知識達到最高的境界，這是普通人所無法想像的聰明和智慧，所以叫作「神」。這個「神」就是指對《易經》的了解；「明」就是明白。對於《易經》這些規律能夠徹底了解到達神化的境界，明白它的道理，就不是人人都可以做到，而只有某些人才能做到。「存乎其人」中的「其人」，是特殊個別的人，而不是每一個學習易經的人。

「默而成之」，「默」即是沉默不作聲、不言，引申包括不用有所表現。他不需要通過言語行動，別人便信服、追隨，達成上文《易經》的各種功用。

「不言而信」，他不需要說話，而所有人都相信他，認為他的做法合理。「存乎德行」，就在乎那個人是否真正掌握了「乾易坤簡」的德行，而能夠實際應用於自己，然後通過自己能夠掌握這個規律，令人人都信服於他。因此，「神而明之存乎其人」這一句的下面，說出了怎樣才能夠達到「神而明之」。那個人就是將上文所說的《易經》的各種偉大的功用施行於天下，這是對外、對所有人類進行的工作。但是，推行《易經》偉大的哲學原理、人生原理，令到天下人都得到利益的那個人，他自己首先就需要掌握《周易》中所蘊含的最重要最基本的「乾易坤簡」的德行，這是最簡單亦是最複雜的、最基本亦是最高深的《易》理、天地、或者人類最高的德行。掌握易簡之說以後，本身便具備了「默而成之，不言而信」的偉大成就，這樣他就能夠「神而明之，存乎其人」，自己能夠得到學《易》最大的好處，也能夠將這一最大的好處施行於人間。因此，文章到最後，暗中回應第十二章最初所說的「書不盡言，言不盡意」。雖然作者一直說通過各種附加的象、卦、卦爻辭、特殊的文字用法可以盡意，但到最後仍然說，要真正盡意，是要將道理推行於天下、實踐於自己，通過自己實際的經驗和體驗，才更能夠將聖人之意徹底了解。最關鍵的，是學習《易經》的人，先別管其他人，最重要是先將自己的德行做好，這個德行就是「乾易坤簡」的德行，將它實踐於自己的身體和提升自己的精神境界上。這一章就以此義結束，也以此義總結《繫辭上傳》；而在《繫辭下傳》的最後，同樣有類似的語句，說提高自己的德行是學習《易經》最關鍵的方法。由此可知有沒有成就，對自己、對人有沒有真正的利益，都是從德行來說的，這才是最高、最重要的。第十二章的原文講解就此結束。

總結

根據朱熹《周易本義》，《繫辭上傳》分為十二章。第一章到第八章，主要是說重卦、設卦、易之道、易之辭、爻、位、象、象、乾、坤、神、聖，和說出聖人、賢人所效法的是甚麼；而學易的君子所觀玩的又是甚麼（即是說「觀象玩辭，觀變玩占」是甚麼），和說出學易之人怎樣通過「擬議之道」來深入了解《周易》爻辭的意義。在第一至第八章中，前面七章主要是說《易》之道，但是每次講述完易之道後，接著必定連帶而及說到如何應用易於人生。第八章最初雖然也說易道，但是主要是通過「擬議之道」，詳細地通過七則爻辭，指導學易之人如何應用易之道的。

不過，《周易》的內容除了上面所說之外，還有象數亦非常重要。另外，《周易》是要通過了解變化之道，然後應用時才能達到精微的境地，所以接著的第九章就側重於說數。通過「大衍之數五十，其用四十有九」，利用它來揲蓍求卦，最後求出六、七、八、九的陰、陽、老、少的爻象，來確定爻。累積六爻，十有八變，就得出卦。這個可說一方面是對原始《易經》占筮的歸納和總括；另一方面是把原始《易經》的占筮之術和天地規律相配合、提升到高級哲學的層次。

既然有了數，由數就產生象。所以接著的第十和第十一章，就從數而衍生出象和占筮，於是講述了占筮的來源、性質、功用等。

最後一章，第十二章，就是綜合了第九章到第十一章的主要意義作為結束。它特別說明了《周易》通過立象、設卦和繫辭這三種不同的體制，就能夠有別於其他的書籍，能盡聖人之意。換言之，就能夠真正將宇宙人生的奧理表述於《周易》這一本書之中。

而真正能夠達到盡意的話，那麼在用途方面，它就認為可以「變而通之以盡利，鼓之舞之以盡神」，因此就通過「乾坤道器」的說法來說明了由數產生爻、爻產生卦、卦的變化反映天地的規律，《周易》就可以摹寫天地的規律，作為我們人生一切事務最高的指南。當它說到所謂「變而通之以盡利」的時候，在下面就用了五個「謂之」，即「謂之道、謂之器、謂之變、謂之通、謂之事業」來說明「盡利」的過程。接著，下文就用了六個「存」字說出六樣事物，就是所謂「極天下之賾者存乎卦」的「存乎卦」；「鼓天下之動者存乎辭」的「存乎辭」；「化而裁之存乎變」的「存乎變」；「推而行之存乎通」的「存乎通」；「神而明之存乎其人」的「存乎其人」；「默而成之，不言而信，存乎德行」的「存乎德行」，用了這六個「存」所說的六項來說出了「鼓之舞之以盡神」的情況。其實不論是說到五「謂」，還是六「存」，主要都是說出了《易經》對人類的大用。人類如果能夠懂得利用《易經》的話，對全人類、甚至個人的利益都是無窮之大的。

到了最後，就是要研究怎樣可以將《易經》這個偉大的作用，實踐和展現於人間，它就用了「存乎德行」作為最後的勉勵和提點，說明了只有學《易》之人，自己努力將易道首先實踐於自己的身體，和提升自己的聰明智慧，然後才能夠達到所謂「神而明之存乎其人；默而成之，不言而信」的最高境界。換言之，《周易》這一本書是需要學者細心體會，不單止是掌握了這本書的知識，還要通過實踐，提升自己的智慧和德行，才能夠真正將《易經》的好處實踐於天下，展現於人間。「存乎德行」，就是《繫辭上傳》最後一章最重要的結束語。

《繫辭下傳》如果根據朱子的分章，同樣是分成十二章，在最後，同樣有類似的意義。由此我們知道，研習《易經》的人，個人的進德修業和細心體會易理是同樣重要的；而學易是否真正有大成就，和「存乎德行」是有密切關係的。《繫辭上傳》說到這裡就此結束；而《繫辭上傳》所述諸義，在《下傳》中將有所發揮和補充，上下兩《傳》互相補充，意義更精更善更完備，在此不贅。

責任編輯　蕭若碧　李安
封面設計　胡卓斌　陳務華
繪圖　陳務華
版式設計　YME
錄音整理　戚軒銘
錄音剪輯　郭榮
校對　梁健彬

書名　易經講堂三之《繫辭上傳》發揮
著者　黃漢立
出版　三聯書店（香港）有限公司
香港鰂魚涌英皇道一〇六五號一三〇四室
Joint Publishing (H.K.) Co., Ltd.
Rm. 1304, 1065 King's Road, Quarry Bay, Hong Kong
香港發行　香港聯合書刊物流有限公司
香港新界大埔汀麗路三十六號三字樓
印刷　中華商務彩色印刷有限公司
香港新界大埔汀麗路三十六號十四字樓
版次　二〇一一年二月香港第一版第一次印刷
規格　十六開（170 mm × 230 mm）六四〇面
國際書號　ISBN 978-962-04-3062-6